Anke Felsch

Organisationsdynamik

Organisation und Gesellschaft

Herausgegeben von
Günther Ortmann, Thomas Klatetzki und Arnold Windeler

Wie wünscht man sich Organisationsforschung?

Theoretisch reflektiert, weder in Empirie noch in Organisationslehre oder -beratung sich erschöpfend.
An avancierte Sozial- und Gesellschaftstheorie anschließend, denn Organisationen sind in der Gesellschaft.
Interessiert an *Organisation als Phänomen der Moderne* und an ihrer Genese im Zuge der Entstehung und Entwicklung des Kapitalismus.
Organisationen als Aktionszentren der modernen Gesellschaft ernstnehmend, in denen sich die gesellschaftliche Produktion, Interaktion, Kommunikation – gelinde gesagt – überwiegend abspielt.
Mit der erforderlichen Aufmerksamkeit für das Verhältnis von Organisation und Ökonomie, lebenswichtig nicht nur, aber besonders für Unternehmungen, die seit je als *das* Paradigma der Organisationstheorie gelten.
Gleichwohl Fragen der Wahrnehmung, Interpretation und Kommunikation und also der Sinnkonstitution und solche der Legitimation nicht ausblendend, wie sie in der interpretativen resp. der Organisationskulturforschung und innerhalb des Ethik-Diskurses erörtert werden.
Organisation auch als Herrschaftszusammenhang thematisierend – als moderne, von Personen abgelöste Form der Herrschaft über Menschen und über Natur und materielle Ressourcen.
Kritisch gegenüber den Verletzungen der Welt, die in der Form der Organisation tatsächlich oder der Möglichkeit nach impliziert sind. Verbindung haltend zu Wirtschafts-, Arbeits- und Industriesoziologie, Technik- und Wirtschaftsgeschichte, Volks- und Betriebswirtschaftslehre und womöglich die Abtrennung dieser Departments voneinander und von der Organisationsforschung revidierend.
Realitätsmächtig im Sinne von: empfindlich und aufschlussreich für die gesellschaftliche Realität und mit Neugier und Sinn für das Gewicht von Fragen, gemessen an der sozialen Praxis der Menschen.

So wünscht man sich Organisationsforschung. Die Reihe „Organisation und Gesellschaft" ist für Arbeiten gedacht, die dazu beitragen.

Anke Felsch

Organisations-
dynamik

Zur Konstitution organisationaler
Handlungssysteme
als kollektive Akteure

VS VERLAG FÜR SOZIALWISSENSCHAFTEN

Bibliografische Information der Deutschen Nationalbibliothek
Die Deutsche Nationalbibliothek verzeichnet diese Publikation in der
Deutschen Nationalbibliografie; detaillierte bibliografische Daten sind im Internet über
<http://dnb.d-nb.de> abrufbar.

1. Auflage 2010

Alle Rechte vorbehalten
© VS Verlag für Sozialwissenschaften | GWV Fachverlage GmbH, Wiesbaden 2010

Lektorat: Frank Engelhardt

VS Verlag für Sozialwissenschaften ist Teil der Fachverlagsgruppe Springer Science+Business Media.
www.vs-verlag.de

Umschlaggestaltung: KünkelLopka Medienentwicklung, Heidelberg
Druck und buchbinderische Verarbeitung: Rosch-Buch, Scheßlitz
Gedruckt auf säurefreiem und chlorfrei gebleichtem Papier
Printed in Germany

ISBN 978-3-531-16571-4

Inhalt

Abbildungsverzeichnis

1 Ausgangspunkte einer theoretischen Fundierung von Organisationsdynamik

Aktuelle Entwicklungen in der Unternehmenspraxis und Organisationsforschung eröffnen Perspektiven nicht nur für eine umfassende Diskussion von Prozessen in und zwischen Organisationen, sondern darüber hinausgehend für eine tiefgreifende Umstellung der Organisationstheorie auf Dynamik. In diesem einführenden Kapitel werden zunächst vornehmlich solche Ausgangspunkte bzw. -perspektiven einer *theoretischen Fundierung von Organisationsdynamik* herausgestellt, die auf der grundlegenden Ebene eine fruchtbare Auseinandersetzung mit der *Prozessualität* von Organisationen erlauben. Die relativ umfassenden Ausführungen in den *Abschnitten 1.1* bis *1.3* des Kapitels dienen einer notwendigen Engführung der komplexen Thematik dieser Arbeit. Im vierten *Abschnitt (1.4)* wird der *Aufbau der Arbeit* dargestellt.

Im *Abschnitt 1.1* werden Basisperspektiven einer Prozesstheorie aufgezeigt, die mit dem Übergang von der *Dynamisierung der Organisationstheorie* (K. Türk) zu einer *Theorie der Organisationsdynamik* in Anschlag zu bringen sind. Es sind vor allem die relationale Perspektive und die Potentialperspektive, die – im Gegensatz zu den im sozialwissenschaftlichen Denken verbreiteten substantialistischen und reduktionistischen Perspektiven – eine Prozesstheorie der Organisationsdynamik unterstützen. Deren konsequente Berücksichtigung spricht m.E. für einen Rückgriff auf den konstitutionstheoretisch erweiterten mikropolitischen Ansatz der Organisationsforschung sowie für dessen weitere Ausarbeitung, besonders in Bezug auf ein Verständnis von Organisationen als kollektive Akteure. Die Klärung des ontologischen Status von *Organisationen als kollektive Akteure* ist für eine Erklärung von Organisationsdynamik unverzichtbar. Sie ist in der Organisationsforschung bislang kaum geleistet worden und stellt für die theoretische Fundierung der Organisationsdynamik eine besondere Herausforderung dar, wie in *Abschnitt 1.2* mit ausführlichem Bezug auf die Neue Institutionenökonomik gezeigt wird. Für die – im weiteren Verlauf der Arbeit zu leistende – Erarbeitung eines angemessenen Verständnisses des kollektiven Akteurs wird hier der konstitutionstheoretische Bezugsrahmen empfohlen, der über ein geeignetes allgemeines Handlungsmodell verfügt. Dieser bietet zudem in kausaltheoretischer Hinsicht eine sinnvolle Basis für eine umfassende Reflexion über Organisationsdynamik. In der organisationstheoretischen Diskussion wird oft nicht zum Ausdruck gebracht, dass das Potential gängiger Ansätze zur Erklärung von Organisationsdynamik entscheidend davon abhängt, inwieweit eher deterministische Fokussierungen vermieden werden. In *Abschnitt 1.3* werden verschiedene *Arten und Ursachen der Organisationsdynamik* einer differenzierten Betrachtung unterzogen. Es erfolgt eine Klärung des *Kausalitätsbegriffs* insofern, als gezeigt wird, dass für eine Prozesstheorie der Organisationsdynamik, die in der Lage ist, der potentiellen Offenheit organisationaler Entwicklungen Rechnung zu tragen, gerade eine in der Organisations- und Managementforschung bisher wenig beachtete und kaum explizierte Kausalitätsvorstellung in Anschlag zu bringen ist: die von Hegel abgeleitete sog. transformative Teleologie.

1.1 Von der „Dynamisierung der Organisationstheorie" zur Theorie der Organisationsdynamik

In der Praxis größerer Unternehmungen besteht seit einiger Zeit eine allgemeine Tendenz zur Überwindung der Dominanz von Strukturen (Linien- und Stabshierarchien etc.) zugunsten einer Dominanz von *Prozessen* (zu einem entsprechenden Paradigmenwechsel internationaler Konzerne vgl. Bartlett/Ghoshal 1994; 1995; Ghoshal/Bartlett 1995).[1] In der aktuellen Managementforschung steht unter Schlagwörtern wie *Prozessmanagement, Prozessorganisation* und *Business process reengineering* ein breites Spektrum prozessorientierter Konzepte zur Diskussion.[2] In der Organisationsforschung erstreckt sich die „Prozess-Idee" (Osterloh/Wübker 1999, 23) über die Organisationstechnik hinaus bis hin zur Theorie der Unternehmung (vgl. Gaitanides 1998, 381; 2004, 1212).[3] In der Organisationstheorie wird im Übrigen schon seit längerem prozessorientiert gedacht. Im Report *Neuere Entwicklungen in der Organisationsforschung* hat Klaus Türk bereits vor etwa zwei Jahrzehnten einen Trend zur *Dynamisierung der Organisationstheorie* (Türk 1989, 51) konstatiert.[4] Türk bietet in seinem – bis heute in der einschlägigen Fachliteratur einzigartigen – Überblicksbeitrag neben einem problemorientierten Aufriss grundlegender Kategorien und Fragestellungen eine Systematisierung von Grundmodellen der Veränderung von Organisationen im Zeitablauf. Seither mehren bzw. differenzieren sich theoretische Ansätze und Forschungsrichtungen aus, die die Analyse von Organisationen aus einer Prozessperspektive nahe legen. Beispielsweise wird im engeren Rahmen der Organisationsforschung über die Betrachtung von Prozessen *in* Organisationen (vgl. neuerdings z.B. Stacey 2001) hinaus der Blick auch für Prozesse *zwischen* Organisationen bzw. für die *Konstitution von Unternehmensnetzwerken* geschärft.[5] Im näheren Umfeld der Organisationsforschung geben vor allem Ansätze der ökonomischen Theorie, die heute im Anschluss an die Schumpetersche *Theorie der wirtschaftlichen Entwicklung* (vgl. Schumpeter 1912/1934) zur Forschungsrichtung der evolutorischen Ökonomik formiert werden, Impulse für die Beantwortung

---

1   Daneben geht es um eine Bewegung weg von der Orientierung an Positionen (Rechte und Pflichten von Stelleninhabern, Rollen, Normen, Werte etc.) hin zur Orientierung an *sozialen Beziehungen* (langfristige, kooperative Austauschbeziehungen, z.B. die verschiedenen Netzwerkansätze, relationship management) und um die Abkehr vom Denken in Restriktionen (Budgets etc.) zugunsten eines Denkens und Handelns in *Potentialen* (Know-how, Erfahrungen, Kundenkontakte etc.; z.B. der resource-based view des strategischen Managements, knowledge management) (vgl. ebd.).

2   Vgl. z.B. Champy (1995), Davenport (1993), Hammer (1990; 1997), Hammer/Champy (1993), Hammer/Stanton (1995), Gaitanides (1983; 1998; 1999), Gaitanides u.a. (1994), Gaitanides/Sjurts (1995), Nippa/Picot (1995), Osterloh/Frost (2003), Töpfer (1996); für einen Überblick vgl. Gaitanides (2004).

3   Als Orientierungsmuster zum Verständnis komplexer Koordinationsprobleme hat die Prozessorganisation „mittlerweile ... den Rang einer gesellschaftlichen Institution des Organisierens erhalten. Sie ist die programmatische Metapher für Modernität in Wirtschaft und Verwaltung, als DIN Norm formalisiert und in Lehrplänen verewigt." (Gaitanides 2004, 1212)

4   Der zum damaligen Zeitpunkt seit etwa 10 Jahren andauernde Diskussionszyklus wurde durch einen Beitrag zum populationsökologischen Ansatz von Hannan/Freeman (1977) eröffnet (vgl. Türk 1989, 51).

5   Vgl. z.B. Sydow (1992), Sydow/Windeler (1994; 2000), Teubner (2000), Windeler (2001).

zentraler Fragen der Organisationsdynamik.[6] Aus dem weiteren Umfeld der sozialwissen-schaftlichen Forschung wird die prozessorientierte Organisationsperspektive neuerdings besonders durch den Versuch genährt, Erkenntnisse der sog. Komplexitätsforschung auf die Organisations- und Managementforschung zu übertragen.[7]

Die mit solchen Ansätzen verbundenen Sichtweisen stehen mehr oder weniger im Widerspruch zum kontingenztheoretischen Paradigma, das die Organisationsforschung bis etwa Mitte der 70er Jahre dominierte. In der kontingenztheoretischen Denktradition[8] wird Organisationsdynamik im Wesentlichen als einfache Kausalbeziehung zwischen Umwelt (Situation) und Organisation gedacht, bei der die Umwelt (Situation) die Organisations-struktur und die Organisationsstruktur die Effizienz bestimmt; Organisationsdynamik be-zeichnet hier eher einen Ausnahmefall. Im Zuge der *Dynamisierung der Organisations-theorie* werden derartige, ihrem Charakter nach *statische* Erklärungsansätze von Modellen und Perspektiven abgelöst, mit denen die „Stabilität" von Organisationen als durch *Bewe-gung* erzeugt gedacht wird (vgl. Türk 1989, 24); überwiegend handelt es sich um Perspek-tiven, die Bewegung unter Bezugnahme auf Entwicklungs-, Selektions- oder Lernmodelle als Formen der exogenen oder endogenen Dynamik oder des Lernens fassen: mit *Lernmo-dellen* rücken kompetente, bewusste Aktivitäten (der Bedürfnisbefriedigung, Wertrealisie-rung, Erfolgsorientierung) von Individuen und Kollektiven in den Vordergrund; bei *Selek-tionsmodellen* wird angenommen, dass Veränderungen von Organisationen (Organisations-formen, Populationen oder Communities von Organisationen) durch exogene Kräfte wie Konkurrenz motiviert sind; hingegen fokussieren *Entwicklungsmodelle* auf bestimmte For-men der endogenen Dynamik, z.B. Wachstum, Kristallisation oder zyklische Entwicklungs-formen von „Systemen"[9]. Die Nützlichkeit eines solchen Nebeneinanders von unterschied-lichen Prozesstypen für die Erkenntnisgewinnung in der Organisations- und Management-forschung wird in letzter Zeit jedoch gerade durch den Versuch einer Verbindung von neue-ren evolutions- und systemtheoretischen Ansätzen zu einem komplexitätstheoretischen *Konzept des komplexen adaptiven Systems* infrage gestellt. Unabhängig davon, wie der

---

6   Zur Programmatik vgl. Seifert/Priddat (1995, 20ff.) und die dort angegebene Literatur; für einen Überblick der neueren Diskussion im deutschsprachigen Raum vgl. Witt (1995).

7   Vgl. z.B. Kauffman (1995), Kappelhoff (1999; 2002a; 2004; 2007), Königswieser (1997), Stacey (1995; 1997), Stacey/Griffin/Shaw (2000).

8   Vgl. Ebers (2004), Hill/Fehlbaum/Ulrich (1992, 401ff.), Kieser/Kubicek (1983), Kieser (2002, 169ff.).

9   Gewisse Verallgemeinerungen solcher entwicklungstheoretischen Vorstellungen werden in der aktuellen Diskussion um die *Pfadabhängigkeit* von (Organisations-)Dynamik vorgenommen. Entwicklungsmodelle postulieren eine extreme Form der Einschränkung zukünftiger Verlaufsformen. Durch die Herausarbeitung unterschiedlicher Möglichkeiten der Pfadabhängigkeit kann die situationsabhängige Schließung von Ent-wicklungspotentialen diskutiert werden. Die Analyse von Pfadabhängigkeiten hat sich mittlerweile zu einem eigenständigen Forschungsterrain entwickelt, dem im Folgenden nicht detailliert auf theoretischer Ebene nachgegangen werden soll (im Rahmen der Managementforschung vgl. die verschiedenen Beiträge in Schreyögg/Sydow 2003; mit Bezug auf organisatorische und hiermit verbundene technologische Entwick-lungspfade vgl. Schreyögg/Sydow/Koch 2003, Windeler 2003). D.h. aber nicht, dass allgegenwärtige Pfad-abhängigkeiten in der Ausarbeitung meines konstitutionstheoretischen Verständnisses von organisationalem Wandel nicht mitgedacht wären; die substantiellen Unterfütterungen dieses Verständnisses im *fünften* und *sechsten Kapitel* dieser Arbeit enthalten zahlreiche mehr oder weniger konkrete Beispiele für die Pfadabhän-gigkeit der Organisationsdynamik, z.B. zum systemischen Charakter von Produkten und Technologien (so-zio-technische Systeme), zu Netzwerkexternalitäten, zu alternativen Entwicklungspfaden von Beschäfti-gungssystemen, zur systemimmanenten Entwicklung von Bewahrungskulturen oder zu organisationsüber-greifenden Pfaden der Innovationsdynamik.

Nutzen einer Übertragung von komplexitätstheoretischen Erkenntnissen in die Organisati-
ons- und Managementforschung im Einzelnen zu beurteilen ist (vgl. dazu z.B. Kappelhoff
2002a, 86ff.), ist für die Organisationstheorie von Bedeutung, dass damit der Blick für ein
ganzheitliches, dialektisches Verständnis von Prozessen geöffnet wird.[10] Und mehr noch
deutet sich bereits an, dass ein *Perspektivenwechsel* weg von einer wie auch immer eindimensionalen hin zur *dialektischen* Prozessvorstellung mit weitreichenden Implikationen für
die organisationstheoretische Auseinandersetzung mit Organisationsdynamik verbunden ist:
es geht um mehr als die Notwendigkeit eines bloß additiven Blicks auf Entwicklungs-,
Selektions- und Lernprozesse; vielmehr erscheint eine *Umstellung der Organisationstheorie auf Dynamik* erforderlich, so dass die *Prozessualität* (als Wesensmerkmal) von Organisationen ins Zentrum der Aufmerksamkeit gerät. Dass ein solcher Kurswechsel in Richtung
auf Dynamik für die Weiterentwicklung der Organisationstheorie ein vielversprechendes
Manöver sein kann, das fruchtbare Perspektiven für die Deutung und Gestaltung der Mana-
gementpraxis eröffnet, soll in der vorliegenden Arbeit gezeigt werden.

Es dürfte außer Frage stehen, dass es sich bei der Umstellung der Organisationstheorie
auf Dynamik um ein voraussetzungsvolles Unterfangen handelt. Dies wird bereits deutlich,
wenn man sich klar macht, dass in der sozialwissenschaftlichen Forschung üblicherweise
mit der Vorstellung von der sozialen Welt als Substanz *(things)* oder als Prozess (dynamische Beziehungen) gearbeitet wird und dass eine weitgehende Vernachlässigung der Bezie-
hungs- und Prozessdimension festzustellen ist. Dies bringt nach Auffassung von Emirbayer
(1997) ein *fundamentales Dilemma der soziologischen Forschung* zum Ausdruck, das sich
darin zeigt, dass substantialistische Perspektiven, in denen Individuen, Organisationen und
Strukturen (wie Substanzen verschiedener Art) zentrale Untersuchungsgegenstände darstellen,
weite Teile der Modelllandschaft – vom rationalen bis zum normorientierten Verhaltensmodell, vom Holismus und Strukturalismus bis zur statistischen Variablen-Analyse – beherrschen.
Im Unterschied dazu fokussiert die *Prozessperspektive* vor allem auf die *Relationalität (soziale
Beziehungen)* zwischen Elementen (Akteure, Systeme); unabhängig von dieser – so die Basis-
annahme – lässt sich keines der Elemente hinreichend charakterisieren. Mit der Prozessperspektive wird also die verbreitete Auffassung zurückgewiesen, dass bereits diskrete Einheiten (Individuum, Gruppe, Gesellschaft etc.) geeignete Ausgangspunkte für die Erklärung
sozialen Handelns und historischen Wandels darstellen können. Emirbayer (1997) setzt sich
in seinem *Manifesto for a Relational Sociology* kritisch von substantialistischen For-
schungsperspektiven ab und tritt für eine *prozessorientierte soziologische Analyse* ein,[11]
dessen Reichweite er für die verschiedenen Betrachtungsebenen (Mikro-, Meso- und Mak-

---

10   Z.B. mit dem Verständnis von *Evolution* als Wechselspiel zwischen der Konstitution von oben und Emer-
      genz von unten, von *Ordnung am Rande des Chaos* als eine Form der Ordnung zwischen starrer Ordnung
      und chaotischer Unordnung bzw. zwischen Stabilität und Flexibilität.

11   Die Basis bildet die sog. *transaktionale Perspektive (perspective of trans-action)* „where systems of descrip-
      tion and naming are employed to deal with aspects and phases of action, without final attribution to ‚elements' or
      other presumptively detachable or independent ‚entities', ‚essences', or ‚realities', and without isolation of pre-
      sumptively detachable ‚relations' from such detachable ‚elements'" (Dewey/Bentley 1949, 108, zitiert bei Emir-
      bayer 1997, 286f.).
      „... I shall also label ‚relational', the very terms or units involved in a transaction derive their meaning, significance,
      and identity from the (changing) functional roles they play within that transaction. The latter, seen as a dynamic,
      unfolding process, becomes the primary unit of analysis ..." (Emirbayer ebd., 287).

roebene) und unter Reformulierung zentraler Kategorien der soziologischen Analyse verdeutlicht.[12]

In einigen Bereichen vor allem der empirischen Organisationsforschung werden „relationalistische" Perspektiven, ähnlich denen, die Emirbayer für die soziologische Analyse einfordert, bereits seit längerem genutzt und ausgearbeitet. So sprechen beispielsweise die Arbeiten von Andrew Pettigrew (1985; 1987) – Längsschnitt-Analysen bei der Firma ICI – für die Beachtung der folgenden *Axiome* bei der Analyse von Organisationsdynamik (Küpper/Felsch 2000, 532):[13]

> „1.   Die Einbettung (embeddedness) von Organisationen in größere soziale Kontexte (Kontextualität).
> Organisationen residieren nicht einfach in ihrer Umwelt, noch weniger werden Organisationsformen – wie beim Kontingenzansatz – durch ihre Umwelt determiniert; vielmehr interagieren Organisationen als Teil eines Netzwerkes komplexer Beziehungen in der weiteren Gesellschaft.
> 2.   Historische Kontingenzen (temporal interconnectedness).
> Damit ist dem prozessualen Charakter der Organisation Rechnung zu tragen. Diese Organisationsdynamik wird nicht nur durch den aktuellen Kontext ermöglicht bzw. beschränkt, sondern auch durch die Organisationsgeschichte.
> 3.   Verbindungen zwischen Kontext und Handlungen (context and action).
> Entscheidungen und Handlungen von Akteuren werden über Politiken, Gewohnheiten und Verfahren zu einem Teil des Kontextes, der wiederum das zukünftige Handeln beeinflusst.
> 4.   Komplexität und Widerspruch (complexity and contradiction).
> Durch deren Beachtung sollen die Vereinfachungen bzw. der Reduktionismus sowohl unter-sozialisierter als auch über-sozialisierter Modelle der Organisationsdynamik vermieden werden."

Derartige Sichtweisen lassen sich – was von Pettigrew nicht geleistet wird – im Rahmen der Strukturationstheorie von Anthony Giddens (1984; 1988) mit den Vorstellungen der *Dualität von Struktur* und der *Rekursivität von Handlung und Struktur* rekonstruieren.[14]

---

12   Beispielsweise
- ist die Kategorie *Macht* in relationaler Perspektive (bezugnehmend auf Elias, Foucault und Bourdieu u.a.) nicht länger im Sinne eines Attributs oder Besitztums ihrer „Träger" zu denken, sondern wird untrennbar mit *sozialen Figurationen* verbunden;
- ist die Kategorie *Agentur* statt eines Vermögens oder wesentlichen Prinzips, das „trägen" Substanzen (Individuen und Gruppen) „Leben einhaucht", als *dialogischer Prozess* zwischen Akteuren in organisierten, kollektiven Handlungskontexten zu verstehen, der pfadabhängig und situational eingebettet verläuft;
- werden Vorbehalte der transaktionalen Perspektive gegenüber solchen sozialwissenschaftlichen Analysen verdeutlicht, die klar zwischen verschiedenen (sui generis) Betrachtungsebenen unterscheiden, statt eine auf die netzwerkartige Konstitution von Systemen (der Gesellschaft) bezogene Makroanalyse einer Mikroanalyse gegenüberzustellen, die die (auf wechselseitige Anerkennung beruhende) *Konstitution von Individuen (Akteuren) als Identitäten* in den Blick nimmt. Analytisch zwischen der Mikro- und der Makroanalyse angeordnet, ist nach Emirbayer die Untersuchung von face-to-face Begegnungen im Hinblick auf Mechanismen, Muster und Sequenzen von offenen, dynamischen Prozessen (auch im Sinne einer „Soziologie der Gelegenheiten", vgl. Goffman 1967) von Bedeutung.
13   Die Kursivsetzungen wurden verändert.
14   Dabei ist die *Theorie der Strukturation* und sind *relationale* Machtkonstrukte als theoretische Fundierung der Beziehungen zwischen Handlungs- und Systemebene (vgl. Crozier/Friedberg 1993, Küpper/Ortmann 1986, Ortmann 1995, Ortmann/Sydow/Windeler 1997, Küpper/Felsch 2000) in besonderer Weise geeignet, einem unergiebigen Nebeneinander in der Betrachtung von Makro- und Mikroebene vorzubeugen – auch und gerade, wenn es, wie auch Emirbayer (1997) betont, in Zukunft stärker als bisher darum gehen soll, theoretische Konsistenz über die Ebenen der empirischen Untersuchung hinweg und in der Theoriebildung anzustreben. Im konstitutionstheoretischen Analyserahmen lässt sich auf der subjekt- und persönlichkeitstheoretischen Ebene – wie auch bei Emirbayer angedeutet wird – fruchtbar an *identitätstheoretische* Konstrukte anknüpfen (vgl. dazu ausführlich *Abschnitt 4.4* dieser Arbeit).

Die Giddenssche Sicht auf Struktur als Medium und zugleich Produkt des Handelns (vgl. Giddens 1984, 374) ist für eine *Prozesstheorie der Organisationsdynamik* auch deshalb von besonderer Bedeutung, weil mit ihr nicht nur *Historizität*, sondern zugleich Potentialität impliziert ist;[15] Historizität bzw. die Irreversibilität gesellschaftlicher und organisationaler Prozesse ist auf der theoretisch-konzeptionellen Betrachtungsebene schließlich erst vor dem Hintergrund der *Potentialität sozialer (Handlungs-)Systeme* relevant. Unabhängig von der Dimension der Potentialität ist es nicht möglich, Prozesse zur Grundlage des Denkens zu machen (vgl. Whitehead 2001, 136ff.). Wird also durch die konzeptionelle Berücksichtigung von Relationalität (s.o.) einer Dynamisierung der Organisationstheorie der Weg bereitet, hat man es auf der fundamentalen Ebene des organisationstheoretischen Diskurses unweigerlich auch mit Fragen der Potentialität zu tun. Anders ausgedrückt: Abseits statischer Organisationskonzepte bzw. substantialistischer Perspektiven in der Organisationsforschung gerät mit der Prozessualität nicht nur die *Relationalität*, sondern zugleich die *Potentialität* als zentrale Dimension der Organisationsanalyse in den Blick. Hierauf besonders hinzuweisen, erscheint schon deshalb geboten, weil die Einbeziehung von Potentialität in die sozial- bzw. organisationstheoretische Betrachtung bislang weder selbstverständlich noch gleichsam voraussetzungslos möglich ist. So lässt sich Potentialität im Sinne der *Kreativität des Handelns* im Rahmen verschiedener (ökonomischer und normorientierter) Modelle rationalen Handelns nicht auf theoretisch konsistente Weise integrieren. Wie Hans Joas (1992) überzeugend vorgeführt hat, setzt die Behandlung von Kreativität als grundlegende Dimension menschlichen Handelns eine umfassende Rekonstruktion der anthropologischen, sozialpsychologischen und sozialphilosophischen Basis dieser Modelle voraus.

Im Rahmen einschlägiger Ansätze des strategischen Managements (z.B. dem *resource-based view*, vgl. Bresser 2004; dem *knowledge-based view*, vgl. Osterloh/Frey/Frost 1999; der Theorie der Kernkompetenzen, vgl. Hamel/Prahalad 1997) wird gegenwärtig vor allem der Potentialcharakter von *Ressourcen* hervorgehoben, wobei das Potential von Ressourcen i.d.R. unter Bezugnahme auf Zweck-Mittel-Kategorien geklärt wird. Besonders die – substantialistische – Vorstellung der Nutzung des (Ressourcen-)Potentials, wonach Ressourcen, sofern vorhanden, bloß noch „angewendet", „genutzt", „kombiniert" oder „optimal eingesetzt" werden müssen, greift im Rahmen einer Theorie der Organisations*dynamik* zu kurz. Entscheidend ist vielmehr, dass Ressourcen erst zu *Modalitäten des Handelns* (Giddens; vgl. dazu auch Duschek 2001) werden müssen, damit ihnen Ressourcencharakter zugebilligt werden kann. Ortmann (2003a, 185ff.; 2007, 23ff.), der bezugnehmend auf Giddens Ressourcen wie Regeln im Begriff der sozialen Struktur verankert sieht,[16] bemerkt hierzu, dass

„wir Ressourcen – wie Regeln! – nicht einfach als fix und fertige *anwenden*, sondern ihre Ressourceneigenschaft und damit die Ressourcen *als Ressourcen* erst *in der* und *durch die* Anwendung vollends hervorbringen." (Ortmann 2003a, 188)

---

15 So setzen etwa Konzepte, die die Rekursivität von Handlung und Struktur im zeitlichen Modus, z.B. als Pfadabhängigkeit, betonen, einen deutlichen Akzent auf die Offenheit, Kontingenz und Nichtdeterminiertheit institutioneller und technologischer Entwicklungen.

16 Materielle und immaterielle Ressourcen werden bei Giddens neben Regeln unter dem Begriff der sozialen Struktur gefasst, weil sie soziales Handeln ermöglichen und begrenzen. Ressourcen ermöglichen die Ausübung von Herrschaft über Akteure (autoritative Ressourcen) und über Objekte, Güter bzw. materielle Phänomene (allokative Ressourcen) (vgl. Giddens 1984, 33 u. 373). Zur Rekonzeptualisierung ressourcenbasierter Ansätze auf strukturationstheoretischer Basis vgl. Duschek (2001).

Ressourcen werden also in ihrem Gebrauch als Ressourcen konstituiert. Der *Potential*charakter einer Ressource (vgl. auch Ortmann 2007, 26ff. im Zusammenhang mit dem *resource-based view*) kommt darin zum Ausdruck, dass ihre Eigenschaft durch die Nutzungsweise wieder und wieder modifiziert wird.

> „Ressourcen sind *Potentiale*, deren Nutzung in Grenzen offen bleibt, bis sie aktualisiert werden." (Ortmann 2003a, 207)

Da Ressourcen in der organisationalen Praxis von den strategisch handelnden Akteuren immer auch genutzt werden, um im Rahmen interdependenter sozialer Austauschbeziehungen mehr oder weniger offensichtlich ihre je eigenen Interessen auch gegen die Interessen anderer zu verfolgen, ist unter Praktikern nicht selten auch von *Machtressourcen* die Rede – von Ressourcen, die *in ihrem Gebrauch* zu Machtressourcen werden, insofern sie dazu beitragen, Machtbeziehungen zu strukturieren. Im Rahmen organisationaler Beziehungen lässt sich die *relative* Macht eines Akteurs zum einen durch das Ausmaß rekonstruieren, in dem sein *Handlungspotential* für andere Akteure relevant und überraschungsträchtig ist, er also Ressourcen, z.B. Informationen und andere Problemlösungsbeiträge partiell verweigern kann. Zum anderen hängt die relative Macht eines Akteurs davon ab, inwieweit dieser selbst durch die Verfolgung seiner Interessen auf die Handlungspotentiale anderer Akteure (auf deren Gebrauch von Ressourcen) angewiesen ist. Man sieht, dass unter Bezugnahme auf einen *relationalen Machtbegriff* (vgl. dazu auch weiter oben) wie er z.B. in der *Strategischen Organisationsanalyse* von Crozier/Friedberg (1993) zugrunde gelegt wird, die Dimensionen der Relationalität und Potentialität organisationsbezogenen Handelns individueller Akteure eng aufeinander bezogen, man könnte fast sagen: miteinander verschränkt sind. Es scheint, als könnte die *Dynamisierung der Organisationstheorie* besonders dann an Schwung gewinnen, wenn sie mit einer *Politisierung der Organisationstheorie* (Türk 1989, 120) einhergeht. In der vorliegenden Arbeit zur Organisationsdynamik wird daher besonders auf die Fruchtbarkeit einer machttheoretischen bzw. *mikropolitischen Organisationsanalyse* gesetzt (vgl. Crozier/Friedberg 1979; Küpper/Ortmann 1986 und 1992; Ortmann u.a. 1990; Neuberger 1995; Felsch/Brüggemeier 1998; Küpper/Felsch 2000; Küpper 2004). Besonders das *konzeptuale Verständnis von Mikropolitik*, das konsequent von der Perspektive Interessen verfolgender Akteure ausgeht, um das Organisationsgeschehen als Gesamtheit von Struktur und Handlung verknüpfender Prozesse zu erklären, ist als Basis für einen organisationstheoretischen Ansatz geeignet, der einen wesentlichen Beitrag zur Erklärung bzw. Deutung von Organisationsdynamik leisten kann. Eine gerade auch in dieser Hinsicht notwendige Erweiterung des mikropolitischen Ansatzes besteht darin, organisationale Gruppenbildungen (z.B. Arbeitsgruppen, Abteilungen, Organisationen, Organisationsnetzwerke) unter der Perspektive der Konstitution kollektiver Akteure zu betrachten.

Im Gegensatz zum Status von Individuen als rationale Akteure erscheint der Status von *Organisationen als kollektive Akteure* in der Organisationstheorie bis heute eher als ungeklärt. Soweit ein eigenständiger Akteursstatus für Kollektive nicht etwa mit Max Weber von vornherein zurückgewiesen wird,[17] vermag auch die in der soziologischen Verwen-

---

17 Für Max Weber gibt es keine *handlungsfähigen* Kollektive und die Realität von Kollektivpersönlichkeiten ist als Gedankengebilde mit normativem Geltungsanspruch zu verstehen: „Für die verstehende Deutung des Handelns durch die Soziologie sind diese Gebilde (der Staat, die Wirtschaft, die Nation usw., A.F.) lediglich Abläufe und Zusammenhänge spezifischen Handelns *einzelner* Menschen, da diese allein für uns verständliche Träger von sinnhaft orientiertem Handeln sind. (...) Für die Soziologie (...) gibt es keine ‚handelnde‘ Kollektivpersönlichkeit. Wenn sie von ‚Staat‘ oder von ‚Nation‘ oder von ‚Aktiengesellschaft‘ oder von

dung des Akteurskonzepts verbreitete, am Vorbild und an der Idee des individuellen Akteurs orientierte Konstruktion des kollektiven Akteurs letztlich nicht darüber hinwegzuhelfen, dass hier eine Leerstelle besteht.[18] Diese Leerstelle mag bislang kaum aufgefallen sein – vielmehr macht es den Eindruck, als befände sie sich in Anbetracht der „Selbstverständlichkeit des Akteurstatus individueller Akteure" (Vollmer 1997, 171) in einem „toten Winkel" der einschlägigen Diskussion[19] –, sie erweist sich jedoch mit der Umstellung des organisationstheoretischen Fokus auf *Dynamik* als gravierend. Der wesentliche Grund liegt darin, dass in sozialwissenschaftlichen Analysen mit dem Akteurcharakter von Organisationen auch das kreative, gestaltende und bewahrende Agens gesellschaftlicher Entwicklungen fehlt. M.a.W.: Eine *Theorie der Organisationsdynamik* stellt auf die *Konstitution organisationaler Handlungssysteme als kollektive Akteure* ab. Die Klärung des ontologischen Status von Organisationen (organisationaler Handlungssysteme) als kollektive Akteure ist deshalb für die vorliegende Arbeit von elementarer Bedeutung. Hierauf ist im Folgenden genauer einzugehen.

1.2 Organisationen als kollektive Akteure

Die Alltagserfahrung zeigt, dass Organisationen wie Akteure behandelt bzw. dass Organisationen Akteureigenschaften zugeschrieben werden. In der organisationalen Praxis wirken diese Alltagserfahrungen ihrerseits auf organisationales (kollektives) Handeln zurück und finden ihren Ausdruck z.B. in der Imagepflege von Unternehmungen, in der Entwicklung von *corporate design* oder *corporate identity*. Aufgrund eines bisher weitgehend vernachlässigten organisationstheoretischen Diskurses ist es jedoch nicht möglich, solche Alltagserfahrungen theoretisch angemessen zu reflektieren. Über die Deutung der Alltagserfahrung hinaus setzt gerade auch die Erörterung von Phänomenen der Organisationsdynamik einen theoretischen Bezugsrahmen voraus, der neben einer Unterscheidung zwischen individuel-

---

,Familie' oder von ,Armeekorps' oder von ähnlichen ,Gebilden' spricht, so meint sie damit vielmehr *lediglich* einen bestimmt gearteten Ablauf tatsächlichen, oder als möglich konstruierten sozialen Handelns einzelner." (Weber 1922, 6f. u. 25ff., zitiert bei Schütz 1993, 279) Alfred Schütz (1993, 280) hingegen sieht die Notwendigkeit einer soziologischen Gebildelehre, die die von ihm postulierte Formenlehre der Sozialwelt wirksam ergänzen könnte. „Eine solche Disziplin wird vor allem die im Begriff des sozialen Kollektivums enthaltenen idealtypischen Aufstufungen, deren Inhaltserfülltheit und Anonymitätsgrad in mühevollen Deskriptionen zu analysieren haben." Hierbei wird es z.B. um die Art der Sozialbeziehungen der das soziale Kollektivum konstituierenden sozialen Individuen gehen, um den korrekten Gebrauch der Rede vom subjektiven Sinn sozialer Kollektiva und damit auch um das Problem der „Zurechnung" von Handlungen zum sozialen Kollektivum oder um die Funktion des Begriffs des sozialen Kollektivums als Deutungsschema mitweltlichen Handelns vor dem Hintergrund eines überprüfbaren standardisierten, typisierend erfassbaren objektiven Sinngehalts, der in mitweltlichen Sozialbeziehungen fraglos hingenommen wird.

18 Auch in den wissenschaftstheoretischen Analysen von Burrell und Morgan (1979) wird die Frage nach dem ontologischen Status von Organisationen nicht beantwortet.

19 Für die soziologische Auseinandersetzung mit der Frage nach den Akteuren stellt Vollmer (1997, 170) m.E. zu Recht fest, dass „bei allem Gerede *über* Akteure der Arbeit *am* Akteurskonzept bis heute eine verhältnismäßig geringe Rolle zu(kam)." Er unternimmt den begrüßenswerten Versuch, das Akteurskonzept stärker als bisher mit Prozessen der Akteurkonstitution in Verbindung zu bringen. Vollmer wählt hierfür eine zweifelsohne interessante (Gegen-)Perspektive, die, vor einem macht- und identitätstheoretischen Hintergrund betrachtet, allerdings nicht bis in den letzten Schritt geteilt zu werden braucht: er regt an, mit der Auswertung empirischer Daten zu beginnen, die etwas über die Konstitution kollektiver Akteure aussagen, um sich von dort einem allgemeinen Akteurskonzept anzunähern, das dann daraufhin zu prüfen wäre, was es über individuelle Akteure auszusagen vermag.

len und kollektiven Akteuren letzteren einen eigenständigen theoretischen Status zuerkennt. Für die organisationstheoretische Analyse der Organisationsdynamik stellt die Klärung des *Akteurstatus* von Organisationen m.E. nicht weniger als eine zentrale Herausforderungen dar, denn erst ein Verständnis von Organisationen als Akteure ermöglicht es, auf der theoretischen Ebene in Rechnung zu stellen, dass sich Organisationen an ihre Umwelt nicht nur anpassen, sondern aktiv in diese eingreifen (und damit die Umwelt gewissermaßen selbst hervorbringen, vgl. Weick 1985; zur Koevolution von Märkten und Unternehmungen vgl. auch Chandler 1990, dazu weiter unten). Die Annahme eines Akteurstatus für Organisationen macht – wie die Annahme eines Akteurstatus für Individuen – theoretisch nur dann Sinn, wenn von der Möglichkeit *partieller Handlungsautonomie* ausgegangen wird.[20] Die Annahme eines Akteurstatus von Organisationen impliziert, dass Organisationen als *konkrete Handlungssysteme* (kollektive Akteure) verstanden werden, die mit anderen Handlungssystemen durch *kontingente machtgestützte Interaktionsprozesse* verbunden sind. Ohne eine Analyse der Dynamik von organisationalen und zwischenorganisationalen Machtbeziehungen, in denen jeweils organisationsinterne und -externe Autonomiezonen und mithin Organisationen als kollektive Akteure konstituiert werden, kann auch die Möglichkeit kreativen und innovativen Handelns in und von Organisationen (z.B. auch sog. *double-loop Lernen*) theoretisch nicht erschlossen werden.

Die von Türk im Rahmen von Lern-, Selektions- und Entwicklungsmodellen im Einzelnen angesprochenen organisationstheoretischen Ansätze (vgl. dazu auch in *Abschnitt 1.1*) verfügen in aller Regel nicht über ein angemessenes Verständnis von Organisationen als Akteure. Und auch in den heute verstärkt diskutierten institutionellen Forschungsansätzen geraten *Akteureigenschaften* von Organisationen zunehmend in den Hintergrund. Beispielsweise werden im Rahmen des soziologischen Institutionalismus kollektive Prozesse lediglich im Hinblick auf die Entstehung handlungsbeschränkender oder handlungsermöglichender Strukturen für individuelles oder organisationales Handeln begriffen. Organisationale Rationalität wird hier als Anforderung der (gesellschaftlichen) Umwelt auf der institutionellen Ebene diskutiert, nicht aber bezogen auf Organisationen als kollektive Akteure.[21] Organisationen werden als Institutionen gefasst, wobei zumeist nicht explizit wird, was Organisationen als besondere Form sozialer Institutionen auszeichnet.[22] Dies gilt auch für die Neue Institutionenökonomik. In den entsprechenden Ansätzen wird eine strikte Unterscheidung zwischen den Begriffen Organisation und Institution im Allgemeinen nicht

---

20 Vgl. auch die soziologische Perspektive von Geser (1990, 402), der anmerkt: „Erst das Zugeständnis einer ..– wenn auch durchaus partiellen – Autonomie nötigt dazu, Organisationen analog zu Individuen als soziale Akteure sui generis zu respektieren und alle Konzepte und Hypothesen, die bisher ausschließlich der Analyse interindividueller Verhältnisse dienten, derart zu modifizieren, dass sie auch für interorganisationale Verhältnisse sowie für Beziehungen zwischen Individuen und Organisationen Verwendung finden können." Gewissermaßen in neo-institutionalistischer Ergänzung hierzu sei gerade auch in Bezug auf Schwierigkeiten, die es bereiten mag, Organisationen Akteurseigenschaften zuzuschreiben, auf Brunsson (2001) verwiesen, der klarstellt, dass der Akteurstatus individueller Akteure ebenso der Institutionalisierung bedarf, wie der korporativer Akteure.

21 Soweit man im soziologischen Neoinstitutionalismus die Notwendigkeit der Anpassung von Organisationen an (u.U. widersprüchliche) gesellschaftliche Anforderungen bzw. Erwartungen thematisiert, werden zumindest implizit Organisationen als Akteure behandelt, die die Anpassungen vollziehen. Besonders bei der von Brunsson (1989) in Anschlag gebrachten handlungstheoretischen Perspektive werden die Akteureigenschaften auch explizit gemacht.

22 Vgl. Vollmer (1996, 318ff.), der dazu feststellt, dass es in der neoinstitutionalistischen Literatur keinen institutionalistischen Begriff von Organisationen im engeren Sinne gibt.

geleistet. Vielmehr wird ein weitgefasster Institutionenbegriff zugrunde gelegt, der Organisationen ein- und damit die Konstruktion eines eigenständigen kollektiven Akteurs ausschließt. Organisationen (etwa Unternehmen, Staat) erscheinen hier meist neben Verhaltensregeln (z.B. Normen, Traditionen, Gesetze) und Entscheidungssystemen (Märkte, Hierarchien etc.) als spezifische Institutionen einer Gesellschaft (vgl. z.B. den Institutionenbegriff bei Feldmann 1995, 9f.). Hauptvertreter der Neuen Institutionenökonomik, etwa Coase
(1937), Williamson (1985) oder Milgrom/Roberts (1992), begreifen Unternehmen als ver-
tragliche (verfügungsrechtliche) Institution und – unter bestimmten Bedingungen in Bezug
auf die Minimierung von Transaktionskosten – relativ effizienten, alternativen Koordinati-
onsmechanismus zum Markt. Dabei wird die Existenz von Firmen vorausgesetzt, nicht aber
erklärt.[23] Für eine Theorie der Organisationsdynamik ist die *Unterscheidung* zwischen
Organisationen und Institutionen unverzichtbar, um Organisationen als eigenständige kollektive (korporative) Akteure mit emergenten Eigenschaften verstehen zu können; sie ist
aber auch schon deshalb notwendig, weil erst auf ihrer Basis mögliche Beziehungen zwischen der Genese von Organisationen und (sonstigen) Institutionen erhellt werden können.[24] Im Unterschied zu einem weitgefassten Institutionenbegriff, der Organisationen
einschließt, empfiehlt Elias L. Khalil (1995) eine strenge Unterscheidung zwischen den
Begriffen Organisation und Institution, weil sie hilft, wesentliche theoretische Kontroversen zu klären.[25]

   Unter den Vertretern der Neuen Institutionenökonomik betont nur der Wirtschaftshis-
toriker Douglas C. North in seiner ökonomischen Erklärung des Wandels von politischen
und rechtlichen Institutionen in der Gesellschaft die Notwendigkeit einer strikten Unterscheidung zwischen Organisationen („Spielern") und Institutionen („Spielregeln") (vgl.
North 1992, 5). Nach North umfasst der Begriff *Institution* formgebundene und formlose
Arten von Beschränkungen, die von Menschen zur Gestaltung ihrer sozialen Interaktion
geschaffen werden. Unter den Begriff *Organisation* dagegen fallen öffentliche Körperschaften, Rechtspersonen des Wirtschaftslebens und Anstalten des Bildungswesens, oder
allgemeiner: Gruppen von Einzelpersonen, die durch einen gemeinsamen Zweck, durch die
Erreichung eines gemeinsamen Ziels miteinander verbunden sind. Nicht nur Institutionen,
sondern auch Organisationen können also einen ordnungsstiftenden Charakter für men-

---

23 Pies (2001, 110) spitzt hier bezugnehmend auf Williamson weiter zu: „Mehr noch: Die Frage nach der raison
    d'être von Organisationen wird nicht nur nicht beantwortet; sie wird gar nicht erst gestellt. Um es pointiert
    als These zu formulieren: Williamsons ‚economics of organization' ist genaugenommen eine Ökonomik des
    Organisierens, nicht jedoch eine Ökonomik der Organisation." Pies zeigt in seiner weiteren Argumentation,
    dass es aus der organisationsökonomischen Sicht Williamsons nahe liegt, die Existenz von Organisationen in
    Hinblick auf besondere Eigenschaften von korporativen Akteuren als Vertragspartner einer Begründung zu-
    zuführen. Demgegenüber leistet die von ihm für eine Neuausrichtung des organisationsökonomischen Ansat-
    zes vorgeschlagene interaktionsanalytische Sicht der These Vorschub, dass korporative Akteure im Ver-
    gleich zu natürlichen Akteuren über eine größere Selbstbindungsfähigkeit verfügen und dass hierin die we-
    sentlichen Wurzeln für die Existenz von Organisationen liegen (vgl. ebd., 116).

24 Im Übrigen sind mit der mangelnden Differenzierung zwischen Organisation und Institution auch für die Analyse
    von Institutionen und Institutionenwandel Probleme verbunden. Weinert (1997, 85) stellt fest: „Die sozialwis-
    senschaftliche Analyse von Institutionen und Institutionenwandel kann von der neuen Institutionenökonomik
    kaum profitieren, weil dort ein sehr allgemeiner, häufig amorpher Institutionenbegriff dominiert. In diesem
    Kontext könnte eher die neue Institutionenökonomik von den Sozialwissenschaften lernen."

25 Theoretische Kontroversen, die (oft genug) nicht auf einer klaren Unterscheidung zwischen Organisation und
    Institution basieren, sind u.a. mit den folgenden Problemen behaftet: „First, it presents the behavior of organiza-
    tion as dictated by institutions. Second, it neglects the issue of division of labor and how intra-organizational rela-
    tions cannot be fully explained solely by examining the underpinning institutions." (Khalil 1995, 463).

schliche Interaktionen haben. North verdeutlicht den Unterschied zwischen Organisationen und Institutionen in Analogie zum Mannschaftssport:

> „Was begrifflich genau zu trennen ist, sind Spielregeln und Spieler. Zweck der Regeln ist die Bestimmung der Art und Weise, wie das Spiel zu spielen sei. Doch im Rahmen dieser Regeln ist es das Ziel der Mannschaft, das Spiel zu gewinnen: durch Kombination von Können, Strategie und Koordination; auf faire Weise – und gelegentlich auch auf unfaire Weise. Die Modellierung von Strategien und Können der Mannschaft im Laufe ihrer Entwicklung ist ein anderer Vorgang als die Modellierung von Schaffung, Fortentwicklung und Folgen der Regeln." (North, 1992, 5)

Besonders in Bezug auf die angestrebte Effizienzerklärung von Institutionen bleibt diese Unterscheidung allerdings auch bei North's *Analyse des Institutionenwandels* folgenlos. Zwar wird an verschiedenen Stellen der Untersuchung auf die Tatsache hingewiesen, dass in der Beziehung zwischen Organisationen und Institutionen Wechselwirkungen bestehen – als Abhängigkeit der Entstehung und Veränderung von Organisationen von institutionellen Rahmenbedingungen einerseits und als Einfluss von Organisationen auf die Entwicklung institutioneller Rahmenbedingungen andererseits; überwiegend jedoch fokussiert North (in beabsichtigter Weise) einseitig auf die Analyse von Institutionen als vorgegebene Spielregeln und deren Wirkungen auf Transaktions- und Produktionskosten einer Wirtschaft. Damit liegt seiner wirtschaftsgeschichtlichen Untersuchung letztlich ein kausalanalytisches Denken zugrunde, das auch den Transaktionskostenansatz (vgl. etwa Williamson 1996 als einen der Hauptvertreter) prägt. Unter Bezugnahme auf die Arbeit von North lässt sich die kontingenz- und transaktionskostentheoretische Analyse sog. Governance-Strukturen bei Williamson durch die Hinzufügung einer Kausalbeziehung von gesellschaftlichen zu organisationalen Strukturen erweitern bzw. spezifizieren. Ein derartiges Kausalschema kann allerdings nur nachvollzogen werden, wenn angenommen wird, dass nicht nur individuelle Akteure, sondern auch Organisationen dem rationalistischen Modus des ökonomischen Verhaltensmodells folgen.[26] Abweichend von einer kontingenz- (und im Übrigen auch evolutions-)theoretischen Perspektive ist in einer *konstitutionstheoretischen* Sicht der Austausch zwischen kollektiven (korporativen) Akteuren (z.B. Organisationen) nicht im Sinne eines als gegeben interpretierten Musters zu verstehen;[27] vielmehr ist er als das kontingente Ergebnis aufeinander bezogener Machtstrategien zu deuten. Quasi-kausale Wirkungszyklen und -relationen sind nur bei stark asymmetrischen Machtverhältnissen zu erwarten.

Anders als bei North wird z.B. in den Arbeiten von Alfred D. Chandler (vgl. Chandler 1990 und die Rezension von Teece 1993) schon durch die Art seines Untersuchungsdesigns die Aufmerksamkeit auf Organisationen als kollektive Akteure gerichtet, deren gerade auch *innovatives* Verhalten sich nach Chandler für die Dynamik des kapitalistischen Prozesses als entscheidend herausstellt. Seiner Hauptthese nach reagieren Unternehmer und ihre Manager nicht lediglich auf die sie umgebenden technologischen Entwicklungen und Marktkräfte; vielmehr formen sie die Technologie- und Marktentwicklungen. Wenngleich Chandler keine eigenständige Unternehmenstheorie entwickelt, enthalten seine Untersuchungser-

---

26 Wie Khalil hervorhebt, kommt es selbst für diesen Fall auch auf die Art der organisationalen Zielfunktion sowie die Präferenzen und Motivationen von Organisationsmitgliedern an, um die Effizienz von Institutionen im Sinne nominaler Schemata zu begründen: „For a play to be successful, it is insufficient to have a play like Hamlet; there is a need for motivated actors and an appreciative audience" (Khalil 1995, 461).

27 Es erscheint damit auch wenig angemessen, die Umwelt einer Organisation wie in den meisten ökonomischen und evolutionstheoretischen Ansätzen als ein mehr oder weniger neutrales, ein vor dem Handeln von Akteuren gesetztes Umfeld von Restriktionen zu verstehen.

gebnisse implizit die These einer *Koevolution* von Unternehmen und Märkten. Damit wird zumindest North's These der hervorragenden Bedeutung effizienter Institutionen für die Wirtschaftsleistung stark relativiert. Während man also den Analysen von North eine Institutionen-Lastigkeit vorwerfen kann, könnte man den Analysen von Chandler zumindest in ihrer Konzentration auf Managerhandeln eine gewisse Akteurlastigkeit anlasten. Wie Khalil betont, sind für eine genauere Analyse der Existenz und Art möglicher Verbindungen zwischen der Entwicklung von Organisationen und Institutionen jeweils unterschiedliche hierarchische Ebenen zu beachten: bei *Organisationsebenen* das Niveau von Gruppenbildungen (z.B. Arbeitsgruppen, Abteilungen, Unternehmen, Unternehmensnetzwerke), bezogen auf *Institutionenebenen* Generalisierungs- und Abstraktionsstufen im Sinne einer Taxonomie von Bedeutungshierarchien (z.B. Christentum, Protestantismus, Baptismus).

Bei der Subsumption des Organisationsbegriffs unter den Institutionenbegriff wird leicht der Akteurstatus von Organisationen unterschlagen.[28] Khalil (1995, 447) schlägt vor, die Unterscheidung zwischen Organisationen und Institutionen am grundlegenden Unterschied zwischen Zwecken (Absichten und Zielen) und Mitteln auszurichten. Organisationen werden (auch) durch (konsensuale, gemeinsame)[29] Zwecke definiert; der *Akteurstatus* einer Organisation setzt Zielgerichtetheit i.S.v. *Optimierung und* mehr noch Zielgerichtetheit i.S.v. *entrepreneurship* voraus:

> „The only way to conceive the firm as an individual is to see it as a purposeful actor in the sense that it seeks to act entrepreneurially." (Khalil 1997a, 520)

Institutionen gehören – neben materiellen und technologischen Ressourcen – zu den *Mitteln*, die Organisationen in Verfolgung ihrer Ziele in Anschlag bringen.

Um nun Organisationen als zielverfolgende Handlungssysteme begreifen zu können, ist eine genauere Klärung ihres Akteurstatus notwendig: Sind Organisationen selbst nur ein Mittel zur Zielerreichung ihrer Mitglieder, oder handelt es sich um eigenständige Entitäten (kollektive Akteure), so dass Organisationen nicht vollständig auf die Ziele ihrer Mitglieder reduzierbar sind? Die Beantwortung dieser *ontologischen* Frage führt entweder zu reduktionistischen oder funktional-holistischen Konzepten von Organisationen. Im ersten Fall werden Organisationen als künstliche Konstrukte (Artifakte), im zweiten Fall als natürliche, selbst-konstitutive Handlungseinheiten behandelt.

Typisch für *reduktionistische* Konzeptionen sind Ansätze der neuen Institutionenökonomik, bei denen mit *Markt* und *Hierarchie* unterschiedliche Formen der Koordination ökonomischer Transaktionen gegenüber gestellt, aber nicht als soziale Gebilde unterschied-

---

28   Vgl. auch Mayntz/Scharpf (1995), die für die Untersuchung der Problematik von Steuerung und Selbstorganisation auf der Ebene gesellschaftlicher Teilbereiche – und mithin für die Analyse der Interaktionen zwischen korporativen Akteuren – den an den politikwissenschaftlichen Neo-Institutionalismus anknüpfenden Ansatz des akteurzentrierten Institutionalismus entwickeln und in diesem Zusammenhang für eine analytische Unterscheidung zwischen Institutionen und Akteuren plädieren. Der Institutionenbegriff soll hier nicht auch soziale Gebilde beinhalten, sondern enggefasst, d.h. auf Regelaspekte konzentriert werden. „Regelsysteme >handeln< nicht, aber sie können Akteure konstituieren und in wichtigen Merkmalen prägen. Soziale Gebilde wie Organisationen lassen sich dann sowohl unter dem Aspekt der darin verkörperten Regelungen, das heißt institutionell, betrachten wie auch unter dem Aspekt der Handlungsfähigkeit, das heißt als korporative Akteure." (Mayntz/Scharpf 1995, 49)

29   Die Idee konsensualer, gemeinsamer Ziele (im Unterschied zu *mutual interests*) soll dazu beitragen, eine funktionalistische Analyse von Organisationen zu vermeiden.

licher Art charakterisiert werden (können). Die vertragstheoretische Sicht von Organisation und Umwelt als Netzwerke von impliziten und expliziten Verträgen (*nexus of contracts*, vgl. Alchian/Demsetz 1972),[30] der Transaktionskostenansatz und die dort behandelte Steuerung von Vertragsbeziehungen (*governance of contractual relations*) zur Minimierung von Transaktionskosten (vgl. Coase 1937; Williamson 1975; 1985)[31] und andere Ansätze der Neuen Institutionenökonomik (vgl. z.B. Hart 1989; Hayek 1973; 1978 oder Vanberg 1992) bieten aus unterschiedlichen Gründen keine geeignete Basis, auf der die Frage „*Is the firm an individual?*" positiv beantwortet werden könnte (vgl. die ausführliche Erörterung bei Khalil 1997a). Wird Unternehmenshandeln wie in der neoklassischen Theorie der Firma letztlich aus Präferenzfunktionen abgeleitet, die sich bei den individuellen Eigentümern von Produktionsfaktoren vorab und unabhängig vom Unternehmen selbst herausbilden, so hat man es mit dem *ontologischen* Individualismus zu tun, bei dem sämtliche Eigenschaften der Ganzheit (Organisation) durch vorab bestimmte Eigenschaften der Komponenten (individuelle Akteure) erklärt werden bzw. das Modell (individuellen) rationalen Handelns auf die Ebenen von Kollektiven übertragen wird. Demgegenüber bilden beim *methodologischen* Individualismus menschliche Individuen zwar den Ausgangspunkt der Analyse, Rückwirkungen der Systemebene auf die Konstitution von Individuen sind aber nicht ausgeschlossen. Eine mangelnde Differenzierung zwischen ontologischem und methodologischem Individualismus führt häufig zu Missverständnissen (vgl. Khalil 1992, 30ff.).

Dem oben angesprochenen zweiten Fall einer funktional-holistischen Konzeption entspricht ein Verständnis von Organisationen als selbstreferentiell geschlossene (Teil-)Systeme (einer Gesellschaft), das in der deutschsprachigen Diskussion gegenwärtig wohl am prominentesten in der Theorie sozialer Systeme von Niklas Luhmann vertreten wird. Luhmanns Systemtheorie, die weitgehend ohne Rekurs auf individuelle und kollektive Akteure operiert, hatte in den letzten zwei Jahrzehnten einen (den) bedeutenden Einfluss auf die makrosoziologische Theorie der funktionalen Differenzierung. Im Rahmen der intensiven Debatte über die Grundlagen der Makrosoziologie wird heute allerdings vorgeschlagen, die Differenzierungstheorie handlungstheoretisch zu erweitern, weil ohne Akteursbezug bislang keine hinreichend erklärenden Aussagen zu Triebkräften und Richtung sozialer Differenzierung erbracht werden konnten. Zugleich werden Versuche der handlungstheoretischen Erweiterung für ungenügend erklärt, bei denen die funktionale Differenzierung von Gesellschaften in gesellschaftliche Teilsysteme weiterhin als Dreh- und Angelpunkt der Theoriebildung gilt. Vor diesem Hintergrund plädiert in jüngerer Zeit Adloff (1999) für die Alternative einer radikaler ansetzenden Handlungstheorie auf der Basis von *Konstitutionstheorien* im Sinne von Joas. Hier sind es vor allem Arbeiten in der Nähe des Symbolischen Interaktionismus, die zur Erforschung kollektiven Handelns herangezogen werden können (vgl. Joas 1992, 302).[32]

---

30 „Such a contractarian view presents the firm as an entity which lacks individuality. That is, the firm is not different from any market network or club whose purposes can be fully reduced to the preconstituted purposes of the participants. Such reductionism ignores the organisational dimension of the firm as a distinct capability, a capability among many possible others which the same members may form." (Khalil 1997a, 522)

31 „Coase and Williamson .. cannot have their cake (*viz.*, governance structures as the solution to minimisation of transaction costs) and eat it too (*viz.*, endogenising power asymmetry which would set the firm apart from the market). The idea of ‚governance structure' cannot fill the ground upon which to erect the market/firm dichotomy thesis." (Khalil 1997a, 528f.)

32 Diese Arbeiten setzen die einzige klassische soziologische Tradition fort, in der kollektives Handeln einen zentralen Platz hatte: die *Chicagoer Schule* (zur Geschichte dieser Forschungstradition vgl. Joas 1988).

In der vorliegenden Arbeit bleibt die Perspektive der Interaktion nicht auf individuelle Akteure beschränkt; vielmehr wird der Blick für die *Konstitution organisationaler Handlungssysteme als kollektive Akteure* geöffnet und ein *konstitutionstheoretischer* Bezugsrahmen weiter ausgearbeitet, der eine historisch-kontingente Analyse von Organisationsdynamik unter besonderer Beachtung der je spezifischen Interaktionsprozesse von individuellen und kollektiven Akteuren anleiten kann (vgl. dazu *Kapitel 4*). Damit bewegt sich die theoretische Auseinandersetzung im Rahmen sog. *Kulturtheorien*,[33] die weit über einen mikrosoziologischen „interpretative approach" (T. Wilson) hinausgehen und die u.a. im Ansatz von Anthony Giddens eine ihrer elaboriertesten Formen annimmt. Kulturtheorien und die konstruktivistische Systemtheorie Luhmanns haben gemeinsam, dass sie *Sinn* als Grundbegriff der Sozialwissenschaften voraussetzen und damit die Sozialität der menschlichen Welt in sozialen Konstruktions- und Interpretationsleistungen begründet sehen. Sie unterscheiden sich jedoch primär in der konträren Behandlung von Innen-Außen-Differenzen: In Anlehnung an Saussure und den späten Wittgenstein gehen Kulturtheorien von einer (analytischen) Leitdifferenz zwischen Wissensstrukturen und Handlungspraxis aus, während die konstruktivistische Systemtheorie in Anlehnung an Descartes, Husserl und Durkheim auf der Leitunterscheidung zwischen sozialen Systemen und psychischen Systemen aufbaut (vgl. Reckwitz 1997). Luhmanns Systemtheorie knüpft also ausdrücklich an der Innen-Außen-Differenz an, während das kulturtheoretische Konzept wissensangeleiteter sozialer Praktiken, etwa bei Giddens, jenseits des Dualismus zwischen Innenwelt des Bewusstseins und (sozialer) Außenwelt positioniert ist.[34] Kulturtheorien gehen von der Annahme aus, dass

> „menschliches Handeln – nicht als Konglomerat diskreter, intentionaler Einzelhandlungen, sondern als kontinuierliche Sequenz von Praktiken begriffen – nur vor dem Hintergrund kollektiver Wissensbestände zu verstehen ist, welche wiederum keine praxisenthobenen Ideenwelten, sondern ein *know how* von Deutungsregeln der Akteure darstellen. Diese Wissensstrukturen geben den Handelnden kaum je verbalisierte Sinnmuster an die Hand, die ihnen dazu verhelfen, die Welt, ihre Handlungsumwelt, das eigene Ich, das Verhalten anderer Akteure und deren Objektivationen zu deuten." (Reckwitz 1997, 319)

Es ist vor allem die in der kulturtheoretischen Perspektive zum Ausdruck gebrachte Relation zwischen Wissensformation und Praxis, das Verhältnis von generativen Deutungsregeln und kontextspezifischer Handlungssequenz bzw. die *Dualität von Struktur*, die m.E. für eine (strukturations- oder) konstitutionstheoretisch fundierte mikropolitische Analyse der Entwicklung von Organisationen und Institutionen spricht. Aus diesem Grunde wird in der vorliegenden Arbeit auf eine weitere Auseinandersetzung mit der konstruktivistischen Systemtheorie und hierauf basierenden Arbeiten zum organisatorischen Wandel (vgl. z.B. Rüegg-Sturm 2001) verzichtet.

Für den konstitutionstheoretisch fundierten mikropolitische Ansatz ist ein *allgemeines Handlungsmodell* (vgl. Joas 1992; s. weiter oben) grundlegend, das die Verknüpfung zwischen Handlung und Struktur bereits auf der Mikro-Ebene verortet. Dadurch wird eine

---

33   Hierzu gehören Arbeiten von Autoren wie Pierre Bourdieu, Michel Foucault, Ulrich Oevermann, Mary Douglas, Erving Goffman, Anthony Giddens oder Charles Taylor (vgl. Reckwitz 1997, 319ff.).

34   Reckwitz (1997, 318f.) merkt in diesem Zusammenhang an: „Rekonstruiert man die Theorien in dieser Weise, lassen sich gängige gegenseitige Kritikpunkte nicht aufrechterhalten. Die Kulturtheorien lassen sich nicht als methodologisch-individualistisch einordnen, sondern im Gegenteil als Formen eines sozialen Regelholismus. Umgekehrt besitzt Luhmanns ‚holistische' Theorie sozialer Systeme eine ‚individualistische' Kehrseite in ihrem Konzept des psychischen Systems."

Reduktion von Handlungsinterdependenzen und Interaktionen auf einfache Kausalbeziehungen, wie es nicht nur im älteren situativen Ansatz der Organisationsforschung, sondern auch z.B. in neueren institutionenökonomischen Ansätzen, die auf dem ökonomischen Verhaltensmodell basieren, der Fall ist, vermieden. Dies ist für eine *Prozesstheorie der Organisationsdynamik* von besonderer Relevanz, weil nur so der potentiellen *Offenheit* von Organisationsentwicklungen Rechnung getragen werden kann (vgl. Küpper 2004, 867). Die Einlösung der Vorstellung von *Potentialität* (Potentialität-denken-Können) in der Organisationsforschung setzt bereits auf der kausaltheoretischen Ebene voraus, dass die Möglichkeit in Betracht gezogen werden kann, dass in organisationalen (Handlungs-)Prozessen genuin *Neues* entsteht.

In der organisationstheoretischen Diskussion wird oft nicht klar in Rechnung gestellt, dass das Potential gängiger Ansätze zur Erklärung von Organisationsdynamik entscheidend davon abhängt, inwieweit eher deterministische oder quasi-kausalanalytische Fokussierungen vermieden werden. Tatsächlich lässt sich zeigen, dass mit nahezu allen theoretischen Ansätzen, die bei Türk (1989) im Zusammenhang mit der *Dynamisierung der Organisationstheorie* aufgeführt sind, ein mehr oder weniger eingeschränktes Verständnis der Prozesshaftigkeit von Organisationen impliziert ist.[35] Die theoretische Reflexion über Organisationsdynamik erfordert auf der grundlegenden Ebene eine systematische Klärung des Kausalitätsbegriffs. Im folgenden Abschnitt werden im Anschluss an Stacey/Griffin/Shaw (2000) verschiedene Kausalitätsvorstellungen in der Management- und Organisationsforschung unterschieden[36] und die kausaltheoretische Basis einer konstitutionstheoretisch angeleiteten Prozesstheorie der Organisationsdynamik in groben Zügen gekennzeichnet.

1.3 Arten und Ursachen der Organisationsdynamik – zur Klärung des Kausalitätsbegriffs

Teleologische Kausalitätsvorstellungen beinhalten erstens Annahmen über die *Art* der Bewegung in die Zukunft als Bewegung auf einen bekannten oder unbekannten Zustand hin. Für eine Prozesstheorie der Organisationsdynamik ist wesentlich, dass auch die *Offenheit*

---

35 Evolutionstheoretische Ansätze (vgl. z.B. zur Populationsökologie Hannan/Freeman 1977ff.; zur Evolution von Organisationsformen McKelvey 1982) verbinden eine blinde Variation von Organisationsmerkmalen mit einer (kausalen) Selektion effizienter Organisationsformen durch die Umwelt; Reifungs- oder Lebenszyklusansätze (vgl. z.B. Quinn/Cameron 1983; Mintzberg 1984; für eine ausführliche Diskussion des Mintzbergschen Macht- und Lebenszykluskonzepts von Organisationen vgl. Küpper/Felsch 2000, 190ff.) unterstellen mit der Annahme endogener Triebkräfte der Veränderung die Vorstellung genetisch-kausaler Entwicklungsmuster von Organisationen. Und auch die heute im Hinblick auf *Change Management* vielbeachteten Ansätze des organisationalen Lernens (z.B. Argyris/Schön 1978) haben ihre Stärken letztlich vor allem dort, wo Lernen als Anpassungsprozess an wie auch immer gegebene Umwelterfordernisse verstanden wird.

36 Stacey/Griffin/Shaw (2000) greifen auf Kausalitätsvorstellungen nach Kant und Hegel zurück, um wesentliche Unterschiede zwischen bisherigen Verständnisweisen organisationalen Wandels und Perspektiven, wie sie heute insbesondere mit komplexitätstheoretischen Konzepten in die Managementforschung importierten werden, aufzuzeigen. Sie verdeutlichen zum einen, dass die Nutzung der Komplexitätstheorie zur Erklärung hierarchischer Organisationen zum Teil lediglich bisher verbreitete Perspektiven systemischen Denkens in der Managementforschung reproduziert; zum anderen wird das komplexitätstheoretische Potential für ein radikales Umdenken über organisationalen Wandel gekennzeichnet. Außerdem zeigen Stacey/Griffin/Shaw Einschränkungen dieser verbreiteten, aus ihrer Sicht eher mechanistischen Denkens über menschliche Organisationen auf sowie Perspektiven für die Management- und Organisationsforschung, bei denen dem Konzept der Selbstorganisation eine Schlüsselrolle zukommt.

von Entwicklungsprozessen (also auch die Bewegung auf einen unbekannten Zustand hin) konzeptionell gefasst werden kann. Zweitens werden unterschiedliche *Ursachen* für die Bewegung auf einen zukünftigen Zustand hin angenommen, z.B. die Realisation eines optimalen Arrangements, eines gewählten Ziels, einer reiferen Form oder der Kontinuität bzw. Transformation von Identität. Eine Theorie der Organisationsdynamik würde zu kurz greifen, würde sie allein auf organisierte Entwicklungsprozesse fokussieren, denen eine wie auch immer geartete Planung zugrunde liegt; sie muss vielmehr auch Phänomene der Selbstorganisation integrieren können. Teleologische Kausalitätsvorstellungen lassen sich danach differenzieren, ob und auf welche Weise sie auf das Konzept der *Selbstorganisation*[37] Bezug nehmen (vgl. Stacey/Griffin/Shaw 2000, 49):

- *Natural Law Teleology*: das Konzept der Selbstorganisation/Emergenz hat keine Bedeutung; Wandel steht für eine Bewegung in Richtung auf Perfektion.

- *Rationalist Teleology*: keine besonderen Implikationen für Selbstorganisation; Wandel erscheint als Konsequenz einer menschlichen Wahl(handlung).

- *Formative Teleology* impliziert eine Form der Selbstorganisation, die zur Reproduktion von Formen ohne signifikante Transformation führt.

- *Transformative Teleology* impliziert eine paradoxe Form der Selbstorganisation, die durch Kontinuität und potentiell radikale Transformation charakterisiert werden kann.

- *Adaptionist Teleology* impliziert eine zufallsbasierte kompetitive Suche nach Optimalität mit einer schwachen Form der Selbstorganisation, begrenzt auf den Selektionsprozess; Wandel erscheint als Stabilisierung im Sinne einer zunehmenden Anpassung an die Umwelt.

Selbstorganisation ist hier – sieht man von der adaptionistischen Teleologie, bei der Selbstorganisation von untergeordneter Bedeutung ist, einmal ab – vor allem mit den beiden Denkrahmen der formativen Teleologie und der transformativen Teleologie impliziert. Mit ihnen sind allerdings fundamental unterschiedliche Betrachtungsweisen verbunden, wobei Selbstorganisation als *Ursache* für Wandel allein im Rahmen der *transformativen* Teleologie gedacht werden kann. Bezogen auf die Türkschen Modell-Kategorien einer Dynamisierung der Organisationstheorie (vgl. dazu in *Abschnitt 1.1*) lassen sich Selektionsmodelle unschwer mit der Vorstellung der *adaptionistischen* Teleologie in Verbindung bringen, Entwicklungs- und – folgt man Stacey et al. auch – prominente Lernmodelle am ehesten mit der *formativen* Teleologie.[38]

---

37 Unter *Selbstorganisation* verstehen Stacey et al. einen Prozess, in dem die lokale Interaktion zwischen Teilen der Organisation Muster des Verhaltens einer bestimmten kohärenten Art produziert, die die Organisation als Ganzes prägen (sog. emergente Muster). Dieser Prozess erfolgt in Abwesenheit eines vorab gefassten Plans.

38 Diese Einordnung von Lernmodellen bezieht sich bei Stacey/Griffin/Shaw auch auf das Konzept von Argyris und Schön (1978). Organisationen werden von Argyris/Schön als Lernsysteme gefasst, die Lernschleifen von unterschiedlicher Qualität und Reichweite vollziehen, wobei letztere in Anlehnung an Bateson (1973) von der Idee eines erweiterten kybernetischen Systems aus differenziert werden. Die Anwendung kybernetischer Modelle auf die soziale Organisation setzt einen Beobachter voraus, der das System entwirft, Regeln des Systems identifiziert oder gestaltet. Die Beobachtung und Gestaltung bedeutet hier aber zugleich die Anwendung des kausalen Bezugsrahmens der formativen Teleologie, weil sich die Beobachtungs- oder Gestaltungshandlungen auf Interaktionen beziehen, in denen lediglich solches Verhalten hervorgebracht werden kann, das den identifizierten oder gestalteten Regeln der Interaktionen entspricht. Wahlhandlungen erfolgen aus dieser Sicht durch Beobachter, die *außerhalb* des Systems stehen und die Freiheit haben, eine Wahl hinsichtlich der Ziele für das System oder der Systemgestaltung zu treffen (rationalistische Teleologie). Die Kybernetik der zweiten Ordnung geht mit diesem Problem um, indem Beobachter in das System inkorporiert werden.

Für ein erweitertes Verständnis über die *Arten* von Dynamik ist es hilfreich, unter Bezugnahme auf *I. Kant* und *G.W.F. Hegel* zwei Denkrichtungen voneinander zu unterscheiden. Das kantische Verständnis der Kausalität in der Natur (vgl. ausführlich Stacey/Griffin/Shaw 2000, 19ff.) lässt sich in Abhängigkeit von der Beantwortung der Frage genauer kennzeichnen, ob *Natur* als Mechanismus oder Organismus eher deterministisch oder auf Autonomie (Freiheit) verweisend als menschliches Handeln begriffen wird:

- *Natur als Mechanismus.* Die zugrunde liegende Theorie der Kausalität ist die der *Natural Law Teleology*, in der Perfektion, Zeitlosigkeit und Stabilität in der Operation der *efficient causality* zum Ausdruck kommt. Als Konsequenz hieraus arbeitet der Mechanismus der Hervorbringung des Ganzen durch die (funktionale) Zusammenfügung seiner Teile auf stabile Weise über die Zeit. Vergangenheit, Gegenwart und Zukunft sind Repetitionen gleicher Muster. Wandel erscheint als prädeterminierte und vorhersagbare Bewegung, so dass Interaktionen zwischen Teilen des Ganzen ohne essentielle Bedeutung für seine Erklärung sind. Die Idee der Selbstorganisation ist hier ohne Belang; Organisation ist gleichzusetzen mit der Kontinuität einer perfekten, optimalen Art.

- *Natur als Organismus.* Die zugrunde liegende Theorie der Kausalität ist eine des funktionalen, formativen Prozesses, der zu einem finalen Zustand führt, der im Prozess bereits inbegriffen, gegeben, ihm also untergeordnet ist. Es handelt sich hier um die *Formative Teleology*. Stetige Bewegung wird durch die selbstorganisierende Interaktion der Teile produziert und entfaltet eine vorab gegebene finale Form (Priorität des Ganzen vor den Teilen). Wandel ist begrenzt auf die regelmäßige Entwicklung von einer Form zu einer anderen, finalen Form (z.B. vom Säugling zum Kind, vom Kind zum Erwachsenen). Möglich sind Variationen in der Art, wie Teile des Ganzen in Beziehung treten, möglich sind auch kleine Variationen der reifen Form, die die Identität der finalen Form jedoch nicht verändern. Organisation bedeutet also eine Kontinuität von Formen, gegebenenfalls mit kleinen Variationen, ohne dass genuin Neues entsteht.

- *Menschliches Handeln.* Die zugrunde liegende Kausalität ist die *Rationalist Teleology* der autonomen Wahl von Zielen, die – nach Kant – universelle ethische Prinzipien berücksichtigt. Die Idee der Selbstorganisation ist hier eher absent. Stabilität und Wandel

---

Die Beobachter selbst werden als lebendige kybernetische Systeme betrachtet, die Lernprozesse – kybernetische Prozesse – vollziehen können: Ist die Erfahrung eines Fehlers der Auslöser für eine Veränderung von Zielen nur für das niedrigere Ordnungssystem, ist *single-loop learning* der Fall; nimmt hingegen der Beobachter selbst wahr, dass die Veränderung der Zielsetzung zu keinem befriedigenden Ergebnis führt und verändert daraufhin seine Gewohnheiten, sein mentales Modell, hat man es mit *double-loop learning* zu tun. Stacey/Griffin/Shaw (2000, 71) halten fest, dass eine derartige Konstruktion organisationalen Lernens einer Erklärung harrt, wodurch die Veränderung des mentalen Modells angestoßen wird. Der Versuch einer Klärung führt hier unweigerlich in den *infiniten Regress*, denn eine Erweiterung der Systemperspektive in dem Sinne, das der Beobachter die Veränderung seiner Präferenzen beobachtet, die Auslöser für die Veränderung des mentalen Systems ist, führt hier nicht zur Klärung des Problems, sondern wirft lediglich die weitere Frage nach dem Prozess auf, in dem der Beobachter sich der Notwendigkeit eines Wandels seiner Präferenzen bewusst wird – eine Frage, die wiederum eine Erweiterung der Systemperspektive erforderlich werden lässt. Der tiefere Grund für dieses Problem im Ansatz von Argyris und Schön liegt nach Meinung von Stacey/Griffin/Shaw in der Kausalität (formativen Teleologie), die dem kybernetisch geprägten Systemdenken zugrunde liegt und die eine Erklärung der Entstehung neuen Wissens, neuer Visionen und Kreationen aus dem System selbst heraus nicht ermöglicht. Es wird lediglich geklärt, wie im System immer schon vorhandenes Wissen entfaltet wird.

entspringen der menschlichen Motivation, ebenso die Gestaltung von Organisationen oder die Hervorbringung von Neuem.

Frühe Managementansätze des 20. Jahrhunderts wie das *Scientific Management* (vgl. Taylor 1911; Fayol 1916), der *Human Relations-Ansatz* (vgl. Likert 1961) oder *systemtheoretische Managementansätze* (kybernetische Ansätze)[39] knüpfen – wie letztlich alle Formen der Organisationsanalyse, bei der Organisationsforscher (wie Naturwissenschaftler) eine Außenperspektive einnehmen und ihr Betrachtungsobjekt (Phänomene organisationalen Handelns) im Sinne einer objektiv gegebenen Wirklichkeit zu erfassen und bezüglich ihrer Steuerung zu verbessern suchen – an naturwissenschaftliches Denken an, das den kantischen *Dualismus* (der Kausalität in der Natur einerseits und der Kausalität im menschlichen Handeln andererseits) reflektiert (vgl. dazu Stacey/Griffin/Shaw 2000, 56ff.).[40] In Abhängigkeit davon, ob Organisationen eher als Mechanismen oder als Systeme verstanden werden, bildet dabei die *Natural Law Teleology* oder die *formative Teleologie* die kausaltheoretische Basis. Werden in der Organisationsanalyse Organisationsstrukturen, technologische Verfahren oder menschliche Interaktionssysteme bezogen auf die Realisierung organisationaler Ziele in den Blick genommen, dann kommt hierin ein Rekurs auf die *rationalistische Teleologie* zum Ausdruck. Wird weiterhin davon ausgegangen, dass es Sinn macht, Ergebnisse empirischer Organisationsanalysen präskriptiv gewendet verantwortlichen Managern zu offerieren, damit diese gestaltend in das Organisationsgeschehen eingreifen (*Rationalist Teleology*), um z.B. die Organisation in ihrem Funktionieren zu optimieren (*secular Natural Law Teleology*), Verhaltenspotentiale auszuschöpfen (*Formative Teleology*) oder auf die Motivation von Organisationsmitgliedern Einfluss zu nehmen (Mischung aus *Rationalist Teleology* und *Natural Law Teleology*), dann wird das Verhältnis zwischen Organisation und Management auf eine Weise gefasst (gespalten), als stünden Manager selbst außerhalb der Organisation und träfen von dort autonom (und selbstlos) Entscheidungen für die Organisation (vgl. ausführlich Stacey/Griffin/Shaw 2000, 56ff.). Stacey et al. sind der Auffassung, dass solche, in der Managementforschung heute überwiegend angewendete kau-

---

39   Unter den systemischen Ansätzen sind es neben der *general systems theory* und den *systems dynamics* vor allem die *cybernetics* (vgl. Wiener 1948; Ashby 1956; Beer 1962) mit der auf der formativen Teleolgie basierenden Vorstellung von selbstregulativen, zielorientierten kybernetischen Systemen und ihre Anpassung an die Umwelt, die den aktuellen Diskurs in der Managementforschung nachhaltig beeinflusst haben. Ähnlich wie im einfachen Beispiel eines zentralen Heizungssystems in einem Gebäude – das mittels Temperaturfühler mögliche Differenzen zwischen gewählter Zieltemperatur und aktueller Raumtemperatur feststellt und entsprechende Operationen (negative Feedback-Schleifen) selbsttätig in Gang setzt (die Wärmezufuhr wird verstärkt oder gedrosselt), damit die gewählte Raumtemperatur aufrecht erhalten wird – lassen sich auch Planungs- und Budgetierungssysteme in Unternehmungen als kybernetische Systeme begreifen: die Realisierung quantitativer Ziele zu einem bestimmten Zeitpunkt in der Zukunft wird hier typischerweise durch entsprechend zielführend konzipierte *timetable* unterstützt, die als Maßstab eine Beurteilung der aktuellen Leistungsergebnisse durch Vergleich mit dem vorab aufgestellten Etappenziel ermöglichen. Werden Differenzen (negative Abweichungen) festgestellt, ist eine Veränderung der Leistungserbringung (Leistungssteigerung) angezeigt. Nach Stacey/Griffin/Shaw sind z.B. auch *Change Management*, *Total Quality Management* und *Business Process Reengineering-Projekte* kybernetisch geprägt (vgl. Stacey/Griffin/Shaw 2000, 65ff.).

40   Das bedeutet natürlich nicht, dass Ansätze wie das *Scientific Management* in anderen Hinsichten dem Kantischen Denken über menschliches Verhalten gerecht würden: „In fact scientific management does what Kant argued against. It applies the scientific method in its most mechanistic form to human action, whereas Kant argued that it was inapplicable in any form simply because human freedom applies to all humans. Second, Kant`s coupling of autonomous human action with universal ethical principles is absent in the Rationalist Teleology of management science, which regarded human action as reflex-like responses to stimuli in accordance with the behaviorist psychology of its time." (Stacey/Griffin/Shaw 2000, 62)

salanalytische Denkrahmen in Bezug auf ein angemessenes Verständnis *menschlichen Handelns* zu kurz greifen.

> „Ultimately, Formative Teleology cannot be applied to human action and Rationalist Teleology is too limited a way of understanding human action. Hence our interest in exploring a shift to Transformative Teleology." (Stacey/Griffin/Shaw 2000, 60f.)

Das Hauptproblem der Anwendung kantischer Kausalitätsvorstellungen in der Managementforschung sehen Stacey/Griffin/Shaw darin, dass im Rahmen verbreiteter systemischer Denkmodelle alle Versuche der Erklärung der Entstehung von Neuem zum Scheitern verurteilt sind, weil sie unweigerlich in einen infiniten Regress führen (vgl. auch die *Anmerkung 38* weiter oben).

> „The major criticism ... is that in the extension of Formative Teleology to ever wider areas, the issue of how fundamental change occurs is progressively pushed outside the selected area of action. Formative Teleology, by its very nature, cannot explain novelty. So at each stage in deepening and widening the boundary of the system, the source of novel change is located outside the system in the heads of the designers. In other words the explanation lies in Rationalist Teleology. The implicit assumption is that human intellect and reason leads to choices of novel change. But how is the choice to be made? The answer is always more systems thinking. This is a strange conclusion. It is implicitly being assumed that people can create the truly new through a process of reasoning, systems thinking, that excludes the possibility of the truly new from its framework. How is anyone to use a reasoning tool to choose something new when that tool excludes the very notion of anything new?" (Stacey/Griffin/Shaw 2000, 77)

Dem kantischen Kausalitätsverständnis entgegengesetzt ist die von Hegel abgeleitete und von Mead interpretierte Sicht der Kausalität, die Stacey/Griffin/Shaw (vgl. ebd., 30ff.) als *transformative Teleologie* bezeichnen und die sie für eine Fundierung in der Managementforschung empfehlen. Sie ist auch für eine Prozesstheorie der Organisationsdynamik, wie sie in dieser Arbeit ausgearbeitet werden soll, von vorrangiger Bedeutung, weil auf ihrer Basis der *Offenheit organisationaler Entwicklungen* Rechnung getragen werden kann, indem die Zukunft nicht von vornherein als bereits bekannt (in Form eines gleichen Musters, einer finalen Form oder eines gesetzten Ziels, s.o.) vorausgesetzt wird; vielmehr wird *Zukunft* als fortwährend konstruiert begriffen.[41] Die Konstruktion der Zukunft erfolgt im Rahmen von Interaktionen zwischen Teilen eines Ganzen – Teile, die das Ganze kreieren und die durch das Ganze geformt werden –, die *paradoxe, dialektische Prozesse* darstellen. Diese Prozesse zeichnen sich durch die transformative Möglichkeit des *genuin Neuen und* der simplen *Wiederholung des Vergangenen* aus. Die Paradoxie der Prozesse ist eng mit einer spezifischen Vorstellung von *Zeit* verbunden, die sich konträr zu den Zeitbegriffen verhält, die mit der Formativen und der rationalistischen Teleologie impliziert sind. Sowohl mit der formativen als auch mit der rationalistischen Teleologie wird eine lineare Beziehung in der Relation Vergangenheit – Gegenwart – Zukunft unterstellt, wobei sich das Verständnis von Zeit im Fall der formativen Teleologie auf die Bewegung (gegebene) *Vergangenheit-bis-Gegenwart* und im Fall der rationalistischen Teleologie auf die entgegengesetzte Bewegung (erwünschte) *Zukunft-bis-Gegenwart* bezieht.[42] In beiden Fällen erscheint

---

41 Mit dem Verständnis der transformativen Teleologie nach Hegel sind z.B. Erkenntnisse eines Zweiges der Komplexitätsforschung verbunden, auf die Stacey für die Bildung von Analogien zwischen abstrakter und menschlicher Interaktion zurückgreift (vgl. dazu auch in *Abschnitt 4.3* dieser Arbeit).

42 „If one thinks in terms of Formative Teleology, then the pattern that emerges now is the unfolding of what was already there in the past. Historical time is essential to this process of unfolding. The movement of time

die Gegenwart als *Zeitpunkt*, der selbst keine temporale Struktur aufweist; mit der Gegenwart wird lediglich auf die Vergangenheit bzw. Zukunft verwiesen. Im Gegensatz dazu ist die *transformative* Teleologie mit einem *Zeitbegriff* verbunden, mit dem die Gegenwart als *Hier-und-Jetzt* selbst durch eine Zeitstruktur gekennzeichnet ist. Auch die hier zugrunde liegende Denkfigur arbeitet mit der Vorstellung einer Makro-Zeitstruktur, die von der Vergangenheit über die Gegenwart bis zur Zukunft reicht. Die Makro-Zeitstruktur wird allerdings durch die Vorstellung einer die Mikro-Vergangenheit, Mikro-Gegenwart und Mikro-Zukunft umfassenden Mikro-Zeitstruktur ergänzt, die im sog. *social act* des kommunikativen Handelns (zum Meadschen Begriff des social act vgl. ausführlich in *Abschnitt 4.2* dieser Arbeit) entsteht. Das Hier-und-Jetzt weist somit eine *zirkulare temporale Struktur* auf.[43] In der interaktiven (zirkulären) Bewegung der gelebten Gegenwart, die selbst wiederum im *Makro-Schwung der Zeit* (der Vergangenheit und Zukunft) reflektiert wird, liegt die Quelle des *Wandels* bzw. die Möglichkeit der *Emergenz von Neuem*. Die transformative Teleologie impliziert Selbstorganisation mit dem Potential für Transformation (die Entstehung von Neuem) und (zugleich) Kontinuität und damit auch für die Organisation von Identität.

„Self-organization is .. a process of interaction characterized in an essential way by paradox and the emergence of the truly unknowable. What is being so organized is identity. It is a process that produces novelty, the creatively new that has never before existed." (Stacey/Griffin/Shaw 2000, 36)

Während in der dualistischen Perspektive Kants die rationalistische Teleologie für menschliches Handeln gilt und die formative Teleologie für Natur (Organismen), steht die transformative Teleologie bei Hegel sowohl für menschliches Handeln als auch für Natur. Die folgende Abbildung fasst die wesentlichen Merkmale der transformativen Teleologie zusammen.

---

is from a given past to the present, which is a point without any temporal structure. It is simply now. The future will be a repetition of the past. This amounts to saying that the meaning is in the past and the movement of time is from the past to the present. If one thinks in terms of Rationalist Teleology then what happens now is an action chosen now to fulfil some selected goal for the future. Action is about filling the gap between what is desired for the future and what now exists. The movement of time is from the future to the living present. The meaning is located in the future, in the gesture made now as it points to the future." (Stacey/Griffin/Shaw 2000, 34f.)

43   „The here-and-now, then, has a circular temporal structure because the gesture takes its meaning from the response (micro-future) which only has meaning in relation to the gesture (the micro-past), and the response in turn acts back to potentially change the gesture (micro-past). The experience of meaning is occurring in a micro-present and it accounts for the fact that we can experience presentness. What is happening here is truly paradoxical for the future is changing the past just as the past is changing the future. In terms of meaning the future changes the past and the past changes the future, and meaning lies not at a single point in the present but in this circular process of the present in which there is the potential for transformation as well as repetition." (Stacey/Griffin/Shaw 2000, 35)

Abbildung 1: Transformative Teleology (Quelle: Stacey/Griffin/Shaw 2000, 37)

Movement toward a future that is:	under perpetual construction by the movement itself. No mature or final state, only perpetual iteration of identity and difference, continuity and transformation, the known and the unknown, at the same time. The future is unknowable but yet recognizable, the known-unknown.
Movement for the and sake of/in order to:	express continuity and transformation of individual and collective identity and difference at the same time. This is the creation of the novel, variations that have never been there before.
The process of movement or construction; That is, the cause is:	processes of micro interactions in the living present forming and being formed by themselves. The iterative process sustains continuity with potential transformation at the same time. Variation arises in micro diversity of interaction as transformative cause. Meaning arises in the present, as does choice and intention.
Kind of self-organization implied is:	diverse micro interaction of paradoxical kind that sustains identity and potentially transforms it.
Nature and origin of variation/change:	Gradual of abrupt changes in identity, or no change, depending on the spontaneity and diversity of variations of micro interactions
Origin of freedom and nature of constraints:	both freedom and constraint arise in spontaneity and diversity of micro interactions; conflicting constraints

Neben der transformativen Teleologie betont auch der von Stacey et al. als sog. *adaptionistische Teleologie* bezeichnete Denkrahmen, für den die Evolutionstheorie (neo-darwinistischer Prägung) Pate steht, die *Zukunftsoffenheit* von Entwicklungen. Die adaptionistische Teleologie fokussiert auf eine evolutionäre Dynamik in Richtung auf einen relativ stabilen Zustand, der sich dadurch auszeichnet, dass Formen weitestgehend an eine Umwelt angepasst sind, die sich jedoch in unvorhersehbarer Weise verändern kann. Im Kampf um das eigene Überleben entwickeln Organismen biologische Varianten (*Zufallsvariation*), die mehr oder weniger an die aus anderen Organismen bestehende Umwelt angepasst sind; weniger angepasste Formen sterben aus (natürliche *Selektion*), während angepasstere überleben, in ihrer Anzahl zunehmen und ggf. eine Gruppe neuer Spezies bilden (*Retention*). *Neues* wird hier also in einem graduellen Prozess hervorgebracht, der Zufallsvariation auf individueller Ebene, Selektion und Retention umfasst. Da sich die Vorstellung der Selbstorganisation auf die Ebene der Gesamtheit der Organismen bezieht (vgl. ebd., 41), auf der neue Spezies vorkommen, besteht ein Problem darin zu sagen, an welcher Stelle des evolutionären Prozesses sich Neues ereignet. Unterschiede zur formativen Teleologie bestehen darin, dass der am besten angepasste Zustand als Ergebnis nicht vorab bereits gegeben ist. Vielmehr lässt der formative Aspekt der natürlichen Selektion eine Vielzahl angepasster Formen zu, die zuvor nicht existiert haben, die also nicht irgendeine Art früher existierender globaler Erscheinungsformen widerspiegeln. Ein wesentlicher Unterschied zur transformativen Teleologie besteht darin, dass neue Variationen in der evolutionstheoretischen Sicht *nicht* aus der Mikro-Interaktion zwischen Organismen oder zwischen Einheiten, aus denen sie bestehen, hervorgehen.[44]

---

44 Stacey/Griffin/Shaw (2000, 55) betonen, dass auch für den Fall, dass Perspektiven der Komplexitätsforschung für eine Erklärung organisationalen Wandels in der Managementforschung herangezogen werden, die auf der adaptionistischen Teleologie basieren, (ähnlich wie auf der Grundlage der formativen und der rationalistischen Teleo-

1.4 Aufbau der Arbeit

Ich habe im Vorhergehenden zu zeigen versucht, dass eine Fülle unterschiedlicher Ansatzpunkte und Perspektiven mit je spezifischen Implikationen für die Erklärung von Organisationsdynamik zur Diskussion stehen. Unter besonderer Berücksichtigung der organisationstheoretischen Diskussion und der im letzten Abschnitt erläuterten kausaltheoretischen Verständnisse wird im Folgenden eine grobe inhaltliche Schwerpunktsetzung zugunsten der näheren Betrachtung von solchen organisationstheoretischen Bezugsrahmen vorgenommen, die mit der rationalistischen, adaptionistischen oder transformativen Teleologie in Verbindung gebracht werden können. Diese Teleologien beinhalten die prinzipielle Möglichkeit, die *Entstehung von Neuem* (rationalistische, adaptionistische und transformative Teleologie) und/oder die *Offenheit von Organisationsdynamik* (adaptionistische und transformative Teleologie) – in unterschiedlicher Weise – mitzudenken. Eine derartig fokussierende Analyse bewegt sich zum einen an zwei interessanten Polen der verbreiteten Vorstellungen über Organisationsdynamik: während bei der *adaptionistischen* Teleologie menschliches (intentionales) Handeln für die Dynamik (den Selektionsprozess) zunächst keine Rolle spielt, ist menschliches, zielorientiertes Handeln in der *rationalistischen* Teleologie von ausschlaggebender Bedeutung. Zum anderen kann an dieser Stelle auch bereits festgehalten werden, dass sich die *transformative* Teleologie, mit der sich die bislang dominierenden Perspektiven der Dynamisierung der Organisationstheorie nicht ohne weiteres verbinden lassen, gerade für eine Erklärung von Organisationsdynamik als fruchtbar erweisen kann.

In den folgenden *Kapiteln zwei* und *drei* konzentriert sich die organisationstheoretische Analyse daher auf zwei grundlegende Forschungsrichtungen, die bezüglich ihrer Basisannahmen unterschiedlicher kaum sein könnten und die mit der rationalistischen oder der adaptionistischen Teleologie in Zusammenhang stehen: zum einen geht es um die handlungstheoretische „Großtheorie", die in letzter Zeit aufgrund der verstärkten Rezeption von Ansätzen der Neuen Institutionenökonomik in der Organisationsforschung an Bedeutung gewonnen hat, die *Rational Choice-Theorie (Kapitel 2)*; zum anderen steht die *Evolutionstheorie (Kapitel 3)*, mit der auch bereits ein metatheoretischer Anspruch als Rahmentheorie der Organisationsdynamik verbunden wird, im Mittelpunkt der Auseinandersetzung. Während die Rational Choice-Theorie die Entstehung und Veränderung sozialer Systeme ausgehend vom *rationalen Wahlhandeln* der Akteure erklärt, heben evolutionstheoretische Erklärungsansätze auf Prozesse der *Selbstorganisation* ab.

Im Einzelnen werden im *zweiten Kapitel* primär unter Bezugnahme auf die herausragenden Arbeiten von James S. Coleman (1991; 1992) Grundlagen der *Rational Choice-Theorie* diskutiert. Im *Abschnitt 2.1* stehen Basiselemente eines *handlungstheoretischen Bezugsrahmens zur Erklärung in der Sozialwissenschaft* im Mittelpunkt, für die wesentliche Beschränkungen und mögliche konstitutionstheoretische Erweiterungen aufgezeigt werden. Im *Abschnitt 2.2* werden *Grenzen des ökonomischen Verhaltensmodells* im Hinblick auf die Erklärung von kooperativen und altruistischen Verhalten (als mögliche Verhaltensformen, in denen die „Relationalität" zwischen Handelnden besonders zum Ausdruck kommt) gekennzeichnet; mit ihnen rückt zugleich die mit ökonomischen Optimierungsmodellen des Verhaltens verbundene substantialistische Perspektive deutlich in den

---

logie) eine Tendenz besteht, bekannte Erklärungen lediglich in veränderter, komplexitätstheoretisch geprägter Terminologie zu reimportieren.

Blick. In *Abschnitt 2.3* wird der Frage nach einem angemessenen Verständnis des Zusammenhangs von rationalem Handeln und potentieller Offenheit sozialen Handelns nachgegangen. Ausgehend von der ökonomischen und soziologischen Forschungtradition, die in entscheidungstheoretischer Orientierung *rationales Wahlhandeln unter Ungewissheit (Risiko)* behandelt, wird im Verlauf der Auseinandersetzung eine ökonomisch und existenzphilosophisch untermauerte Perspektive geöffnet, bei der die *Potentialität rationalen Handelns aufgrund fundamentaler Unsicherheit* bezüglich der Prognostizierbarkeit der Fähigkeiten von individuellen und (kollektiven) Akteuren abgeleitet wird. Vor dem Hintergrund der in Rational-Choice-theoretisch basierten Organisationskonzepten üblichen Vorstellung, dass individuelle Rationalität auch für kollektive, genauer: korporative Akteure zu unterstellen ist, werden in *Abschnitt 2.4* außerdem Probleme verdeutlicht, die sich in der theoretischen Auseinandersetzung mit der Dynamik *korporativer Akteure* als Konsequenz aus dem zugrundeliegenden ökonomischen Verhaltensmodell einstellen. Darüber hinaus wird der Begriff des korporativen Akteurs von dem weitergefassten Begriff des kollektiven Akteurs unterschieden und gezeigt, dass mit letzterem handlungstheoretische Perspektiven verbunden sind, die in Richtung auf eine interaktionstheoretische Analyse individuellen und kollektiven Handelns weisen.

Der evolutionstheoretische Ansatz stellt besonders in seiner ursprünglichen neodarwinistischen Prägung ein Gegenpol zu rationalistischen Ansätzen dar. Die Auseinandersetzung mit *evolutionstheoretischen Ansätzen der Organisationsforschung* im *dritten Kapitel* erfolgt in der Perspektive *von der neodarwinistischen Prägung zu einem konstitutionstheoretischen Verständnis*. Im *Abschnitt 3.1* wird die dem neodarwinistischen Verständnis entsprechende Differenzierung zwischen genealogischen und ökologischen Ansätzen kritisch diskutiert, wobei ausgehend vom *Konzept dualer Hierarchien* nach Baum/Singh (1994) und unter der Annahme einer *Dualität von Genealogie (Evolution) und Ökologie (Entwicklung)* in der Organisationsforschung wesentliche theoretische Probleme aufgezeigt werden. Als Konsequenz wird in *Abschnitt 3.2* dafür plädiert, statt auf die *Dualität* genealogischer und ökologischer Hierarchien auf die *Dynamik* bzw. wechselseitige Konstitutionsprozesse *zwischen Organisationen und Institutionen* zu setzen und Organisationsdynamik auf der ökologischen (sozio-kulturellen) Ebene zu verorten. Vor dem Hintergrund des strukturationstheoretischen Paradigmas von Giddens, das für die Deutung und Analyse von Organisationsdynamik in Anschlag gebracht werden kann, werden unter Bezugnahme auf verschiedene Beiträge von Khalil[45] (vgl. auch in *Abschnitt 1.2* zur Notwendigkeit einer klaren Unterscheidung zwischen Organisationen und Institutionen) konstitutive Zusammenhänge zwischen Handlungssituationen, Rationalitäten und Institutionen umfassend erörtert. Dabei werden Verbindungen zu aktuellen Managementkonzepten (organisationales Lernen, Wissensmanagement, *resourced-based view* des strategischen Managements) sowie zur gegenwärtigen Governancedebatte in Deutschland hergestellt. Der letzte Abschnitt (*Abschnitt 3.3*) des dritten Kapitels ist der Frage gewidmet, ob die Evolutionstheorie als *organisations-*

---

45 Elias L. Khalil, der zumindest in Bezug auf organisationstheoretische Fragestellungen in Deutschland noch wenig bekannt ist, ist Direktor des *Behaviorial Research Council* des *American Institute of Economic Research* und lehrt als Professor am *Department of Economics* des *Vassar College* in den USA. Er hat sich vor allem durch vielfältige Auseinandersetzungen mit wirtschaftstheoretischen bzw. wirtschaftsphilosophischen Grundfragen hervorgetan. Hiermit in Verbindung stehen verschiedene Beiträge zur Institutionenökonomik, insbesondere die Gegenüberstellung von alter und neuer Institutionenökonomik. Hiervon ausgehend befasst sich Khalil in jüngster Zeit verstärkt mit den Basisannahmen von *Behavioral Economics* und *Organizational Economics*.

theoretischer Ansatz oder darüber hinausweisend als *Rahmentheorie der Organisationsdynamik* betrachtet werden kann. Hierzu wird ein quasi metatheoretischer Anspruch bezugnehmend auf eine neuere Monografie von Howard Aldrich (1999) ausführlich diskutiert.

Eine besondere Herausforderung für die Organisationstheorie besteht darin, das Thema Organisationsdynamik im assoziativen Zusammenhang mit der kausaltheoretischen Vorstellung der *transformativen* Teleologie zu behandeln. Im *vierten Kapitel (Organisationsdynamik als Konstitutionsprozess kollektiver Akteure)* wird ein derartiger Versuch unternommen, indem der konstitutionstheoretisch erweiterte mikropolitische Denkrahmen[46] im Hinblick auf eine Theorie der Organisationsdynamik ausgearbeitet wird. Die Dynamisierung der Organisationstheorie wird somit zugleich mit einer Politisierung der Organisationstheorie verbunden. Im Zuge der Erarbeitung grundlegender theoretischer Bausteine wird auf die Relationalität und Potentialität in der Interaktion von individuellen und kollektiven Akteuren fokussiert. Der im *Abschnitt 4.1* vorgestellte organisationstheoretische Ansatz der *Mikropolitik* hat seine wesentlichen Wurzeln in der *Strategischen Organisationsanalyse* nach Crozier/Friedberg (1993), für die ein relationaler Machtbegriff zentral ist (vgl. zu *Machtbeziehungen, Machtspielen* und *Managementmacht Abschnitt 4.1.1*), und im strukturationstheoretischen Ansatz von Giddens (1988) mit der Vorstellung der *Dualität von Struktur* bzw. der Rekursivität von Handlung und Struktur. Die Vorstellung der Dualität von Struktur wird im organisationstheoretischen Ansatz durch ein differenziertes Strukturkonzept unterstützt, das es erleichtert, unterschiedliche organisationale Strukturtypen wie Formal-, Verhaltens- und Spielstrukturen bzw. *normative und faktische Strukturen* zu unterscheiden, miteinander in Beziehung zu setzen und als gemeinsame Konstruktions- und Deutungsleistung von interaktiv verbundenen Akteuren zu begreifen (vgl. dazu *Abschnitt 4.1.2*). Für die Analyse der Organisationsdynamik bietet der konstitutionstheoretische Bezugsrahmen gegenüber anderen handlungstheoretischen Alternativen u.a. die Möglichkeit, Autonomie und Zwang, Individualität und Sozialität sowie ein über die übliche Zweck-Mittel-Rationalität hinausgehendes Verständnis der Reflexivität menschlichen Handels konzeptionell einzufangen. Die in der Sozialtheorie zumeist als Gegensätze behandelten Konzepte des *rationalen* und *kreativen Handelns* werden in der konstitutionstheoretischen Perspektive von Joas (1992) zu einer *allgemeinen Handlungstheorie* verbunden. Die im *Abschnitt 4.2* behandelte konstitutionstheoretische Forschungsperspektive[47] bietet damit

---

46   Die gewählte Formulierung soll zum Ausdruck bringen, dass der Anschluss an sozial- bzw. gesellschaftswissenschaftliche Ansätze, die heute unter dem Begriff der *Konstitutionstheorie* subsummiert werden (vgl. dazu Joas 1992, 336f.; siehe auch die folgende Anmerkung), in der hier vorgeschlagenen organisationstheoretischen Sicht primär im Rahmen einer erweiterten macht- bzw. mikropolitischen Perspektive gesucht wird.

47   In Anlehnung an Anthony Giddens schlägt Joas (1992, 336f.) für die sich häufenden Versuche, gesellschaftliche Prozesse unter Verzicht auf die Unterstellung transhistorischer Entwicklungstrends konsequent aus dem Handeln von Gesellschaftsmitgliedern zu erklären, die Sammelbezeichnung *Konstitutionstheorien* vor. Diese gesellschaftstheoretischen Entwürfe teilen den Anspruch, gesellschaftliche Strukturen in Bezug auf bewusstes Handeln verstehbar machen zu wollen; dabei wird nicht unterstellt, dass alle Strukturen ihren Ursprung in bewusstem Handeln haben. Joas fasst unter der Bezeichnung Konstitutionstheorien folgende, von unterschiedlichen Ausgangspunkten kommende theoretische Strömungen zusammen: Amitai Etzionis Werk ‚Die aktive Gesellschaft' (1975); bestimmte Strömungen des Symbolischen Interaktionismus (vgl. Maines 1977); Anthony Giddens` Theorie der Strukturierung (vgl. Giddens 1988); Theorien des Konflikts und der Macht, wie sie im Gefolge von Max Weber und Norbert Elias einerseits vornehmlich von britischen Soziologen (vgl. Mann 1990/91 und Hall 1986), andererseits von Pierre Bourdieu (1979; 1987) und Randall Collins (1974) ausgearbeitet wurden; die politische Philosophie von Cornelius Castoriadis (1984) und die hierauf fußende Soziologie der sozialen Bewegungen von Alain Touraine (1979).

eine handlungstheoretische Alternative zu funktionalistischen und evolutionstheoretischen Ansätzen, die die Potentialität rationalen Handelns betont.[48] Die pragmatistische Basis des konstitutionstheoretischen Ansatzes erlaubt, wie in *Abschnitt 4.3* gezeigt wird, nicht nur an eine aktuelle Studie zu *komplexen, responsiven Prozessen in Organisationen* von Stacey (2001) anzuknüpfen, sondern auch die dort vorgenommene Zusammenführung pragmatistischer und komplexitätstheoretischer Perspektiven für Fragen der Organisationsdynamik kritisch zu würdigen. Im Unterschied zur Perspektive von Stacey stehen in der konstitutionstheoretischen Analyse der Organisationsdynamik soziale Beziehungen als Machtbeziehungen im Mittelpunkt der Betrachtung;[49] strategisches Handeln der Akteure impliziert Potentialität und hat Ungewissheit bei der intersubjektiven Erwartungsbildung zur Folge.[50] Hier ist es vor allem die in *Abschnitt 4.4* vorgeschlagene Verbindung des relationalen Machtkonzepts mit identitätstheoretischen Konstrukten, die es ermöglicht, der doppelten Kontingenz und fundamentalen Unsicherheit des Handelns einen zentralen Stellenwert für die Erklärung von Organisationsdynamik einzuräumen. Wird der Begriff *Macht* im Sinne von Crozier/Friedberg (1993) als Kontrolle von für andere relevante Ungewissheitszonen verstanden und wird das in der Tradition der alten Institutionenökonomik stehende Balancemodell menschlichen Verhaltens nach Mead (1980) und Krappmann (1978) zum Ausgangspunkt von sozialisations- bzw. persönlichkeitstheoretischen Reflexionen gemacht, dann erscheint es – abweichend vom *common sense* des sozialpsychologischen Identitätsdiskurses – angebracht, Machtausübung und Identitätsbehauptung (im doppelten Sinn des Wortes „Behauptung") als zwei Seiten derselben Medaille zu betrachten (*Dualität von Macht und Identität*). Darüber hinaus wird in *Abschnitt 4.5* der Frage nachgegangen, ob sich ein konstitutionstheoretisches Verständnis des Interaktionsverhaltens von Individuen auf kollektive Akteure übertragen und sich auf diesem Wege auch die Vorstellung von *kollektiver Identität und Rationalität* sinnvoll ausfüllen lässt. Hierzu lässt sich an weiterführende Überlegungen zur *Konstitution kollektiver Akteure* anknüpfen, die in jüngster Zeit von Philip Pettit (2001) zur Diskussion gestellt worden sind. Diese eröffnen, besonders wenn sie konsequenter als von Pettit selbst mit identitätstheoretischen Konzepten in der Tradition des Symbolischen Interaktionismus verbunden werden, neue Einsichten für die Organisationsforschung. Es wird gezeigt, dass die Konstruktion eines kollektiven Akteurs auf der theoretischen Ebene Relationalität voraussetzt – möglichst identitäts- und machttheoretisch fundiert.

Im *fünften Kapitel*, das die *Kontextualität der Organisationsdynamik im Spannungsfeld zwischen externer Steuerung und interner Eigendynamik* behandelt, geht es um eine substanzielle Untermauerung der theoretischen Ansätze mit dem Ziel, das Erklärungspotential dieser Ansätze und ihrer Verknüpfung aufzuzeigen. Ausgehend von der Grundvorstel-

---

48 An anderer Stelle ist bereits auf das Potential eines um die Kreativitätsdimension erweiterten und fundierten handlungstheoretischen Deutungsrahmens für die Innovationsforschung, die Personal- und Organisationsentwicklungsforschung oder die Führungsforschung hingewiesen und für Fragen der organisationalen Sozialisation, Identifikation und Moral ausführlich diskutiert worden (vgl. Küpper/Felsch 2000, 280f. u. 283ff.).

49 Im Unterschied etwa zu Ansätzen der Neuen Institutionenökonomik, die auf dem Rational Choice-Ansatzes und dem ökonomischen Verhaltensmodell basieren, wird *Macht nicht* gewissermaßen additiv als Folge von Interessen und Ressourcen behandelt. Vielmehr geht es hier darum, Macht auf der theoretischen Ebene in Anschlag zu bringen, um Organisationsdynamik zu erklären.

50 Die *fundamentale Unsicherheit* organisationalen Handelns, die potentielle Instabilität organisationaler Prozesse ist allenfalls in theoretischen Grenzfällen allein sich verändernden Umwelteinflüssen geschuldet. Sie ist i.d.R. immer auch Ausdruck der relativen Autonomie von individuellen (und kollektiven) Akteuren. Deren Verhalten ist stets *kontingent* in dem Sinne, dass es vom organisationalen Kontext abhängig ist und zugleich autonom und damit unbestimmt.

lung von Organisationen als kollektive, korporative Akteure werden in allgemeiner und kategorisierender Form Zusammenhänge zwischen Entwicklungsprozessen und Entwicklungsbedingungen beispielhaft verdeutlicht. Dabei wird analytisch zwischen dem äußeren und dem inneren Kontext einer Organisation unterschieden. Bezogen auf den äußeren Kontext der Organisation werden in *Abschnitt 5.1* Beziehungen zwischen *Marktdynamik und Organisationsdynamik* thematisiert. Da der wesentliche Rechtfertigungsgrund für die Existenz bzw. der Anspruch von Organisationen in der modernen Gesellschaft darin besteht, Effizienzsteigerungen erreichen zu wollen, erfolgt die Auseinandersetzung zunächst entlang der Mindest-Bedingungen für die Einlösung des *Effizienz*anspruchs: erstens die Ermöglichung *organisierten kollektiven Handelns* bzw. „Rationalisierung" (dazu *Abschnitt 5.1.1*) und zweitens die *Formung und Zurichtung menschlicher Arbeit* auf die Bedingungen des arbeitsteiligen Produktionsprozesses (dazu *Abschnitt 5.1.2*). Darüber hinaus wird die Betrachtung auf die *Evolution von Beschäftigungssystemen* (dazu *Abschnitt 5.1.3*) und damit auf eine mittlere Ebene zwischen der Ebene von Organisationen bzw. Unternehmen und der Makroebene des Gesellschafts- und Wirtschaftssystems gelenkt, die für die Analyse kultureller Unterschiede zwischen Organisationsformen und ihrer Dynamik von Bedeutung ist. Da die Dynamik des äußeren Kontextes von Organisationen kaum unvermittelt auf organisationale Strukturen und organisationales Handeln durchschlägt, sondern stets mehr oder weniger vermittelt über organisationsinterne Eigendynamik, werden in *Abschnitt 5.2* wesentliche Zusammenhänge der *Eigendynamik organisationsinterner Kontexte* analysiert. Dabei werden auf exemplarische Weise vor allem solche Zusammenhänge dargestellt, die in der Wirtschaftswunderphase in Deutschland für die Entwicklung vieler Branchen bestimmend waren. Zum einen lassen in dieser Phase – in der Organisationsforschung bisher eher vernachlässigte – Beziehungen zwischen der Konstitution interner Formal-, Verhaltens- und Spielstrukturen und den jeweiligen Wettbewerbsbedingungen besonders gut veranschaulichen; zum anderen sind die als Folge daraus in größeren Unternehmen nicht selten entstandenen Organisationsstrukturen und -kulturen, sog. *Bewahrungskulturen* (dazu *Abschnitt 5.2.1*) Auslöser für die Entstehung neuerer *Change-Management*-Konzepte, die bis heute die Diskussion von Organisationsreformen bestimmen (dazu *Abschnitt 5.2.2*).

Das abschließende *sechste Kapitel* befasst sich mit der hervorragenden Rolle von *Innovationen und technischem Fortschritt* als Motor der Organisationsdynamik sowie mit der *Pfadabhängigkeit* dieser Dynamik. Im *Abschnitt 6.1* wird unter Rückgriff auf das von Burns und Flam (1987) entwickelte Konzept des *sozio-technischen Systems* verdeutlicht, dass Innovationsprozesse als komplexe, organisationsübergreifende Konstitutionsprozesse zu begreifen sind, deren Analyse die Einbeziehung von Branchenkontexten und Märkten erfordert. Die verschiedenen Phasen der Dynamik von Industriebranchen und -märkten werden in dem sich anschließenden *Abschnitt 6.2* (*Marktdynamik und Innovationen*) ausführlich behandelt. Der außerdem am Beispiel von Informations- und Kommunikationstechnologien, -produkten und -märkten veranschaulichte Strukturierungsprozess, der allgemein auch als infrastruktureller Zirkel bezeichnet werden kann und nahezu allen Produkt-, Markt- und Organisationsentwicklungen in modernen Gesellschaften immanent ist, zeigt, dass die Dualität von Struktur gerade auch im Anwendungsbereich ein besonderes Gewicht hat. Schließlich wird in *Abschnitt 6.3* die Relevanz organisationsübergreifender Konstitutionsprozesse zwischen *kleinen Innovatoren und Großunternehmen* für die *Erklärung von Innovationsphänomenen* anhand von Ergebnissen einer empirischen Studie von Audretsch (1995) diskutiert.

2 Rational Choice-Theorie: Grenzen des ökonomischen Verhaltensmodells und erweiterte Rationalitätsverständnisse

Das Gesamtwerk *Grundlagen der Sozialtheorie* von James S. Coleman (1991; 1992) steht für den Entwurf einer allgemeinen Sozialtheorie als Theorie der rationalen Wahl (*Rational Choice-Theorie*). Im *Abschnitt 2.1* werden auf einer grundlegenden Ebene der Betrachtung Basiskomponenten einer *handlungstheoretischen* Erklärung nach Coleman beschrieben. Das Erklärungspotential einer Handlungstheorie, die mit der Spezifizierung des Prinzips der rationalen, zielgerichteten Handlung i.S. von Nutzenmaximierung arbeitet, stößt an seine Grenzen, wenn es um die Möglichkeit der Erklärung von Organisationsdynamik geht. Der von Coleman hervorgehobene Vorteil „einfacher" Erklärungsmodelle scheint mit dem Nachteil einherzugehen, komplexe soziale Sachverhalten nicht angemessen erklären zu können, so dass m.E. Anlass besteht, (konstitutionstheoretische) Erweiterungen des handlungstheoretischen Bezugsrahmens ins Auge zu fassen. Das in *Abschnitt 2.2* diskutierte *ökonomische Verhaltensmodell* ist in seiner Aussagekraft bezüglich der Klärung von Kooperation, Altruismus oder Vertrauen begrenzt und damit eher substantialistischen Perspektiven verhaftet, die im Widerspruch zur Prozess-Perspektive (vgl. in *Abschnitt 1.1*) stehen. Die Prozess-Perspektive profitiert dagegen von einem erweiterten teleologischen Handlungsmodell, vor allem dem (im *vierten Kapitel* der Arbeit ausführlich behandelten) sog. *Balancemodell des Verhaltens*, das auch die Konstruktion interdependenter Nutzenfunktionen erlaubt, indem die ursprüngliche Sozialität (die soziale Relationalität) der menschlichen Handlungsfähigkeit von vornherein einbezogen wird. In der ökonomischen und soziologischen Tradition besteht – wie in *Abschnitt 2.3* gezeigt wird – eine weitere Schwierigkeit darin, die für eine Prozesstheorie der Organisationsdynamik wesentliche *potentielle Offenheit rationalen Handelns* (Potentialität) auf der theoretischen Ebene einzufangen, solange keine strikte Unterscheidung zwischen *Ungewissheit* und *Risiko* erfolgt. Der *Abschnitt 2.4* ist einer Auseinandersetzung mit dem *kollektiven Akteur als korporativen Akteur* gewidmet. Dabei steht die Rekonstruktion des korporativen Akteurs im Rahmen der Theorie des Körperschaftshandelns nach Coleman im Mittelpunkt einer Betrachtung, die nach den Bedingungen und Möglichkeiten der Entstehung und Veränderung von Institutionen (Verfassungen) fragt.

2.1 Zur handlungstheoretischen Erklärung in der Sozialwissenschaft

Im Zuge der Darlegung seines metatheoretischen Bezugsrahmens für die sozialwissenschaftliche Analyse verdeutlicht Coleman wesentliche Vorzüge der *handlungstheoretischen* Theoriekonstruktion, die bei der Erklärung sozialer Phänomene auf einer Ebene unterhalb der Systemebene ansetzt, d.h. bei den Individuen (prototypischer Fall), Untergruppen des

Systems oder Institutionen. Für eine solche *innere Analyse von Systemverhalten* spricht nach Coleman (vgl. 1991, 3ff.), dass die Erklärung von Systemverhalten auf einer Ebene anknüpft, auf der normalerweise auch empirische Beobachtungen vorgenommen, Daten für die Bestätigung von Theorien gesammelt oder gestalterische Eingriffe getätigt werden. Eine derartige Analyse ermöglicht ein umfassenderes Verständnis und eine größere Vorhersagbarkeit als dies eine allein auf der Systemebene angesiedelte (z.B. funktionalistische) Erklärung in der Sozialwissenschaft leisten könnte, die sich auf statistische Beziehungen von Oberflächeneigenschaften des Systems stützt. Eine handlungstheoretische Erklärung ist ausreichend fundamental, wenn sie die Basis für einen sinnvollen Eingriff zur Veränderung des Systemverhaltens bietet. Im Allgemeinen ist eine Erklärung, die auf die *Individualebene* hinunter geht befriedigender als eine, die auf einer Ebene zwischen Individual- und Systemebene verbleibt (vgl. Coleman 1991, 5)[51] – das Individuum ist der Gesellschaft vorgeordnet. Im Übrigen hat es sich auch in der Evolutionsbiologie seit Beginn der 60er Jahre als vorteilhaft erwiesen, zur Beantwortung der Frage, wo genau die Mechanismen der natürlichen Evolution greifen, nicht länger bei den Arten, sondern bei den Genen anzusetzen und den Untersuchungsgegenstand in Richtung auf das „Individuum" als Träger von Genen zu verschieben.[52] Für die Sozialwissenschaften (wenn auch nicht für die Psychologie) stellt die Individualebene – wie Coleman (vgl. ebd.) zunächst einräumt – so etwas wie einen „natürlichen Endpunkt" dar (zu den Konsequenzen und zur Relativierung dieser Festlegung vgl. weiter unten).

Der von Coleman vertretene *methodologische Individualismus* als ein mögliches Grundprinzip sozialwissenschaftlicher Erklärung schränkt nicht auf die Auffassung ein, dass Institutionen und Kollektivphänomene als bloße Aggregation individuellen Handelns zu betrachten sind;[53] vielmehr wird die Interaktion zwischen Individuen so gesehen, dass sie auf der Systemebene zu emergenten Ereignissen führt. Weder der soziale Charakter individuellen Handelns noch die Existenz eigenständiger kollektiver Phänomene auf der Systemebene wird geleugnet. Bei der Makroebene handelt es sich nach Coleman (1991, 15f.) um eine nicht sichtbare, abstrakte Ebene. *Systemverhalten* wird als Verhalten eines Systems von Akteuren beschrieben, deren Handlungen miteinander verflochten sind; es lässt sich auch als Handlung eines supraindividuellen Akteurs – einer Nation, formalen Organisation etc. – begreifen, die durch verknüpfte Handlungen von Akteuren z.B. innerhalb der Nation bzw. der Organisationsmitglieder hervorgebracht wird. Ferner kann Systemverhalten im Sinne wohldefinierter Eigenschaften oder Begriffe behandelt werden, die

---

51 Vgl. z.B. auch North (1992, 6), der betont, dass eine Theorie des institutionellen Wandels beim „Einzelmenschen beginnen (muß)".

52 Vgl. Held (1991), der auf diese Präzisierung als einen wichtigen Durchbruch in der Evolutionsbiologie hinweist, der in der Ökonomik vergeblich seines gleichen sucht. Vor dem Hintergrund des methodologischen Individualismus als gemeinsame Basis der Neoklassik und der neuen Institutionellen Ökonomik bestehen gravierende methodologische Ungenauigkeiten darin, dass es – auch von prominenten Vertretern dieser Forschungsrichtungen – bislang versäumt wurde, die Grundeinheit der ökonomischen Analyse (das Wirtschaftssubjekt) klarzustellen. Dies kommt bspw. dort zum Ausdruck, wo die Kategorien *Haushalt* und *Individuum* synonym benutzt werden. Solche Ungenauigkeiten betreffen den Kern des Menschenbildes der ökonomischen Theorie und verweisen auf die Notwendigkeit, dass auch die „sozialen Zusammenhänge methodologisch präzise angegangen werden (müßten)." (Ebd., 21) In der Soziobiologie hat die Präzisierung des Untersuchungsgegenstands zu verbesserten Einsichten in lange Zeit nur schwer verständliche Verhaltensweisen wie Formen von Altruismus bei verschiedensten Tierarten geführt.

53 Vgl. auch Elster (1982); zu den Einzelheiten und möglichen Missverständnissen einer solchen Position vgl. auch Giesen/Schmid (1977).

das Handlungssystem als Ganzes beschreiben, z.B. der Preismechanismus auf dem Markt; Systemverhalten stellt sich dann gewissermaßen als Reifikation dar. Die *Dynamik kollektiven Verhaltens*,[54] insbesondere in Perioden des chaotischen und ungeordneten Systemverhaltens (z.B. Revolten, Modeverhalten, Flucht- und Börsenpaniken), welches zumindest tendenziell zur Auflösung institutioneller Strukturen führt, wird von Coleman (1991, 254 ff.) im Wesentlichen durch die einseitige Kontrollübertragung von rationalen Akteuren auf der Mikroebene erklärt. Es handelt sich dabei im Übrigen um eine *nicht* als Teil eines (sozialen) Austausches vorgenommene Übertragung von Kontrolle über eigene Handlungen auf einen anderen Akteur wie sie nach Coleman auch in manchen Herrschaftsbeziehungen stattfindet. Eine so ansetzende Erklärung

> „hat .. den Vorteil, dass man dann auch nach den Gründen für dieses Verhalten und den Bedingungen fragen kann, unter denen ein rationaler Akteur eine solche Übertragung vornimmt, da eine Kontrollübertragung ja eine positive Handlung ist, die von einem zielgerichteten Akteur ausgeführt wird, und keine eher passive Reaktion auf einen Stimulus oder die Auswirkung einer äußeren Ursache." (Coleman 1991, 259)

Eine sozialwissenschaftliche Theorie, in der Handlungen von Akteuren bzw. Systembestandteile Systemverhalten erzeugen, beinhaltet nach Coleman die Komponenten *Übergänge von der Mikro- zur Makroebene und umgekehrt* sowie individuelle Handlungen bzw. ein *Handlungsprinzip* als „notwendigen festen Kern" (ebd., 13). Das Hauptproblem der Erklärung von Systemverhalten liegt beim Übergang von der Mikro- zur Makroebene, der die Konsequenzen einer Akteurshandlung wiedergibt: hier geht es im Wesentlichen um Fragen nach der Verknüpfung individueller Handlungen, den Arten der Wechselwirkungen zwischen Handlungen, der Struktur interdependenter Handlungen (die z.B. eine formale Organisation bilden) sowie um externe Effekte. Beim Makro-Mikro-Übergang hingegen sind alle Elemente angesprochen, die die Randbedingungen bestimmen, die Handlungen beschränken und ermöglichen, auch solche der Ressourcenverteilung, Rollen und mit diesen nahegelegte Interessen, etc. Für die Bestimmung des nomologischen Kerns, der Handlungstheorie auf der individuellen Ebene, greift Coleman auf den spezifischen Typ des *zielgerichteten Handelns* zurück, der (nicht nur) in der ökonomischen Theorie Anwendung findet. Dort bestimmen seit Simon (1955) verschiedene Ausarbeitungen der Vorstellung von *begrenzter Rationalität* (bounded rationality) die Diskussion.[55] Das *Modell rationalen Verhaltens* basiert im Kern auf der Trennung zwischen Präferenzen und Restriktionen und beinhaltet als zentrale Rationalitätsanforderung, dass das *autonome Individuum*[56]

---

54   Systemphänomene, die Coleman (1991, 255) als *kollektives Verhalten* bezeichnet, zeichnen sich dadurch aus, dass mehrere Personen, die in gewisser Abhängigkeit voneinander handeln, zur selben Zeit gleiche oder ähnliche Handlungen ausführen; es zeigt sich ein vorübergehendes oder ständig wechselndes Verhalten (jenseits eines Gleichgewichts).

55   Hiernach verfügen Akteure *nicht* über vollständige Information und dementsprechend geht es beim Handeln nicht um Nutzenmaximierung, sondern um das Streben nach einem zufrieden stellenden *(satisficing)* Ergebnis.

56   Autonome Individuen handeln hier auf der Grundlage von *Präferenzen*, die unabhängig von der aktuellen Handlungssituation bestimmt sind. Präferenzen bilden die Basis für die Bewertung von Handlungsalternativen. Das Individuum trifft eigenständig Entscheidungen vor dem Hintergrund der eigenen Präferenzen; es wählt diejenige Handlungsalternative, die seinen Präferenzen am ehesten entspricht. Zwar wird im Rahmen der Rational Choice-Theorie eingeräumt, dass Präferenzen im Sozialisationsprozess entstanden sind, doch erweist sich der methodologische Individualismus als sozialtheoretischer Ausdruck des sozialphilosophischen Axioms der Vorordnung des Individuums vor die Gesellschaft, so dass eine gesellschaftliche Konstitution des Individuums paradigmatisch ausgeblendet bleibt. Im Gegensatz dazu fokussiert etwa das im Rahmen

„prinzipiell in der Lage ist, gemäß seinem relativen Vorteil zu handeln, d.h. seinen Handlungsraum abzu-
schätzen und zu bewerten, um dann entsprechend zu handeln" (Kirchgässner 1991, 17).

Für die Spezifizierung des Prinzips der rationalen, zielgerichteten Handlung in der Sozialwissenschaft i.S. von *Nutzenmaximierung* spricht für Coleman (1991, 23 ff.) ein größeres
Maß an Erklärungskraft aufgrund der quantitativen Dimension, die mit Maximierungs- oder
Minimierungsvorstellungen einhergeht, eine höhere Vorhersagbarkeit (in Abhängigkeit von
der Eindeutigkeit, mit der entsprechende Quantifizierungen vorgenommen werden können)
und die Einfachheit einer solchen Spezifizierung. Allerdings stößt die Theorie der instrumentellen Rationalität, bei der eine Menge von Zielen und Zwecken oder Nutzen vorausgesetzt wird, an Grenzen, wenn es gilt, die Möglichkeit eines *Wandels individueller Nutzen-
vorstellungen* angemessen zu klären, etwa im Zusammenhang mit der Interpretation von
Phänomenen der *Identifikation* (Formen der Erweiterung des Objektselbst) oder des individuellen Umgangs mit *Konflikten innerhalb des Selbst.*[57] Nach Meinung von Coleman ist

---

der intersubjektiven Handlungstheorie stehende sozialpsychologische Konzept der Identität von G. H. Mead
auf das Individuum als *Selbst*, dessen Identität zugleich auf Individuation *und* Vergesellschaftung beruht.
Wenn dort Menschen als soziale Wesen konzipiert werden und eine vorgängige Sozialität allen menschlichen
Handelns unterstellt wird, dann ist damit gerade *nicht* gemeint, dass individuelles Handeln als gesellschaft-
lich determiniertes Handeln begriffen werden darf; vielmehr eignet sich ein solches Konzept z.B. auch zur
identitätstheoretischen Fundierung der strategischen Organisationsanalyse nach Crozier/Friedberg (1993), bei
der die relative Freiheit autonom handelnder Akteure der Ausgangspunkt für eine instruktive Auseinandersetzung über Macht und Politik in Organisationen ist (vgl. dazu Felsch 1999, 127ff.). Im Übrigen erweist sich
die in der Rational Choice-Theorie mit dem Begriff der Wahl verbundene Vorstellung von Handlungsfreiheit
schon deshalb als irreführend, weil die Entscheidung des Akteurs in diesem Modellrahmen durch die exogen
vorgegebene konsistente Präferenzordnung determiniert ist. Hierauf hat Kappelhoff (1997, 222) hingewiesen,
der für eine Ergänzung der Rational Choice-Theorie durch die neuere System- bzw. Komplexitätstheorie eintritt. Kappelhoff sieht im Konzept des autonomen Individuums der Theorie des rationalen Handelns eine
Vorentscheidung für eine voluntaristische (und damit gegen eine strikt verhaltenstheoretische) Handlungstheorie, bei der das Individuum zunächst außerhalb der Gesellschaft angesiedelt ist. Dies hat u.a. zur Konsequenz, dass sich die Frage nach der Entstehung von sozialer Ordnung bzw. dem gesellschaftlichen Zusammenwirken von vielen Einzelrationalitäten im Rahmen der Rational Choice-Theorie in seiner ganzen Schärfe
stellt – eine Frage, die üblicherweise bezugnehmend auf den Selbstorganisationsgedanken und das Ord-
nungsprinzip der unsichtbaren Hand beantwortet wird, allerdings ohne Entwicklungsprozesse und Emer-
genzphänomene auf angemessene Weise als Koevolution einer Vielzahl gleichberechtigter Ebenen, insbesondere der Komplexität einer Emergenz von unten und einer Konstitution von oben, zu erfassen (vgl.
Kappelhoff 1997).

57   Die Frage, warum sich Menschen mit erfolgreichen anderen Individuen identifizieren *und* besonders warum
dieser Identifikation Grenzen gesetzt sind, ist im Rahmen einer rationalistischen Rekonstruktion – wie Coleman einräumt – kaum zu beantworten: „Warum schaffen sich Individuen nicht einfach eine Traumwelt, in
der sie als schmucke Prinzen und schöne Prinzessinnen leben? ... Vielleicht gibt es .. mehr zu gewinnen,
wenn man versucht, reale Ereignisse zu beeinflussen, als sich fortwährend mit erfolgreichen Personen zu
identifizieren. Dies ist allerdings keine sehr befriedigende Antwort, und das Problem muß als ungelöst betrachtet werden."(Coleman 1992, 254). Bezüglich der Behandlung von Konflikten im Selbst als weiteren
Ursprung für Wandlungsprozesse im Akteur führt Coleman vor allem sozialpsychologische Theorien der
Einstellungsänderung an, etwa die Balancetheorie von Heider (1977), die zur Gruppe von solchen Theorien
in den Sozial- und Naturwissenschaften gehört, die auf dem Prinzip der Spannungsreduzierung oder dem
Prinzip des geringstmöglichen Aufwandes aufbauen. Hiernach verändern Personen in Situationen, in denen
eine Disharmonie besteht (in dem Sinne, dass ein Akteur bezüglich zweier sozialer Objekte, zu denen er bestimmte Bindungen hat und die in Konflikt stehen), ihre Orientierung (z.B. ihre affektive oder ihre kognitive
Organisation) so, dass der Konflikt abgeschwächt oder ausgeräumt bzw. ein Gleichgewicht, Harmonie oder
Konsistenz erreicht wird. Zur Kritik an derartigen Konzepten vgl. Hanft (1991). Wichtige Anhaltspunkte liefert auch die Theorie der Referenzgruppen (vgl. Merton 1957), die zur Erklärung herangezogen werden kann,
wie (Gruppen-)Normen herausgebildet werden können, nämlich im Wege des Vergleichs mit Referenzgrup-

hier zu fragen, warum in der Ökonomie – die immerhin diejenige Sozialwissenschaft darstellt, die auf einer Theorie des zielgerichteten Handelns basiert – bislang keine *Theorie des
inneren Wandels von Individuen* entwickelt oder aus der Psychologie übernommen wurde.
Den wesentlichen Grund für das Fehlen einer solchen Theorie sieht er in der

> „Schwierigkeit, eine Theorie zu entwickeln, die mit dem zentralen Handlungsprinzip, der Nutzenmaximie-
> rung, vereinbar ist. ... Wenn eine Theorie des inneren Wandels von Individuen zu rechtfertigen oder mit dem
> grundlegenden Handlungsprinzip vereinbar sein soll, muß sie das scheinbar Unmögliche vollbringen: Sie
> muß den Wandel von Nutzen (oder Zielen) ausgehend vom Prinzip der Nutzenmaximierung erklären.
> Ich beginne mit dieser Warnung, um darauf hinzuweisen, daß die Entwicklung einer befriedigenden Theorie
> des inneren Wandels von Akteuren keine leichte Aufgabe ist. Die einzige befriedigende Theorie wird eine
> sein, in der der Wandel von der Anwendung des Handlungsprinzips selber hergeleitet wird." (Coleman
> 1992, 251)

Diesbezüglich wäre m.E. an ein erweitertes Modell rationalen Handelns zu denken, das auf
Identitätsbehauptung als zentrales Handlungsprinzip basiert und das Nutzenmaximierung
eher als Grenzfall der individuellen Rationalität einzubeziehen erlaubt (vgl. auch Felsch
1999, 167f.). Oben angesprochene, bislang nicht erklärbare Phänomene wie die Erweiterung des Objektselbst wären mit Hilfe eines solchen Modells als Akte individueller Selbst-
behauptung zu deuten; eine solche Interpretation legen z.B. auch Sofsky/Paris (1991) in
ihren instruktiven machttheoretischen Analysen zum Aufbau, zur Reproduktion und zum
Zerfall von Autoritätsbeziehungen nahe.

Die *Annahme der Nutzenmaximierung* wird von Coleman (vgl. 1991, 22ff.) im Rahmen seiner umfassenden qualitativen Darstellungen über *Handlungen und Handlungssysteme* sowie *Körperschaften und die moderne Gesellschaft* (erster und zweiter Band des
Gesamtwerkes) nicht explizit eingeführt; notwendig erscheint sie erst für die quantitative
Entwicklung der Theorie, *die Mathematik der sozialen Handlung* (dritter Band). Bei qualitativen Betrachtungen ist es aus seiner Sicht vor allem die „Einfachheit", die für die Verwendung der enggefaßten Spezifizierung zielgerichteten Verhaltens als *Nutzenmaximierung* in der Sozialtheorie spricht (vgl. Coleman 1991, 23). In diesem Zusammenhang wird
von Coleman die nicht unproblematische Vorstellung nahegelegt, dass die Einfachheit des
Handlungsprinzips auf der individuellen Betrachtungsebene durch Komplexität in den
Vorstellungen zu den Übergängen zwischen Mikro- und Makroebene kompensiert werden
kann bzw. dass die Einfachheit hier Voraussetzung für komplexe Betrachtungen dort ist.[58]
Diese Sichtweise überzeugt jedoch kaum, denn wie noch genauer vor dem Hintergrund des
komplexeren Handlungsprinzips der Identitätsbehauptung gezeigt wird, geht die Einfachheit
des ökonomischen Handlungsprinzips in den meisten der hierauf aufbauenden theoretischen Konzepte gerade nicht mit einer angemessen gefaßten Komplexität all jener Phänomene einher, die Coleman den Mikro-Makro-Übergängen zuordnet; vielmehr treten – wenn

---

pen (d.h. mit anderen individuellen oder kollektiven Akteuren in vergleichbarer Lage). Mit der Theorie der
Referenzgruppen wurde in der mikroökonomischen Theorie bereits im Zusammenhang mit dem Problem der
kognitiven Dissonanz gearbeitet (vgl. Schlicht 1984).

58   „Das heißt natürlich nicht, daß die Spezifizierung des zielgerichteten Verhaltens die beste von allen jenen ist,
die den gleichen Einfachheitsgrad besitzen. Allerdings muß zwischen der Komplexität in den anderen beiden
Komponenten und der Komplexität dieser Komponente ein Ausgleich geschaffen werden, damit die übergeordnete Theorie weiterhin gut zu handhaben ist. Ich habe mich entschlossen, auf so viel psychologische
Komplexität wie möglich zu verzichten, um in den anderen beiden Komponenten – den Komponenten der
,sozialen Organisation' – mehr Komplexität zulassen zu können." (Coleman 1991, 24)

das Handlungsprinzip der Nutzenmaximierung nicht unterminiert werden soll – auch dort Vereinfachungen derart auf, dass die Dynamik sozialer Systeme jenseits des einfachen Veränderungsmodus der „Anpassung" theoretisch nicht angemessen gefasst werden kann.

Das Erklärungspotential einer sozialwissenschaftlichen Theorie, die zur Aufgabe hat, Phänomene auf der Makroebene wie Entwicklungen sozialer Organisationen durch einen „Abstieg" auf die Ebene individueller Handlungen und die „Rückkehr" auf die makrosoziale Ebene zu erklären (vgl. Coleman ebd., 25), ist nicht nur davon abhängig, dass ein adäquates Handlungsprinzip auf der individuellen Ebene in Anschlag gebracht wird; darüber hinaus sind geeignete Modelle über Prozesse von der Makro- zur Mikroebene und umgekehrt zu entwerfen. In diese Modelle

> „(muß) ganz offensichtlich ... Interdependenz in irgendeiner Form ... eingehen, denn die Phänomene, die erklärt werden sollen, umfassen gegenseitige Abhängigkeit zwischen den Handlungen von Individuen" (ebd., 27).

Wie bereits angedeutet, kann die Wahl des Handlungsprinzips auf der Individualebene nicht ohne Folgen für den Entwurf von Modellen für Mikro-Makro-Übergänge bleiben, also auch nicht für die zu entwickelnden oder aufzugreifenden theorieleitenden Vorstellungen über Formen der *Interdependenz*. Mit anderen Worten: wird auf der individuellen Ebene das – von Coleman u.a. durch Einfachheit charakterisierte – Handlungsprinzip der Nutzenmaximierung zugrunde gelegt, kann Interdependenz kaum in *irgendeiner* denkbaren Form in die Modellentwürfe eingehen, sondern eher nur in einer *bestimmten*; bei Coleman als Interdependenz bzw. Abhängigkeit zwischen *Handlungen* von Individuen, und *nicht* etwa *auch* als Interdependenz zwischen den *Handelnden* selbst. Eine solche Sichtweise der Interdependenz von Handlungen besticht im Vergleich zu einer erweiterten Vorstellung von Interdependenz, die die Sozialität der Handelnden und die doppelte Kontingenz von Handlungssituationen auf der theoretischen Ebene in Rechnung stellt, nun wiederum durch Einfachheit. Selbstverständlich handelt es sich hier um eine Einfachheit, die folgerichtig ist; folgerichtig in dem Sinne, dass sie mit der ökonomischen Rationalität und den hiermit verbundenen Konstruktionen des *sozial-neutralen Akteurs*[59] sowie der *Trennung von Restriktionen und Präferenzen* vereinbar ist. Bei der im ökonomischen Ansatz angesprochenen spezifischen Form der Berücksichtigung von Interdependenz (als Abhängigkeit zwischen Handlungen) können auch die Probleme der Einflüsse gesellschaftlicher und organisationaler Strukturen und Institutionen auf die Handelnden sowie die Bedeutung von Bewusstsein und Kultur analytisch nicht hinreichend gefasst werden.[60] Nach meiner Auffassung sind derartige Einschränkungen in sozialwissenschaftlichen Erklärungen nur dann vermeidbar,

---

59   Die Interaktion zwischen homines oeconomici werden (z.B. in Modellen der Spieltheorie) unter der Prämisse *gegenseitig desinteressierter Vernünftigkeit* (Rawls 1971) betrachtet. Für die organisationale Handlungsanalyse ist die Zugrundelegung dieser Prämisse mit der problematischen Konsequenz verbunden, dass kooperatives Verhalten bei strategischer Interdependenz im Allgemeinen nicht erklärt werden kann. Kirchgässner (1991, 158) stellt hierzu fest: „Kooperation lässt sich.., wenn sie für die Beteiligten nicht mit zurechenbaren Vorteilen verbunden ist, im Rahmen des ökonomischen Verhaltensmodells nur schwer erklären."

60   Zu letzterem vgl. auch Biervert (1991, 52), der im Rahmen seiner kritischen Betrachtung zu den Menschenbildern in der ökonomischen Theoriebildung für einen Ausweg insbesondere auf die weiterführenden verhaltens- und handlungstheoretischen Ansätze von Elster (1987), Etzioni (1988) und Giddens (1988) verweist. Auf der Basis dieser Arbeiten könnte das Menschenbild in der ökonomischen Theoriebildung so verändert werden, dass „der Mensch den Rationalitätsbegriff zum Gegenstand der *Reflexion* und des *Diskurses* macht und dabei verschiedene Rationalitätsperspektiven auf der individuellen und institutionellen Ebene integriert." (Biervert, ebd.)

wenn auf der Handlungsebene Kategorien wie *Gültigkeit, Akzeptanz* und *Konsens* als Deutungsschemata und Begriffe wie *Interessen, Qualifikationen* und *Ressourcen* Verwendung finden und auf der Systemebene (Mikro-Makro-Übergänge) Prozesse der *Machtinstitutionalisierung* sowie der *Externalisierung von Interessen, Zielen und Zwecken*, d.h. Prozesse der Versachlichung von Handlungsintentionen und -erwartungen als Ressourcen- und Informationsstrukturen (*Bildung von Formalstrukturen*).

2.2 Grenzen der Aussagekraft des ökonomischen Verhaltensmodells

Das aufgrund der zugrunde gelegten spezifischen Form des Rationalismus (der Zweck-Mittel-Rationalität) recht eng konzipierte *ökonomische Verhaltensmodell* wird auf unterschiedliche Verhaltensweisen wie Konsum, Kriminalität oder Heirat angewendet (vgl. Becker 1993). Nicht selten wird mit der Anwendung des ökonomischen Verhaltensmodells auch auf nicht-ökonomische Gegenstandsbereiche bzw. als Basis für die sozialwissenschaftliche Theoriebildung (vgl. z.B. auch Schanz 1979; Frey 1980; Kirchgässner 1991; Becker 1993; Esser 1993) – explizit oder implizit – ein Universalitätsanspruch geltend gemacht; eingestanden wird, dass der *ökonomische Imperialismus* (vgl. dazu Aretz 1997; Boulding 1969; Kirchgässner 1988) „das Streben nach der ‚Einheit der Sozialwissenschaft‘" (Frey 1989, 81) erfüllt. In diesem Zusammenhang ist auch von besonderer Bedeutung, dass der Begriff des Individuums in der Theorie der rationalen Wahl nicht individuell, sondern *universell* gebraucht wird. Dies hat zur Folge, dass das Individuum – darüber hinaus als homogen und rein intentional charakterisiert – fernab jeglicher sozialer Verhältnisbestimmung gestellt und auf „natürliche Gleichgewichte" von Austauschbeziehungen, den Marktmechanismus oder die „Logik der Situation" verwiesen wird; letztlich kommt es bei derartigen „naiv-realistischen" Sichtweisen[61] zu unbefriedigenden, zirkulären Erklärungen, wenn diese von der Situation, wie sie sich für die Akteure darstellt, ausgehen und zugleich mit der Annahme operieren, dass Akteure in jedem Fall situationsgerecht handeln (vgl. Bühl 2000, 43f.). Die Aussagekraft des ökonomischen Verhaltensmodells ist damit vor allem dann eingeschränkt, wenn es um die Erklärung von *kooperativem, altruistischem* Verhalten bzw. um die emotional-affektive Dimension menschlichen Handelns geht. Bereits Marshall hat darauf hingewiesen, dass Individuen innerhalb von Familien und im Umfeld engerer sozialer Beziehungen nicht eindeutig unabhängig von anderen Individuen ihre eigenen Interessen verfolgen und ihren Nutzen zu maximieren suchen. In der ökonomischen Theoriebildung jedoch werden *Nutzeninterdependenzen* systematisch vernachlässigt. Dies mag schon angesichts der von Held (1991, 22; vgl. auch *Anmerkung 52* weiter oben) hervorgehobenen, letztlich wohl nicht ganz zufälligen methodologischen Ungenauigkeit in

---

61 Auch das Problem der Verbindung von Mikro- und Makroebene – bei Coleman (1991) in metatheoretischer Perspektive erörtert (s. dazu weiter oben) – erscheint als Konsequenz der Begriffsbildung: „Nur ein ‚naiver Realist' (wie J.S. Coleman) kann annehmen, dass das Individuum eine Wirklichkeit *sui generis* ist, unabhängig konzipierbar von der Bedeutung der gesprochenen Sprache und dem übermittelten Wissen, unabhängig von den familiären Bindungen und moralischen Verpflichtungen, die ihm die Gesellschaft schon in die Wiege gelegt hat. Und nur ein naiver Realist hat das Problem, wie Individuum und Gesellschaft miteinander zu verbinden seien, nachdem er sie mit dogmatischem Starrsinn voneinander getrennt hat ... Nicht die Verbindung ist das Problem, sondern die Auflösung des Knotens." (Bühl 2000, 48f.) In der empirischen Auseinandersetzung mit diesem Problem geht es stets darum, Mikro- und Makrodaten zu einer Erklärungsskizze zusammenzufassen und dabei einseitige, kausal-deterministische Deutungen zu vermeiden.

der ökonomischen Theoriebildung, der Gleichsetzung von Individuum und Haushalt, kaum verwundern. Auch verbreitete Kontroversen zur Frage, ob der Mensch an sich egoistisch oder altruistisch sei, führen hier nicht weiter. Sie thematisieren in der Regel z.B. nicht, dass in der Ökonomie aus einem zunächst als Erfahrungswissenschaft deklarierten Forschungs-programm (zur Auffindung der von Entscheidungsträgern angestrebten Ziele) unter der Hand eine analytische Entscheidungslogik[62] geworden ist (vgl. Katterle 1991 unter Bezug-nahme auf Anthony Downs) und führen zudem an der Tatsache vorbei, dass

> „reziproker Altruismus, unterschiedliche Formen von Kooperation .. die realen Wirtschaftsprozesse ebenso (bestimmen) wie Konkurrenz und emotionslos – ohne Neid, Mißgunst, Wohlwollen, Liebe etc. – unternom-mene Transaktionen. Ein Ansatz, der diese Tatsache der Nutzeninterdependenzen nicht explizit in die Unter-suchungen einbezieht, engt seine Erklärungskraft ... ein" (Held 1991, 22f.).[63]

Wie bereits an anderer Stelle ausgeführt (vgl. Felsch/Küpper 1998), erfordert die angemessene Berücksichtigung unterschiedlichster Verhaltensweisen einschließlich solcher der Kooperation oder des Altruismus im Rahmen der sozialtheoretischen Modellbildung über die Konstruktion interdependenter Nutzenfunktionen hinaus auch Aussagen über die Voraussetzungen einer Stabilität *interdependenter Präferenzen* und damit immer auch über die Stabilität und Verände-rung von *Machtstrukturen* konkreter Handlungssysteme. Das Verhältnis von Präferenzen und Restriktionen ist dann als wechselseitiges Konstitutionsverhältnis zu denken (vgl. March/Olsen 1975). Dies impliziert jedoch eine Erweiterung des teleologischen Handlungsmodells in eine Richtung, die die scheinbare Selbstverständlichkeit in Frage stellt, mit der seit Max Weber und im Gefolge von Talcott Parsons Zwecksetzung und zielorientiertes (zweckrationales) Handeln als gegeben und als analytische Grundlage nicht nur für ökonomisches, sondern für jedwedes menschliche Handeln begriffen wird.[64]

---

62   Bei dieser bilden von Theoretikern festgesetzte Ziele – Gewinnmaximierung bei Unternehmungen, Nutzen-maximierung bei Verbrauchern – *Prämissen*. Es wird dann deduziert, welches Verhalten angesichts der ge-gebenen Ziele und Restriktionen rational ist.

63   Held (1991) sieht übrigens wenig Anlass zu der Hoffnung, dass solche Widersprüche zur Realität durch die Weiterentwicklung der ökonomischen Theorie ausgeräumt werden. Statt einer Anpassung des ökonomischen Ansatzes sind eine Reihe von „Ausweichreaktionen" zu beobachten. Eine Ausweichreaktion besteht bspw. darin, dass der ursprünglich auf Erklärung abzielende methodologische Anspruch normativ gewendet wird: auch wenn sich reale Wirtschaftsubjekte nicht entsprechend dem ökonomischen Rationalprinzip verhalten, sollten sie es im Dienste der effizienten Wirtschaftens versuchen. Eine andere in diesem Zusammenhang ste-hende Möglichkeit des Ausweichens stellt die folgende, verbreitete, auf Friedman (1953) zurückgehende Be-hauptung dar: es komme nicht darauf an, ob sich Wirtschaftsubjekte *tatsächlich* entsprechend den Annah-men der ökonomischen Theorie verhalten; entscheidend sei, ob Individuen handelten, *als ob* sie sich gemäß dem ökonomischen Rationalprinzip als Nutzenmaximierer verhielten. Solche Ausweichreaktionen haben – so Held – ihrerseits zur Konsequenz, dass der methodologische Anspruch der ökonomischen Theoriebildung unscharf wird. Ortmann (2004) vertritt hier eine modifizierte Auffassung, indem er klarstellt, dass es Fried-man nicht um eine Fiktion der Praktiker geht, die Handlungsorientierung geben kann, sondern um eine „*Theorie*fiktion", deren Funktion es ist, „das Rätsel der Handlungsorientierung auszublenden und im Dun-keln zu lassen" (ebd., 224). „*Friedmans Als Ob dient .. ersichtlich dem Zweck, eine Art Bypass um das Rätsel zu legen* und theoretisch voranzukommen ... Aus solchen Abstaktionen gewinnt die neoklassische Ökonomik eine große Stoßkraft. Entschiedenes Absehen-von ermöglicht scharfes, konzentriertes Sehen." (ebd., 222)

64   Neben Körperbeherrschung und Autonomie wird *Ziel- oder Zweckorientierung* in allen Handlungstheorien, die in utilitaristischer oder normativer Ausrichtung vom Typus des *rationalen Handelns* ausgehen, unterstellt. In der Soziologischen Theorie wird spätestens seit Max Weber sinnhaftes menschliches Handeln an die Ka-tegorien Zweck und Mittel gebunden und damit die Anknüpfung intentionalen Handelns an die moderne ökonomische Handlungstheorie gesucht. Nach Weber sind es nicht spezifische Zwecke und spezifische Mit-tel, auf die soziale, vor allem politische Systeme festgelegt sind; ihre Rationalität besteht vielmehr im Auf-

Nach Weber (1922) gilt *soziales Handeln*, also ein Handeln, dass seinem gemeinten Sinn nach auf das Verhalten anderer Akteure bezogen und daran in seinem Ablauf orientiert ist, 1. als *zweckrational*, wenn es das Ergebnis vernünftiger Zweck-Mittel-Abwägungen ist. Es kann 2. auch *wertrational* (durch bewussten Glauben an den unbedingten Eigenwert eines bestimmten Verhaltens), 3. *affektuell* (durch aktuelle Affekte und Gefühlslagen) oder 4. *traditional* (durch eingelebte Gewohnheit) bestimmt sein. In dieser – wie Schluchter (1979) nahe legt, entlang einer Rationalitätsskala mit abnehmendem Rationalitätsniveau konstruierten – Handlungstypologie erfüllt der Idealtypus *Zweckrationalität* den Anspruch Handlung zu sein am meisten, weil allein dieser auf die subjektive Abwägung der Handlungselemente Mittel, Zweck, Wert und Folge abstellt. Es folgt wertrationales Handeln mit Ausklammerung der Reflexion auf die Handlungsfolgen, affektuelles Handeln mit zusätzlicher Ausklammerung der Reflexion auf die Werte und das traditionale Handeln, bei dem auch die Reflexion auf die Zwecke unterlassen bleibt (vgl. Joas 1992, 63). Über die Einordnung des Alltagshandelns als überwiegend traditionales Handeln besteht bei Weber kein Zweifel; es wird – nach dieser Deutung – am Ende der Rationalitätsskala platziert, d.h. als ein Handeln mit stark eingeschränkter Rationalität (vgl. Weber 1922, 10 und Lehmann 1988, 19f.). Alle vier Handlungsarten sind für Weber *sinnhaft* orientiert, insofern es sich um bewusst gewähltes Tun und nicht um instinktives Reagieren, blinde Gewohnheit oder um automatisch ablaufende Routine[65] handelt. Als *rational* werden von ihm selbst zwei der vier Typen sozialen Handelns bezeichnet: zweckrationales und wertrationales Handeln. Zweckrationalität beinhaltet bei Weber auch die Abwägung zwischen verschiedenen Zwecken (Handelnde reflektieren kritisch über die Ziele ihres Tuns, insbesondere über die Nebenfolgen ihres Handelns für andere als den verfolgten Zweck), die s.E. allerdings selbst nicht zweckrational, sondern allenfalls wertrational erfolgen kann.[66] Das dem Idealtyp der Zweckrationalität entsprechende Modell der zielgerichteten Handlung bildet in den Sozialwissenschaften üblicherweise den Ausgangspunkt für empirische Analysen und Deutungen des Handelns.

---

finden der Mittel zur Erfüllung ihrer *jeweiligen* Zwecke. In der theoretischen Zuspitzung stellt Herrschaft bzw. die (bürokratische) Organisationsform das generalisierte Mittel dar, das für verschiedenartige und wechselnde Zwecke verwendbar ist. Im Unterschied zu der Vorstellung, dass die beschränkte Rationalität der Entscheider durch die Rationalität der Organisation kompensiert wird, wird hier eher das Verhältnis einer Wahlverwandtschaft zwischen dem Rationalmodell der Handlung und dem Rationalmodell der Organisation angedeutet. Wenn nun aber zahlreiche Einwände gegen das Bürokratiemodell (gegen die Auffassung, dass klare Organisationszwecke die entscheidende Grundlage konkreten Handelns oder hierarchische Befehlsstrukturen die effektivste Kommunikationsform seien) seitens der empirischen Organisationssoziologie nicht nur die Differenz zwischen Rationalmodell und Realität aufzeigen, sondern vielmehr die Unrealisierbarkeit des Rationalmodells und die empirische Unfruchtbarkeit eines Ausgangs von diesem Modell, dann kann dies auch auf handlungstheoretischer Ebene einen Perspektivenwechsel nahe legen. Ein solcher wird mit Joas (1992) bezugnehmend auf die pragmatistischen Arbeiten von John Dewey vorgeschlagen (vgl. dazu weiter unten), dessen Kritik an der teleologischen Deutung des Handelns sich mit der einschlägigen Kritik am Rationalmodell der Organisation verträgt.

65 Unter dem Topos der Organisationsroutine wird behauptet, dass Organisationen dadurch gekennzeichnet sind, bestimmte Prozesse unreflektiert, gewissermaßen automatisch ablaufen zu lassen (vgl. z.B. Cohen/Bacdayan 1994, 555f.).

66 Jede auch nur *technische* oder *prozedurale* Definition von Zweckrationalität bzw. der Auswahl eines Handlungspfades setzt – mindestens in Bezug auf die Bildung von Zielhierarchien, die Suche von Handlungsalternativen, die Einschätzung der mit ihnen verbundenen Nutzen und Kosten sowie die systematische Erwartungsbildung – Momente der Wertrationalität (Wertsetzungen, Normentscheidungen) voraus (vgl. Bühl 2000, 41f. in Anlehnung an Turner 1991).

In der *voluntaristischen Handlungstheorie* arbeitet Parsons (1937) (von ihm behauptete) Konvergenzen soziologischer Klassiker (Pareto, Marshall, Durkheim und Weber) heraus und betont die normative Dimension des Handelns und jeder stabilen Ordnung. Damit wendet sich Parsons einerseits gegen eine Vorherrschaft des klassischen ökonomischen Verhaltensmodells und andererseits gegen in der soziologischen Theoriebildung angelegte idealistische und kausaldeterministische Einfärbungen des Handlungsbegriffs. Von den in der Parsonsschen Tradition stehenden *mehrdimensionalen*, d.h. rationale und normative Handlungsdimensionen (oft eher formal-analytisch) integrierenden Arbeiten hat vor allem Lindenberg (1990) gezeigt, dass durch eine Verbindung der sozio-kulturellen Dimension des Handelns mit der individuellen Zweckrationalität des ökonomischen Verhaltensmodells ein Deutungs- und Prognosepotential zur Verfügung gestellt werden kann, das einer wünschenswerten empirischen Überprüfung zugänglich ist. Allerdings bleibt es auch hier bei einer Erweiterung des ökonomischen Zweck-Mittel-Modells und den entsprechenden Optimierungsannahmen, bei der einerseits nicht von vornherein von der sozialen Einbindung individueller Entscheidungen und Handlungen ausgegangen wird und bei der andererseits die unmittelbare Interaktion(sdynamik) zwischen handelnden Individuen (einschließlich ihrer reproduktiven Wirkungen auf die sozio-kulturelle Handlungsdimension) nur schwer zu verorten sind.[67]

Im Ergebnis lässt sich festhalten, dass die Aussagekraft des ökonomischen Verhaltensmodells bezogen auf eine theoretische Klärung von Phänomenen wie Kooperation, Altruismus oder Vertrauen eher gering ist bzw. dass es auf der Basis des ökonomischen Verhaltensmodells allenfalls in einem weit eingeschränkten Sinne um die Analyse *sozialer Beziehungen* gehen kann. Emirbayer (1997) – der für die Weiterentwicklung der Soziologie zu einer relationalen Soziologie eintritt (vgl. dazu in *Abschnitt 1.1* dieser Arbeit) – ordnet die auf dem methodologischen Individualismus basierende Rational Choice-Theorie und an diese anknüpfende spieltheoretische Modelle ebenso wie das normativ orientierte Verhaltensmodell dem Typ der *Self-action*-Ansätze (nach Dewey/Bentley 1949) zu:[68] Ausgangspunkt bei der Erklärung sozialer Institutionen und sozialen Wandels sind rational kalkulierende Nutzenmaximierer mit Zielen, Interessen und Identitäten, die als *gegeben* unterstellt werden. Dies gilt auch für den Fall, dass Entscheidungen anderer Akteure relevant werden. In spieltheoretischen Modellierungen hängt das Ergebnis, das ein Spieler durch die Wahl einer von mehreren Strategien erzielen kann, von den Entscheidungen eines oder mehrerer strategischer Gegenspieler ab, wobei vorausgesetzt wird, dass stets von den Erwartungen anderer unabhängige Wahlen in dem Sinne getroffen werden, dass zwischen den Spielern verbindliche Absprachen nicht möglich sind; mit dem normativ orientierten Verhaltensmodell, das oft als Gegenmodell zum ökonomischen Verhaltensmodell diskutiert wird, werden Individuen als von inneren Kräften getriebene, sich selbst erhaltende Einheiten begriffen, die internalisierten Normen folgen, welche ihrerseits für die Dauer der betrachteten Handlungssequenz als gegeben vorausgesetzt werden. *Self-action*-Ansätze begreifen

---

67 Das eine wie das andere lässt sich, ohne damit zugleich in Richtung sozialdeterministischer Konzeptualisierung Gefahr zu laufen, unter Bezugnahme auf das identitätstheoretische Balancemodell des Verhaltens (vgl. dazu weiter unten) vermeiden. Für eine ausführliche Diskussion zum Diskriminationsmodell der stochastischen Wahl vgl. Küpper/Felsch 2000, 259ff.).

68 Im Rahmen der von den Sozialforschern überwiegend geteilten Perspektive unterscheidet Emirbayer zwischen den Ansätzen *self-action* und *inter-action*. Letzterer, in der zeitgenössischen Soziologie als sog. *variable-centered approach* bedeutungsvoll (*survey research, historical-comparative analysis*), behandelt das Zusammenspiel zwischen Einheiten als kausale Beziehung.

„‚things … as acting under their own powers‘ (Dewey and Bentley 1949, p. 108), independently of all other substances. The relational matrices within which substances act provide, in this view, no more than empty media for their self-generating, self-moving activity." (Emirbayer 1997, 283)

Mit der Stilllegung sozialer Beziehungen in sozialwissenschaftlichen Analysen, die auf das ökonomische Verhaltensmodell zurückgreifen, werden menschliche Individuen auf „Dinge" reduziert. Dies wird auch von Biervert zum Ausdruck gebracht, wenn er anmerkt, dass zweck-rationales Handel in Relation zu knappen Mitteln als „approach" darauf abzielt, analytische Grundlage für jegliches menschliche Handeln zu sein,

„lassen sich hiermit doch die Interaktionen des Menschen mit der Natur, *zwischen Menschen*, zwischen Menschen und Dingen sowie soziale Artefakte als *Ding-Ding-Beziehung* deuten." (Biervert 1991, 50; Hervorhebungen durch A.F.)

In der „ökonomischen Sicht der Welt" (Frey 1989, 81) mit ihrer Reduktion des Menschen auf den homo oeconomicus, der seinen individuellen Vorteil zu maximieren sucht (Rationalitäts-prinzip), schrumpfen Beziehungen zu anderen Akteuren auf Tauschbeziehungen zusammen (Utilitarismus) (vgl. Blum 1991, 116). Dem entgegen zeigen Studien, die die Bedeutung von *Reziprozität* und *Vertrauen* in modernen, ausdifferenzierten Gesellschaften belegen, Grenzen der in der Ökonomik angewandten *Optimierungsmodelle* des Verhaltens auf (vgl. Held/Nutzinger 1999; vgl. unter vielen die Beiträge von Heisig 1997 und Neubauer 1997 in Schweer 1997). Die nutzentheoretische Auseinandersetzung leidet vor allem darunter, dass Altruismus und Egoismus als Gegensätze behandelt werden, z.B. bei dem Versuch, reinen von unreinem Altruismus zu unterscheiden (vgl. Kirchgässner 1991, 60). Gerade dies soll im Folgenden durch Rückgriff auf identitätstheoretische Vorstellungen überwunden werden. Im Unterschied zu Optimierungsmodellen beziehen sog. Balancemodelle die *ursprüngliche Sozialität* der menschlichen Handlungsfähigkeit, die soziale Einbindung individueller Entscheidungen und Handlungen, von vornherein mit ein. Als *Balancemodelle* werden solche Handlungsmodelle bezeichnet, bei denen vorausgesetzt wird, dass sich Handlungsintentionen und -motive stets im Zusammenhang mit der Behauptung und Darstellung der Ich-Identität sozialer Akteure konstituieren (vgl. dazu ausführlicher *Abschnitt 4.4* dieser Arbeit). Damit wird auf der theoretischen Ebene zugleich der Potentialität sozialen Handelns der Weg geebnet – mit der Umzugehen es im Rahmen der ökonomischen und soziologischen Theorietradition überwiegend eher schwer fällt, insofern – wie im folgenden Abschnitt gezeigt wird – zwischen Ungewissheit (Potentialität) und Risiko keine strikte Unterscheidung vorgenommen wird.

2.3 Vom rationalen Wahlhandeln unter Ungewissheit (Risiko) zur Potentialität rationalen Handelns aufgrund fundamentaler Unsicherheit

Im Anschluss an Frank Knight lässt sich von *Ungewissheit* als Merkmal einer Situation sprechen, in der Akteure das Ergebnis einer Entscheidung nicht antizipieren und den möglichen Handlungsresultaten keine Wahrscheinlichkeiten zuordnen können (vgl. Beckert 1996, 126).[69] Ungewissheit ist im Rahmen des orthodoxen ökonomischen Forschungspro-

---

69 Vgl. Knight (1921, 229), der zwischen einer Situation mit *Risiko*, der Wahrscheinlichkeiten zugeordnet werden können, und einer Situation mit *Ungewissheit* unterscheidet, bei der Akteure über keine informatorische Grundlage verfügen, auf der Wahrscheinlichkeiten bestimmt werden könnten.

gramms nicht hinreichend thematisiert worden. Dies lässt sich nach Meinung von Vertretern des alten, aber auch des neuen Institutionalismus (vgl. z.B. Williamson 1975) auf das hohe Abstraktionsniveau der ökonomischen Theoriebildung zurückführen; es handelt sich hier nicht zuletzt um einen methodologischen Tribut, der einer eher formalistischen, an mathematischen Konventionen orientierten Forschung geschuldet ist.[70] Das ökonomische Programm neoklassischen Zuschnitts begreift alle denkbaren Abstimmungsmechanismen unter Bezugnahme auf konkurrenz- und preisbestimmte Märkte, deren Koordinations- bzw. Verteilungsleistungen sowie Handlungen als rationale Anpassung der Akteure an Preis- und Mengenrestriktionen. Dabei wird unterstellt, dass Akteure über einen geordneten Zielkatalog, eine konstante Präferenzordnung, sichere Erwartungen, kurz: über eine vollständige Kenntnis von Zweck-Mittel-Beziehungen verfügen und mit dem Ziel der Nutzenmaximierung handeln. Die Möglichkeit eines *Marktgleichgewichtes* (Räumung des Marktes, Paretooptimum) besteht – bei vollständiger Information – grundsätzlich unter der Voraussetzung tauschrelevanter Freiheitsrechte. Frank Knight (1921) hat als erster darauf hingewiesen, dass die Abwesenheit von Ungewissheit in der ökonomischen Theoriebildung letztlich das Bild einer Ökonomie impliziert, in der Institutionen wie Geld oder Unternehmungen weitgehend ohne Bedeutung sind, in der sich Menschen – konzipiert wie Marionetten – mechanisch und automatengleich orientieren. Im Gegensatz zur ökonomischen führt die soziologische Theorietradition alle Mechanismen der Verhaltensabstimmung auf die Regulierungswirkung von Reziprozitäts- und Regulationsnormen sowie auf Handeln als regelgeleitetes Handeln (konstante Wert-Präferenzen als Ergebnis erfolgreicher Sozialisation, stabile Rollen durch Internalisierung von Erwartungen, soziale Kontrolle, vollständige Information) zurück. Mögliche Gleichgewichtsbedingungen sozialer Beziehungen (soziale Ordnung i.S. einer Stabilität des normativen Systems) bestehen im Falle komplementärer Rollenerwartungen der Akteure.

Vor dem Hintergrund der einschlägigen Kritik an beiden entscheidungstheoretisch argumentierenden Forschungsprogrammen und der Debatte um den ökonomischen Imperialismus zeigt Schmidt (1999), dass eine problemadäquate Kooperation zwischen der ökonomischen und der soziologischen Disziplin eine Verständigung über das gemeinsame, bisher nicht hinreichend gelöste Erklärungsproblem voraussetzt: der Modellierung von Handlungskoordinationsmechanismen unter Berücksichtigung der Kontingenz sozialer Ordnungsbildung. Ausgehend vom Voluntarismus der Akteure und einer entscheidungstheoretischen Mikrofundierung sozialer Abstimmungsmechanismen ist das zentrale Problem der Akteure darin zu sehen,

„dass keiner von ihnen *mit Sicherheit* abschätzen kann, ob seine Mitakteure sich seinen Wünschen und Erwartungen gemäß verhalten werden. D.h., in ‚*strategischen'*, *zukunftsoffenen* Handlungssituationen versagt das Normalmodell rationalen Maximierungshandelns." (Schmidt 1999, 196 bezugnehmend auf Radner 1970, 459f.; Coleman 1990, 30; Beckert 1997)

---

70   Vgl. bereits Hutchison (1937, 637). Hutchison (1984, 27) kommt in Bezug auf die ökonomische Theoriebildung zu folgendem Schluss: „there seem to be two interconnecting directions in which the level of abstraction needs to be reduced: the abstraction from uncertainty, ignorance and erroneous expectations; and the abstraction from a legal and institutional framework. Normatively also, attempts at purely economic demonstrations of the case for free markets, and against government regulation, in terms of abstract maxima and optima, need to be reinforced, or replaced by a historical or institutional case, in the tradition of Adam Smith – (and more recently of Walter Eucken)."

Die *doppelte Kontingenz* sozialen Handelns – die Bildung von Erwartungserwartungen, die Abhängigkeit sozialen Handelns nicht nur von Ego, sondern auch von Alter, der in seinen Entscheidungen frei und unberechenbar ist wie Ego selbst (vgl. Parsons et. al. 1951, 16; Parsons/Shils 1951, 153f., 190f.) – und die Erweiterung dieses Arguments (vgl. Schmidt 1999, 196 und die dort genannte Literatur) hat zur Konsequenz, dass es keinen logisch haltbaren Begriff eines *gemeinsamen* Wissens geben kann. Nach Beckert verweist das Problem der Ungewissheit – das als Folge der Komplexität sozialer Beziehungen interpretiert und auf der Systemebene zu nichtintendierten Handlungsfolgen führen kann – auf eine fundamentale Grenze des ökonomischen Handlungsmodells. Ungewissheit führt dazu, dass Akteure eine überlegene, nutzenmaximierende Handlungsstrategie ex ante nicht erkennen können.[71] Die Übersimplifizierung der orthodoxen ökonomischen Theoriebildung besteht daher weniger in der Annahme, dass Individuen nutzenmaximierendes Verhalten anstreben, sondern darin, dass sie über diesbezüglich notwendiges Wissen verfügen können (vgl. Hutchison 1937; 1984, 23f.). Wenn Ungewissheit gleichbedeutend ist mit der Unmöglichkeit, rational auf der Basis gesicherten Wissens zu handeln, dann ist die orthodoxe Ökonomie als normative Entscheidungstheorie grundlegend in Frage zu stellen (vgl. Beckert 1997, 61, 67).

Die Bedeutung der doppelten Kontingenz ist im Mainstream der orthodoxen ökonomischen Theorie nicht hinreichend erfasst worden (und mehr noch: es liegt eine logische Unmöglichkeit – a *self-contradictory paradox* – vor).[72] Beispielsweise wird in der auf Walras zurückgehenden *Allgemeinen Gleichgewichtsanalyse* und ihrer mathematischen Formulierung (vgl. Arrow/Debreu 1954) die Ökonomie auf ein statisches Equilibrium reduziert und das Problem der Zeit und Ungewissheit systematisch vernachlässigt, indem Märkte für alle möglichen Merkmale zukünftiger Situationen spezifiziert und durch kontingente Verträge in die Gegenwart hereingenommen werden. Erst mit Aufgabe der Annahme vollständiger Märkte und symmetrischer Informationsverteilung gerät Marktversagen aufgrund von asymmetrischer Informationsverteilung verbunden mit den Problemen des *moral hazard*, der *adversen Selektion*, den *agency-Problemen* und *strategisches Handeln* in den Blick und damit auch die Grenze der Allgemeinen Gleichgewichtstheorie (vgl. Arrow 1969). Arrow selbst weist auch auf die Entstehung von Transaktionskosten als Konsequenz aus asymmetrischer Informationsverteilung und als weitere Ursache für unvollständige Märkte hin.

Im institutionenökonomischen Rahmen der *Transaktionskostentheorie* (vgl. Williamson 1975 etc.) werden alternative Organisationsformen auch zwischen Markt und Hierarchie als transaktionskosteneffiziente Ergebnisse vor dem Hintergrund von Unsicherheit über die situativen Bedingungen der Transaktion, zukünftige Entwicklungen und das Verhalten der Akteure (Opportunismus) analysiert. Die Möglichkeit des Marktversagens erscheint hier als Resultat von Ungewissheit in 'Anbetracht von unvollständigen Verträgen;

---

71 Im Übrigen lässt sich unter dem Postulat perfekter Erwartungen nicht sinnvoll zwischen – faktisch für das Verhalten des entrepreneurs entscheidende – ex ante-profits einerseits und ex post-profits andererseits unterscheiden. Vgl. bereits Morgenstern (1928) zum Problem der einander zu Tode jagenden Prognosen, das auftritt, wenn alle Akteure über vollkommene Information verfügen.

72 Hutchison (1937, 644) verdeutlicht dies im Zusammenhang mit der Analyse oligopolistischer Märkte: „Perfect expectation, therefore, is incompatible, in an interdependent economic system, with people acting in the way they expect will maximise their profits, and, at the same time, more than one person adjusting his conduct in accordance with his (perfect) expectations of the others' conduct, – that is it is incompatible with more than one person acting ,monopolistically' (...) with perfect expectation. Perfect expectation is only compatible with ,competitive' conditions, that is conditions were no one person`s conduct can affect the conduct, and the result of the calculations on which it is based, of another (...).‟

im Rahmen der Neuen Institutionenökonomik werden Institutionen auf Ungewissheit zu-rückgeführt[73] und vor allem im Hinblick auf ihre Funktion der Reduktion von Ungewissheit thematisiert. Bei der modelltheoretischen Berücksichtigung von Ungewissheit durch asymmetrische Informationsverteilung und Transaktionskosten ist nicht eindeutig be-stimmbar, ob eine Veränderung der Güterallokation durch weiteren Tausch die Paretoeffi-zienz der Verteilungssituation erhöht; Ungewissheit kann also Ursache für die Ausbildung *paretoinferiorer Gleichgewichte* sein (vgl. Beckert 1997, 75, 77). Auch zeigen Entwicklun-gen in der *Spieltheorie* mit Spielen bei unvollständiger Information, die Ungewissheit über die strategischen Entscheidungen anderer für den pay-off relevanter Akteure einbezieht, dass die Möglichkeit *multipler Gleichgewichte* besteht, so dass die Theorie rationaler Wahlhandlungen bezüglich ihrer Vorhersagefähigkeit für eindeutige Gleichgewichte in Zweifel gezogen werden muss (vgl. Kreps 1990). Das zentrale Problem solcher Entwick-lungen in der neuen Mikroökonomie und der neuen institutionellen Ökonomie sieht Beckert (1996) jedoch in der Vermischung von Risiko und Ungewissheit bzw. der Transformation von Ungewissheit in Risiko (vgl. Hirshleifer/Riley 1992; Machina 1990; Peseran 1987; Williamson 1993): es findet zwar das Problem der Ungewissheit im Sinne einer theoreti-schen Komplizierung Beachtung, allerdings bleibt das Modell der *rationalen Wahlhand-lung* unangefochten bestehen, indem Handeln als Entscheidung unter Risiko modelliert wird, für das objektive oder – auf der Grundlage der *Bayesianischen Entscheidungstheorie* – subjektive Wahrscheinlichkeiten kalkuliert werden.[74] Derartige entscheidungstheoretische Konstruktionen, auf die sich sowohl die ökonomische als auch die soziologische Theorie-tradition verlässt und die zur Überschätzung der Entscheidungsfähigkeit des Akteurs und zur Unterschätzung der Tatsache neigen, dass Akteure über die Folgen ihres Handelns systematisch unwissend sind, erscheinen aus mindestens zwei Gründen als fragwürdig (vgl. Schmidt 1999): weder lässt sich die Tatsache, dass ein Akteur die Konsequenzen seines Handelns nicht einschätzen kann, überzeugend als Neigung abbilden, Eintrittswahrschein-lichkeiten von Ergebnissen festzulegen, noch macht es Sinn, von solchen Unsicherheiten abzusehen, die für strategische Handlungssituationen typisch sind. Nach Auffassung von Schmidt hat die Vernachlässigung der Tatsache, dass Entscheidungen in der Praxis stets unter Unsicherheit getroffen werden müssen, für beide Theorietraditionen zur Folge,

> „die Theoriebildung mit der ebenso einseitigen wie unlösbaren Aufgabe belastet zu haben, nach den Um-ständen zu fahnden, die das Handeln der Akteure als ordnungsstiftendes Verhalten zu verstehen erlauben. Deshalb sehen sich beide Lager dazu genötigt, auf empirisch falsche Handlungsmodelle und fehlerhaft kon-struierte Abstimmungsmechanismen zurückzugreifen." (Schmidt 1999, 197)

In der ökonomischen Theoriebildung hat die systematische Unterschätzung der wechselseit-igen Unsicherheit der Akteure den Blick auch dafür verstellt, dass dem empirischen Preisver-halten der Marktteilnehmer keine vollständige Information über preisrelevante Bezugsgrößen zugrunde liegen kann und somit auch Effizienzbeurteilungen des Marktgeschehens grundsätz-lich unmöglich sind. Zur Lösung des von der Soziologie konsequenter als von der Ökonomie ins Auge gefassten Ausgangsproblems der Gewinnung von Erwartungs- und Verhaltenssicher-heit hat die soziologische Theoriebildung die Geltung von Normen schlicht vorausgesetzt, statt

---

73   „It seems improbable that a firm would emerge without the existence of uncertainty" (Coase 1952, 338).
74   Entsprechend wird auch der stochastische Irrtum im Rahmen der Mainstream-Ökonomie thematisierbar. Irrtümer werden dort zumeist eher negativ im Sinne von Störung konnotiert als positiv etwa im Sinne einer Quelle von Kreativität und Wandel (vgl. Hodgson 1993b, 22).

diese zu erklären; eine solche Klärung – die an den *reflexiven* Leistungen der Akteure anzusetzen hätte – erscheint notwendig z.B. in Anbetracht des in der Praxis zu beobachtenden Scheiterns von gemeinsamen Erwartungsbildungsprozessen bzw. von gelungener Rollenabstimmung. Auch im Falle eines solchen Scheiterns können sich Gleichgewichte vor dem Hintergrund stabiler Konfliktlagen einstellen, so dass die durchgängige Gleichsetzung von Gleichgewicht und *Effektivität* im Sinne der soziologischen Handlungstheorie nach Parsons wenig plausibel erscheint (vgl. Schmidt, ebd., 197f.). Schmidt kommt zu dem Schluss, dass beide Lager mit falschen Handlungstheorien arbeiten und sich die Logik der Gleichgewichtsanalysen als wenig zielführend erwiesen hat (vgl. ebd., 199). Vielversprechende neue Lösungswege in Richtung auf ein *gemeinsames Handlungsmodell*, das dem Problem der *doppelten Kontingenz* besser Rechnung trägt, bestehen seines Erachtens u.a. darin, die Restabilisierung sozialer Beziehungsformen als Grenzfälle zu behandeln; pfadabhängige, gleichgewichtsferne, diskontinuierliche und möglicherweise chaotische Transformations- und Auflösungsprozesse theoretisch auszuleuchten; der Frage nach der Reproduktion sozialer Beziehungsformen und spezifischer Abstimmungsmechanismen angesichts fundamentaler Unsicherheit nachzugehen; Rationalität als Robustheit im Sinne der Fähigkeit zu denken, mit Irrtümern des Handelns umgehen zu können und die interaktive Ausgestaltung und freiwillige Verpflichtung von Akteuren auf regulierte Abstimmungsmechanismen zu behandeln (vgl. ebd., 199f. sowie die dort angegebene Literatur).

In seiner Auseinandersetzung mit *Ungewissheit* als theoretischen Ausgangspunkt für die Wirtschaftssoziologie und in Abgrenzung zur ökonomischen Theorie knüpft Beckert (1996; 1997, 62ff.) an die Arbeiten früherer, außerhalb des Kerns der Disziplin stehender Ökonomen wie Carl Menger, Frank Knight, John Maynard Keynes oder Herbert Simon an. Ungewissheit wird hier zum Ansatzpunkt für die Zurückweisung des Begriffs des rationalen Handelns der orthodoxen Ökonomie und zum Ausgangspunkte für alternative wirtschaftswissenschaftliche Theorieentwürfe. Dabei wird die Annahme vollständiger Märkte als empirisch unhaltbar verworfen, werden situative Bedingungen, kognitive Beschränkungen der handelnden Akteure sowie Marktversagen in den Blick genommen und wird die ordnungspolitische Konzeption der Erreichung paretooptimaler Gleichgewichte durch die „unsichtbare Hand" in Zweifel gezogen. Vor diesem Hintergrund greifen nach Auffassung von Beckert soziologische Kritiken an der ökonomischen Rationalität zu kurz, die auf empirisch beobachtbares scheinbar *irrationales Handeln*[75] der Akteure verweisend, die orthodoxe ökonomische Theorie als normative Entscheidungstheorie aus den Angeln heben wollen; im Gegenteil würde durch die Gegenüberstellung von rationalem und irrationalem Handeln die Geltung der ökonomischen Theorie für „normales" Handeln der Akteure eher noch unterstrichen. Im Mittelpunkt einer überzeugenden soziologischen Kritik an der ökonomischen Theoriebildung kann nach Beckert nicht das ökonomische Handlungsmodell als solches stehen, das unter den Bedingungen perfekter Märkte und vollständigen Wissens durchaus für die Erklärung des Handelns in wirtschaftlichen Kontexten geeignet erscheint,

„sondern die unterliegende Annahme, Akteure könnten sogar in hochgradig kontingenten Handlungssituationen ihre Entscheidungen von einer Präferenzordnung ableiten, und so ihren Nutzen maximieren. Die Anerkennung von Ungewißheit ... ermöglicht einen viel überzeugenderen soziologischen Ansatzpunkt für theoretische Betrachtungen der Ökonomie, weil dadurch die Dichotomie von rational versus irrational selbst

---

75 Handeln unter bewusstem Verzicht auf Nutzenmaximierung bzw. unter freiwilliger Inkaufnahme von Kosten auch in wirtschaftlichen Kontexten

transzendiert wird. Unter Bedingungen von Ungewißheit ist es *ex ante* unmöglich zu bestimmen, ob ein gewähltes Mittel rational oder irrational für die Erreichung des Ziels ist ... Die strukturellen Eigenschaften von
Ungewißheit verhindern rationale Entscheidungen im Sinne der ökonomischen Theorie." (Beckert 1996,
135)

Zur Vermeidung der Problematik der Gegenüberstellung von rationalem und irrationalem
Handeln führt Beckert die Kategorie der *intentionalen Rationalität* ein, bei der nicht Handlungsziele, sondern Zweck-Mittel-Beziehungen im Vordergrund stehen, ohne dass die Kenntnis des Verhältnisses von Zweck und Mittel – wie bei den Begriffen des rationalen und irratio-
nalen Handelns – bereits logisch vorausgesetzt wird. Hiermit ist die Auffassung verbunden,
dass sich mit *begrenzter Rationalität* (vgl. Simon 1945) ausgestattete Akteure zur Bewältigung
von Ungewissheit weniger auf Kosten-Nutzenkalküle, sondern vielmehr auf soziale Regeln,
Normen, Konventionen, Institutionen und soziale (Macht)Strukturen stützen (vgl. dazu ausführlicher Beckert 1997, 409ff.), die ihre Wahlmöglichkeiten begrenzen, d.h. Handeln ermöglichen und es für andere Akteure wenigstens partiell voraussehbar machen. Beckert (1996,
136) geht es bei der Kategorisierung sozialer Mechanismen der Ungewissheitsreduktion ausdrücklich nicht darum, deterministischen Vorstellungen einer soziologischen Perspektive rationalen Handelns Vorschub zu leisten. Er verweist in diesem Zusammenhang besonders auf das
ethnomethodologische Verständnis *kreativen Handelns* von Garfinkel (1967), das die Notwendigkeit der kontinuierlichen Kreativität der Akteure für die Aufrechterhaltung von
Handlungssequenzen selbst in routinehaften Handlungssituationen betont und das auch von
Giddens (1991) aufgegriffen wird. Bezugnehmend auf dessen *Strukturationstheorie* (vgl.
Giddens 1988) tritt Beckert (1997, 396ff.) für einen Anschluss an den amerikanischen
Pragmatismus ein, der u.a. die Grundlage für die *Theorie der Kreativität des Handelns* von
Joas (1992) bildet. In der handlungstheoretischen Konzeption von Joas wird – über Giddens
hinausgehend – die Verknüpfung von Handlungsziel und Mittelwahl sowie von Situation
und Prozess entwickelt; zudem sind Bedingungen ableitbar, unter denen Routinen nicht nur
reproduziert, sondern auch durchbrochen werden können. Vor einem solchen Hintergrund
verweist die *soziale Einbettung* (vgl. Granovetter 1985) wirtschaftlichen Handelns[76] auf
reflexive Prozesse, in denen Akteure soziale Voraussetzungen *marktwirtschaftlichen Handelns* aktiv hervorbringen; kulturelle Rigidisierung, verpflichtende Handlungssituationen
oder soziale Machtstrukturen werden demnach in Handlungsprozessen konstituiert und
bilden als kontingentes Ergebnis dieser Prozesse die Basis für effizientes wirtschaftliches
Handeln. Im Hinblick auf das Verhältnis von sozialen Mechanismen als Formen der sozialen Einbettung von Akteuren, durch die stabile Handlungserwartungen geschaffen werden,
und dem Markt (für den zumindest in einigen soziologischen *Modernisierungstheorien* eine
gegenteilige Wirkung in Richtung auf soziale Entbettung von Akteuren behauptet wird)
ermöglicht erst eine von Ungewissheit ausgehende Betrachtung eine theoretische Grundlage, auf der

„man .. sich einen dialektischen Prozeß vorstellen (kann), in dem der Markt und soziale Strukturen als anta-
gonistische Mechanismen sozialer Ordnung konzipiert sind, die sich wechselseitig bestärken und zunichte

---

76 Soziale Mechanismen werden in der orthodoxen ökonomischen Theorie nicht reflektiert; vielmehr werden Akteure als untersozialisierte, von sozialen Beziehungen losgelöste Nutzenmaximierer konzipiert (vgl. Granovetter
1985). Granovetter (1985) wirft der amerikanischen Soziologie vor, die Analyse von Marktprozessen der
neoklassischen Ökonomie überlassen und die soziale Einbettung wirtschaftlichen Handelns vernachlässigt zu
haben; er empfiehlt eine Rückbesinnung auf Max Weber.

machen, dabei aber nichtsdestoweniger aufeinander angewiesen bleiben... Nur wenn wir annehmen, dass Akteure in ihren Handlungen mit Ungewißheit konfrontiert bleiben und durch ihre Handlungen diese Ungewißheit immer wieder reproduzieren, können wir wirtschaftliche Prozesse als offen und im Wandel befindlich verstehen." (Beckert 1996, 143)

Aus einer ökonomischen und existenzphilosophisch untermauerten Perspektive empfiehlt auch Khalil (1997b), die Aussagekraft ökonomischer Theorien davon ausgehend zu reflektieren, dass Akteure stets mit Ungewissheit konfrontiert sind. Im Unterschied zu Beckert grenzt sich Khalil allerdings explizit von Keynes, Knight u.a. ab und plädiert mit Blick auf die Entwicklung einer *Theorie des Entrepreneurships* für eine schärfere Unterscheidung zwischen Ungewissheit und Risiko. Das von ihm aufgeworfene Verständnis von Ungewissheit erweitert besonders die Perspektive der *Potentialität rationalen Handelns*.

Khalil versteht unter Ungewissheit eine *fundamentale Unsicherheit*, die aus der mangelnden Prognostizierbarkeit der (Basis-)Fähigkeiten *(self-ability)* von Akteuren resultiert.[77] Genauer betrachtet handelt es sich um die Fähigkeiten der *Selbsttransformation (self-transmutation)* und der *Selbstrealisation (self-realization)*, die Individuen (und Organisationen) – beabsichtigt oder nicht – im Zuge ihres Handelns auf die Probe stellen, die sie gewissermaßen „im Wettbewerb mit sich selbst" *(self-competition)* stets aufs neue testen.[78] Dieser Wettbewerb weist einen intertemporalen Charakter zwischen zukunftsbezogenen und vergangenheitsbezogenen Perspektiven auf, die ein Akteur aktuell bezüglich seines Selbst einnimmt. Selbsttransformation beinhaltet die intentionale Entwicklung der Fähigkeiten eines *present-self* im Hinblick auf die erfolgreiche Bewältigung zukünftiger Herausforderungen, die anspruchsvoller als die bisherigen sind, z.B. die Erbringung einer höheren Leistung, die Hervorbringung von Innovationen oder die Darstellung einer reifen Persönlichkeit. Selbstrealisation dagegen bedeutet, dass ein *future-self* versucht, das gegenwärtig vorhandene Fähigkeitspotential auszuschöpfen.[79] *Entrepreneurship* bringt self-competition in beiden Dimensionen zum Ausdruck, ist also nicht auf Selbsttransformation (i.S. innovativen Verhaltens) beschränkt.

Die angesprochenen Fähigkeiten *(ability)* bergen im Gegensatz zu *Eigenschaften (skills)* in zweifacher Hinsicht *Unsicherheit*: erstens ist das Ausmaß dieser Fähigkeiten nicht *ex post* falsifizierbar, weil, zweitens, die Fähigkeiten selbst – im Zuge des Tests – zum Subjekt der Veränderung werden. Aufgrund der hiermit zum Ausdruck kommenden Bedeutung von Erfahrung lassen sich also keine endgültigen Aussagen über die Fähigkeiten von Akteuren treffen; auch lässt sich die gegenwärtige Ausprägung der *self-ability* etwa durch die Analyse von in der Vergangenheit aufgetretenen Problemen nicht zutreffend analysieren. Entsprechend ist *self-ability* mit einer *fundamentalen* Unsicherheit verbunden,

---

77 Khalil weist darauf hin, dass diese Auffassung, wonach ein Agent genau wie andere im Unklaren über seine Fähigkeiten *(self-ability)* ist, nicht dem Grundproblem der Agenturtheorie widerspricht. Diese geht bekanntlich von einer asymmetrischen Informationsverteilung zwischen Prinzipal und Agent aus, wobei angenommen wird, dass der Agent einen Informationsvorsprung gegenüber dem Prinzipal bezüglich seiner Eigenschaften *(skills)* besitzt. Khalil (1997b, 154) betont, dass seine These die Fähigkeiten *(ability)*, nicht die Eigenschaften von Agenten betrifft, so dass weder Prinzipal noch Agent *ex ante* über gesichertes Wissen bezüglich des organisationalen Kapitals des Agenten verfügen.

78 Khalil (1997b, 148) leistet hier im Übrigen einer prozessorientierten Perspektive Vorschub: „Agents – such as persons and the organizations they form or lead – are motivated to test ability as much as to taste its fruits."

79 Selbstrealisation erfolgt z.B. in Form der Wiederholung von solchen Leistungen, die in der Vergangenheit eine besondere Herausforderung dargestellt haben. (Erfolgreiche) Selbstrealisation kann auf der persönlichen Ebene des Akteurs Selbstrespekt bewirken.

die den Akteuren *inne*wohnt. Demgegenüber hat man es beim *Risiko* gewissermaßen mit einer den Akteuren „äußerlichen" Dimension von Entscheidungsproblemen zu tun, die auf der Basis prognostizierbarer Eintrittswahrscheinlichkeiten alternativer Ereignisse von den Akteuren kalkuliert werden kann:

> „ ... ability is uncertain for two related reasons. First, the estimate of ability cannot be *ex post* falsified because, second, it is subject to develop. ... The reason behind the *ex post* uncertainty is that, in light of development, one cannot base the estimate of ability on *ex post* knowledge of experience. Ability would have developed through the experience. In contrast to uncertainty, risk estimation concerns the vicissitudes of events extraneous to ability. While risk assessment can be corrected by further search, assessment of current ability cannot be adjusted by studying past errors." (Khalil 1997b, 148)

Dieses Verständnis von Ungewissheit als fundamentale Unsicherheit, die auf die Nichtprognostizierbarkeit individueller (und kollektiver) Fähigkeiten zurückgeführt wird, erlaubt eine klare Unterscheidung zwischen Unsicherheit und Risiko. Es ist geeignet, Unschärfen wie sie in der einschlägigen Literatur in der Unterscheidung zwischen Ungewissheit und Risiko bestehen – etwa wenn Ungewissheit wie auch bei Knight (vgl. weiter oben) zu Risiko degeneriert, indem davon ausgegangen wird, dass subjektives/nicht-messbares Risiko via *Bayesian learning* in objektives/messbares Risiko überführbar ist (vgl. Khalil ebd., 153) – zu vermeiden.

Khalil plädiert für eine strikte Unterscheidung zwischen Unsicherheit und Risiko. Sie ist Voraussetzung für die Erklärung der Persistenz und der besonderen Funktion von *Glaubenssystemen* (Religionen, Ideologien, Nationalismen etc.); eine Perspektive dagegen, in der Unsicherheit auf Risiko reduziert wird und die folglich auf Optimierungskalkülen baut, wäre diesbezüglich kaum hinreichend. Die empirische Bedeutung von Glaubenssystemen (neben risikomindernden Versicherungssystemen) liegt offenbar gerade darin, dass Glaubenssysteme es den Akteuren erleichtern, trotz fundamentaler Unsicherheit zu handeln. Im Zusammenhang mit Entrepreneurship[80] erscheint dies bemerkenswert, weil Entrepreneurship zum Ausdruck bringt, dass Akteure handeln (*self-competition*), statt Ängste zu mobilisieren, die zu Unentschlossenheit mit der möglichen Folge der Nichtachtung des eigenen Selbst, evtl. der Depression führen.[81] Handeln setzt – ggf. auch über andere vermitteltes – Selbstvertrauen voraus.

Vor dem Hintergrund der fundamentalen Unsicherheit betrachtet, wird verständlich, dass *Entrepreneurship* eine Art der Rationalität repräsentiert, die sich von der „instrumen-

---

80 „Entrepreneurship can be viewed as action assumed when further delay causes self-disrespect to rise higher than the utility of holding the supposed estimation of ability." (Khalil 1997b, 151)

81 Ob durch fundamentale Unsicherheit (*self-ability*) bedingtes Zögern in Handeln oder in angstbasierte Unentschlossenheit mündet, hängt nach Khalil von neurologischen, entwicklungspsychologischen und sozialen Faktoren ab. Diese Faktoren werden von Khalil nicht näher erläutert und explizit aus der weiteren Betrachtung ausgeklammert. Für eine weiterführende sozialpsychologische und (organisations-)soziologische Unterfütterung der Überlegungen bieten sich m.E. besonders macht- und identitätstheoretische Konzepte an, wie sie in *Abschnitt 4.4* dieser Arbeit ausführlich behandelt werden. Hiernach hängt die Verhaltensstrategie des Akteurs nicht nur von psychologischen Voraussetzungen ab, sondern auch von der Chance, die ein Akteur im aktuellen machtstrukturierten Handlungskontext für die erfolgreiche Umsetzung seiner Verhaltensstrategien sieht. Im Allgemeinen ist davon auszugehen, dass Akteure, solange in ihrer Sicht Aussicht besteht, im Rahmen sozialer Interaktion zugunsten der Durchsetzung eigener Ziele Einfluss zu nehmen, (trotz fundamentaler Unsicherheit) handeln; damit bieten sie zugleich eine Identitätsdarstellung, die von anderen Akteuren anerkannt werden kann. Unentschlossenheit hingegen kann auch als partieller Rückzug aus sozialen Interaktionsbeziehungen gedeutet werden, was aus identitätstheoretischer Sicht tendenziell mit problematischen Folgen – wie sie auch bei Khalil angesprochen werden – verbunden ist.

tellen Rationalität" der ökonomischen Forschung grundlegend unterscheidet. Khalil schlägt vor, verbreitete Entgegensetzungen von rationalem und irrationalem Handeln bzw. von (instrumenteller) Rationalität und Entrepreneurship wie sie etwa auch bei Schumpeter (1989, 97) nahegelegt werden, zu vermeiden. Weiterführend dagegen wäre eine Sicht, die zwischen der *instrumental rationality* und der *achievement rationality* entlang dem Kriterium Sicherheit/Unsicherheit über individuelle und kollektive Fähigkeiten differenziert. Bezogen auf die *instrumental rationality* wird Sicherheit bezüglich der Fähigkeiten vorausgesetzt, bezogen auf die *achievement rationality* Unsicherheit. Zwar führt die auf den durchschnittlichen Agenten bezogene ökonomische Theorie rationalen Wahlhandelns zu robusten Resultaten, wenn es um die Umsetzung wenig anspruchsvoller Ziele geht und von der Annahme ausgegangen werden kann, dass Akteure normalerweise im sicheren Wissen um ihr *organisationales Kapital* [82] handeln, so dass Organisationsprobleme als Optimierungsprobleme behandelt werden können. In allen anderen Fällen jedoch erscheint die Annahme, dass gesichertes Wissen über organisatorisches Kapital besteht, allein durch ihre Zweckmäßigkeit gerechtfertigt, die es Akteuren erleichtert, in ihrem Streben fortzufahren.

Die Annahme, dass gesichertes Wissen über organisationales Kapital besteht, muss spätestens dann fallengelassen werden, wenn *achievement rationality* als eine Form der zielgerichteten Rationalität gedeutet wird, etwa in dem Sinne, dass das Ziel des Handelns im Handeln selbst verortet wird (Handeln um des Handelns willen). Ein solches Verständnis zielorientierten Handelns liegt quer zur dominierenden sozialwissenschaftlichen (und, wie Khalil betont, auch existenzphilosophischen) Sichtweise, in der Zweck-Mittel-Beziehungen (im Sinne von Zweck-Mittel-Hierarchien) mit der *instrumental rationality* verknüpft werden. Wird *achievement rationality* als zielgerichtete Rationalität verstanden, dann ist rationales Wahlhandeln (die Wahl einer optimalen Handlungsalternative in bezug auf eine gegebene Zielfunktion) lediglich als *eine* Form möglicher Zweck-Mittel-Relationen zu deuten.

> „...one has to use the ends-means framework in non-optimizing choice. Thinkers ranging from Aristotle to Weber have simply placed us on the wrong path by drawing the dichotomy between ends and means. The dichotomy is rather between two kinds of ends-means rationality." (Khalil 1997b, 157)

Mit dieser veränderten Perspektive rationalen Handelns sind eine Reihe von Implikationen verbunden (vgl. Khalil 1997b, 159f.). Wird (individuelles) Handeln als ein durch *self-competition* motivierter Prozess modelliert, ist es bspw. möglich, Innovativität und Kreativität als spontanes *learning-by-doing* in die Betrachtung zu endogenisieren; Innovativität und Kreativität brauchen also nicht länger – wie durch die Brille der instrumentellen Rationalität betrachtet – als exogene Phänomene („innovative Schocks") behandelt werden. Außerdem zeigt die vorgeschlagene Sicht, dass Institutionen wie Paradigmen oder Glaubenssysteme nicht wie in ökonomischen Standardperspektiven unter Bezug auf für effizient gehaltene Konventionen oder Normen erklärt werden können. Vielmehr bieten Glaubenssysteme – wie oben dargestellt – eine Basis, auf die Akteure angesichts stets vorhandener Ungewissheit zugreifen können, um ihre Handlungsfähigkeit zu sichern; die Gefahr des Abgleitens in Unentschlossenheit und ggf. in Verzweiflung, Sucht oder Zwanghaftigkeit

---

82 In Abgrenzung zu Colemans Begriff des *sozialen Kapitals* verwendet Khalil (1997b) den Begriff des *organisationalen Kapitals* auch für die Charakterisierung von Personen. Als organisationales Kapital ist auch die Fähigkeit (*self-ability*) von Personen gemeint, ihr humanes Kapital (zielbezogen) zu organisieren.

kann verringert werden. Individuelle Basisüberzeugungen lassen sich nicht sinnvoll als „ineffizient" (verstanden als Optimierungskriterium) begreifen; sie können sich allenfalls als nicht-viabel erweisen, soweit sie die Entwicklung eines Akteurs betreffen. Wenn nun Sucht- und Zwanghaftigkeitsphänomene als Ausdruck von Unentschlossenheit gedeutet werden können, dann sind sie als eher kurzfristige (Verdrängungs-)Strategien von Gewohnheiten (*habits*) zu unterscheiden, die nach Beckert (1996) die Pfadabhängigkeit individueller Vorlieben zum Ausdruck bringen.

Weiterhin impliziert die Unterscheidung zwischen *self-competition* und *market-competition*, dass Unternehmen Innovationen unabhängig von der Marktstruktur hervorbringen, was erklären könnte, dass auch Monopolisten Innovationen in den Markt einführen. Und – von Khalil als wichtigste Implikation hervorgehoben – lässt sich bezogen auf das Verständnis von Ungewissheit als fundamentale Unsicherheit die Natur der Unternehmung als Individuum im Unterschied zu Netzwerken (Allianzen, Kartelle, längerfristige Beziehungen etc.) erklären: Zwar weisen Organisationen (Unternehmen) wie Netzwerke als wichtiges gemeinsames Merkmal den Bezug zur instrumentellen Rationalität auf, *achievement rationality* können jedoch nur Organisationen besitzen. Insofern Organisationen (kollektive Akteure) als Individuen verstanden werden können, die sich von Netzwerken unterscheiden, ist *achievement rationality* der Ausgangspunkt für eine Unterscheidung zwischen Organisation und Markt.

2.4 Kollektive Akteure als korporative Akteure

In rational-choice-theoretisch basierten Organisationskonzepten ist es üblich, Zusammenhänge zwischen individueller und kollektiver Rationalität in der Weise herzustellen, dass die Vorstellung von individueller Rationalität auch für *Kollektive* wie Unternehmungen, Verbände, Parteien etc. unterstellt wird. I.d.R. werden auch kollektive Zielvorstellungen bzw. Zielfunktionen vorausgesetzt, ohne dass ihre Entstehung näher begründet wird; zumindest wenn unterschiedliche Interessen von beteiligten Akteursgruppen vorausgesetzt werden, werden kollektive Zielvorstellungen aus den als gegebenen unterstellten Zielen dieser Gruppen deduziert. Beispielsweise werden bei der Prinzipal-Agententheorie durch Ableitung von Anreizfunktionen für Agenten die Ziele von Prinzipal und Agenten miteinander verknüpft und damit auf einer kollektiven Zielebene konkretisiert. Hierbei wird von der Existenz eines *korporativen* Akteurs (gekennzeichnet durch Formalziele, eine einheitsgebende Verfassung etc.) ausgegangen. Im Widerspruch hierzu stehen Erkenntnisse der Spieltheorie, die zeigen, dass kooperatives Handeln zwischen individuell rationalen Akteuren (und erst recht die Herausbildung gemeinsamer Zielfunktionen) erklärungsbedürftig erscheint; zur Lösung von nicht-kooperativen Spielen werden dort Gleichgewichts-(nicht Organisations-)Konzepte diskutiert. Der Organisation wird auch dann jeder eigenständige Charakter abgesprochen, wenn etwa in kontrakttheoretischen Ansätzen der Neuen Institutionenökonomik Organisationen als Netzwerke impliziter oder expliziter Verträge (*nexus of contracts*) verstanden werden, also mit der Leitvorstellung gearbeitet wird, dass sich die gesamte Unternehmung und ihre Umweltbeziehungen in Vertragsbeziehungen zwischen Individuen auflösen lässt (vgl. z.B. Alchian/Demsetz 1972; kritisch dazu Williamson 1998, 34). Die Betrachtung konkreter Organisationen (Organisationsbeziehungen) – etwa im Rahmen der aktuellen Netzwerk-Forschung – vermittelt häufig allerdings eher den Eindruck, dass auf Dauer angelegte, auf Vertrauen basierende Beziehungen von konstitutiver Bedeutung für Organisationen sind, dass m.a.W. der Aufbau und die Aufrechterhaltung von organisationalem Handlungspotential auf Formen sozialer *Relationalität* basiert, die weit über das hinausgehen, was im Allgemeinen als klassischer, marktkoordinierter Austausch bezeichnet wird.

Für die weitere Auseinandersetzung mit *Organisationen als Akteuren* wird hier zwischen dem allgemeineren Begriff des kollektiven Akteurs und dem besonderen Begriff des korporativen Akteurs unterschieden und der korporative Akteur als Unterfall des kollektiven Akteurs betrachtet. Der Begriff des kollektiven Akteurs beschränkt sich also nicht auf Konstruktionen, die mehr oder weniger eng auf organisationale Zielfunktionen, Formalziele, Verfassungen etc. fokussieren (korporative Akteure), sondern umfasst auch solche, mit denen (in Verbindung mit erweiterten Vorstellungen über die Relationalität komplexer organisationaler Beziehungen und über kollektive Rationalität) soziale Gebilde als eigenständige Entitäten gedacht werden.

Coleman wendet die sozialtheoretische Vorstellung von Akteuren, die in ihrem Verhalten nach Nutzenmaximierung streben, auf Individuen (natürliche Personen) und auf Körperschaften (kollektive bzw. korporative Akteure) bzw. Körperschaftshandeln an; natürliche wie auch korporative Akteure werden von ihm für eine *Theorie des Selbst* vorgesehen (vgl. Coleman 1992, 233). Die Rekonstruktion des kollektiven Akteurs im Rahmen seiner *Theorie des Körperschaftshandelns* basiert auf der Unterscheidung zwischen natürlicher Person und kollektivem Akteur. Die natürliche Person vereinigt zwei Typen des Selbst, ein Objektselbst (Prinzipal) und ein Handlungsselbst (Agent), während die Körperschaft (der kollektive Akteur) aus mindestens zwei verschiedenen Personen, einem Prinzipal und einem Agenten, besteht, die beide auch je eine Körperschaft sein können (minimale Körperschaft).[83] Mit der Anerkennung als handlungsfähige juristische Person findet die formalrechtliche Autonomisierung korporativer Akteure ihren Höhepunkt. Juristische Personen können analog zu menschlichen Individuen die meisten verfassungsmäßigen Grundrechte und fast uneingeschränkt auch das private Recht in Anspruch nehmen. Coleman (1974, 55ff.) weist darauf hin, dass auf das Institut der juristischen Person in erster Linie deshalb zurückgegriffen wird, weil damit die Ausdifferenzierung und Verselbständigung von Organisationen gegenüber ihrem sozialen Kontext sichergestellt wird.

Die *Analyse des Körperschaftshandelns* orientiert sich im Wesentlichen am Grundproblem der Prinzipal-Agenten-Theorie. Nach Coleman (1992, 127) bestehen die grundlegenden Probleme einer Körperschaft als zielgerichtetes Handlungssystem zum einen in der Bestimmung einer kohärenten Menge von Ressourcen und Interessen aus der Vielfalt der Ressourcen und Interessen von mehreren Prinzipalen und zum anderen in der Verwirklichung der Prinzipal-Interessen durch eine geeignete Anordnung der Agenten, die die Ressourcen zur Entfaltung bringen. In seiner Analyse des Körperschaftshandelns betrachtet Coleman das erstgenannte Problem als gelöst. Vereinfachend wird dort von einem einzelnen Prinzipal bzw. einer als relativ eindeutig vorausgesetzten organisationalen Zielfunktion ausgegangen. Ist die Zielfunktion des kollektiven Akteurs gegeben, und wird weiterhin vorausgesetzt, dass rationale Akteure (Agenten) die Kontrolle über ihre Ressourcen nicht

---

83 Oft setzt sich eine entwickelte Körperschaft – z.B. ein modernes Unternehmen – aus mehreren Prinzipalen (Objektselbst) und mehreren Agenten (Subjektselbst) zusammen.

vollständig aufgeben,[84] dann konzentriert sich die Untersuchung der Funktionsweise des Handlungsselbst einer komplexen Körperschaft auf die Optimierung der internen (Kontroll-)Struktur. Das Optimierungsproblem besteht in der Schaffung einer Anreizstruktur, die zur Disziplinierung des Handelns von Agenten beiträgt, so dass es zu einer möglichst weitgehenden Deckung zwischen den Eigeninteressen der Akteure und den Positionsinteressen einer Körperschaft kommt bzw. zu einer Verknüpfung von Interesse und Kontrolle auf eine Weise, bei der jede Position im komplexen Austauschsystem zwischen Inhabern von Positionen über eine hohe *positionale Existenzfähigkeit* verfügt. Von der Art der Lösung dieses Problems hängt es ab, inwieweit die übergeordnete Existenzfähigkeit einer Körperschaft sichergestellt werden kann (vgl. ebd., 161ff.).

Die von Coleman dargebotene Analyse formaler Organisationen als korporative Akteure trägt wenig zur Beantwortung der Frage bei, warum rational kalkulierende Akteure korporative Akteure bilden und was diese im Inneren zusammenhält.[85] Sie beschränkt sich weitgehend auf konstitutionelle Fragen der Etablierung und Veränderung von Unternehmensverfassungen, die die Existenzfähigkeit von Körperschaften unterstützen. Dabei konzentriert sich die Betrachtung der Handlungsfähigkeit des korporativen Akteurs vorwiegend auf Probleme der effizienten Rechtsallokation (*Allokationseffizienz*), wie sie im Zusammenhang mit klassischen Prinzipal-Agenten-Konstellationen etwa auch bezogen auf die Problematik des suboptimalem Managerverhaltens gestellt werden. Die Perspektive Colemans stößt jedoch an Grenzen, wenn es über die Frage nach der optimalen Rechtsallokation hinaus um die Effizienz von Körperschaften im Sinne von sog. *Anpassungseffizienz*[86] gehen soll. Im Zusammenhang mit Anpassungseffizienz wären z.B. auch interessante Akteurseigenschaften wie Kreativität, Identität oder Risikobereitschaft zu thematisieren. Letztlich stellt sich hier – wiederum – die Frage nach dem Potential eines theoretischen Bezugsrahmens, dessen nomologischen Kern das ökonomische Verhaltensmodell ausmacht. Insbesondere ist auf seiner Basis die Möglichkeit kaum thematisierbar, dass Rationalitätskriterien durch die Körperschaft selbst herausgebildet werden. Nicht zuletzt North, der die Bedeutung von Anpassungseffizienz für die historische Entwicklung einer Wirtschaft hervorhebt, kommt explizit zu dem Schluss, dass die Verhaltensannahmen in der ökonomischen Theorie für ein Verständnis von der Schaffung und Entwicklung von Institutionen „in geradezu fundamentaler Weise hinderlich (sind)" (North, 1992, 30).

---

84 Bei Nicht-Erfüllung dieser Voraussetzung wäre das ökonomische Handlungsprinzip der Nutzenmaximierung in Frage zu stellen.

85 Coleman stützt sich in Bezug auf die Beantwortung der Frage nach den Prinzipien, die rationale Individuen bei der Gründung einer Körperschaft lenken (bzw. bei der Bestimmung von Handlungen, deren Kontrollrechte auf die Körperschaft übertragen werden) auf eine Vorstellung von J. Rawls, nach der sich rationale, eigennützige Akteure im Hinblick auf ihre Zukunft hinter einem *Schleier des Nichtwissens* befinden (Rawls bedient sich dieser Vorstellung im Zusammenhang mit der Frage, welche Art Gesellschaft ein Individuum wählen würde, wenn es nicht wüsste, welche gesellschaftliche(n) Position(en) es in Zukunft bekleiden könnte). Hinter dem Schleier des Nichtwissens wägt das Individuum die Kosten aus den gemeinschaftlich behaupteten Rechten (in Situationen, in denen es Zielakteur der gemeinschaftlichen Handlung wäre) gegen die Gewinne dieser gemeinschaftlich behaupteten Rechte (in Situationen, in denen es Nutznießer der gemeinschaftlichen Handlung wäre) ab (vgl. Coleman 1992, 11ff.).

86 Nach North (1992) geht es bei der Anpassungseffizienz um die Arten von Regeln, die den Entwicklungsverlauf einer Wirtschaft über die Zeit bestimmen und „um die Bereitschaft einer Gesellschaft, Wissen und Bildung zu erwerben, Innovationen zu bewirken, Risiko zu übernehmen und in verschiedenster Hinsicht kreativ tätig zu werden sowie Probleme bzw. Engpässe in der Gesellschaft im Verlaufe der Zeit zu bewältigen." (ebd., 96)

Die Sozialtheorie Colemans differenziert zwischen verschiedenen Kategorien der *Existenzfähigkeit von Körperschaften* bzw. der *Optimalität von Verfassungen*. Die Frage nach der Handlungsfähigkeit eines kollektiven Akteurs stellt sich im Rahmen der Rational-Choice-Perspektive als Frage nach dem Zustandekommen und der Durchsetzung von kollektiven Entscheidungen bzw. der Etablierung und Durchsetzung der Verfassung. Im konstitutionellen Ansatz von Coleman bildet die Verfassung die Grundlage einer formalen Organisation bzw. eines korporativen Akteurs; via kollektiver Entscheidung auf der Basis einer sozial effizienten oder optimalen Verfassung werden unterschiedliche Interessen von Prinzipalen in Organisationsziele transformiert, die das Handeln von Agenten anleiten sollen. Im Zusammenhang mit der Frage nach der *Optimalität der Verfassung* unterscheidet Coleman (1992, 37ff.) zwischen konjunkten und disjunkten Verfassungen. Bei *konjunkten* Verfassungen sind Nutznießer und Zielakteure der gemeinschaftlichen Handlung identisch, während bei disjunkten Verfassungen Nutznießer und Zielakteure verschiedene Akteure sind, so dass es kein repräsentatives Mitglied geben kann. In konjunkten Verfassungen stimmen die Akteure der Rechtsallokation freiwillig zu, weil sich jeder von ihnen durch die Errichtung einer Verfassung besser oder zumindest nicht schlechter gestellt sieht. Eine solche Struktur sieht Coleman bei Theorien, die Verfassungen als Gesellschaftsverträge auffassen; ein weiteres typisches Beispiel liefert die einfache Teamproduktion, wie sie als Organisationsproblem in der Institutionenökonomik diskutiert wird.

In für Herrschaftssysteme wie formale Organisationen typischen *disjunkten* Verfassungen sind die Zielakteure mit den von den Nutznießern der gemeinschaftlichen Handlung entworfenen verfassungsrechtlichen Regeln nur teilweise oder gar nicht einverstanden; im Extremfall verhindert jedoch ihre schwächere Machtposition, dass sie der Verfassung effektiv entgegentreten können. In disjunkten Verfassungen zeichnet sich die *optimale Rechtsallokation* dadurch aus, dass sie die „stärkere Interessenmenge und damit die Interessen von Akteuren vertritt, die die Ressourcen mit dem größten Wert besitzen" (ebd., 40).

Die optimale Rechtsallokation einer disjunkten Verfassung erfüllt nach Coleman lediglich das Kriterium der *erzwungenen Optimalität*, d.h. sie kann auch mit einer großenteils willkürlichen Rechtsallokation (vgl. ebd., 43) und mit Konflikten zwischen den Akteuren um die Verfassung einhergehen. Das Kriterium auf der höchsten Optimalitätsstufe, von Coleman als *individuelle Optimalität* bezeichnet, wird hingegen nur mit der (weiter oben beschriebenen) Form einer konjunkten Verfassung erreicht;[87] Interessenkonflikte zwischen Zielakteuren und Nutznießern finden hier *innerhalb* des individuellen Akteurs statt. Erfüllt die Rechtsallokation bezüglich einer Klasse von Handlungen bzw. aller Handlungsklassen das Kriterium der individuellen Optimalität, spielt es keine Rolle, welcher der einzelnen Akteure eines Kollektivs diesen Teil der Verfassung (die gesamte Verfassung) erstellt. Dagegen ist bei Erfüllung des Kriteriums der *erzwungenen Optimalität* die relative Macht verschiedener Akteure relevant für die Frage nach der Formulierung einer optimalen Verfassung, denn die Abwägung, die ein Akteur bezogen auf Klassen von Handlungen zugunsten seines Interesses an der Rolle als Nutznießer oder Zielakteur trifft, wird durch die Macht dieses Akteurs maßgeblich beeinflusst. Da die systeminterne Macht eines Akteurs

---

87   „Wenn ein gemeinschaftlich behauptetes Recht individuell optimal ist, sind die Interessen jedes einzelnen Akteurs als Nutznießer der gemeinschaftlichen Handlung genauso groß oder größer als seine Interessen als Zielakteur ... Wenn ein individuell behauptetes Recht individuell optimal ist, sind die Interessen jedes einzelnen Akteurs als Ziel der gemeinschaftlichen Handlung genauso groß oder größer als seine Interessen als Nutznießer." (Coleman 1992, 39)

nach der Formulierung der Verfassung teilweise durch die verfassungsmäßige Rechtsallokation bestimmt ist, kann es nach Coleman nicht nur *eine* optimale Rechtsallokation geben. Vielmehr gibt es eine ganze Reihe verschiedener verfassungsmäßiger Allokationen, die ex post optimal sein können; es kommt darauf an, welcher Akteur (mit welchen Interessen und Präferenzen im Hinblick auf die Rechtsübertragungen auf eine Körperschaft) den Machtkampf um die Verfassung gewinnt (vgl. ebd., 42). Mit anderen Worten: Im konstitutionellen Ansatz von Coleman ist jede bestehende Verfassung sozial-effizient bzw. optimal bezogen auf die gegebene Machtverteilung. Kappelhoff wendet diesbezüglich zu Recht ein, das der Begriff der *sozialen Effizienz* bei Coleman weitgehend ohne Gehalt ist (vgl. Kappelhoff, 1997, 251); die Effizienz von Verfassungen – die Allokationseffizienz – ergibt sich hier bereits als Folge aus den Prämissen des ökonomischen Verhaltensmodells.

Vor dem Hintergrund gerade auch der von North betonten herausragenden Bedeutung der *Anpassungseffizienz* für die wirtschaftliche Entwicklung sowie der geäußerten Zweifel an der Leistungsfähigkeit des ökonomischen Verhaltensmodells im Hinblick auf ein angemessenes Verständnis der Entstehung und Entwicklung von Institutionen soll im Folgenden genauer nach den Bedingungen für die Veränderung bereits rechtswirksamer Verfassungen und mithin nach der Berücksichtigung der *Dynamik von Machtverhältnissen* im konstitutionellen Ansatz von Coleman gefragt werden. Coleman (1992, 34ff.) zeigt am konkreten Beispiel des *verfassungsmäßigen Wandels* in amerikanischen Oberschulen (also einer extremen, durch eine disjunkte Verfassung gegründeten Körperschaft) in den Jahren von 1960 bis 1980, dass die Veränderung der relativen Macht von Akteuren (Eltern, Kinder) bedeutende Folgen für eine disjunkte Verfassung haben kann. Soziale Veränderungen wie eine geringere Autoritätsausübung von Eltern auf Kinder, ein Verschwinden nachbarschaftlicher Gemeinschaften als Basis für örtlichen Konsens sowie vermehrt vorkommende Gerichtsverfahren haben nach Einschätzung von Coleman zu einer Verringerung der Menge der gemeinschaftlich behaupteten Rechte in der Verfassung von Schulen geführt und an vielen Schulen die Entstehung anarchistischer Zustände im Sinne von Hobbes (ein Kampf von jedem gegen jeden) begünstigt. Im *Rational Choice*-Ansatz können die Ursachen für Veränderungen disjunkter Verfassungen – wie auch im Beispiel nahegelegt wird – nur in sich verändernden Umweltbedingungen (Restriktionen) bestehen.

In einer verallgemeinernden Betrachtung zur Bildung von Körperschaften weist Coleman außerdem auf Verfassungskonflikte hin, die von relativ mächtigen Akteuren entschieden werden, die i.d.R. auch die Nutznießer der Körperschaftshandlungen sind. Die im Verfassungskonflikt Unterlegenen, zumeist in der Rolle der Zielakteure, verfügen nach Coleman jedoch über relevante unveräußerliche persönliche Ressourcen und damit über Potential für den Umsturz oder die Modifikation der Verfassung. Sklavenaufstände, Meutereien und andere Revolten legen hiervon Zeugnis ab (vgl. ebd., 43). Dass Coleman hier derartige Beispiele anführt, lässt sich aber nicht zuletzt als ein Beleg dafür verstehen, dass Prozesse der Veränderung disjunkter Verfassungen bei gegebener Machtverteilung und rationalem Verhalten der Akteure im Rahmen der *Rational Choice*-Theorie als Ausnahmefälle gelten; sie können auf der Basis des ökonomischen Verhaltensmodells nicht erklärt werden. Die Erklärung von Revolten u.ä. setzt ja gerade voraus, dass auf der theoretischen Ebene des individuellen Handelns auch Aspekte wie intrinsische Motivation oder nicht-kalkulierendes Handeln gedeutet werden kann. In ähnliche Richtung weisend hält Kappelhoff (1997, 250) fest, dass auf der Basis der *Rational Choice*-Theorie nach Coleman Konflikte nicht thematisiert werden können, solange davon ausgegangen wird, dass alle Akteure ihren Handlungsraum (ihre relative Macht) realistisch einschätzen. Konflikte lassen sich demnach lediglich auf Fehleinschätzungen hinsichtlich der beteiligten Interessen und der diese stützenden Machtressourcen zurückführen. Im Übrigen wird im Rahmen der Sozialtheorie von Coleman nicht nur die Konflikt-, sondern auch die Konsensproblematik verkürzt thematisiert. In Bezug auf die Entstehung und Veränderung disjunkter Verfassungen wird sie nahezu kurzgeschlossen,[88] im Falle konjunkter Verfassungen wird Konsens unabhängig von der Machtfrage als mehr oder weniger gegeben unterstellt. Das Eine wie das Andere erscheint problematisch, schon weil funktionalistische Betrachtungsweisen gefördert werden, die den Blick auf den *Akteurstatus* von Organisationen verstellen (vgl. ausführlich Khalil 1997a, 534ff.).

Probleme, wie sie hier für die Auseinandersetzung mit kollektiven Akteuren im Sinne von Körperschaften bei Coleman aufgezeigt worden sind, ergeben sich letztlich als Folge der Enge des *Rational Choice*-Ansatzes. Eine ausgearbeitete handlungstheoretische Alternative zum Colemanschen Verständnis des kollektiven Akteurs hat Amitai Etzioni (1975) bereits in seinem Werk *Die aktive Gesellschaft* zugrunde gelegt. Das Konstrukt des kollektiven Akteurs bildet hier die Basis für eine Theorie gesellschaftlicher und sozialer Prozesse, die analytische und historische Perspektiven auf fruchtbare Weise miteinander verbindet (vgl. Adloff 1999, 154 in Anschluss an Geser 1990). Einige Anmerkungen sollen an dieser Stelle zeigen, wie mit dem Konstrukt des kollektiven Akteurs von Etzioni (im Gegensatz zum Verständnis des korporativen Akteurs bei Coleman) der handlungstheoretische Blick für eine Reihe relevanter Akteurscharakteristiken geöffnet werden kann (vgl. auch Felsch 2002, 6f.). Der Ansatz von Etzioni enthält außerdem Anregungen in Richtung auf eine *interaktionstheoretische Analyse* (d.h. eine Analyse der Beziehungen und Interaktionen zwischen – in der gesellschaftstheoretischen Sicht von Etzioni vorwiegend – kollektiven Akteuren) die zeigen, in welche Richtung eine weitere Ausarbeitung der Vorstellung des kollektiven Akteurs in der vorliegenden Arbeit (vgl. *Abschnitt 4.5*) vorangetrieben werden könnte.

Im Rahmen seiner Auseinandersetzung mit Grundelementen einer *Theorie gesamtgesellschaftlicher Steuerung* wird das Konstrukt des kollektiven Akteurs von Etzioni als kohäsive Einheit (besonders Großgruppen und Gesellschaften) näher bestimmt. Etzioni unterscheidet zwischen potentiell handlungsfähigen kohäsiven Einheiten (Kollektiv handelnder Individuen, z.B. unorganisierte Bewegungen, Klassen) und kohäsiven Einheiten, die als *Einheiten* handeln (kollektiver Akteur, z.B. organisierte – an ein Kontrollnetz angeschlossene – Großgruppen). Damit wird der Anspruch deutlich, den kollektiven Akteur als eigenständige handelnde Einheit zu verstehen. Von einem *Kollektiv als Akteur* ist – wie Geser (1990) verdeutlicht – dann zu sprechen, wenn (1.) Vorgänge, Ereignisse oder andere Bewirkungen identifiziert und zwingend als durch das Kollektiv verursacht betrachtet werden können *und* wenn (2.) diese Bewirkungen wenigstens partiell als „Handlungen" zu

---

88 Coleman räumt selbstverständlich ein, dass die Entstehung und Existenz von Rechten stets an bestimmte Formen des sozialen Konsenses gebunden ist. Hat ein rationales Individuum – die Betrachtung richtet sich hier vorrangig auf Personen, nicht Körperschaften – ein Interesse an einer Handlung oder einem Ereignis, für das einem oder mehreren Akteuren Rechte zugewiesen werden sollen, und ist es ausreichend mächtig, seinen Relevanzanspruch zu behaupten, dann stellt sich ihm mit der Formulierung der Verfassung unweigerlich auch die Konsensfrage. Die Antwort hängt davon ab, wie das Individuum seine Interessen als mögliches Ziel der gemeinschaftlichen Handlung gegen seine Interessen als möglicher Nutznießer einer solchen Handlung abwägt (vgl. Coleman 1991, 84f.; 1992, 14). Wird *Konsens* im Sinne von Übereinstimmung interpretiert, ist dies nicht unproblematisch zumal in Bezug auf die sich im Rahmen von Herrschaftssystemen stellende Allokationsproblematik.

beschreiben sind, sich also durch autonome Selektivität, sinnhafte Intentionalität und ziel-gerichtete Rationalität auszeichnen. Potentiell handlungsfähige kohäsive Einheiten erfüllen lediglich die erste Bedingung.

Außerdem differenziert Etzioni zwischen verschiedenen Graden der Handlungsfähig-keit kollektiver Akteure; diese kommt nicht nur der North´schen Vorstellung der herausra-genden Bedeutung der Realisation von Allokations- *und* Anpassungseffizienz näher als die letztlich einseitige Fokussierung bei Coleman (vgl. weiter oben), sondern lässt darüber hinaus – im Gegensatz zu Colemans Differenzierung zwischen verschiedenen *Optimalitäts-stufen bei Verfassungen* – bereits auf der Ebene der begrifflichen Kennzeichnung an solche Basisfähigkeiten denken, die auch für kompetente Individuen von zentraler Bedeutung sind: kollektive Akteure, die über ein Kontrollzentrum verfügen, das spezifische Handlun-gen zu selegieren vermag, besitzen zumindest die Fähigkeit zur Selbstkontrolle. Einem reflexiv handlungsfähigen kollektiven Akteur ist es darüber hinaus möglich, komplexe Lernprozesse zu vollziehen. Der höchste Grad der Selbststeuerungsfähigkeit eines kollekti-ven (repräsentativen) Akteurs und zugleich das höchste Niveau der strategischen Zielver-folgung ist erreicht, wenn es kohäsiven Einheiten gelingt, neben Kontrollprozessen auch Prozesse der Konsensbildung (die Erarbeitung gemeinsamer Organisationsziele und Hand-lungsstrategien) zu vollziehen.

In den verschiedenen Theorien zur gesellschaftlichen Steuerung hat man es, wie Et-zioni anmerkt, weniger mit grundsätzlich verschiedenen (Fähigkeits-)Typen von kollekti-ven Akteuren zu tun, sondern eher mit einem Kontinuum von kollektiven Akteuren, die sich hinsichtlich ihrer Formbarkeit, Kontrollfähigkeit und Fähigkeit zur Konsensbildung unterscheiden. Mit anderen Worten: Gesamtgesellschaftliche Einheiten (kollektive Akteu-re) werden anhand der verschiedenen Grade von Kontroll- und Konsensformungsfähigkei-ten charakterisiert. Im Gegensatz zu Coleman hebt Etzioni die Bedeutung von Konsensbil-dungsprozessen für die Formulierung von Organisationszielen und die Herausbildung kol-lektiver Handlungsstrategien hervor. Darüber hinaus vermittelt Etzioni eine Vorstellung darüber, wodurch kollektive Akteure mit größtmöglicher Handlungsfähigkeit im Inneren zusammengehalten werden: Sog. *aktive gesellschaftliche Einheiten* verfügen über kohäsive Elemente mit primär *aufwärts gerichteten* Kommunikationsströmen (von den Mitglieder-einheiten zur Kontrollinstanz, Organisationsspitze), die ihren Ausdruck in Konsensfor-mungsprozessen und -strukturen finden *und* über Kontrollelemente (Kontrollnetze), die mehr einem Mechanismus der *abwärts gerichteten* Kommunikation entsprechen (vgl. Et-zioni 1975, 129ff.). Derart gekennzeichnete aktive kollektive Akteure sind es, die auf dem Wege der repräsentationalen Interaktion[89] mit anderen kollektiven Akteuren (durch Kon-sensbildung zwischen Vertretern verschiedener gesellschaftlicher Großgruppen) maßgebli-chen Einfluss auf die Makrodynamik einer Gesellschaft nehmen können;[90] *Interaktionsbe-ziehungen* zwischen kollektiven Akteuren sind konstitutiv für gesellschaftliche Strukturen

---

89 Etzioni (1975, 125) unterscheidet zwischen direkter, symbolischer und *repräsentationaler* Interaktion. Bei der zuletzt genannten Form interagieren Großgruppen der Gesellschaft über den institutionellen oder organi-satorischen Apparat der handelnden Einheiten oder Supraeinheiten und erzeugen dadurch, verglichen mit den anderen Interaktionsformen, bedeutende makroskopische Effekte.

90 Im Allgemeinen können sich kollektive Akteure wirkungsvoll nur in Verbindung mit Kontrollnetzen (d.h. Groß-gruppen in Verbindung mit Organisationen, Gesellschaft in Verbindung mit dem Staat) im gesamtgesellschaftli-chen Handeln engagieren; interagieren sie über den institutionellen oder organisatorischen Apparat der handelnden Einheit oder Supraeinheit (repräsentationale Interaktion), kann dies bedeutende Konsequenzen für die Makrody-namik einer Gesellschaft zeitigen (vgl. ebd., 120ff.).

und gesellschaftliche Teilsysteme. Gründe für die Verhinderung der konsensuellen Selbst-steuerung der Gesellschaft sind nach Etzioni vor allem in zu gering ausgebildete Kontroll- und Konsensfähigkeiten kollektiver Akteure sowie in große Macht- und Wissensdifferen-zen zwischen verschiedenen gesellschaftlichen Gruppen zu suchen.

Wie gezeigt worden ist, gehen sowohl Coleman als auch Etzioni von der Nützlichkeit einer handlungstheoretischen Vorstellung eines kollektiven bzw. korporativen Akteurs aus. Im Rahmen einer umfassenderen Erörterung von Bausteinen einer konstitutionstheoretischen Analyse der Organisationsdynamik in *Kapitel 4* dieser Arbeit wird eine (auch an den hier skiz-zierten Ansatz von Etzioni anschlussfähige) identitäts- und machttheoretische Perspektive zur individuellen und kollektiven Rationalität eröffnet. Dort werden Überlegungen aufgegriffen und erweitert, die erst in jüngster Zeit von Philip Pettit (2001) zum Problem „Freiheit und Kollektivierung" vorgestellt worden sind. Auf dieser Basis wird die Perspektive insofern um-gekehrt, als zunächst eine eigenständige Begründung für kollektive Rationalität geliefert wird, um von dort abzuleiten, was den Charakter eines kollektiven Akteurs ausmacht. Dem liegt die Überlegung zugrunde, dass man sich generell zunächst mit Fragen der *Entstehung* von kollek-tiven Akteuren befassen muss, um weiterführend über Organisationsdynamik und die Dynamik organisationaler Netzwerke diskutieren zu können.

3 Evolutionstheorie: von der neodarwinistischen Prägung zu einem konstitutionstheoretischen Verständnis

In seiner ursprünglichen neodarwinistischen Prägung stellt der evolutionstheoretische Ansatz der Organisationsforschung ein extremes Gegenstück zu handlungsrationalen Ansätzen dar, wie im folgenden Zitat von Hannan und Freeman (1977, 939f.) zum Ausdruck kommt:

„From a population ecology perspective, it is the environment which optimizes. Whether or not individual organizations are consciously adapting, the environment selects out optimal combinations of organizations. So if there is a rationality involved, it is the ‚rationality‘ of natural selection."

Unter Beibehaltung eines rationalistischen Basisparadigmas tritt an die Stelle einer sich rational – im Sinne eines kollektiven Akteurs – an Umweltanforderungen anpassenden Organisation die Rationalität der *natürlichen Auslese* im Sinne von Charles Darwin (vgl. Becker/Küpper/Ortmann 1992, 98ff.). Aus dieser so formulierten Hypothese folgt allerdings nicht, dass die allfälligen Bemühungen der Managementforschung und -praxis um eine Erhöhung der kollektiven Rationalität von Organisationen angesichts allmächtiger Umwelten bedeutungs- und wirkungslos wären. Die Umwelt könnte ja gerade solche Organisationen selektieren, die sich durch die Form ihrer Planungs- und Steuerungssysteme als besonders rational ausweisen, was nur durch empirische Untersuchungen zu erschließen wäre. Die Selektion von Organisationsformen ist nicht primär Gegenstand des im Zitat angesprochenen, von Hannan und Freeman selbst ausgearbeiteten populationsökologischen Ansatzes.

Wie an anderer Stelle unter Bezug auf Baum/Singh (1994) ausführlich dargestellt wurde (vgl. Küpper/Felsch 2000, 340ff.), ist eine der biologischen Evolutionstheorie entsprechende Differenzierung in genealogische und ökologische Ansätze sinnvoll. Während (populations-)ökologische Ansätze die Entwicklung von Organisations-Populationen in ihren Umwelten untersuchen und hierbei Homogenisierungs- oder Heterogenisierungsaspekten und -prozessen besondere Aufmerksamkeit widmen, sind genealogische Ansätze darauf gerichtet, auf Basis einer Taxonomie und Klassifikation von Organisationsmerkmalen die Evolution von Organisationsformen zu untersuchen, d.h. in langfristiger Perspektive der Entstehung neuer und dem Absterben alter Organisationspopulationen nachzugehen (vgl. mit Literaturhinweisen Türk 1989, 83ff.). Ob ein solcher, dem neodarwinistischen Verständnis entsprechender *Dualismus* zwischen Genealogie (Evolution) und Ökologie (Entwicklung) Sinn macht, wird im folgenden *Abschnitt 3.1* diskutiert. Vor dem Hintergrund der Ergebnisse dieser Diskussion wird in *Abschnitt 3.2* ausführlich auf wechselweise Konstitutionsprozesse zwischen Organisation und Institution sowie auf Ansatzpunkte der Analyse und Deutung von Organisationsdynamik eingegangen und von hier schließlich der Bogen zur Betrachtung organisationaler Lernprozesse und zu alternativen Formen der *Corporate Governance* geschlagen. Der letzte Abschnitt des Kapitels (*Abschnitt 3.3*) ist der Analyse des theoretischen Potentials evolutionstheoretischer Ansätze gewidmet. Türk (ebd., 93) kommt in Bezug auf alle evolutionstheoretischen Ansätze der Organisationsforschung zu einem nahezu apodiktischen Urteil:

> „... der Selektionsansatz bietet nichts weiter als formale Kategorien; sowie diese inhaltlich mit empirischem Gehalt gefüllt werden, kommt man entweder zu schon bekannten Theorien oder zu trivialen Aussagen."

Dem ist entgegenzuhalten, dass formale Kategorien als Basis eines neuartigen theoretischen Bezugsrahmens dann wertvoll sein können, wenn sie bisher relativ unverbunden nebeneinander stehende Theorieansätze unter einem neuen Blickwinkel integrieren können. In *Abschnitt 3.3* wird ein solcher quasi metatheoretischer Anspruch bezogen auf eine neuere Monografie von Howard Aldrich (1999) ausführlich diskutiert.

3.1 Dualismus oder Dualität von Evolution und Entwicklung

Der neodarwinistischen Theorie der biotischen Evolution liegt ein Dualismus zwischen genealogischen Evolutionsprozessen und ökologischen Entwicklungsprozessen zugrunde, der auf einer strikten Trennung zwischen *Genotypen* (Gesamtheit der Erbfaktoren eines Organismus) und *Phänotypen* (das durch Erbanlagen und Umwelteinflüsse geprägte konkrete Erscheinungsbild eines Organismus) beruht. Veränderungen der Genotypen (Mutationen) erfolgen hiernach rein zufällig, so dass sie für die Entwicklung von Lebewesen in ihren jeweiligen ökologischen Lebensräumen als exogen vorausgesetzt werden. Begründet wird dies mit der vollständigen Isolierung der Keimzellen von den Körperzellen eines Organismus (die sog. *Weismannsche Barriere*). Dies schließt eine Vererbung erworbener Eigenschaften aus, wie sie von Jean Baptiste Lamarck behauptet wurde (vgl. Mayr 2001).[91]

Bei ihrem Versuch, bisherige Ansätze einer Theorie organisationaler Evolution einzuordnen, gehen Joel A.C. Baum und Jitendra V. Singh (1994) von einem dualhierarchischen Bezugsrahmen aus, der ebenfalls zwischen *genealogischer Evolution* und *ökologischer Entwicklung* unterscheidet. Wie die folgende Abbildung zeigt, wird hierbei eine genealogische Hierarchie einer ökologischen Hierarchie gegenübergestellt, wobei Organisationen als spezifische Entitäten auf mittlerer Ebene dieser Hierarchien erscheinen.

---

91 Khalil (1993) hat im Einzelnen aufgezeigt, dass das neoklassische Paradigma der Ökonomie und das neodarwinistische Paradigma der Biologie in wesentlichen Kernprämissen übereinstimmen. Beide Paradigmen sind nicht in der Lage, die Irreversibilität historischer Prozesse (z.B. in der Ökonomie die Entwicklung von Konsumentenbedürfnissen oder grundlegender technologischer Innovationen) theoretisch zu fassen. Sie fördern deshalb nach Khalil ein ahistorisches Denken und zeichnen sich durch eine Nichtbeachtung ziel- und zweckorientierter (teleologischer) Prozesse aus (in aristotelischer Diktion die sog. *causa finalis* im Unterschied zur *causa materialis*, *causa formalis* und *causa efficiens*). Khalil macht außerdem auf heterodoxe Positionen in der biotischen Evolutionstheorie aufmerksam, in denen der exogene und eindeutige Charakter von Genotypen sowie der reine Zufallscharakter von Mutationen in Frage gestellt und so zielgerichtete Lamarcksche Evolutionsprozesse auch in der Biologie nicht mehr auszuschließen sind. Dies hätte u.a. zur Konsequenz, dass von nur schwierig erfassbaren Verbindungen zwischen (genotypischer) Evolution und (phänotypischer) Entwicklung, also letztlich von einer Dualität anstelle eines Dualismus von Evolution und Entwicklung auszugehen ist.

Abbildung 2:   Two hierarchies of organizational evolution (Quelle: Baum/Singh 1994, 15)

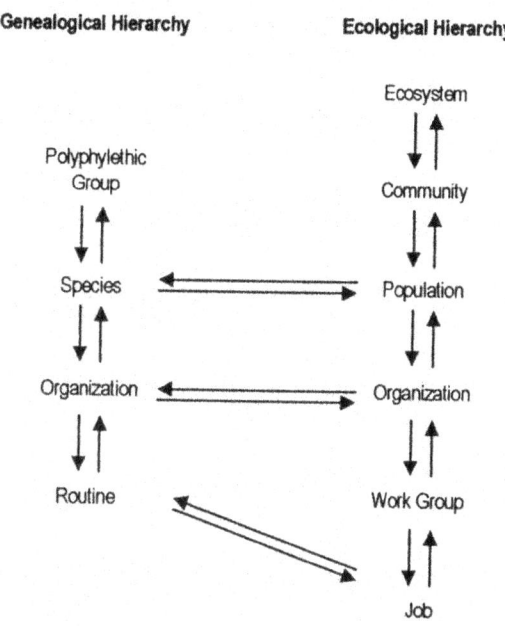

Daneben können in der genealogischen Hierarchie unterhalb von Organisationen Handlungsroutinen und oberhalb von Organisationen Spezies und polyphyletische Gruppen differenziert werden. In der ökologischen Hierarchie treten unterhalb von Organisationen Arbeitstätigkeiten (*Jobs*) und Arbeitsgruppen auf; oberhalb von Organisationen werden Populationen, Gemeinschaften und Ökosysteme verortet. Die Entitäten einer hierarchischen Ebene bestehen jeweils aus Entitäten der darunter liegenden Ebene, wobei die vertikalen Doppelpfeile verdeutlichen, dass zwischen den hierarchischen Ebenen (wechselseitige) Konstitutionsprozesse[92] vorausgesetzt werden. *Genealogische Entitäten* können als Komponenten eines institutionellen Gedächtnisses zur Erhaltung und Verbreitung von Informationen, Wissen und Fähigkeiten betrachtet werden. Prozesse der Replikation bzw. Reproduktion führen zu Stammbäumen von Informations- und Kompetenzstrukturen (z.B. Konservierung und Transfer von Organisationswissen und -können). Demgegenüber werden *ökologische Entitäten* durch interaktive Prozesse des Ressourcenaustausches mit ihrer jeweiligen Umwelt und der Transformation von Input zu Output als konkrete Handlungssysteme konstituiert. Prozesse der internen und umweltbezogenen Interaktion liefern hier die konkrete historische Ausprägung (ökonomische Struktur) und die Integration phänotypischer Einheiten. Der von unten nach oben verlaufende Konstitutionsprozess besteht im Falle der ökologischen Hierarchie darin, dass sich eine Entität durch dynamische Interak-

---

92   Im Sinne der klassischen kybernetischen Systemtheorie, dass als Folge von systeminternen und systemübergreifenden Beziehungen das Gesamtsystem mehr ist als die Summe der Systemelemente

tionen innerhalb der nächst-tieferen Ebene herausbildet (z.B. eine Population durch Interaktionen – z.B. Prozesse des Wettbewerbs oder kollektiven Lernens – zwischen Organisationen). Im Falle der genealogischen Hierarchie setzt die Persistenz einer Ebene die Reproduktion der Entitäten auf der nächst-tieferen Ebene voraus (z.B. die Persistenz einer Organisationsform die Replikation von Handlungsroutinen). Wie die horizontalen Pfeile in der Abbildung anzeigen, gehen Baum/Singh von der wechselseitigen Beeinflussung der genealogischen und ökologischen Hierarchie und damit der Möglichkeit einer wechselseitigen Konstitution der genealogischen und ökologischen Hierarchie aus. Dies setzt allerdings voraus, dass im Unterschied zum neodarwinistischen Verständnis der *biotischen Evolution* auch eine *Lamarcksche Evolution* (Vererbung erworbener Eigenschaften) und damit auch die Bedeutung zweck- und zielorientierter (teleologischer) Prozesse für die Evolution nicht von vornherein ausgeschlossen werden kann. Die hiermit verbundenen Fragen und Probleme sind jedoch bis heute im Rahmen der evolutionstheoretischen Organisationsforschung sowohl auf theoretischer als auch auf empirischer Ebene weitgehend ungeklärt. Baum/Singh stellen fest, dass sich bisherige Ansätze einer Theorie organisationaler Evolution[93] auf einzelne Ebenen der ökologischen Hierarchie konzentrieren, so dass kaum Konstitutionsprozesse zwischen den ökologischen Hierarchieebenen, geschweige denn zwischen genealogischen und ökologischen Entitäten Gegenstand von Untersuchungen waren. Ein Großteil bisheriger empirischer Forschungen konzentriert sich hierbei auf den von Hannan und Freeman (1977) begründeten populationsökologischen Ansatz (vgl. den Überblick bei Kieser/Woywode 2002, 260ff.).

Die in Abbildung 2 dargestellte genealogische Hierarchie entstammt im Wesentlichen einem von McKelvey unter dem Begriff *Organizational Systematics* formulierten Forschungsprogramm für Organisationen, das eng am Vorbild der biotischen Evolutionstheorie orientiert ist, aber von vornherein neben darwinistischen auch lamarckistische Veränderungsprozesse in Rechnung stellt.[94] Während in der Anfangsphase evolutionstheoretischen Denkens in der Organisationsforschung viele Vertreter auf dem neodarwinistischen Paradigma aufbauten, scheint heute McKelvey einer der wenigen zu sein, die an diesem ursprünglichen Forschungsprogramm festhalten.[95] So kritisiert z.B. McKelvey, dass der populationsökologische Ansatz – gemessen an Standards der biotischen Evolutionstheorie – keine ausgearbeitete evolutionstheoretische Basis besitzt.

Mit dem von McKelvey eingeführten zentralen Begriff *organisationaler comps* (von engl. *competence*) wird eine Analogie zu biotischen Genen hergestellt (vgl. im Einzelnen McKelvey 1982). Nach Kieser/Woywode (2002, 259) handelt es sich bei organisationalen Comps z.B. um Verfahrensrichtlinien, Rezeptwissen, Patente, Produkt- und Produktionstechniken, Verfahren der Produktionssteuerung, Baupläne, Computerprogramme, Organisationspläne, Stellenbeschreibungen, Führungsrichtlinien oder Unternehmensphilosophien. Während alle Comps einer Organisation quasi ihren Genotyp bilden, ist eine Organisationspopulation durch einen kollektiven *Comp-Pool* gekennzeichnet:

---

93   Der Begriff *organisationale Evolution* wird hierbei im Anschluss an Baum/Singh als Oberbegriff für genealogische und ökologische Prozesse verstanden. In diesem Sinne spricht auch Aldrich (1999) allgemein von evolutionären Prozessen (vgl. die Ausführungen in *Abschnitt 3.3* dieser Arbeit).

94   Der in Thesen zusammengefasste theoretische Bezugsrahmen von McKelvey (1982, 241ff.) ist bei Türk (1989, 89ff.) wiedergegeben.

95   Als besonders prominentes Beispiel einer zunehmenden Entfernung von der neodarwinistischen Tradition kann Howard Aldrich genannt werden, obwohl Aldrich dies selbst nicht explizit zum Ausdruck bringt (vgl. meine Ausführungen in *Abschnitt 3.3*).

„Jede Population besitzt eine Menge von Comps, die in Form des Wissens und der Fähigkeiten der Organisationsmitglieder der Organisationen dieser Population gehalten werden." (McKelvey/Aldrich 1983, 112)

Das Forschungsprogramm von McKelvey u.a. und damit besonders der Nachweis und die Wirksamkeit einer genealogischen Hierarchie bei sozio-ökonomischen Prozessen wurde bisher kaum durch empirische Studien konkretisiert bzw. belegt. Dies lässt sich entweder auf Probleme der empirischen Erfassung langfristiger historischer Prozesse oder auf Mängel der Theoriekonzeption zurückführen, wobei sich natürlich theoretische Defizite auch in Problemen empirischer Forschung widerspiegeln. Im Folgenden wird einigen wesentlichen theoretischen Problemen nachgegangen, die sich mit der Annahme einer Dualität von genealogischer und ökologischer Hierarchie in der Organisationsforschung verbinden.[96]

Ausgangspunkt dieser Überlegungen ist, dass mit den Analyseeinheiten der genealogischen Hierarchie letztlich mehr oder weniger begrenzte *Handlungspotentiale* zum Ausdruck gebracht werden sollen, während die Einheiten der ökologischen Hierarchie konkrete Handlungssysteme und ihre Interaktionen kennzeichnen, die in Abhängigkeit von Umwelteinflüssen auf der Basis dieser Handlungspotentiale agieren. Ein grundlegendes epistemologisches Problem besteht nun darin, dass man bei der Kennzeichnung von Handlungspotentialen auf abstrakte gedankliche Konstrukte angewiesen ist, deren Operationalisierung nur beispielhaft durch Auflistung konkreter Handlungsmöglichkeiten (z.B. die Fähigkeit bestimmte Dinge zu tun) und damit nie erschöpfend erfolgen kann.[97] Dies gilt gerade auch in der biotischen Evolution, die insofern mit der sozio-ökonomischen Evolution in Verbindung zu bringen ist, als auf das Wissen und die Fähigkeiten von Menschen[98] als Produkten der biotischen Evolution zurückgegriffen werden muss. Die offenbar gelungene Entschlüsselung menschlicher Gene wird uns auch in Zukunft nicht erlauben vorherzusagen, zu welchen konkreten Handlungen Menschen über das bisher Beobachtete hinaus in bestimmten Situationen noch fähig sind. Die grundlegende, unauflösbare Unbestimmtheit von Handlungspotentialen auf der genealogischen Ebene ist verantwortlich für die Undeterminiertheit

---

96 Vgl. zu einer grundlegenden Kritik evolutionstheoretischer Bezugsrahmen Türk (1989, 80ff.); s.a. Kieser/Woywode (2002, 271ff.).

97 Diese Problematik wird beispielsweise im Rahmen der personalwirtschaftlichen Eignungsdiagnostik deutlich, wenn Arbeitsanforderungen mit Qualifikationen oder Fähigkeiten in Verbindung gebracht werden sollen. So lassen sich z.B. die Fähigkeitskonstrukte Intelligenz und soziale Kompetenz nicht durch eine Auflistung aller hiermit verbundenen konkreten Handlungsmöglichkeiten beschreiben. Als Folge hiervon ist auch eine Validierung solcher Konstrukte anhand konkret beobachteter Handlungen nur sehr begrenzt im Sinne hypothetischer Zuschreibungen möglich, die selbst nicht endgültig bewiesen werden können. Man zieht sich deshalb häufig auf sog. *Konstruktvalidierungen* zurück, bei denen lediglich die Konsistenz dieser Konstrukte in Bezug auf hiermit zusammenhängende andere Konstrukte geprüft wird.

98 Vgl. im obigen Zitat von McKelvey/Aldrich den Bezug auf Menschen als Organisationsmitglieder. Die notwendige Verbindung zu Menschen als Träger von biotischer Kompetenzen wird besonders in folgenden von McKelvey formulierten Grundprinzipien der Evolution von Organisationen deutlich, in denen das Konstrukt der *organisationalen Generation* eingeführt wird, um das Vererbungskonzept auf Organisationen zu übertragen:
„1. Jede Eigenschaft bzw. jedes Comp in einer Population von Organisationen hat eine bestimmte Häufigkeitsverteilung. Eine organisationale Generation ist definiert als die durchschnittliche Zeitdauer, die diejenigen Organisationsmitglieder, die die Träger der Comps sind, in Organisationen der Population verbleiben.
2. Die Häufigkeitsverteilung der Comps bleibt konstant, außer wenn: (a) sich die Comps des Organisationspersonals verändern, (b) die Comps des jüngeren Organisationspersonals sich in ihrer Häufigkeitsverteilung von denen des älteren Personals unterscheiden und wenn das ältere Personal die Organisationen verlässt, (c) eine Abwanderung von Personal mit bestimmten Comps überwiegt." (McKelvey 1982, 241ff. zitiert in Türk 1989, 89)

ökologischer Prozesse, die in den Handlungssystemen der ökologischen Ebene durch das Zusammentreffen von Handlungspotentialen mit Handlungsintentionen und Ressourcen in spezifischen Handlungssituationen[99] erzeugt werden. Das Zusammenspiel von (genealogischer) Potentialität und den verschiedenen Formen von (ökologischer) Kausalität ist letztlich konstitutiv für die Kreativität von Handlungssystemen und hieraus folgender Ungewissheit des (sozialen) Handelns.[100] Das Verhältnis zwischen Handlungssystemen und Handlungssituationen (Umwelt) kann in dieser Sichtweise weder als passive Anpassung des Handlungssystems an gegebene Umweltbedingungen noch als Selektion passender Handlungssysteme durch die Umwelt verstanden werden. Vielmehr geht es auch hier um ein konstitutives Verhältnis zwischen System und Umwelt, das in Bezug auf organisationales Handeln von Weick mit den Begriffen *enactment* (Gestaltung) und *enacted environment* (gestaltete Umwelt) ausgedrückt wird (vgl. Weick 1985, 191ff.). Auf ein solches konstitutives Verhältnis hat G. Bateson (1983, 436) schon früh aufmerksam gemacht:

> „Es ist wichtig, die besondere Äußerung oder Handlung als Teil des ökologischen Subsystems, das als Kontext bezeichnet wurde, anzusehen, und nicht als Produkt oder Auswirkung dessen, was vom Kontext übrigbleibt, nachdem das Stück, das wir erklären wollen, aus ihm herausgeschnitten wurde."

Ein besonderes, im neodarwinistischen Bezugsrahmen kaum behandeltes Problem besteht darin, dass sich die *Potentialität des Menschen* unmittelbar mit einer sozio-kulturellen Entwicklung verzahnt, wobei dessen Handlungsmöglichkeiten von der frühkindlichen bis zur organisationalen Sozialisation durch kulturell tradierte Ressourcen-, Normen-, Regel- und Wertesysteme ihre spezifische historische Form erhalten. Sie kommt in sozio-kulturellen Potentialen (Fähigkeiten, Fertigkeiten und Kenntnissen) zum Ausdruck, die soziales Handeln zugleich ermöglichen und beschränken, aber nicht determinieren. Die entscheidende Frage ist hier, ob sich sozio-kulturelle Potentiale in Analogie zu Genen (vgl. obigen Begriff der *Comps*) fassen lassen, so dass die organisationale Evolution nach dem Muster der neodarwinistischen biotischen Evolution als zeitliche Rekursionsschleife zwischen genealogischen und ökologischen Entitäten verstanden werden kann. Dies ist m.E. aus verschiedenen Gründen nicht der Fall. Eine positive Beantwortung der Frage würde nämlich zweierlei voraussetzen: Zum einen müssten die genealogischen Entitäten mit Merkmalen und Kriterien bestimmbar sein, die von den Kategorien und Kriterien unabhängig sind, mit denen sozio-kulturelle Entwicklungsprozesse auf der ökologischen Ebene bestimmt bzw. gedeutet werden können. Zum anderen müssten für genealogische Entitäten gesellschaftliche Austauschbarrieren nachweisbar sein, die eine Analogie zu den *Weismannschen Barrieren* rechtfertigen (vgl. zu den Weismannschen Barrieren weiter oben). Mit dem Begriff sozio-kultureller Potentiale (im Unterschied zu genealogischen Potentialen) ist bereits die prinzipielle Unmöglichkeit herausgestellt worden, *Comps* unabhängig von der ökologischen Ebene zu denken. Dies erklärt u.a. auch die Unbestimmtheit und Beliebigkeit, mit denen etwa versucht wird, organisationale Comps einer Population (in Analogie zum biologischen Genotyp) im Sinne eines Bauplans, eines Basismusters oder einer organisationalen Form

---

99   Aus der Potentialität bzw. Kreativität menschlichen Handelns ergibt sich zwangsläufig ein konstitutiver (und nicht nur kontingenter) Bezug zwischen Handlungssituation und Handlungsstrategie (vgl. Felsch 1999, 168).

100 Vgl. die Ausführungen zur Rationalität, Sozialität und Kreativität organisationalen Handelns in Küpper/Felsch (2000, 237ff.), in denen auf den Versuch von Joas (1992) rekurriert wird, kreatives menschliches Handeln als basale Dimension einer *allgemeinen Handlungstheorie* zu bestimmen.

konkreter zu charakterisieren.[101] So findet man in dem weiter oben von Kieser/Woywode zitierten Sammelsurium möglicher Comps eine Auswahl beliebiger gesellschaftlich-historischer Strukturmomente von Organisationen, bei denen nicht einmal der Potentialcharakter erkennbar wird.[102] Austauschbarrieren für genealogische Entitäten müssen im neodarwinistischen Paradigma vorausgesetzt werden, um überhaupt Evolutionsprozesse im genealogischen Bereich von Entwicklungsprozessen im ökologischen Bereich zu trennen. Bei der Übertragung des neodarwinistischen Paradigmas auf die sozio-kulturelle Evolution werden Prozesse der Variation, Selektion und Retention bisher im Wesentlichen durch Isolationsmechanismen[103] für genealogische Einheiten erklärt. Hierbei wird auf dieselben gesellschaftlich-historischen Strukturmomente zurückgegriffen, die zuvor bei der Bestimmung genealogischer Entitäten in Anspruch genommen wurden. Faktische und normative Strukturen auf der ökologischen Ebene werden also gleichzeitig für die Potentialität und die Reproduktion genealogischer Einheiten in Anschlag gebracht. Besonders deutlich wird dies beim Begriff der *organisationalen Routinen*, die sowohl als genealogische Entitäten unterhalb der Organisationsebene (vgl. Abbildung 2) ausgewiesen werden als auch zur Erklärung der Replikation von Handlungsmustern dienen. Da somit sämtliche Evolutionsprozesse der Variation, Selektion und Retention bzw. Reproduktion nur auf der ökologischen Ebene dingfest gemacht werden,[104] lässt sich ein Erklärungspotential einer eigenständigen genealogischen Hierarchie für den sozio-kulturellen Bereich nicht schlüssig begründen.

Aus diesem Ergebnis folgt als mehr oder weniger zwingende Konsequenz, an die Stelle der von Baum/Singh postulierten Dualität genealogischer und ökologischer Hierarchien die *Dualität von Organisationen und Institutionen* zu setzen und Organisationsdynamik als einen kontextbezogenen historischen Prozess auf der ökologischen (sozio-kulturellen) Ebene zu verorten, dessen Analyse und Deutung auf dem strukturationstheoretischen Paradigma von Anthony Giddens aufbauen kann (vgl. Giddens 1988). Im folgenden Abschnitt wird auf wechselweise Konstitutionsprozesse zwischen Organisation und Institution eingegangen.

3.2 Dualität der Dynamik von Organisationen und Institutionen

3.2.1 Dichotome Rationalitätsverständnisse und Dichotomie gesellschaftlicher Institutionen

In den Sozialwissenschaften werden mit dem Begriff der *Institution* all diejenigen regulativen Prinzipien, Leitideen, normativen Richtlinien und Verhaltensregeln (d.h. normative und faktische Strukturen) zusammengefasst, in denen die Tradierung von Verhaltensregelmäßigkeiten bzw. Verhaltensmustern zum Ausdruck kommt. Prozesse der Herausbildung,

---

101 Vgl. Hannan/Freeman (1989, 48ff.); McKelvey (1982, 107); zum hieraus folgenden Problem einer Abgrenzung von Populationen vgl. Kieser (1995, 240).

102 Das in jüngster Zeit in Verbindung mit dem ressourcenbasierten Ansatz des Strategischen Management diskutierte Konzept *organisationaler Kompetenzen* (*organizational capabilities*) weist zumindest auf den Potentialcharakter hin (vgl. Duschek 2004).

103 z.B. mit Hilfe technologischer Komplementaritäten, mit Institutionalisierungsprozessen, Lernwiderständen sowie der Abgeschlossenheit sozialer, professioneller und personeller Netzwerke (vgl. Baum/Singh 1994, 12f.).

104 im Unterschied etwa zur Variation und Reproduktion von Genen in Vererbungsprozessen.

Stabilisierung und Veränderung von Institutionen treten hier an die Stelle von genealogischen Prozessen (Vererbungsprozessen) der darwinistischen biotischen Evolution. Es wurde bereits im *Abschnitt 1.2* herausgearbeitet, dass für die Erklärung der Dynamik von Organisationen und Institutionen eine klare Unterscheidung zwischen den Begriffen Organisation und Institution unverzichtbar ist; Organisationen sind also nicht – wie dies häufig geschieht – als eine Unterform von Institutionen zu begreifen. Der wesentliche Grund liegt darin, dass sonst der Akteurcharakter von Organisationen und damit das kreative, gestaltende und bewahrende Agens gesellschaftlicher Entwicklungen in sozialwissenschaftlichen Analysen verloren geht. Dieses Agens ist unmittelbar an menschliches Handlungsvermögen gebunden, so dass keine handlungstheoretische Perspektive für Akteure ohne grundlegende Vorstellungen über die Potentialität (Kreativität und Reflexivität) menschlichen Handelns auskommt. Wie auch immer das Verhältnis zwischen vererbten (genealogischen) und erworbenen (ökologischen) Merkmalen menschlichen Handlungsvermögens eingeschätzt werden mag, ist es die mit jeder neuen Generation reproduzierte und veränderte Potentialität von Menschen, die die sozio-kulturelle Entwicklung in Bewegung hält und vorantreibt. Anthony Giddens hat diese Rolle des (menschlichen) Akteurs in seinem *Stratifikationsmodell des Handelnden* verdeutlicht (vgl. die folgende Abb. 3) und in den auf der Dualität von Struktur basierenden *Reproduktionskreislauf* eingeordnet (vgl. Abb. 4).

Abbildung 3:   The stratification model of the agent (Quelle: Giddens 1984, 5)[105]

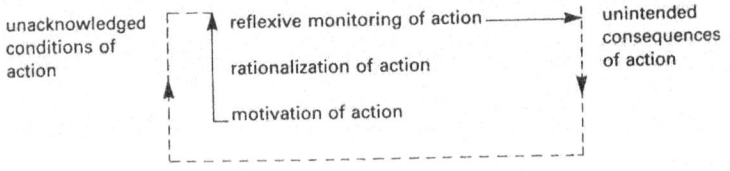

Abbildung 4:   A reproduction circuit (Quelle: Giddens 1984, 191)[106]

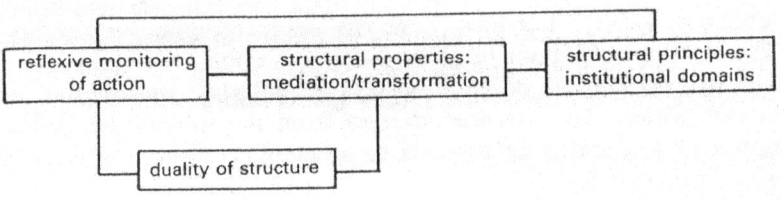

---

105 Übersetzt in: Giddens (1988, 56).
106 Übersetzt in: Giddens (1988, 246).

Obwohl die kreative Dimension menschlichen Handelns hier nicht direkt zum Ausdruck kommt, spiegelt sie sich in der Fähigkeit zur Reflexion, besonders aber zur (Selbst-)Motivation wider:

> „I distinguish the reflexive monitoring and rationalization of action from its motivation. If reasons refer to the grounds of action, motives refer to the wants which prompt it. However, motivation is not as directly bound up with the continuity of action as are its reflexive monitoring or rationalization. Motivation refers to potential for action rather than to the mode in which action is chronically carried on by the agent. Motives tend to have a direct purchase on action only in relatively unusual circumstances, situations which in some way break with the routine. For the most part motives supply overall plans or programmes – ‚projects' in Schutz's term – within which a range of conduct is enacted. Much of our day-to-day conduct is not directly motivated." (Giddens, 1984, 6)

Wie bereits in *Abschnitt 2.3* mit Bezug auf Beiträge von Khalil herausgearbeitet wurde, ist das Verhältnis von Handlungsvermögen und Handlungsmotivation davon abhängig, ob die Konsequenzen von Handlungsalternativen aufgrund bisheriger Erfahrungen eingeschätzt werden können oder ob Akteure mit einer fundamentalen Unsicherheit konfrontiert sind, die sich besonders auch auf die zukünftige Aktivierung des sich ständig mit jeder weiteren Handlung fortentwickelnden eigenen Handlungsvermögens *(self-ability)* bezieht. Die klassische Vorstellung einer *optimization rationality* ist nach Khalil nur auf den ersten Fall anwendbar, während er für den zweiten Fall unter dem Begriff *achievement rationality* ein grundlegend anderes Rationalitätsverständnis einführt, dass zur Charakterisierung eines allgemeinen Verständnisses unternehmerischen Handelns dient (vgl. Abb. 5).

Abbildung 5:   Rationality and the end-mean assessment (Quelle: Khalil 1999, 65)

	Achievement rationality	Optimization rationality
Means (institutions)	Uncertain resource capacity	Given resource constraint
Ends (preferences)	Uncertain purposes	Given tastes

Wichtig ist, dass Khalil diese unterschiedlichen Rationalitätsverständnisse nicht als konkurrierende Alternativen bei einer Auseinandersetzung mit menschlicher Rationalität begreift. Vielmehr handelt es sich um nebeneinander bestehende Möglichkeiten der Handlungsorientierung, die je nach den perzipierten Merkmalen von Handlungssituationen und den besonderen Charakteristika von Akteuren in Anspruch genommen werden. Aus dieser Dichotomie unterschiedlicher Rationalitäten folgt für Khalil mehr oder weniger zwangsläufig eine Dichotomie von gesellschaftlichen Institutionen. Eine solche Konsequenz ist nahe liegend, wenn man – wie häufig (und auch von Khalil) angenommen wird – davon ausgeht, dass sich solche Institutionen mit dem Handeln von Akteuren herausbilden, die den Akteuren helfen, ihre Handlungsprobleme zu lösen. Das Verhältnis von Akteuren und Institutionen lässt sich auf allgemeiner Ebene mit Hilfe der strukturationstheoretischen Vorstellung von

Giddens (vgl. Abb. 4 weiter oben) kennzeichnen: Institutionen ermöglichen und beschränken das Handeln (Dualität von Struktur) und werden im Handeln reproduziert und verändert (Rekursivität von Handlung und Struktur). Khalil geht davon aus, dass Handlungssituationen, in denen sich die Handlungsintentionen der Akteure weitgehend auf die *optimization rationality* reduzieren, andere Institutionen nach sich ziehen als Handlungssituationen, in denen die Handlungsintentionen der Akteure überwiegend der *achievement rationality* entsprechen (vgl. Abb. 6).

Abbildung 6:   Institutionen als Konventionen und Paradigmen[107]

	Institutionen	
	Konventionen	**Paradigmen**
dominante Rationalität	optimization rationality	achievement rationality
Formen	Effizienzregeln - Routinen - Standards Fairnessregeln	kognitive Schemata Leitbilder wissenschaftliche Theorien religiöse Theologien
Modus der Veränderung	darwinistische Evolution (natürliche Auslese)	hermeneutischer Entwicklungsprozess
ökonomische Theorie	Neue Institutionenökonomik	Alte Institutionenökonomik

Bezug nehmend auf diese Abbildung werden im Folgenden Institutionen als Konventionen und im Anschluss daran Institutionen als Paradigmen eingehender betrachtet.

3.2.1.1   Institutionen als Konventionen

Unter *Konventionen* werden Verhaltensregeln innerhalb einer sozialen Gruppe verstanden, die auf formalen Vereinbarungen oder auf stillschweigenden Übereinkünften bzw. Tradition und Gewohnheit beruhen. In Bezug auf Organisationen als kollektive Akteure dienen sie im Wesentlichen der Sicherung und Steigerung organisationaler Effizienz, indem sie die Ausrichtung der individuellen Rationalitäten (i.S. einer *optimization rationality*) von Organisationsmitgliedern auf die Formalziele der Organisation fördern. Sie äußern sich in Geltungsansprüchen der *Formalstruktur* und schlagen sich in den hiervon mehr oder weniger abweichenden faktischen *Verhaltensstrukturen* einer Organisation nieder. Khalil (1999) unterscheidet hierbei zwischen Effizienz- und Fairnessregeln. Als wesentliche Formen von Effizienzregeln nennt er Routinen und Standards. *Routinen* dienen dadurch der Erreichung größerer Effizienz, dass durch eine (Ex-ante-)-Optimierung und/oder durch eine (Ex-post-) Tradierung erfolgreicher Problemlösungen die Reaktion auf vertraute (nicht-herausfor-

---

107 Eigene Darstellung in Anlehnung an Khalil (1999).

dernde) Probleme in ein quasi automatisiertes Verhalten überführt wird.[108] Z.B. geht es bei Suchroutinen um den effizienten Umgang mit der knappen Ressource Zeit.[109] *Standards* (z.B. Maßeinheiten, Verkehrsregeln) bieten (willkürliche) Lösungen für wiederkehrende Koordinationsprobleme, deren Effizienz davon bestimmt wird, dass alle relevanten Akteure diese Standards anwenden (z.B. bei der Festlegung auf Rechts- oder Linksverkehr).[110] Die Lösung von Koordinationsproblemen ist besonders auch Gegenstand spieltheoretischer Analysen. *Fairnessregeln* betreffen die Zuordnung von Verfügungsrechten (property rights) und Reziprozitätsregeln, die das Zustandekommen eines (pareto-)effizienten Leistungsaustausches ermöglichen.

Khalil (1999) ordnet Institutionen den Konventionen zu, wenn von ihrer Akzeptanz die Identität der Akteure nicht wesentlich berührt wird. Während dies bei Effizienzregeln ohne Weiteres angenommen wird, weist er darauf hin, dass dies nur für solche Fairnessregeln zweifelsfrei gilt, die ex ante den Abschluss eines Vertrages (Beginn einer Austauschbeziehung) im Eigeninteresse des Akteurs fördern. Wird dagegen ex post (nach Vertragsabschluss) ein Vertrag auch dann eingehalten, wenn das Eigeninteresse eine Vertragsverletzung nahe legen würde, so sei dies Ausdruck einer ethischen Norm für Rechtschaffenheit und Ehrlichkeit, die – wie jedes Streben nach Selbstintegrität – für die Identität eines Akteurs bedeutungsvoll ist. Trotzdem hält er eine Zuordnung von Normen distributiver Gerechtigkeit zu Konventionen für sinnvoll, weil sie sich aus Optimierungskalkülen ergeben.[111]

Khalil versucht deutlich zu machen, dass die Genese und Veränderung von Konventionen dem Mechanismus der natürlichen Auslese im Sinne der (neo-)darwinistischen Evolution folgt. Hierbei werden entweder Organisationen eliminiert, die in Bezug auf externe Anforderungen ungeeignete bzw. unpassende Konventionen anwenden, oder indem Orga-

---

108 Bei einer detaillierten Analyse von Handlungsroutinen müsste berücksichtigt werden, dass neben starren (automatisierten) Routinen mehr oder weniger flexible Routinen existieren, bei denen ein reduziertes Handlungspotential erhalten bleibt (vgl. für eine ausführliche Diskussion des Begriffs *organisationale Routine* Hennemann 1997).

109 Die Untersuchung effizienter Routinen ist im Wesentlichen Gegenstand der entscheidungsorientierten Organisationstheorie, die bekanntlich in den auf Simon und March zurückgehenden verhaltenswissenschaftlichen (im Unterschied zu entscheidungslogischen) Ansätzen anstelle eines Optimierungsmodells ein *Satisfizierungsmodell* zugrunde legt (vgl. den aktuellen Überblick bei Osterloh 2004). Für Khalil ist Satisfizierung ein Unterfall der Optimierung (vgl. Khalil 1999, 67 mit Bezug auf Simon 1957). Anderer Auffassung ist Ortmann (2004, 217ff.), der unter Verweis auf Winter (1964; 1975), Elster (1987, 89ff.) u.a. klarstellt, dass das neoklassische Konzept der Informations- oder Suchkosten nicht trägt, weil Suchkosten nicht optimiert werden können.

110 Standards und hiermit verbundene Netzwerkexternalitäten spielen bei der Analyse des technischen Fortschritts eine besondere Rolle. Da Khalil (1999) hier nur Institutionen und nicht (materielle) Ressourcen untersucht, geht der technische Fortschritt als externe Bedingung in seine Institutionenbetrachtung ein.

111 Eine solche Argumentation impliziert, dass Khalil die *optimization rationality* am ökonomischen Verhaltensmodell eines sozial-neutralen Akteurs orientiert (vgl. zu diesem Begriff mit Bezug auf Kirchgässner 1991; Küpper/Felsch 2000, 244ff.). Das von ihm angesprochene Problem entsteht genau an der Stelle, an der *rational choice*-Ansätze effiziente Kooperationslösungen (z.B. beim wiederholten Gefangenendilemmaspiel) nicht erklären können (vgl. z.B. auch den Versuch Colemans 1991, Kap. 10 u. 11, die Genese sozialer Normen zu erklären). Um zu begründen, dass derartige Kooperationsdilemmata eine Transformation von Konventionen in soziale Normen auslösen, müsste auf ein identitätstheoretisch fundiertes Handlungsmodell zurückgegriffen werden, dass im Unterschied zum ökonomischen Verhaltensmodell der primären Sozialität von Akteuren Rechnung trägt (vgl. hierzu die Ausführungen im *nächsten Kapitel*).

nisationen Konventionen erfolgreicherer Organisationen kopieren.[112] Die darwinistische
Evolution weist keine immanente Gerichtetheit auf, weil der Prozess der natürlichen Auslese die Veränderung der Häufigkeit von Konventionen in Bezug auf externe Restriktionen
erklärt. Verschiedene Konventionen stehen nach Khalil im Wesentlichen unverbunden
nebeneinander, so dass eine einzelne Konvention aufgrund spezifischer Herausforderungen
ausgewählt wird und der Selektionsprozess an je einzelnen Konventionen ansetzt.[113] Khalil
nennt als Beispiel die Unverbundenheit zwischen *liability-laws* (Haftungsrecht) und Standards wie dem metrischen System. Alle Anreize, die darüber entscheiden, ob eine Konvention dominant wird, werden als äußerliche, nicht zur Identität von Organisationen gehören-
de Bedingungen betrachtet. Die Veränderung von Konventionen folgt den Veränderungen
relativer Preise, die z.B. aus neuen Entdeckungen oder technologischen Neuerungen entstehen. Die Wirksamkeit darwinistischer Evolution ist von der Einzigartigkeit von bzw. Un-
terschiedlichkeit zwischen Organisationen als Selektionseinheiten abhängig, d.h. von einer
hinreichenden Variationsbreite bzw. -intensität, wobei es für den Mechanismus der natürlichen Selektion unerheblich ist, ob Variationen zufällig (z.B. Kopierfehler bei der Imitation
von Routinen) oder durch bewusstes Handeln erzeugt werden.

Khalil empfiehlt, den Anwendungsbereich der Neuen Institutionenökonomik[114] auf Institutionen als Konventionen zu beschränken. Er unterscheidet sich insofern von Rutherford
(1996), der für eine Annäherung zwischen neuer und alter Institutionenökonomik eintritt
(vgl. unsere Gegenüberstellung von alter und neuer Institutionenökonomik in Küp-
per/Felsch 2000, 307ff.).

Neben der schon angesprochenen Problematik einer Zuordnung sozialer Normen zu
Konventionen sind m.E. bei der kritischen Bewertung der Khalilschen Behandlung von
Konventionen solche Aspekte zu diskutieren, die mit der Annahme der Unverbundenheit
von Konventionen und der Ungerichtetheit des Evolutionsprozesses zusammenhängen.
Khalil weist etwa darauf hin, dass Netzwerkexternalitäten die durch natürliche Auslese
bewirkten Effizienzerhöhungen verstärken. *Netzwerkexternalitäten* sind ein Unterfall von
Systemeffekten, auf die an den konkreten Beispielen der Evolution von Beschäftigungssystemen (vgl. dazu *Abschnitt 5.1.3*) und des technischen Fortschritts (vgl. dazu *Abschnitt 6.1*)
noch ausführlich eingegangen wird. Wie gerade auch spieltheoretische Analysen zeigen,
verursachen Systemeffekte Pfadabhängigkeiten in evolutionären Prozessen, bei denen möglicherweise effiziente durch ineffiziente Problemlösungen verdrängt werden. Solche Pfadabhängigkeiten gehören zwar nicht zu dem von Khalil im Sinne eines organisationsinternen
Entwicklungsgesetzes benutzten Begriffs der „Gerichtetheit" (*directionality*); sie haben
aber m.E. für moderne Organisationsgesellschaften eine von Khalil nicht gewürdigte Bedeutung. Je mehr bereits die Routinen einer Organisation interdependent sind, und je mehr
die Effizienz organisationaler Konventionen davon abhängt, dass diese Konventionen auch

---

112 In beiden Fällen werden „hinter dem Rücken der Akteure" letztlich weniger angepasste Organisationen
    eliminiert. Imitationen sind nach Khalil trotz bewusster Organisationsentscheidungen kein Lernvorgang: „In
    imitation, the agent is not learning or enriching his paradigm. The agent simply ‚steals' information concern-
    ing optimum routines or short cuts from more successful agents. Imitation is metaphorically asexual repro-
    duction at the level of social interaction." (Khalil 1999, 75)
113 Die Beziehungen zwischen den von einer Organisation angewendeten Konventionen sind „no different from
    how marbles in a sack are related to each other." (Khalil 1999, 70)
114 Und damit auch aller theoretischen Ansätze von Ökonomen, die auf die effizienzfördernde Wirksamkeit
    eines dynamischen Preiswettbewerbs setzen, z.B. Hayek (1967).

von anderen Organisationen angewendet werden,[115] desto mehr verschiebt sich die relevante Selektionseinheit in Richtung auf umfassendere Handlungssysteme, was zumindest die Relevanz und Wirksamkeit der natürlichen Auslese schmälert.[116] Das gilt besonders dann, wenn ein weiterer von Khalil[117] unberücksichtigter Aspekt in die Betrachtung einbezogen wird: die Bedeutung der *Machtdimension von Beziehungen* für die Konstitution individueller und kollektiver Akteure, die wiederum von spezifischen Ausprägungen gesellschaftlicher Herrschaftsverhältnisse abhängt (vgl. Knight 1995; 1997). Man könnte auf den Gedanken kommen,[118] Machtphänomene im Sinne von *social facts* als für die Evolution organisationaler Regelsysteme externe Umweltbedingung zu betrachten. Dagegen spricht – wie im nächsten Kapitel gezeigt wird –, dass Macht für die Identitätsbildung von Akteuren wesentlich ist; eine Identitätsbildung, die für Khalil nur bei Paradigmen als Institutionen relevant ist.

Khalil geht nicht darauf ein, wovon die *Variationsbreite* (Anzahl unterschiedlicher Variationen) *und -intensität* (Anzahl von Variationen pro Zeiteinheit) abhängt, die für die Wirksamkeit einer darwinistischen Evolution wesentlich ist. Geht man von allgegenwärtigen System- und Machteffekten aus, so ist es nahe liegend, Variationen als evolutionsendogenes Phänomen zu betrachten. So können etwa spezifische Pfadabhängigkeiten eine Re-

---

115 Z.B. die von Khalil genannten *liability-rules*, deren Anwendung durch den Staat als übergeordneten dominanten Akteur sichergestellt werden muss.

116 In diesem Zusammenhang sind die von Milgrom und Roberts (1995) herausgearbeiteten Komplementaritäten zwischen organisationalen Attributen von wesentlicher Bedeutung. Eine *Komplementarität* liegt dann vor, wenn „die durch Variation *je einzelner* Eigenschaftsvariablen erreichbaren Effizienzverbesserungen geringer sind als die durch *gleichzeitige* Variation verschiedener Variablen möglichen Effizienzzuwächse. Im Einzelfall können sogar Effizienzeinbußen entstehen, wenn von den in einem Komplementaritätsverbund stehenden Variablen nur eine oder wenige verändert werden (z.B., wenn man das Anreizsystem verändert, ohne Veränderungen im Ordnungs- und Kontrollsystem vorzunehmen und vice versa)" (Küpper/Felsch 2000, 331). Komplementaritäten sind ein wesentlicher Grund dafür, dass eine i.S. der Organisationsziele optimale bzw. effiziente Organisationsstruktur nicht durch kontinuierliche lokale Anpassungen einzelner Regeln bzw. Routinen erreicht werden kann. Milgrom und Roberts (1995, 233ff.) versuchen, dies am Beispiel der Gegenüberstellung des Massenproduktionssystems westlicher Prägung und des System der *Lean Production* japanischer Herkunft zu verdeutlichen. Die Selektion oder Gestaltung einer effizienten Organisationsform ist in diesem Fall nur durch fundamentale Veränderungen der Organisationsstrategien und -strukturen, d.h. durch gleichzeitige Veränderungen der wesentlichen komplementären Organisationscharakteristika möglich. Ein solcher fundamentaler Organisationswandel wird besonders bei mehr oder weniger dezentralisierten Großunternehmen erschwert, indem sich organisationale Lernprozesse häufig auf *single loop-Lernen* beschränken bzw. ein *double loop-Lernen* nur selten beobachtet werden kann (vgl. zum organisationalen Lernen auch weiter unten; zur Eigenlogik und Eigendynamik von Governancestrukturen und die hiermit verbundene Kritik an Williamsons Transaktionskostentheorie vgl. Küpper/Felsch 2000, 329ff.). Baron und Kreps (1999, 38ff.) diskutieren die Bedeutung von Komplementaritäten für den Bereich der Personalstrategien unter dem Begriff der *internen Konsistenz* einer Strategie (im Unterschied zur externen Konsistenz, dem Passungsverhältnis zwischen einer Strategie und dem externen Kontext). Neben den angesprochenen Effizienzvorteilen konsistenter Personalstrategien fördert Konsistenz nach diesen Autoren auch eine reibungslose organisationale Sozialisation und entsprechende Lernprozesse der Mitarbeiter (Mitarbeiter lernen leichter, was von ihnen erwartet wird und was sie von anderen bzw. von der Organisation erwarten können). Eine Konsistenz bezüglich der Behandlung verschiedener Arbeitnehmer mit ähnlichen organisationalen Positionen fördert daneben bei den Beschäftigten Gefühle distributiver Gerechtigkeit. Baron/Kreps behandeln außerdem die Konsistenz personalpolitischer Leitlinien über die Zeit hinweg, wobei die zeitliche Konsistenz häufig mit organisationaler Trägheit erkauft werden muss. Diese Beispiele zeigen, dass bei der Behandlung von Systemeffekten kaum zwischen der effizienzfördernden Evolution von Konventionen und eine die kognitive Konsistenz fördernde Evolution von Paradigmen unterschieden werden kann.

117 Wie auch von Vertretern der neuen Institutionenökonomik.

118 Wie das z.B. bei Williamson der Fall zu sein scheint (vgl. Küpper/Felsch 2000, 326ff.).

duktion der Variationsbreite und -intensität zeitigen.[119] Es wäre z.B. auch interessant zu untersuchen, ob und inwieweit sich in diesem Zusammenhang Zufallsvariationen von gestalteten Variationen unterscheiden.

3.2.1.2   Institutionen als Paradigmen

Nach Khalil haben Institutionen als Paradigmen deshalb einen völlig anderen Charakter als Konventionen, weil sie sich für Handlungssituationen herausgebildet haben, die *nicht* mit Hilfe einer *optimization rationality* (d.h. mit Hilfe von Effizienz- oder Kosten-Nutzen-Kalkülen) bewältigt werden können. Handlungssituationen mit fundamentaler Unsicherheit, in denen Handlungskonsequenzen nicht vorhergesagt und deshalb auch keine optimalen Handlungsalternativen ermittelt werden können, sind gerade für reflexionsfähige Menschen mit einer besonderen Entscheidungslast verbunden. Da sie eine Motivation und Legitimation für ihr Handeln nicht aus der Handlungssituation ableiten können, sind sie gewissermaßen auf sich selbst zurückgeworfen; dies kann in extremen Fällen zu pathologischen Zuständen mit Entscheidungs- und Handlungsunfähigkeit führen (vgl. dazu auch mit Bezug auf Khalil die Ausführungen in *Abschnitt 2.3* dieser Arbeit). Der von Khalil für die Bewältigung solcher Handlungssituationen eingeführte Begriff der *achievement rationality* bezieht sich vor allem auf solche Entscheidungen mit existenzieller Reichweite, die den eigenen Lebensweg betreffen, wo es also um das Vertrauen in das eigene zukünftige Handlungsvermögen geht. Auch wenn sich Akteure um eine möglichst realistische, erfahrungsgestützte Einschätzung ihres Handlungsvermögens bemühen, verbleibt eine unauflösbare Unsicherheit bereits aufgrund der Unmöglichkeit, die Ergebnisse zukünftiger Erfahrungs- und Lernprozesse zu antizipieren. In solchen Situationen handlungsfähig zu bleiben, erfordert die Herausbildung von Selbst-Vertrauen und Zuversicht, die nach Khalil dann als *rational* (in Abgrenzung zu Selbsttäuschung, Wunschdenken etc.) eingeordnet werden kann, wenn sie an einen *inneren Dialog* mit der eigenen Lebenspraxis gebunden ist:

> „In order for faith to be rational in the achievement sense, it does not have to be true. To wit, faith cannot be true or false. Faith is rational as long as the agent is involved in a dialogue with experiences and the development processes he undergoes." (Khalil 1999, 66)

Die Fähigkeit zu solchen inneren Dialogen, die auch eine bewusste Arbeit an den eigenen Emotionen umfasst, wird heute in vielfältigen Ausprägungen unter dem Begriff der *Lebenskunst* behandelt (vgl. Schmid 1998). Unternehmerisches Handeln stellt nach Khalil eine besonders ausgeprägte Verkörperung der *achievement rationality* dar.[120]

---

119 Für den Bereich der biotischen Evolution haben Gould und Eldredge (1993) die Reduktion einer ursprünglich hohen Variationsbreite und -intensität mit dem Konzept des sog. *punctuated equilibrium* zu fassen versucht. Hierauf bezieht sich Khalil (1992, 40f.) an anderer Stelle positiv, wenn er annimmt, das graduelle Entwicklungen innerhalb eines gegebenen Institutionengefüges zu einer institutionellen Verfestigung mit der Folge abnehmender Flexibilität und Varietät des Handelns führen können, was wiederum eine ernsthafte Systemkrise auslösen und grundlegende Veränderungen des Institutionengefüges nach sich ziehen kann.

120 „The entrepreneurial act, the epitome of achievement rationality, is an act based on a particular faith in self-ability. An agent may hold the faith that he has the capacity to become a movie star, a truck driver, a preacher, or a dentist. The failure to become a movie star may weaken, but can never disprove, the agent's faith. An outside observer may judge that the stated goal is beyond that agent's capacity and, hence, irrational. Likewise, the failure of the entrepreneur to convince a buyer of his ability can always be blamed on extraneous

Unter dem Begriff *Paradigmen* fasst Khalil alle Institutionen zusammen, die zur Bewältigung der fundamentalen Unsicherheit und damit zur Förderung von *achievement rationality* beitragen. Im Einzelnen nennt er kognitive Schemata, Leitbilder, wissenschaftliche Theorien und religiöse Theologien, also alle kognitiven[121] und normativen,[122] formalen[123] und informalen[124] Deutungs- und Bedeutungsrahmen, die eine Sinn schöpfende Selbstmotivation jenseits von Kosten-Nutzen-Kalkülen ermöglichen. Das durch Paradigmen geleitete unternehmerische (kreative, schöpferische) Handeln ist für die Herausbildung und Veränderung der Ich-Identität zentral, weil hiermit der Akteur bis zu einem gewissen Grad seine Handlungsbedingungen formt und gestaltet, er also seiner Handlungssituation einen persönlichen Stempel aufdrückt.[125] Im Unterschied zu Konventionen weisen die von einem Akteur in Anspruch genommenen verschiedenen Paradigmen eine mehr oder weniger große Kohärenz auf.[126] Paradigmen können ein hierarchisch geordnetes System mit verschiedenen Ebenen bilden, etwa Generalisierungs- oder Abstraktionsstufen im Sinne einer Taxonomie von Bedeutungshierarchien, z.B. Christentum, Protestantismus, Baptismus. Tiefer liegende (in der Regel historisch ältere) Stufen werden auf höheren (historisch jüngeren) Stufen weiter ausdifferenziert. Hierdurch entsteht nach Khalil auch eine Kohärenz zwischen Abstufungen des *Commitments* (z.B. beeinflusst ein *commitment to knowledge* die täglichen Konsumentscheidungen; vgl. Khalil 1999, 70f.). Paradigmen haben insofern einen konservativen (inflexiblen) Charakter, als sie nicht ohne Weiteres aufgegeben werden, wenn sie eine Person bei der Beurteilung einer besonderen Situation fehlleiten. Auch dies verweist darauf, dass Paradigmen im engen Zusammenhang mit der Identität eines Akteurs stehen; sie werden gewissermaßen (durch Internalisierungsprozesse) zu Bestandteilen des Egos und Selbstwertgefühls – ein Vorgang der als *Habituation* bezeichnet wird. Khalil macht nun Habituationsprozesse allgemein dafür verantwortlich, dass verschiedene eingefahrene Institutionen zwar ursprünglich Konventionen darstellen, aber von Akteuren später wie Paradigmen behandelt werden. Er nennt als Beispiel das Verbot im Judaismus und Islam

---

circumstances such as prejudice or partiality to the status quo; it does not falsify the faith itself. Experience alone can show the implausibility of a particular faith. But it still cannot provide an Archimedean, external solid ground upon which one can assert the probability of a faith to be realized." (Khalil 1999, 66)

121 Z.B. Bezugsrahmen für die Wahrnehmung und Interpretation von Handlungssituationen (vgl. Kahnemann/Tversky 1984).

122 Z.B. ethische Prinzipien und moralische Maßstäbe.

123 Z.B. Verfassungen, Unternehmensgrundsätze, Führungsleitlinien.

124 Z.B. Überzeugungen, Weltanschauungen, Visionen.

125 „If the agent expresses faith in his ability to run the best noodle soup restaurant in town, he may innovate the product itself and attract customers who never were interested in noodle soup. Although the failure of the restaurant may weaken his faith, there is no ultimate, unambiguous test. The entrepreneur can always claim that current customers were not ready for his innovation, he needed a different decoration, or his son and grandson will prove him correct. Of more importance, the entrepreneur will re-open the restaurant with the faith that he has greater ability, given the knowledge and experience he has gained from the previous attempt. The current failure does not disprove he lacks the needed ability because his ability remains uncertain. Given that ability cannot be tested, there is no external ground upon which one can base one's faith." (Khalil 1999, 70)

126 Diese Einschränkung auf die jeweils von einem Akteur konkret in Anspruch genommenen Paradigmen ist bei Khalil nicht zu finden. Wie später noch kritisch ausgeführt wird, lässt Khalil Auseinandersetzungen zwischen „konkurrierenden" Paradigmen weitgehend außer Acht. Für den einzelnen Akteur ist die Kohärenz von Paradigmen Voraussetzung dafür, dass sie ihre handlungsleitende Funktion erfüllen, unabhängig davon, ob er diese Kohärenz bereits vorfindet oder für sich selbst erst herstellt.

Schweinefleisch zu essen, das ursprünglich auf Effizienzargumenten beruhte,[127] aber heute eine (teilweise emotional aufgeladene) identitätsstiftende bzw. -behauptende Funktion übernommen hat. In diesem Zusammenhang spricht Khalil vom möglichen Fetisch-Charakter habitualisierter Konventionen (*conventions-as-fetish*). Konventionen (besonders in Form von Handlungsroutinen) sind dann – wie Paradigmen – Ausdruck der zeitlichen Kontinuität des Selbst als eine Voraussetzung der Ich-Identität von Akteuren. Hieraus folgt die Hypothese, dass sich heute nicht mehr effiziente *conventions-as-fetish* umso schwieriger verändern lassen, je länger sie bereits existiert haben. Letztlich kann jede Handlungsroutine, die zum mehr oder weniger festen Bestandteil des Habitus einer Person geworden ist, die Doppelfunktion effizienter Handlungsbewältigung und verlässlicher Selbstdarstellung (Ausdruck der Kontinuität des Selbst bzw. der Verbindung des gegenwärtigen Selbst mit dem vergangenen Selbst) übernehmen. Dies erklärt dann auch jenseits von Effizienzargumenten, warum die Aufgabe „lieb gewonnener" Gewohnheiten mit psychischen Schmerzen verbunden sein kann.

Im Unterschied zu Konventionen, für deren Veränderung Khalil das neodarwinistische Modell natürlicher Auslese in Anspruch nimmt, wird die Dynamik der Entstehung und Veränderung von Paradigmen im Sinne eines hermeneutischen Entwicklungsprozesses charakterisiert. Im Sinne einer Lamarckschen „Vererbung" werden Paradigmen, in denen sich die Erfahrungen vergangener Generationen niedergeschlagen haben, in Sozialisationsprozessen an nachwachsende Generationen tradiert, die ihrerseits ihre eigenen Erfahrungen im Lichte dieser Paradigmen interpretieren, um ihre jeweils aktuellen Lebens- und Handlungsprobleme zu bewältigen. Das Verhältnis zwischen Paradigmen und Handlungen kann demnach als Strukturationsprozess im Sinne der Giddensschen Strukturationstheorie aufgefasst werden. Paradigmen stellen hiernach keine unzweideutige Wissensbasis dar, die das in die Zukunft gerichtete Verhalten determiniert. Vielmehr werden Paradigmen bei aktuellen neuen Handlungsherausforderungen durch einen Interpretationsprozess gleichzeitig für die Problemlösung aktiviert und möglicherweise verändert. Allerdings werden Paradigmen (im Unterschied zu Konventionen) naturgemäß nicht von den von ihnen Gebrauch machenden Akteuren anhand von Gütekriterien bewertet und ausgewählt. Die Arbeit mit ihnen kann – analog zum Umgang mit den eigenen natürlichen Veranlagungen – allenfalls durch eine Auslotung ihrer Interpretationsbreite und -tiefe verbessert werden.[128] Dabei verändern sich Paradigmen im Zuge der Ausarbeitung eines existierenden, abstrakteren, tiefer liegenden Schemas, was Akteuren ermöglicht, mit neuartigen Situationsanforderungen (z.B. der aktuelle Umgang mit gentechnologischen Fragestellungen) fertig zu werden. Gelingt dies nicht, so greifen Akteure u.U. auf ältere Paradigmen zurück, deren Potential für die Interpretation einer aktuellen historischen Situation innovativ genutzt wird; hierbei handelt es sich also nicht lediglich um eine Replikation des alten Paradigmas, sondern um seine Neuschöpfung im Lichte der häufig komplexeren Technologie und Arbeitsorganisation. Khalil nennt als Beispiel den Rückgriff französischer und amerikanischer Revolutionäre auf die

---

127 Im Unterschied zu Europa und China bestand die arabische Halbinsel größtenteils aus unfruchtbarem Land, so dass schon deshalb die Produktion von Schweinefleisch mit einem unverhältnismäßig hohen Futterverbrauch einhergeht (vgl. Harris 1997, 149ff.).

128 Die Interpretationsbreite und -tiefe eines Paradigmas wird verstärkt, wenn sie verschiedene Deutungen zulassende Handlungsprinzipien umfassen, aus denen nicht zwingend bestimmte Handlungsweisen abgeleitet werden müssen. Dies wird durch den häufig metaphorischen und symbolischen Charakter von Paradigmen gefördert.

Verfassung der römischen Republik. Ähnlich wie bei den von Kuhn beschriebenen wissenschaftlichen Revolutionen ergibt sich hieraus häufig ein diskontinuierlicher (*punctuated*) Entwicklungsverlauf von Paradigmen.

Während sich die Neue Institutionenökonomik unter weitgehender Vernachlässigung der besonderen Bedeutung von Paradigmen auf Institutionen als Konventionen konzentriert hat, war es nach Khalil die besondere Leistung der Alten Institutionenökonomik im Gefolge von Thorstein Veblen, den paradigmatischen Charakter vieler Institutionen erkannt zu haben.[129] Khalil kritisiert an der Alten Institutionenökonomik, nicht deutlich zwischen organisationalen Akteuren und Institutionen zu unterscheiden. Organisationen (Regierungen, Kirchen, Universitäten, Unternehmen, Gewerkschaften etc.) werden als Untermenge von Institutionen behandelt, was der Tendenz Vorschub leistet, Institutionen im Sinne autonomer sozialer Kräfte zu modellieren, die auf marionettenhaft agierende individuelle Akteure einwirken.[130] Nach ihm existiert insofern eine grundlegende Asymmetrie zwischen Organisationen (als Akteuren) und Paradigmen (als Institutionen), weil es ohne Organisationen keine Paradigmen geben kann. Das *Primat des Akteurs* gegenüber dem Paradigma kommt nicht zuletzt in seinem Versuch zum Ausdruck, Paradigmen als Mittel zur Etablierung einer (besonderen) *achievement rationality* von (unternehmerischen) individuellen und kollektiven Akteuren in Anschlag zu bringen:

„The proposed view of organizational actors as more primary than their paradigms goes beyond North's simple distinction between organizations and institutions. The suggested view highlights that the organizational actor is the horse, while institutional paradigms are the cart. In this sense, paradigms provide a guiding, but not unambiguous matrix of knowledge which the driver needs as he undertakes forward-looking actions. The ambiguity of paradigms is essential if the entrepreneurial agent is to succeed in achieving a challenging task. The agent does not want to follow some non-interpreted commands issued by an enduring nature. Rather, the agent wants to be able to interpret such paradigmatic nature in light of the proposed challenge. The entrepreneurial agent interprets his paradigms hermeneutically in the sense that he sifts his heritage of open-mindedness in light of forward-looking action…" (Khalil 1999, 74f.).

Khalil teilt mit den alten Institutionenökonomen die Auffassung eines konservativen Charakters bzw. der Trägheit von Paradigmen („Macht des Status quo"), die er im Wesentlichen auf die fehlende Möglichkeit der Anwendbarkeit von Kosten-Nutzen-Analysen sowie auf Habitualisierungen zurückführt, bei denen Gewohnheiten (habits) quasi zur zweiten Natur des Akteurs werden (vgl. zur identitätsbildenden Funktion von Paradigmen auch weiter oben).

---

129 Veblen definiert *Institutionen* im Sinne von Paradigmen als vorherrschende Denkweisen: „The institutions are, in substance, prevalent habits of thought with respect to particular relations and particular functions of the individual and of the community; and the scheme of life, which is made up of the aggregate of institutions in force at a given time or at a given point in the development of any society, may, on the psychological side, be broadly characterized as a prevalent spiritual attitude or a prevalent theory of life." (Veblen 1934, 190)

130 Ähnlich argumentiert auch Rutherford: „[T]here is a tendency [on the part of OIE] to see institutional change as an outcome of a process involving virtually autonomous social forces (institutions versus technology) that impinge on individuals. It is often left unclear exactly how these ‚forces' arise out of individual behavior or even exactly how the impact on individuals. … Just as the reductive individualist [read ‚non-essentialist'] programme sometimes implies institutions that are far too responsive to individual choice, so this holistic [should read ‚essentialist'] view implies that change only occurs as the result of the overwhelming impact of some outside, superindividual, ‚power'. (Rutherford 1989, 314, zitiert bei Khalil 1999, 73f.)

3.2.2 Zum Nutzen dichotomer Rationalitäts- und Institutionenverständnisse für die Analyse von Organisations- und Institutionsdynamik – kritische Diskussion und Anwendungsbeispiele

Khalil (1999) liefert mit seiner Unterscheidung zwischen Konventionen und Paradigmen m.E. eine interessante und für zukünftige Forschungen aussichtsreiche Perspektive, die zumindest dazu zwingt, die Kriterien und Bedingungen einer Übertragung evolutionstheoretischen Gedankengutes auf den Bereich sozioökonomischer Prozesse im Allgemeinen und der Organisationsdynamik im Besonderen genauer zu analysieren. Bemerkenswert ist vor allem, dass er seine Dichotomie von Institutionen an eine Unterscheidung von Rationalitätsformen bindet, die aus unterschiedlichen Handlungsproblemen individueller und kollektiver Akteure auf der ökologischen Ebene hervorgehen. Dass er hierbei unter dem Begriff der Konventionen (Effizienz- und Fairnessregeln) einen Institutionenbereich aussondert, dessen Genese und Veränderung analog zum Modus der darwinistischen Evolution (d.h. mit Hilfe der Prozesse der Variation, Selektion und Retention) erklärt werden kann, ist sicherlich fragwürdig.[131] Khalil hat sich an anderer Stelle[132] in Bezug auf den durch Innovationswettbewerb vorangetriebenen technischen Fortschritt mit dem Problem auseinander gesetzt, dass sich *optimization rationality* auf der Ebene individueller Organisationen möglicherweise von der durch evolutionäre Prozesse auf der Populationsebene hervorgebrachten *evolutionary optimization* unterscheidet. Er versucht zu begründen, dass das Selektionskriterium der evolutionären Optimierung nicht Effizienz, sondern Produktivität i.S. eines Potentials an Transformationsmöglichkeiten von Inputs in Outputs darstellt – ein Potential, das nicht notwendigerweise effizient genutzt wird. Besonders naheliegend ist diese Annahme, wenn man das ungenutzte Potential betrachtet, das durch den technischen Fortschritt im Bereich der Informations- und Kommunikationstechnologien hervorgebracht wird. Unabhängig hiervon garantiert der evolutionäre Prozess nicht die Dominanz der produktivsten Technik, wenn Pfadabhängigkeiten auftreten.

Allgemein liegen die Vorteile einer dichotomen Begriffsbildung darin, essentielle Unterschiede zwischen Phänomenen besonders plastisch herauszustellen. Hiermit ist stets die Gefahr verbunden, das mögliche Zusammenhänge zwischen den Phänomenen unterbelichtet bleiben. Dies gilt auch für das dichotome Schema von Khalil, der Konventionen und

---

131 Hodgson (2004) unterscheidet z.B. zwischen (individuellen) *habits* („individual dispositions to engage in previously adopted or acquired behaviour, triggered by specific stimuli") und (organisationalen) *Routinen* („Organisational dispositions to energise conditional patterns of behaviour within an organised group of individuals, involving sequential responses to cues") (Hodgson ebd., 70). Obwohl er feststellt, dass „there is nothing in the socioeconomic domain that strongly corresponds to a gene or genotype" (Hodgson ebd., 66), geht er davon aus, dass Retentionsmechanismen nachweisbar sind, die eine Replikation von Routinen erlauben. Im Anschluss an Aunger (2002) definiert er eine *Replikation* als eine Beziehung zwischen einer Kopie und einer Quelle mit folgenden vier Charakteristika:
- „Causation: the source must be causally involved in the production of the copy
- Similarity: the copy must be like its source in relevant respects
- Information transfer: the process that generates the copy must obtain the information that makes the copy similar to its source from the same source; and
- Duplication: during the process, one entity gives rise to two (or more)." (Hodgson ebd., 60)

Selbst wenn diese Charakteristika bei der Verbreitung von organisationalen Routinen vorliegen, ist die Bedeutung der Replikation von Routinen für die Organisationsdynamik kaum abschätzbar, wenn der konkrete „Aufbewahrungsort" des den Routinen zugrunde liegenden Handlungspotentials („sets of rulelike instructions or responses held in organization", ebd. 71) nicht dingfest gemacht werden kann.

132 http://home.uchicago.edu/elkhalil/opt.html, (07.09.05)

optimization rationality sowie Paradigmen und *achievement rationality* nebeneinander stellt, ohne Verbindungen oder wechselseitige Beziehungen in Betracht zu ziehen.[133] Bereits an anderer Stelle wurde der Versuch gewürdigt, die dem ökonomischen Verhaltensmodell zugrundeliegende *optimization rationality* in ein erweitertes allgemeines Handlungsmodell einzubauen (vgl. Küpper/Felsch 2000, 237ff.), wobei sich die von Khalil behandelten Paradigmen in unterschiedlichen kognitiven Schemata als Handlungsrahmen niederschlagen. Zu denken ist etwa an das Diskriminationsmodell der stochastischen Wahl von Lindenberg (vgl. ebd., 259ff.). Auch wenn die von Lindenberg bei seiner sog. *Rahmenwechselhypothese* benutzten Konsistenz- und Diskriminationskriterien nur indirekt mit der *achievement rationality* in Verbindung gebracht werden können (vgl. in Bezug auf institutionenökonomische Fragen auch Kubon-Gilke 1997), wird doch allgemein der Sinn und die Fruchtbarkeit einer theoretischen Verknüpfung unterschiedlicher Rationalitäten und ihrer institutionellen Verankerung in Bezug auf die Erklärung sozioökonomischen Wandels deutlich. Im Übrigen verweist der von Lindenberg beispielhaft benutzte (paradigmatische) Rahmen ,Ein-schlauer-Konsument-Sein' darauf, dass die Art und Intensität eines optimierenden (effizienten) Verhaltens je nach beanspruchtem Paradigma erheblich variieren kann. Im Sinne von Khalil kann ein übersteigertes Effizienzdenken oder -streben zu einem Fetisch oder Mythos werden. Für die Organisationsdynamik ist besonders von Bedeutung, unter welchen Bedingungen sich Effizienz-, Lern- oder Innovationskulturen herausbilden.[134]

Organisationales Lernen

Bei der Betrachtung organisationaler Lernprozesse werden häufig unterschiedliche Lernstufen oder -ebenen differenziert und miteinander verbunden, die mit der Unterscheidung zwischen *achievement-* und *optimization rationality* in Verbindung gebracht werden können. Die älteste und bekannteste diesbezügliche Differenzierung stammt von Argyris/Schön (1978), die in Anlehnung an Bateson (1972) zwischen sog. *single loop-learning* (Anpassungslernen) und *double loop-learning* (Veränderungslernen) unterscheiden (vgl. im Ein-

---

133 Ausnahmen bilden lediglich seine Einordnungsversuche von Gerechtigkeitsnormen und seine Behandlung von *conventions-as-fetish*.

134 Bekanntlich gehen Vertreter des neuen soziologischen Institutionalismus (neoinstitutionalistische Ansätze) von der Grundthese aus, dass organisationale Prozesse und Strukturen in gesellschaftliche Strukturen eingebettet sind, wobei gesellschaftliche Institutionen (z.B. tradierte Werte, Normen, Regeln, Deutungs- und Handlungsmuster) organisationale Regelsysteme und das Verhalten von und in Organisationen mehr oder weniger stark beeinflussen (kulturalistische gegenüber einer rationalistisch-voluntaristischen Perspektive) (vgl. Türk 2004). Eine solche (An-)Passung zwischen Organisationen und ihrer gesellschaftlichen Umwelt kann damit begründet werden, dass sie die Legitimität und damit die Überlebenschancen einer Organisation erhöht. In diesem Zusammenhang sprechen Meyer/Rowan (1977) von der Entstehung von *Organisationsmythen* als Folge von Konflikten zwischen institutionalisierten Regeln und betriebswirtschaftlichen Effizienzkriterien; durch die Errichtung von Rationalitäts- und Modernitätsfassaden soll es Organisationen erleichtert werden, ihre offiziell-formalen Strukturen von faktisch gültigen Arbeitsstrukturen abzukoppeln. Auch wenn die in diesem Zusammenhang vorgenommene Unterscheidung zwischen technischen (effektivitätsorientierten) und institutionalisierten Kontexten mehr als problematisch ist, wird auch durch solche Überlegungen deutlich, dass effizienzfördernde Konventionen und sinnstiftende Paradigmen nicht einfach nebeneinander gestellt werden können, weil im Kern – wie schon die Arbeiten von Max Weber zeigen – das Effizienzdenken selbst an spezifische Formen der Sinnstiftung gebunden ist (vgl. zur Einordnung neoinstitutionalistischer Ansätze in einen evolutionären Bezugsrahmen den im nächsten Abschnitt diskutierten Ansatz von Aldrich).

zelnen Felsch 1999, 96ff.). Sie legen dieser Unterscheidung den Begriff von Gebrauchs-
theorien (*theories-in-use*) zugrunde. Unter einer *Gebrauchstheorie* verstehen sie kollektiv
geteilte Annahmen und Erwartungen über Funktionszusammenhänge von Zielen, Situationen, Techniken und Handlungen sowie die damit verbundenen technischen, ökonomischen
und sozialen Normen und Standards im Sinne eines kognitiv-normativen Handlungsbezugs-
rahmens. *Anpassungslernen* ist Lernen im Rahmen einer gegebenen Gebrauchstheorie
durch Fehlerkorrektur und Effektivierung von Handlungsroutinen (*learning by doing*, funk-
tions- oder prozessoptimierendes Lernen). Demgegenüber stellt *Veränderungslernen* ein
Lernen durch kritische Reflexion, Bewertung und Veränderung der bisher praktizierten
Gebrauchstheorie dar (*learning by theorizing*; transformationales, reflexives, generatives
und exploratives Lernen, prozessveränderndes Lernen). In Verbindung mit Überlegungen,
die seit einigen Jahren unter dem Begriff *organisationalen Wissensmanagements* angestellt
werden, hat Hennemann (1997) den Zusammenhang zwischen *single loop-learning* und
double loop-learning in einen Zyklus im Sinne eines regelmäßig wiederkehrenden Ablauf-
schemas eingeordnet. Sie greift hierbei auf die Bedeutung des schon von Polanyi (1966)
diskutierten sog. *impliziten (taziten) Wissens*[135] zurück, das überwiegend in organisationalen Routinen eingelagert ist. In Verbindung mit dem sog. *resourced-based view* des strategischen Managements kann man grob gesprochen davon ausgehen, dass implizites Wissen
(vor allem Team- und Lernfähigkeit zur Verbesserung und innovativen Veränderung der
Kernprozesse) die primäre Basis für den Aufbau und die Erhaltung von Kernkompetenzen
darstellt. Hiermit sind solche durch die Beherrschung von Kernprozessen zum Ausdruck
kommenden Kompetenzen von Organisationen gemeint, die einen nachhaltigen Wettbe-
werbsvorteil sicherstellen.[136] Die Erschließung und Nutzung impliziten Wissens ist – so
wird angenommen – in hohem Maße an intrinsische Motivation gebunden, die unter Zugrundelegung eines identitätstheoretischen Bezugsrahmens (vgl. Küpper/Felsch 2000,
299ff.) mit der *achievement rationality* von Khalil in Verbindung gebracht werden kann.[137]
Durch die schon diskutierten Habitualisierungen können Kernkompetenzen leicht in dem
Sinne zu „Kernrigiditäten" werden, dass der den Kernprozessen zugrundeliegende Hand-
lungsbezugsrahmen die Wahrnehmung neuer Umweltherausforderungen verhindert. Zur
Kennzeichnung des genannten Lernzyklus unterscheidet Hennemann zwischen einer *pri-
mären Praxis* (Aufbau und Erhalt von Kernkompetenzen i.S. eines *single loop-learning*),
einer *theoretischen Praxis* (regelmäßiges Hinterfragen der Kernkompetenzen und damit der
Übergang zu innovativen Prozessen i.S. eines *double loop-learning*) und einer *theoriegelei-
teten Praxis* (kritische, aktive Anwendung und Prüfung des neu gewonnenen Wissens). Der
Zyklus des organisationalen Lern- und Wissensprozesses besteht dann aus der Abfolge
Distanzierung von den Kernkompetenzen vorhandener Routinen, Implementierung innovativer Prozesse und Routinisierung der neuen Prozesse.

---

135 An persönliche Erfahrungen gebundenes Wissen, dass kaum sprachlich oder symbolisch darstellbar ist und
    sich daher nicht ohne Weiteres auf andere Individuen oder Gruppen übertragen lässt.
136 Dies wird auf folgende Eigenschaften von Kernprozessen zurückgeführt: wahrnehmbarer Kundennutzen,
    Unternehmensspezifität, Nicht-Imitierbarkeit, Nicht-Substituierbarkeit, Innovativität (vgl. Bresser 2004).
137 Intrinsische Motivation kann unter anderem gefördert werden durch herausfordernde Aufgaben, partizipative
    Teamorganisation, als fair empfundene Belohnung und die Vermeidung von Entgeltsystemen, die zu stark
    auf die Vergütung von individuellen Leistungsergebnissen abstellen, weil intrinsische Motivation durch auf
    extrinsische Motivation setzende Anreizsysteme verdrängt werden kann (vgl. Frey/Osterloh 1997 und Oster-
    loh/Wübker 1999).

Gesellschaftliche, wirtschaftliche und wissenschaftliche Paradigmen

Wie weiter oben in Bezug auf Konventionen angemerkt wurde, blendet Khalil gesellschaftliche Herrschafts- und Machtverhältnisse und die Machtdimension organisationalen Handelns aus seinen Überlegungen zur Dynamik von Institutionen und Organisationen aus. Zumindest wäre der Hinweis notwendig, dass sich in der Art der Konventionen und Paradigmen auch gesellschaftliche Herrschafts- und Machtstrukturen widerspiegeln. Darüber hinaus wurde immer wieder betont, dass Machtprozesse gerade auch für die Erklärung der Organisationsdynamik heranzuziehen sind. Dass es gerade auch bei Paradigmen um konfliktäre Auseinandersetzungen geht, braucht wohl angesichts von Religionskriegen und Revolutionen nicht näher begründet zu werden. Interessanter ist vielleicht, dass selbst die Erklärung der Dynamik naturwissenschaftlicher Theoriebildung profitieren kann, wenn man den *Machtcharakter von Theorien* ins Auge fasst (vgl. Kondylis[138] 1995, 81ff.).

Nach Khalil entziehen sich Paradigmen, zu denen gerade auch Wirtschaftsordnungen, Unternehmensverfassungen und Corporate Governance-Strukturen gehören, einem Kosten-Nutzen-Vergleich.[139] Dies könnte damit begründet werden, dass Paradigmen auf die Identitätskonstruktionen individueller und kollektiver Akteure und damit letztlich auch auf Akteurpräferenzen Einfluss nehmen. In einem strikten Sinne sind Effizienzvergleiche nur im Rahmen eines gegebenen Präferenzsystems möglich. Eine solche Einsicht hat bekanntlich nicht verhindert, dass intensive wissenschaftliche und politische Diskussionen über die relativen Vor- und Nachteile unterschiedlicher Wirtschafts- und Sozialordnungen stattfinden – in jüngerer Zeit z.B. in Bezug auf alternative Ausprägungen bzw. *Varianten des Kapitalismus.*[140] In diesem Zusammenhang wird auch der Begriff eines mehr oder weniger globalen Systemwettbewerbs benutzt, um herauszustellen, dass bestimmte Kapitalismusformen von anderen Formen verdrängt werden können, wobei u.a. die Frage der Existenzfähigkeit des sog. Wohlfahrtsstaates, die These einer zunehmenden Systemkonvergenz und allgemeiner die Rolle und Wirksamkeit staatlicher Sozial- und Wirtschaftspolitik angesichts globaler Transformationen zur Diskussion stehen (vgl. hierzu Held u.a. 1999).[141] An der Schnittstelle zwischen Paradigmen und Konventionen (d.h. u.a. auch zwischen normativen Erwägungen und Effizienzargumenten) ist auch die aktuelle wirtschaftsethische Diskussion angesiedelt (vgl. u.v. Hirschman 1989, Rothstein 1998, Schmidtz/Goodin 1998, Wieland 1999; 2004). Anstelle der in empirischen Untersuchungen ohnehin kaum dingfest zu machenden Kriterien der (Pareto-)Effizienz werden bei den hier angesprochenen Systemvergleichen mehr oder weniger plausible empirisch messbare Indikatoren der Wirtschaftsleistung (vgl. hierzu North 1992, 127ff.) benutzt, z.B. Indikatoren des Wirtschaftswachstums, der Beschäftigung und der sozialen (Un-)Gleichheit. Auch das von Khalil (vgl.

---

138 Der allerdings in „Macht und Entscheidung" (1984) den Bogen etwas überspannt, indem von ihm dezisionistische Beliebigkeitsvorstellungen radikal vertreten werden (vgl. dazu Ortmann 2003b, 289).

139 So kritisiert er z.B. an Hayek (1967), dass er seine darwinistische Gruppen-Selektionstheorie benutzt, um nachzuweisen, dass eine liberale Ordnung anderen Sozial- und Wirtschaftsordnungen überlegen ist (vgl. Khalil 1999, 69).

140 Vgl. Berger/Dore (1996), Hall/Soskice (2001) sowie zum speziellen Ansatz der französischen Regulationsschule Boyer (1990), Boyer/Drache (1996).

141 Vgl. Kitschelt u.a. (1999) und speziell den Vergleich zwischen Deutschland und den Vereinigten Staaten bezüglich des Zusammenhangs zwischen Corporate Governance und ökonomischer Leistung bei O'Sullivan (2001); vgl. zur sog. *Konvergenzthese* z.B. Boyer (1996); zu den Möglichkeiten einer globalen *Public Policy* vgl. Reinicke (1998).

weiter oben) diskutierte Selektionskriterium Produktivität fällt hierunter. Im Übrigen werden von Khalil (Rück-)Wirkungen von Paradigmen auf Konventionen zumindest indirekt dann deutlich, wenn er den möglichen Einfluss von Paradigmen auf das Verhalten kollektiver und individueller Akteure andeutet (vgl. auch Khalil 1995). Eine genauere Analyse würde eine Differenzierung unterschiedlicher Ausprägungen von *achievement rationality* erfordern (z.B. die Gegenüberstellung einer passiv-fatalistischen und einer aktiv-fortschrittsgläubigen Grundeinstellung), wie sie etwa in Bezug auf die Volitionskomponente im Rahmen von psychologischen Motivationstheorien untersucht werden.[142] In den zitierten Arbeiten zur Konkurrenz kapitalistischer Systemvarianten geht es bei der Erklärung der Dynamik von Systemen immer auch – zumindest implizit – um die Bedeutung von (politischen) Machtstrukturen und -prozessen.

Corporate Governance

Auf die Ebene von Organisationen bzw. Unternehmen bezogen liefert die besonders auch in Deutschland geführte Auseinandersetzung zwischen alternativen Formen der *Corporate Governance* aktuelles Anschauungsmaterial zum dynamischen Zusammenhang der paradigmatischen und effizienzorientierten Konstitution von Organisationen. Der Begriff *Corporate Governance (CG)* entstammt dem anglo-amerikanischen Rechtskreis, in dem anstelle gesellschaftsrechtlich vorgeschriebener Rechte und Pflichten für die Unternehmensleitung verbindliche kapitalmarktrechtliche Anforderungen und CG-Regelungen existieren (vgl. auch zum Folgenden von Werder 2004). Im Unterschied zum Begriff der Unternehmensverfassung, der sich primär auf die Binnenordnung eines Unternehmens bezieht, schließt der CG-Begriff auch die Einbindung des Unternehmens in sein Umfeld (besonders die Beziehungen zum Kapitalmarkt) ein. Ein enges (vornehmlich amerikanisches) CG-Verständnis beschränkt sich hierbei auf das Verhältnis zwischen Aktionären (Eigentümern) und dem Management als Inhaber der Verfügungsmacht. Dem steht ein weites (vornehmlich kontinentaleuropäisches) CG-Verständnis gegenüber, das die Verhältnisse zwischen dem Management und allen Stakeholdern sowie zwischen verschiedenen Stakeholdergruppen (Anteilseigner als Shareholder, Mitarbeiter, Kunden, Lieferanten, Gläubiger usw.) thematisiert, wobei neben großen börsennotierten Aktiengesellschaften auch andere Rechtsformen und Unternehmen mittlerer Größenordnung einbezogen werden. Die Funktion der *CG* wird im Wesentlichen darin gesehen, die Spielräume und Motivationen von Management und Stakeholdern für opportunistisches Verhalten als Folge unvollständiger Verträge durch geeignete Zuordnung von Verfügungsrechten und Anreizen einzuschränken, um möglichst günstige Bedingungen für eine produktive Wertschöpfung und faire Wertverteilungen unter Abwägung von Opportunismuskosten (i.S.v. Einbußen durch opportunistisches Verhalten) und Regulierungs- bzw. *Governancekosten* zu schaffen. Die aktuelle Bedeutung der CG-Diskussion wird verständlich vor dem Hintergrund zahlreicher Fälle von Missmanagement und Unternehmensschieflagen, den Globalisierungstendenzen der Wirtschaft und der hiermit verbundenen Liberalisierung der Kapitalmärkte (z.B. steigende Be-

---

142 Vgl. z.B. die Leistungsmotivationstheorie von McClelland u.a. (1953), McClelland (1971) und Atkinson (1975), bei der die Erwartungsstrukturen von Erfolgsmotivierten (Hoffnung auf Erfolg) und Misserfolgsmotivierten (Furcht vor Misserfolg) gegenüber gestellt werden.

deutung US-amerikanischer Eigenkapitalfinanzierung für deutsche Unternehmen). Zu den zentralen *Regelungsgegenständen* gehören Regelungen

- zur *Festlegung des übergeordneten Unternehmensziels* (grundlegende Entscheidung zwischen dem Shareholder-Ansatz und dem Stakeholder-Ansatz, wobei das deutsche Aktienrecht die Führungsorgane der AG auf das Unternehmensinteresse und damit auf eine angemessene Berücksichtigung der Einzelinteressen aller Bezugsgruppen verpflichtet),

- für die *Strukturen, Prozesse und Personen der Unternehmensführung* (z.B. mehrgliedriger Organaufbau der deutschen AG mit Hauptversammlung, Aufsichtsrat und Vorstand; Kernprozesse guter CG, z.B. konkretisiert als Informationsversorgung des Aufsichtsrats durch den Vorstand und einer offenen Diskussionsstruktur zwischen Leitungs- und Überwachungsorgan sowie Standards für die Qualifikationsanforderungen und Vergütungen der Aufsichtsratsmitglieder),

- für *regelmäßige Evaluationen der Führungstätigkeiten* (vgl. z.B. die Empfehlung des *Deutschen Corporate Governance Kodex* [DCGK, siehe dazu weiter unten], die Effizienz einer Tätigkeit regelmäßig zu überprüfen) und

- zur *proaktiven Unternehmenskommunikation* (Herstellung von Transparenz und Vertrauen, um die existenznotwendige Unterstützung der relevanten Bezugsgruppen des Unternehmens zu gewinnen und zu festigen).

In Bezug auf *Regelungsebenen* sind zu unterscheiden

1. *gesetzliche Vorschriften* als Ergebnis eines parlamentarischen Gesetzgebungsverfahrens, die für alle Adressaten des jeweiligen Gesetzes verbindlich sind,

2. *untergesetzliche Governancestandards* (*soft law*) durch Initiativen aus Kreisen der Praxis zur Ausfüllung der jeweils geltenden gesetzlichen Vorschriften, wobei zwischen generellen Regelwerken für eine bestimmte Gruppe von Unternehmen (z.B. der DCGK) und unternehmensindividuellen Leitlinien (Geschäftsordnungen) zu unterscheiden ist, und

3. *Selbstbindung der Unternehmen*, z.B. die jährliche Erklärung von Vorstand und Aufsichtsrat der börsennotierten deutschen Aktiengesellschaften zur (teilweisen) Einhaltung bzw. Nicht-Einhaltung des DCGK nach § 161 AktG.

Anstelle einer Regulierung mit unterschiedlichen Regulierungsintensitäten ist auch eine Nicht-Regulierung („Marktlösung") in Erwägung zu ziehen, wobei u.a. das Verhältnis von Regulierungskosten und Regulierungsnutzen berücksichtigt werden kann.

Bei den konkreten CG-Ausformungen ist zwischen CG-Mechanismen und CG-Prinzipien zu unterscheiden. Bei den *CG-Mechanismen* werden im Wesentlichen die interne CG (Organkontrollen auf Basis von Informations-, Überwachungs- und Entscheidungsrechte für Stakeholder zur Kontrolle des Vorstands) den externen CG (Marktkontrollen auf Basis einer Koordination unterschiedlicher Interessen durch das Spiel der Marktkräfte von Angebot und Nachfrage, z.B. eine Sanktionierung unbefriedigender Leistungen des Top-Management durch die Abfolge Akienverkäufe → Kursrückgänge → feindliche Übernahme → Auswechselung des Management) gegenübergestellt. Diese Gegenüberstellung lässt sich auf die grundsätzlichen von Hirschman (1970) diskutierten Optionen *Voice* und *Exit* zurückführen, die unzufriedenen Transaktionspartnern zur Wahrung ihrer Interessen zur Verfügung stehen (vgl. die Diskussion in Küpper/Felsch 2000, 106f., wobei die Optionen von *Voice* [Widerspruch] und *Exit* [Abwanderung] mit Merkmalen loser und fester Kopplung von Systemen in Verbindung gebracht wird). Vorherrschend diskutierte *CG-Prinzipien* sind z.B.

- *Gewaltenteilung (checks and balances)*, um Machtmonopole durch Verteilung der Verfügungsrechte auf mehrere Personen zu verhindern oder abzubauen
- *Förderung der Transparenz* durch Abschwächung der Informationsasymmetrien zwischen den verschiedenen Akteuren (z.B. publizitäts-, kapitalmarkt- und arbeitsrechtliche Vorschriften zur Offenlegung wichtiger Informationen)
- *Eindämmung von Interessenkonflikten*, indem für konfliktträchtige Aktivitäten die Einhaltung von Kriterien der Unabhängigkeit, der Unterbindung oder des Zustimmungsvorbehaltes eingefordert werden (z.B. die Trennung von Prüfung und Beratung bei Wirtschaftsprüfungsgesellschaften)
- *Motivation zu wertorientiertem Verhalten* durch die Gestaltung intrinsisch oder extrinsisch wirkender Anreize sowie von Haftungsvorschriften zivil- und strafrechtlicher Natur

Mit dem Begriff der *CG-Systeme* wird der Zusammenhang (Kohärenz) und die interne Konsistenz wesentlicher rechtlicher und faktischer CG-Elemente zum Ausdruck gebracht. Unter dem Begriff *Governancemodelle* werden charakteristische Kombinationen von Elementausprägungen zur Kennzeichnung grundlegender Alternativen des Umgangs mit CG-Problemen diskutiert, wobei die Gegenüberstellung des angelsächsischen und des kontinentaleuropäischen Modells von besonderem Interesse ist.[143] Bei der Diskussion der ökonomischen Effizienz von CG-Systemen werden als Einflussfaktoren u.a. die Komplementarität der Systemelemente und ihre Einpassung in das jeweilige wirtschaftliche, rechtliche und sozio-kulturelle Umsystem hervorgehoben (vgl. zu einer solchen internen und externen Konsistenz *Anmerkung 116* weiter oben).

Insgesamt wird die *Governancedebatte* von der These geleitet, dass Unternehmen mit „guter" CG erfolgreicher sind als solche mit unzulänglichen Führungsmodalitäten. Von Werder (2004, 168f.) verweist in diesem Zusammenhang auf kaum überwindbare Probleme eines empirischen Nachweises (z.B. die Komplexität der CG-Systeme mit zahlreichen Systemelementen und vielfältigen Wechselwirkungen, außer CG-Modalitäten zahlreiche weitere Einflussfaktoren auf den Unternehmenserfolg). Es verwundert deshalb nicht, dass bisher – wenn überhaupt – nur uneinheitliche empirische Befunde der Erfolgswirkungen der Ein-

---

143 Diese Modelle unterscheiden sich bezüglich rechtlicher Systemelemente beispielsweise durch die übergeordnete Zielsetzung des Unternehmens (Shareholder- versus Stakeholderorientierung), den Organaufbau (monistisches Boardsystem versus dualistische Verfassung), die Leitungsorganisation (direktorialer CEO versus kollegialer Vorstand), die Partizipation von Arbeitnehmern (Mitbestimmung versus Arbeitsmarktdruck) und die Ausrichtung von Publizität und Prüfung (aktionärsfreundliches Marktwertprinzip der US-GAAP versus gläubigerschützendes Vorsichtsprinzip der HGB). Wesentlich schwieriger ist die Erfassung und empirische Analyse der Unterschiede faktischer Systemelemente. Hierzu gehören Indikatoren des Kapitalmarktes (z.B. Aktionärsstrukturen mit Anteilskonzentrationen oder Streubesitz, das Verhältnis von Eigen- und Fremdfinanzierung sowie die Rolle der Banken, die bisher überwiegend am Unterschied zwischen Universalbank- und Trennbankensystem festgemacht wird), personelle Verflechtungen zwischen Unternehmen (z.B. *interlocking directorates*) und generelle sozio-kulturelle Faktoren, die unter dem Begriff der *Governanceatmosphäre* z.B. relevante gesellschaftliche Werthaltungen umfasst (vgl. zum internationalen CG-Vergleich Gerum 2004, der auch kurz zur Konvergenzdebatte in Bezug auf CG-Systeme Stellung nimmt).

haltung von Standards guter CG vorliegen. Von Werder (ebd., 169) kommt zu der Beurteilung:

> „Soweit die Standards plausibel sind und bereits von zahlreichen Unternehmen (ohne erkennbaren Schaden) praktiziert werden, dürfen sie als ‚Best Practice' eine gewisse Effizienzvermutung für sich beanspruchen."

Aus evolutionstheoretischer Perspektive wäre nach Khalil von zentraler Bedeutung, ob Governance-Strukturen eher als Konventionen zu behandeln sind und damit einer effizienzfördernden natürlichen Auslese darwinistischer Prägung unterliegen, oder ob es hierbei im Kern um Paradigmen geht, deren Entwicklung (als Bestandteil eines sozio-ökonomischen gesellschaftlichen Diskurses) nicht an Effizienzmaßstäben festgemacht werden kann. Die sichtbar gewordene Verzahnung des Konventions- und Paradigmengehalts von Governancestrukturen macht eine Beantwortung dieser Frage nach dem Veränderungsmodus mehr als problematisch. Auch wenn man den Konventionscharakter hervorhebt, würde der Systemcharakter von CG[144] dazu führen, dass nicht einzelne Elemente, sondern mehr oder weniger geschlossene CG-Systeme als Einheiten eines darwinistischen Evolutionsprozesses zu behandeln wären. Es käme dann darauf an, ob der Begriff und die Intensität eines sog. *Systemwettbewerbs* empirisch fassbar wird. Unabhängig davon, mit welcher Perspektive man einen mutmaßlichen Systemwettbewerb analysiert, dürfte m.E. außer Frage stehen, dass hierbei auch die (wettbewerbseinschränkende) Wirksamkeit ökonomischer und politischer (Macht-)Verhältnisse zu beachten ist. Die jeweilige Auseinandersetzung bei der Formulierung von *CG-Kodizes* (wie z.B. der *DCGK* sowie die 1999 verabschiedeten *OECD-Principles of Corporate Governance*, vgl. Berrar 2001) wird nur dann verständlich, wenn man die gefundenen „Lösungen" als durch Machtprozesse mitbedingte Kompromissformeln deutet. Beim DCGK sind diese Prozesse insofern teilweise auch für die interessierte Öffentlichkeit transparent, als die Zusammensetzung und die Ergebnisse der Arbeit einer hierzu eingesetzten Kommission aktuell im Internet veröffentlicht werden (vgl. www.corporate-governance-code.de).

Wie bereits dargestellt wurde, hebt Khalil einerseits die interne Kohärenz und Konsistenz eines (institutionellen) Paradigmas hervor, um die handlungsleitende Funktion bei der Bewältigung von Unsicherheitssituationen zu betonen. Andererseits ist nach ihm die Offenheit und Ambivalenz eines Paradigmas Voraussetzung dafür, dass individuelle und kollektive Akteure aktiv durch ihre Deutungsarbeit zur Entwicklung eines Paradigmas beitragen. Hier ist nun anzumerken, dass die handlungsleitende (unsicherheitsreduzierende) Funktion eines Paradigmas nicht mit der handlungserweiternden (kreativen) Funktion kompatibel ist. Die hiermit zusammenhängenden Probleme werden z.B. deutlich, wenn starke und schwache Unternehmenskulturen gegenüber gestellt werden (vgl. Schreyögg 1989). Während eine *starke Unternehmenskultur* aufgrund ihrer Koordinations- und Integrationsfunktion hilfreich für die Etablierung effizienter Organisationsroutinen ist, werden deren Schwächen sichtbar, wenn es um die Infragestellung und Veränderung solcher Routinen, d.h. um die Innovativität von Organisationen geht.[145]

---

144 Wie bereits zuvor diskutiert (vgl. *Abschnitt 3.2.1.1*), wird dieser Systemcharakter von Konventionen von Khalil weitgehend in Abrede gestellt.

145 Folgt man dem Tenor von Analysen unseres „post"-modernen Zeitalters, so sind aktuelle Handlungsanforderungen eher auf das Ertragen-Können und den Umgang mit Ambivalenzen denn auf die Auflösung solcher Ambivalenzen und die Verdrängung hiermit verbundener Dilemmata gerichtet (vgl. Beck 1993, Giddens 1994, Bauman 1995; 1997). Solche auf gesellschaftspolitische Analysen gerichteten Beiträge spiegeln sich

3.3 Evolutionstheorie als organisationstheoretischer Ansatz oder als Rahmentheorie der Organisationsdynamik

Obwohl Howard Aldrich zu den Vätern einer evolutionstheoretisch angeleiteten Organisationsforschung gehört, die sich auf den originären Beitrag von Donald T. Campbell (1969) zur soziokulturellen Evolution beziehen,[146] war bereits seine 1979 erschienene Monografie (vgl. Aldrich 1979) durch den Anspruch geprägt,

> „to present a perspective that integrates concepts and research findings from all social science disciplines studying organizations, while retaining the gains made by historically and politically sensitive investigators in the United States and abroad." (Aldrich 1999, xi).

Dieser Anspruch liegt auch seinem 20 Jahre später erschienenen Werk (vgl. Aldrich 1999)[147] zugrunde:

> „I seek an overarching framework that organizes an inquiry into the issues surrounding organizational change." (ebd., xi)

Der hier angesprochene theoretische Rahmen besteht im Wesentlichen darin, die Prozesse der Variation, Selektion und Retention bzw. Diffusion sowie den Kampf um knappe Ressourcen (vgl. Campbell 1969) als generische (im Sinne von allgemein gültige) Prozesse zu verstehen, die nicht nur zur Erklärung der Dynamik bzw. des Wandels von biologischen, sondern auch von sozialen Systemen angewendet werden können (vgl. Aldrich 1999, 21). Eine solche Auffassung wird von Giddens scharf kritisiert:

> „Wird der Begriff ‚Evolution' in den Sozialwissenschaften ohne irgendwelche Verbindungen zu dem in der Biologie verwendeten konzeptionellen Rahmen benutzt, so entbehrt er eigentlich jeder Grundlage." (Giddens 1988, 286)[148]

---

teilweise auch in Praktikerbeiträgen von Unternehmensberatern wider (vgl. die Propagierung *paradoxer Managementprinzipien* in *The Price Waterhouse Change Integration Team*, 1996, das den paradoxen Untertitel trägt: „How High-Performance Companies Manage Chaos, Complexity, and Contradiction to Achieve Superior Results").

146 Hierbei geht es um den Versuch einer Übertragung der biologischen Evolutionstheorie auf die soziokulturelle Ebene, wobei an die Stelle biogenetischer Prozesse die Variation, Selektion und Retention von Wissen und Kompetenzen tritt (vgl. Baum/McKelvey 1999). Eine ähnliche Anknüpfung findet sich auch in den sog. *evolutionary economics* (vgl. Nelson 2000)

147 Dieses Buch von Aldrich wurde mit dem *Academy of Management's George R. Terry Award* und dem *American Sociological Association's Max Weber Award* ausgezeichnet.

148 Giddens (1988, 286ff.) nennt neben der begrifflichen Kontinuität mit der biologischen Evolution als weitere Kriterien für die Berechtigung des Begriffs *Evolution* in den Sozialwissenschaften die Angabe eines spezifischen Mechanismus des sozialen Wandels, die Angabe einer Folge von Stadien der sozialen Entwicklung, in denen dieser Mechanismus mit der Verdrängung bestimmter Typen oder Aspekte der sozialen Organisation durch andere verbunden wird sowie die Anwendung dieses Mechanismus als dominantes Erklärungsmuster sozialen Wandels auf das Spektrum der gesamten Menschheitsgeschichte. Als bevorzugten Kandidaten für einen solchen Mechanismus, der in allen Varianten evolutionstheoretischen Denkens in Anspruch genommen wird, sieht Giddens den Begriff der *Anpassung*, der gewissermaßen den Hintergrund der zuvor genannten generischen Prozesse der Evolution bildet. Giddens versucht zu zeigen, „dass der in einem sozialwissenschaftlichen Kontext verwendete Begriff der Anpassung entweder 1) leer, d.h. in seiner Bedeutung derart weit und unscharf ist, dass er mehr verwirrend wirkt, als dass er Erklärungskraft entfalten könnte, oder 2) Teil eines spezifischen und logisch unzureichenden funktionalistischen Erklärungsanspruches ist oder schließlich 3) mit

Unter Bezug auf Hodgson (1993a, 41f.) weist Aldrich (ebd.) diese Kritik Giddens' mit dem Hinweis zurück, dass dessen Darstellung evolutionärer Prinzipien unvollständig und einseitig sei, weil sie sich auf Autoren mit überholten Ideen stütze.[149] Aldrich führt Missverständnisse des Begriffes *Evolution* vor allem auf Autoren zurück, die altmodische sozialdarwinistische Ideen mit modernen evolutionären Ideen verwechseln.

Im Folgenden wird anhand der von Aldrich benutzten Begriffe und Argumentationsmuster verdeutlicht, dass die Kernpunkte der Giddensschen Kritik gerade auch dann aufrecht erhalten werden müssen, wenn man – wie es für Aldrich zutrifft – jegliche sozialdarwinistische Anleihe vermeidet. Bei den von Aldrich als Basis eines theoretischen Rahmens benutzten *evolutionären Prozessen* handelt es sich m.E. nicht um spezifische Mechanismen, die eine besondere Erklärungs- bzw. Deutungsleistung implizieren, sondern um ein mehr oder weniger sinnvolles Schema, mit dessen Hilfe Fragestellungen zur Organisationsdynamik bzw. zum Organisationswandel geordnet werden können. Die von Aldrich benutzten Definitionen und Beispiele evolutionärer Prozesse von Organisationen findet man in der folgenden Abbildung.

Behauptungen über dynamische Tendenzen innerhalb menschlicher Gesellschaften verknüpft ist, die nachweislich falsch sind." (ebd., 288f.)

149 Vgl. auch Kappelhoff (2002b, 125), der anmerkt, dass Giddens (1984 [1988], 281ff.) evolutionstheoretische Gedankengänge pauschal als Evolutionismus identifiziere, ohne neuere Überlegungen zu einer allgemeinen Evolutionstheorie überhaupt zur Kenntnis zu nehmen.

Abbildung 7:   Evolutionary processes (Quelle: Aldrich 1999, 22)

Evolutionary process	Definition	Example
Variation	Change from current routines and competencies; change in organizational forms	
	• **Intentional**: occurs when people actively attempt to generate alternatives and seek solutions to problems	• Within organizations: problemistic search • Between organizations: founding of new organization by outsiders to an industry
	• **Blind**: occurs independently of environmental or selection pressures	• Mistakes, misunderstandings, surprises, and idle curiosity
Selection	Differential elimination of certain types of variations	
	• **External selection**: Forces external to an organization that affect its routines and competencies	• Market forces, competitive pressures, and conformity to institutionalized norms
	• **Internal selection**: Forces internal to an organization that affect its routines and competencies	• Pressures toward stability and homogeneity, and the persistence of past selection criteria that are no longer relevant in a new environment
Retention	Selected variations are preserved, duplicated, or otherwise reproduced	• Within organizations: specialization and standardization of roles that limit discretion • Between organizations: institutionalization of practices in cultural beliefs and values
Struggle	Contest to obtain scarce resources because their supply is limited	• Struggle over capital or legitimacy

Wie das folgende Zitat zeigt, sind nach Aldrich Variation, Selektion, Retention und *Struggle* nur analytisch trennbare Kategorien,[150] die bei realen Prozessen der Organisationsdynamik jeweils in spezifischer, historisch kontingenter Weise zusammenwirken:

„Variation, selection, retention, and struggle occur simultaneously rather than sequentially. Analytically, the processes may be separated into discrete phases, but in practice they are linked in continuous feedback loops and cycles. Variation generates the raw materials for selection, by environmental or internal criteria; retention processes preserve the selected variation. But retention processes also restrict the kinds of variations that may occur, and competitive struggles as well as cooperative alliances may change the shape of selection

150 Aldrich spricht anstelle von evolutionären Prozessen auch von *evolutionären Prinzipien* (vgl. ebd., 33).

criteria. The process is not necessarily historically efficient, as March (1994a) pointed out. For example, using a computer simulation with plausible parameter settings, Carroll and Harrison (1994: 720) showed that ,path-dependent processes can often generate outcomes other than those implied by historical efficiency'. Thus, the organizations and populations we observe at a given moment are not the ,most fit' in any absolute sense. Rather, their forms reflect the historical path laid down by a meandering drift of accumulated and selectively retained variations." (Aldrich 1999, 33)

Gegen eine solche moderne Auffassung eines evolutionstheoretischen Ansatzes zur Erforschung von Organisationsdynamik lässt sich schon deshalb nicht viel einwenden, weil der theoretische Rahmen offen gehalten wird für

- *verschiedene Ursachen, Formen oder Ausprägungen evolutionärer Prozesse* (z.B. Variationen als Folge intentionalen Handelns oder als unbeabsichtigte [*blind*] Handlungsfolge; Selektion durch organisationsexterne Marktkräfte oder Konformität mit institutionalisierten Normen sowie durch organisationsintern in Richtung auf Stabilität und Homogenität wirkende Kräfte; Retention innerhalb von Organisationen durch Spezialisierung und Standardisierung von Rollen und interorganisational durch Institutionalisierung von in kulturelle Werte und Normen eingebettete Praktiken)

- *verschiedene Möglichkeiten einer Verknüpfung und gegenseitigen Beeinflussung der evolutionären Prozesse* (z.B. die Abhängigkeit der Art und des Ausmaßes von Variationen von den Spezifika der jeweils wirkenden Retentionsprozesse)

- *verschiedene Formen organisationsrelevanter Selektionseinheiten auf verschiedenen Analyseebenen* (z.B. Individuen, Arbeitsgruppen, Organisationen, Populationen oder communities als abgrenzbare Handlungseinheiten oder Kompetenzen und Routinen als Ausdruck des Handlungspotentials dieser Einheiten oder Organisationsformen als zusammen passende faktische oder normative Strukturaspekte dieser Einheiten, vgl. Aldrich ebd., 35ff. sowie die Ausführungen im vorhergehenden *Abschnitt 3.2.2*)

- *verschiedene Arten von Selektionskriterien*, deren Herausbildung selbst historisch kontingenten Evolutionsprozessen unterliegt (z.B. Effizienz- oder Legitimationskriterien)

Dieser weit offen gehaltene Möglichkeitsraum und Bedingungsrahmen für evolutionäre Prozesse wird konsequent mit der Annahme einer prinzipiellen *Unbestimmtheit von Evolutionsergebnissen* verbunden (vgl. ebd., 33ff.). Vor diesem Hintergrund bleibt allerdings die Behauptung bzw. der Anspruch von Aldrich unverständlich, dass die evolutionäre Theorie mit Hilfe der vier evolutionären Prinzipien oder Prozesse *erklärt*, wie spezifische Formen von Organisationen in spezifischen Umwelten in Erscheinung treten.[151] Es wird vielmehr verständlich, warum Aldrich auf unterschiedliche organisationstheoretische Ansätze zurückgreift, um das formal-analytische Begriffschema der Evolutionsprozesse mit konkreten Inhalten bzw. hypothetischen Konstrukten zu füllen.[152] Bevor hierauf eingegangen wird,

---

151 „Using these four principles, evolutionary theory explains how particular forms of organizations come to exist in specific kinds of environments." (Aldrich 1999, 33)

152 Aldrich behält offenbar einige Zweifel, ob eine evolutionstheoretische Perspektive durch den hiermit importierten Eklektizismus nicht auch Schaden nehmen kann: „Evolutionary theory takes what it needs from the various approaches …, as befits its eclectic nature. Whether promiscuous borrowing will corrupt its products is not yet clear, but theoretical eclecticism has not seemed to harm other long-lived perspectives, such as ,contingency theory'." (ebd., 40)

ist noch eine kritische Anmerkung zum Kampf (*struggle*) um knappe Ressourcen als Evolutionsprozess anzubringen.

Aldrich selbst stellt fest, dass dem Selektionsdruck und der Suche nach effektiven Variationen eine Ressourcenknappheit zugrunde liegt, so dass *Struggle* auf einer anderen kategorialen Ebene angesiedelt ist als die Prozesse der Variation, Selektion und Retention. In diesem Zusammenhang ist von Interesse, dass Aldrich und Pfeffer 1976 einen Review-Artikel über Umwelten von Organisationen verfasst haben, in dem die damals als *natural selection model* bezeichnete evolutionstheoretische Perspektive von Aldrich mit dem *resource dependence model* von Pfeffer kontrastiert wurde, das später von Pfeffer und Salancik zum sog. Ressourcenabhängigkeitsansatz ausgearbeitet wurde (vgl. Pfeffer/Salancik 1978; vgl. dazu unsere Ausführungen in Küpper/Felsch 2000, 101ff.).[153] Die Abgrenzung der evolutionstheoretischen Perspektive vom handlungstheoretischen Bezugsrahmen bei Pfeffer und Salancik hat offenbar eine theoretische Verbindung der Ansätze verhindert, die besonders dann nahe liegt, wenn man die evolutionstheoretische Sicht auf Organisationen um ungerechtfertigte Konnotationen des biogenetischen Vorbildes oder sozialdarwinistischer Ideen bereinigen will.[154] Eine theoretische Verbindung von Evolutions- und Handlungstheorie oder – genauer gesagt – die theoretische Verankerung evolutionärer Prozesse in einem handlungstheoretischen Bezugsrahmen kann vor allem dazu beitragen, die Abhängigkeit der konkreten Ausprägung und des Zusammenspiels organisationsbezogener Selektions- und Retentionsprozesse von je besonderen Handlungsinterdependenzen, strategischen Unsicherheiten und hierauf gerichteten Machtstrategien individueller und kollektiver Akteure aufzuklären, die ihrerseits beabsichtigte oder unbeabsichtigte Folgen von Prozessen der Organisationsgestaltung sind. Wie an anderer Stelle ausführlich diskutiert worden ist (vgl. Küpper/Felsch 2000, 237ff.), ist gerade auch für organisationales Handeln ein konstitutionstheoretischer Bezugsrahmen sinnvoll, der das Zusammenwirken der kognitiven Dimension, der Macht- und der Kreativitätsdimension des Handelns zu erfassen vermag.[155]

Die Bedeutung eines derartigen konstitutionstheoretischen Verständnisses für die Erfassung und Erklärung von Organisationsdynamik ist Gegenstand der folgenden Kapitel. Hier soll nur aufgezeigt werden, welche Konsequenzen aus diesem Verständnis für die theoretische Fundierung evolutionärer Prozesse folgen. Bei der Analyse von Prozessen der

---

153 Aldrich hat seinen eigenen Ansatz zunächst als *organization-environment*-Perspektive (vgl. Aldrich 1971) und später unter Rückgriff auf einen Beitrag von Pfeffer (1972) als *resource dependence*-Perspektive bezeichnet (vgl. Aldrich 1976). Bevor er schließlich zu den heute verwendeten Begriffen *evolutionary perspective*, *evolutionary approach* oder *evolutionary theory* übergegangen ist, verwendete er in der Monografie von 1979 den Begriff *population ecology*-Ansatz zusammen mit dem Begriff *natural selection*-Modell und 1983 unter dem Einfluss von McKelvey den Begriff *population perspective* (vgl. McKelvey/Aldrich 1983).

154 Vgl. die Diskussion des „excess baggage carried by the term ‚evolution'" (Aldrich 1999, 51ff.) in Aldrich (1979, 51ff.).

155 Karl Weick (1985) hat bekanntlich ein auf intraorganisationale Prozesse bezogenes *evolutionstheoretisches Modell des Organisierens* entwickelt, in dessen Zentrum der Umgang mit bzw. die Reduktion von Ambiguität steht. Dass hierbei – wie Becker (2004, 264) zu Recht feststellt – die Anwendung des Schemas evolutionärer Prozesse unklar bleibt (Probleme der Abgrenzung zwischen Gestaltung [Variation], Selektion und Retention) ist m.E. auf die wechselweise Verschränkung dieser Prozesse zurückzuführen, die nur angemessen behandelt werden kann, wenn neben der von Weick in den Vordergrund gerückten kognitiven Dimension (Herstellung von Konsistenz als Bedingung der Handlungsfähigkeit) die Machtdimension (Ausbalancieren von Unsicherheits- und Autonomiezonen als Bedingung der Identitätsbildung involvierter Akteure) sowie die Kreativitätsdimension des Handelns Berücksichtigung finden.

Variation, der Selektion und der Retention muss man sich von der Vorstellung lösen, hierbei gehe es primär um die Veränderung oder Reproduktion isolierbarer Entitäten (z.b. Routinen oder Organisationsformen).[156] Die Veränderungs- oder Reproduktionsdynamik wird vielmehr über ein Netzwerk sozialer Beziehungen vermittelt, die mehr oder weniger den Charakter von *Konkurrenz-* oder *Kooperationsbeziehungen* haben können (vgl. zu diesen Begriffen Küpper/Felsch 2000, 30f. und 160ff.). Das sich gemeinsam mit faktischen und normativen Organisationsstrukturen (Ordnungs-, Anreiz- und Kontrollstrukturen) herausbildende Beziehungsnetzwerk ist sowohl für die Stabilität als auch für den Wandel organisationaler Prozesse verantwortlich. Die prozessstabilisierende Wirkung folgt nicht zuletzt aus dem Einfluss, den soziale Beziehungen auf die Konstitution und die Identitätsbildung beteiligter individueller und sozialer Akteure nehmen. Außerdem versuchen organisationale Akteure durch interessenspezifische *Bindungsstrategien* (Strategien der Einbindung organisationaler Akteure in organisationsinterne und organisationsübergreifende Gruppen, Koalitionen und Allianzen [vgl. hierzu ebd., 126ff.], Strategien der Personal- und Kundenbindung sowie der Bindung anderer Ressourcenlieferanten) selektiv Einfluss auf die Art und Stabilität des Beziehungsnetzwerks zu nehmen, die u.U. von Bindungsstrategien anderer Akteure (z.B. eine auf dieselbe Kundengruppe gerichtete Bindungsstrategie eines Konkurrenzunternehmens) beantwortet werden. Die Stabilität eines Beziehungsnetzwerks nimmt in der Regel ceteris paribus mit der Höhe und dem perzipierten „Gerechtigkeitsgrad" der Verteilung des Nutzens zu, den die Teilnehmer aus dem Netzwerk ziehen.

Bei der Veränderung organisationaler Prozesse ist zwischen Veränderungen, die sich im Rahmen eines gegebenen Beziehungsnetzwerks vollziehen (z.B. Veränderung organisationaler Routinen durch organisationale Lernprozesse im Rahmen einer gegeben Prozessstruktur), und solchen Veränderungen zu unterscheiden, die mit einer mehr oder weniger starken Veränderung des Netzwerks selbst, d.h. mit der Auflösung und Neuformierung von sozialen Beziehungen verbunden sind (z.B. ausgelöst durch Personalfluktuation, durch geplante Strukturreformen, durch Mergers und Acquisitions). Mit *organisationaler Transformation* werden häufig Veränderungsprozesse bezeichnet, die eine grundlegende Veränderung des gesamten organisationalen Beziehungsnetzwerks nach sich ziehen (z.B. beim Übergang von einer funktionalen zu einer divisionalen Organisationsform; vgl. Aldrich 1999, 163ff.). Solche Transformationen sind vor allem deshalb prekär, weil ihr Erfolg davon abhängt, ob sich ein neues Beziehungsnetzwerk herausbildet und – als Bedingung für effiziente Leistungsprozesse – stabilisiert. Alle organisationalen Veränderungsprozesse bis hin zur Auflösung ganzer Organisationen hängen nicht nur von der Wahrnehmung und Nutzung organisationsexterner Opportunitäten (z.B. von den Bedingungen und der Intensität des Wettbewerbs auf Produkt- und Faktormärkten), sondern auch von organisationsinternen *Machtstrategien*[157] und dem Verlauf *organisationaler Spiele*[158] ab, d.h. von der Machtdimension des organisationalen Beziehungsnetzwerks, die ihrerseits durch die Art und Verteilung organisationaler Handlungspotentiale als Machtquellen konditioniert wird.

---

156 Vgl. im vorhergehenden *Abschnitt 3.2.2* meine kritischen Anmerkungen zur Erklärung der natürlichen Auswahl von Konventionen bei Khalil.

157 Unter dem Begriff der *Machtstrategien* können alle Verhaltensweisen und Aktivitäten zusammengefasst werden, die der Entstehung, Aufrechterhaltung oder Beendigung von Machtbeziehungen dienen (vgl. Küpper/Felsch 2000, 32). *Machtbeziehung* steht hierbei als Kurzbezeichnung für die Machtdimension einer sozialen Beziehung, durch die aufeinander bezogene Verhaltensbereitschaften der beteiligten Akteure konstituiert werden (vgl. ebd., 21)

158 Vgl. zum Konzept *organisationaler Spiele* Küpper/Felsch (2000, 41ff.).

Auch die Kreativität und Innovativität organisationalen Handelns kann nicht ohne ein Verständnis der konkreten Ausprägungen organisationsinterner und organisationsübergreifender *Machtbeziehungen* erschlossen werden (vgl. im Einzelnen Küpper/Felsch 2000, 281ff.).

Es ist besonders darauf hinzuweisen, dass die hervorragende Bedeutung organisationaler Beziehungsnetzwerke für die Stabilität und den Wandel organisationaler Strukturen und Prozesse gerade auch für die Entstehungsphase von Organisationen und insbesondere für die Entstehung einer neuen Organisationspopulation (z.B. in Verbindung mit der Entwicklung und Implementierung neuer Technologien) gilt. Bei Aldrich (1999, 75ff. u. 223ff.) findet man hierzu ausführliche Begründungen, die sich auf eine Sammlung empirischer Belege stützen. So müssen *nascent entrepreneurs* (vgl. zu diesem Begriff ebd., 77f.) befähigt sein, ein soziales (Unterstützungs-)Netzwerk aufzubauen, um der in Startphasen besonders großen Gefahr des Scheiterns entgehen zu können.[159] Wie die folgende Abbildung zeigt, spielen auch bei der Etablierung neuer Populationen von Organisationen Strategien eine entscheidende Rolle, die zur Sicherung kognitiver und soziopolitischer Legitimität[160] auf die Entwicklung eines Beziehungsnetzwerkes gerichtet sind.

---

159 „Social networks play a significant role in many facets of organizational emergence. Indeed, the larger network structure in which entrepreneurs are embedded constitutes a significant portion of their opportunity structure (Aldrich and Whetten 1981). Nascent entrepreneurs' *personal networks* – the set of persons to whom they are directly linked – affect their access to social, emotional, and material support. All nascent entrepreneurs draw upon their existing social networks and construct new ones in the process of obtaining knowledge and resources for their organizations. Regardless of their personal networking abilities, nascent entrepreneurs who occupy impoverished social locations may find themselves cut off from emerging opportunities and critical resources." (Aldrich 1999, 81)

160 „*Cognitive legitimacy* refers to the acceptance of a new kind of venture as *a taken for granted* feature of the environment. … *Sociopolitical legitimacy* refers to the acceptance by key stakeholders, the general public, key opinion leaders, and government officials of a new venture as appropriate and right." (Aldrich 1999, 230)

Abbildung 8: Strategies facilitating the growth of new populations (Quelle: Aldrich 1999, 232)

Level of analysis		Cognitive strategies		Sociopolitical strategies	
	Learning	Cognitive legitimacy	Moral legitimacy	Regulatory legitimacy
Organizational	Create knowledge base through experimentation	Link new ventures to the past via symbolic language and behaviors	Build on local networks of trust	Avoid entanglement with government agencies as long as possible
Within-population	Deepen a knowledge base by encouraging convergence around a dominant design	Collaborate to create standard-setting bodies	Foster perceptions of reliability by mobilizing to take collective action	Present a united front to political and government officials
Between-population	Spread knowledge base by promoting alliance and third party activities	Create cross-population groups and associations	Develop a reputation of a new activity as a reality by negotiation and compromise with other industries	Co-opt government agencies as allies against competing populations
Community	Solidify a knowledge base by creating linkages with established educational curricula	Cooperate with independent certifying institutions	Embed legitimacy by organizing collective marketing and lobbying efforts	Embed the population within the political system via PACs and hiring of former government officials

Aldrich zeigt anhand der Biotechnologie- und der Web-Branche, dass auch bei der Evolution *organisationaler Communities*[161] die Etablierung und Pflege von Beziehungsnetzwerken von elementarer Bedeutung ist. Schließlich verdeutlicht Aldrich, dass die Emergenz einer *Community of Practice*[162] und die Herausbildung einer organisationalen Wissensbasis – die mit der Reduktion von Ambiguität und strategischer Unsicherheit einhergeht – nicht ohne

---

161 „An organizational community is a set of coevolving populations linked by ties of commensalism and symbiosis. *Commensalism* refers to competition and cooperation between similar units, whereas *symbiosis* refers to mutual interdependence between dissimilar units." (Aldrich 1999, 198)

162 Unter *Community of practice* versteht Aldrich (1999, 141) „the patterned social interaction between members that sustains organizational knowledge and facilitates its reproduction." Während Aldrich die Entwicklung von *Communities of practice* im Wesentlichen innerhalb von Organisationsgrenzen verortet (vgl. zu seinem Verständnis des Charakters und der Dynamik von Organisationsgrenzen ebd., 113ff.), sind nach Wenger *Communities of practice* vor allem auch ein organisationsübergreifendes Phänomen mit Konsequenzen für die soziale Identität der beteiligten Akteure (vgl. Wenger 1998).

Bezugnahme auf die gemeinsame Konstitution eines sozialen Beziehungsnetzwerkes verstanden werden kann.

Man kann ohne Übertreibung sagen, dass ein Großteil des Werkes von Aldrich einer prozessorientierten (mikroanalytischen) Betrachtung von Organisationsdynamik gewidmet ist, die den strategischen Umgang mit Unsicherheit auf Basis der Entstehung, Stabilisierung, Veränderung und Auflösung von Beziehungsnetzwerken ins Zentrum stellt. Organisationen selbst werden hierbei als zielorientierte, grenzerhaltende und sozial konstruierte Aktivitätssysteme definiert (vgl. ebd., 2ff.), was nicht im Widerspruch zu Vorstellungen von Organisationen als kollektive Akteure steht. Vor einem handlungstheoretischen Hintergrund kann (wie schon in Bezug auf Weick, vgl. weiter oben *Anmerkung 155*) kritisiert werden, dass Aldrich sich auf kognitive Handlungsdimensionen konzentriert und hierbei die Machtdimension und – sieht man von der Diskussion organisationaler Lernprozesse als Anpassungsprozesse einmal ab – auch die kreative Dimension des Handelns vernachlässigt. In Bezug auf die Identitätsbildung individueller und kollektiver Akteure wird vornehmlich die soziale Identität und damit die Einbettung des Handelns in soziale bzw. gesellschaftliche Systeme thematisiert. Hierbei bleibt das Spannungsverhältnis zwischen Freiheit (Autonomie) und Zwang bzw. zwischen Einwirkung und Anpassung unterbelichtet (vgl. zum Identitätskonzept im folgenden Kapitel). Auffallend ist außerdem, dass organisationsinterne Strukturen, Beziehungen und Prozesse nur wenig Beachtung finden, was sicherlich auch auf ein generelles Manko der von Aldrich gesichteten evolutionstheoretisch orientierten Literatur zurückzuführen ist.[163] Jenseits solcher Fokussierungen scheint an verschiedenen Stellen des Werkes von Aldrich ein konstitutionstheoretisches Verständnis von Organisationsdynamik durch, was sich vor allem in dem angenommenen Ineinandergreifen und der Gleichzeitigkeit von Variations-, Selektions- und Retentionsprozessen äußert. Dies zeitigt die folgenschwere Konsequenz, dass die Abgrenzung bzw. Bestimmung von Evolutionseinheiten und Evolutionskriterien sich in den Evolutionsprozessen selbst vollzieht bzw. erst als deren Ergebnis greifbar wird und nicht solchen Prozessen quasi äußerlich – auch im Sinne einer theoretischen Hypothese – vorausgesetzt werden kann. Dies soll an einem längeren Zitat verdeutlicht werden, das Aldrichs Schlussfolgerungen für den Bereich der *Community-Evolution* wiedergibt:

„The coevolution of an organizational community depends on the simultaneous processes of variation, selection, retention, and struggle at the population level, aggregated across the many populations constituting the community. What emerges are new dynamics that affect the subsequent evolution of populations within the community. Variation arises through processes such as technological innovations, foundings of new firms, pro-active legitimization strategies adopted by entrepreneurs and firms, and collective action attempts by sets of firms and populations. Selection forces are found in such processes as the struggle over a dominant design and the fit between legitimization strategies and prevailing social and cultural norms. Selection forces are also apparent in venture capitalists, responses to entrepreneurs, attempts to raise funds, and successful solutions to the free rider problem developed by organizations pursuing collective action. Retention forces are reflected in processes such as the embedding of a dominant design in the architecture of new products and processes, and the institutionalization of a population's human resource needs in college curricula. They are also found in the tacit and informal rules used by venture capitalists to evaluate applicants, and the bureaucratization of the associations created by collective action. Thus, the same evolutionary model used to explain organizational foundings and the emergence of new populations can also be applied to community evolution." (Aldrich 1999, 329)

---

163 Vgl. im Unterschied hierzu die Skizze möglicher Entwicklungspfade von Organisationen auf Basis des Zusammengreifens interner und organisationsübergreifender Machtbeziehungen und -strategien in Küpper/Felsch (2000, 131ff.).

Dass Aldrich – wie der letzte Satz zeigt – dasselbe *evolutionary model* für verschiedene Ebenen, Stufen und Phasen der Organisationsdynamik für anwendbar hält, ist letztlich dem Umstand geschuldet, dass es sich gerade nicht um ein Modell mit eigenständigem theoretischen Gehalt, sondern um ein Begriffsschema zur Einordnung von Momenten der Veränderung und Stabilisierung der Organisationslandschaft handelt, auch wenn der Begriff der *forces* etwas anderes nahe legen könnte.

Aldrich unternimmt den Versuch, andere organisationstheoretische Ansätze in seinen *evolutionary approach* zu integrieren. Die Ergebnisse sind in den beiden folgenden Abbildungen 9 und 10 wiedergegeben.

Abbildung 9: Six perspectives on organizations: relation to evolutionary theory[164]

Perspective	Variation, selection, and retention	Transformation
Ecological	• Variation introduced via new organizations • Selection results from fit between organizations and environment • Retention through external pressures and internal inertia	• Organizations are structurally inert and slow to change • Selection and transformation are fundamentally related
Institutional	• Variations introduced from external origins, such as imitation • Selection via conformity • Retention through transmission of shared understandings	• Organizations change when forced to do so • Institutionalization makes many kind of change unimaginable
Interpretive	• Variation introduced as people negotiate meaning through interaction • Selection via emergent understandings and compromise • Retention is problematic; depends on learning and sharing	• Organizations are not very inert • Discontinuities are frequent
Organizational learning	• Variation introduced via problemistic search or information discontinuities • Selection results from fit to target aspiration level or existing organizational knowledge • Retention in programs, routines, and culture	• Organizations are open to change • Most change is incremental, rather than radical
Resource dependence	• Variation introduced as managers try to avoid dependence • Selection via asymmetric power relations • Retention a temporary result of coalitions and bargaining	• Organizations are strongly subject to external control • But, managers are active agents in trying to control their environments
Transaction cost economics	• Variation introduced via intendedly rational action • Selection involves actions to minimize transaction costs • Retention via transaction-specific investments	• Organizations are open to change in response to market conditions • But, transaction-specific investments limit adaptability

164 Quelle: Aldrich (1999, 44).

Abbildung 10: Six perspectives: contributions to understand organizational evolution[165]

Perspective	Evolutionary implications
Ecological	• Emphasis on long-term volatility at population level: foundings and disbandings • Focused on building empirical generalizations through cumulative research and hypothesis testing
Institutional	• Emphasis on the socially constructed nature of organizations and populations • Allows theorists to link events at multiple levels of analysis
Interpretive	• Allows room for the play of chance and creativity • Treats people as active agents determining their own fate • Emphasizes direct observation of social life in the field
Organizational learning	• Builds explicit models of how environments affect organizations • Allows theorists to link multiple levels of analysis • Implicitly based on a variation-selection-retention model
Resource dependence	• Emphasizes strategies used by organizations to change their own environments • Allows theorists to link multiple levels of analysis
Transaction cost economics	• Advocates the explicit statement of assumptions and propositions • Emphasizes examining the costs and benefits of alternative organizational arrangements

Es ist sicherlich begrüßenswert und nützlich, organisationstheoretische Ansätze danach zu befragen, welchen Beitrag sie zur Erklärung oder Deutung von Organisationsdynamik leisten (können), und von welchen Annahmen hierbei ausgegangen wird. Wie Abbildung 9 zeigt, bleiben die verschiedenen Ansätze hierbei zunächst unverbunden und mit z.T. widersprüchlichen Annahmen und Ergebnissen nebeneinander stehen. Dies ist nach dem zuvor Gesagten nicht weiter verwunderlich, weil die Begriffe der *Variation, Selektion, Retention* und *organisationale Transformation* keine eigenständige Integration der theoretischen Perspektiven anleiten können. Obwohl in Abbildung 10 darüber hinaus neben dem Forschungsdesign Implikationen der verschiedenen theoretischen Ansätze für eine mögliche *Theorie der Evolutionsdynamik* aufgezeigt werden, gilt gerade auch hierfür, dass der *evolutionary approach* selbst keinen Beitrag zur Konstruktion einer solchen integrativen Theorie leisten kann.[166] Deshalb kann Becker (2004) zugestimmt werden, der in seinem (HWO-)Überblicksbeitrag zum evolutionstheoretischen Ansatz lapidar feststellt, dass die konzeptionelle Integration und Integrierbarkeit der Ansätze in den *evolutionary approach* weitgehend unausgearbeitet bleibt und wenig überzeugend ist.

---

165 Quelle: Aldrich (1999, 73).
166 Nach gängiger Abgrenzung wird von den bei Aldrich angegebenen Ansätzen nur der populationsökologische Ansatz zu den evolutionstheoretischen Ansätzen gezählt (vgl. Kieser 1995, Kieser/Woywode 2002). Welche Probleme bei der theoretischen Integration auftreten können, kann man sich vergegenwärtigen, wenn man z.B. versuchen würde, den populationsökologischen Ansatz mit dem interpretativen Ansatz zu verbinden. Zu einem vergleichsweise leichten Verbindungsversuch vergleiche unsere Integration der Transaktionskostentheorie in einen erweiterten handlungstheoretischen Bezugsrahmen in Küpper/Felsch (2000, 315-332).

4 Organisationsdynamik als Konstitutionsprozess kollektiver Akteure

In diesem Kapitel werden konzeptionelle Basiselemente einer konstitutionstheoretischen Analyse der Organisationsdynamik vorgestellt, die es erlaubt, der Relationalität und Potentialität organisationalen Handelns bzw. der Prozessualität von Organisationen als kollektive Akteure Rechnung zu tragen. Zunächst wird der *mikropolitische Ansatz der Organisationsforschung (Abschnitt 4.1)* im Hinblick auf seine grundlegenden Sichtweisen von sozialen Beziehungen als *Machtbeziehungen*, von mit Machtinstitutionalisierung einhergehenden *Machtspielen* sowie hieran anknüpfender *Managementmacht* skizziert (*Abschnitt 4.1.1*). Weiterhin wird das diesem Ansatz zugrunde liegende konstitutionstheoretische Verständnis der Beziehungen zwischen *Handlungen* und *normativen* sowie *faktischen Strukturen* erörtert (*Abschnitt 4.1.2*). Im Anschluss daran geht es um Fragen der systematischen Einbeziehung von Kreativität in die handlungstheoretische Analyse. Hier wird auf die umfassende Studie zur *Kreativität des Handelns* von Hans Joas (1992) Bezug genommen, der die Idee des amerikanischen Pragmatismus in Hinblick auf Folgerungen für die Handlungs- und Gesellschaftstheorie zu artikulieren sucht und *Konturen einer allgemeinen Handlungstheorie* verdeutlicht (*Abschnitt 4.2*). Auch im Prozessansatz von Stacey (2001) wird zur Klärung von Grundfragen der Ermöglichung menschlichen Handelns und besonders der Kommunikation – kommunikative Prozesse, die so verstanden werden, dass sie stets *zugleich* Stabilität und Veränderung von Organisationen bewirken – auf pragmatistisches Gedankengut zurückgegriffen. Eine in diesem Zusammenhang besonders interessante Idee Staceys besteht in der Zusammenführung pragmatistischer und komplexitätstheoretischer Perspektiven auf dem Wege der Analogienbildung (*Abschnitt 4.3*). U.a. wird gezeigt, dass auf der fundamentalen Ebene der theoretischen Auseinandersetzung nicht nur die von Stacey entwickelte Sicht *komplexer responsiver Prozesse in Organisationen* von einer Verbindung zwischen macht- und identitätstheoretischen Konzepten profitieren könnte. Nachdem die Möglichkeit einer solchen, in relevanten sozialwissenschaftlichen Kontexten bisher nicht hergestellten Verbindung im Sinne der *Dualität von Macht und Identität* vorgestellt worden ist (*Abschnitt 4.4*), wird schließlich der Frage nachgegangen, auf welche Weise sich ein konstitutionstheoretisches Verständnis des Interaktionsverhaltens von Individuen auf Organisationen als kollektive Akteure übertragen lässt, so dass gehaltvoll zwischen *individuellen* und *kollektiven Identitäten* und *Rationalitäten* unterschieden werden kann (*Abschnitt 4.5*).

4.1 Mikropolitische Organisationsanalyse

Mikropolitische Analysen werden durch die Annahme geleitet, dass jedes Handeln von Akteuren in, für oder mit Bezug auf Organisationen stets auch ein Handeln unter Beachtung und in Verfolgung eigener Interessen ist. Dieses Handeln macht in dem Deutungsrahmen, den Akteure in ihrer jeweiligen organisationalen Handlungssituation ausbilden, dadurch Sinn, dass keine bessere Handlungsalternative für die Verfolgung der eigenen Interessen aktiviert werden kann. Für organisationale Handlungssituationen sind *Handlungsinterde-pendenzen* und hieraus folgende *strategische Unsicherheiten* konstitutiv, d.h. die Abhängigkeit der Handlungsmöglichkeiten und Handlungsergebnisse eines Akteurs von den Handlungen anderer Akteure, die zwar nicht zufällig, aber ex ante unbestimmt sind. Organisationale Akteure entwickeln deshalb ein Interesse an Ressourcen und Ereignissen, die von anderen Akteuren kontrolliert (genutzt, zugewendet, herbeigeführt, verhindert etc.) werden können und deren (auch teilweise) Kontrolle durch den Akteur selbst für ihn von Nutzen wäre; entweder indem sie seine Bedürfnisse unmittelbar befriedigen, oder indem sie ihm als Mittel für seine (zukünftige) Bedürfnisbefriedigung dienlich sind, z.B. indem sie seine Handlungsmöglichkeiten erweitern. Allgemein geht es also um Interessen eines Akteurs an den Handlungsmöglichkeiten anderer Akteure. Um nun bei diesen anderen Akteuren die gewünschten Handlungsbereitschaften auszulösen, muss der Akteur selbst über Handlungsmöglichkeiten verfügen, die für diese anderen Akteure von Interesse sind. Sie werden – bei rationalem Verhalten – nur dann entsprechende Handlungsbereitschaften zeigen (mitteilen), wenn der Akteur seinerseits eine von ihnen gewünschte Handlungsbe-reitschaft signalisiert. Die Verständigung über solche wechselseitigen Handlungsbereit-schaften setzt Kommunikation (Interaktion) voraus, ist also an Kommunikationskompetenz als wesentliche Basis der sozialen Handlungskompetenz von Akteuren gebunden. Die in Organisationen auf Dauer gestellten Interessen, Handlungsmöglichkeiten und Handlungs-interdependenzen führen über die Konstitution wechselseitiger Handlungsbereitschaften zur Entstehung sozialer Beziehungen zwischen organisationalen Akteuren. Im Rahmen der mikropolitischen Organisationsanalyse werden soziale Beziehungen als *Machtbeziehungen* verstanden.

4.1.1 Machtbeziehungen, Machtspiele und Managementmacht

An dieser Stelle bietet sich für mikropolitische Analysen ein besonderer relationaler Machtbegriff an: *Macht* wird als soziales Konstrukt verstanden, das als Dimension sozialer Beziehungen interessenorientierte und gegenseitig aufeinander bezogene Handlungsbereit-schaften konstituiert. Eine *Machtbeziehung* ist hiernach der Bedingungs- und Bedeutungs-rahmen, der die Umsetzung von Handlungsbereitschaften in konkretes Handeln, d.h. den konkreten sozialen Austausch oder die gegenseitige Übertragung von Kontrolle über Res-sourcen und Ereignisse verständlich bzw. verstehbar macht. Die *Macht eines Akteurs* ist sein mehr oder weniger großes Vermögen, in Bezug auf je konkrete Machtbeziehungen die von ihm gewünschte Handlungsbereitschaft anderer Akteure zu erzeugen oder aufrecht-zuerhalten, so dass er mit mehr oder weniger großer Wahrscheinlichkeit auch ein bestimm-tes Handeln dieser anderen Akteure erwarten kann. Machtausübung eines Akteurs ist sein Versuch, die anderen Akteure innerhalb der Machtbeziehung zu veranlassen, ihre Hand-lungsbereitschaften in das von ihm gewünschte konkrete Handeln zu überführen.

Machtbeziehungen werden durch duale *Informations- und Kommunikationsaktivitäten* angebahnt:

1. die Suche nach und die Erschließung von Informationen über die Handlungssituation anderer Akteure, um die für eigene Interessen und Handlungsmöglichkeiten relevanten

Handlungspotentiale und Interessen anderer Akteure beurteilen zu können (*strategische Informationssuche*);

2. die Signalisierung der eigenen Interessen und Handlungsmöglichkeiten gegenüber anderen Akteuren, um diese anderen Akteure für dieses Handlungspotential und diese Interessen zu interessieren (*strategisches Informationsangebot*).

Die Entstehung von Machtbeziehungen kann deshalb als Verhandlungsprozess gedeutet werden, bei dem die strategische Informationssuche und das strategische Informationsangebot mehrerer Akteure wechselweise aufeinander stoßen. Entsprechend erfolgt die Ausübung von Macht innerhalb einer Machtbeziehung durch duale *Handlungsstrategien*:

1. das Bemühen eines Akteurs, laufend zu überprüfen, ob seine Interessen durch das Handeln der anderen Akteure in einer Weise verwirklicht werden, wie er es mit Bezug auf sein eigenes Handlungsangebot ursprünglich erwartet hatte, ob also sein Vertrauen insofern gerechtfertigt war (*strategische Aufklärung*);

2. das Bemühen eines Akteurs, die anderen Akteure durch sein eigenes Handeln davon zu überzeugen, dass deren Interessen in einer Weise verwirklicht werden, wie diese es ursprünglich erwartet hatten, dass er also das ihm von den anderen Akteuren entgegengebrachte Vertrauen insofern rechtfertigt (*strategische Überzeugung*).

Die Dynamik von Machtbeziehungen wird also durch einen Interaktionsprozess geprägt, bei dem die strategische Aufklärung und die strategische Überzeugung mehrer Akteure wechselweise aufeinander stoßen. Alle genannten Verhaltensweisen bzw. Aktivitäten, die der Entstehung, Aufrechterhaltung oder auch Beendigung von Machtbeziehungen dienen, können als *Machtstrategien* bezeichnet werden. In Bezug auf je unterschiedliche Konstellationen von Interessen, Ressourcen und Handlungspotentialen bieten sich verschiedene Differenzierungen von Machtstrategien an. Besteht beispielsweise das Handlungspotential eines Akteurs in Relation zu den Interessen eines anderen Akteurs darin, diesem Akteur Schaden zufügen zu können, so sind bei seinem Überzeugungsversuch Drohungen und Warnungen zu erwarten. Will er hingegen dem anderen einen positiven Nutzen in Aussicht stellen, so sind Versprechungen und Empfehlungen die Regel.

Um über Macht zu verfügen, d.h. eine Machtbeziehung aufrechtzuerhalten, muss man zumindest teilweise die Erwartungen der anderen erfüllen. Löst ein Organisationsmitglied keines der für seinen Aufgabenbereich und Sachverstand spezifischen Probleme, so versiegt seine Machtquelle; löst er alle entsprechenden Probleme, so wird sein Verhalten – mit derselben Wirkung – vorhersehbar, kann dann also von anderen mit Sicherheit einkalkuliert (eingeplant) werden. Die in der Dynamik von Machtbeziehungen sich wechselweise konstituierenden Abgrenzungen und Verschränkungen von Handlungsspielräumen können als Genese von impliziten Spielregeln gedeutet werden, die schließlich ein Spiel definieren, das die partielle und kontingente Integration der beteiligten Akteure mehr oder weniger sicherstellt (genauer: als theoretisches Konstrukt eine von außen beobachtete Integration verständlich macht). *Machtspiele* sind Ausdruck aufeinander bezogener Machtstrategien von Akteuren, in denen je nach Machtverteilung durch Austausch von Kontrollmöglichkeiten die Handlungen der Beteiligten kanalisiert werden, so dass strategische Unsicherheiten mehr oder weniger vermindert werden. Das Ausmaß der Unsicherheitsreduktion ist an den Spielregeln ablesbar, auf die sich die Akteure jeweils geeinigt haben. Sie spiegeln die *inneren Machtverhältnisse* einer Organisation wider. Die Transformation von strategischer Unsicherheit in mehr oder weniger große Sicherheit, d.h. in erwartbare (kalkulierbare)

Aktionen und Reaktionen bzw. Interaktionsroutinen kann als Prozess der *Machtinstitutionalisierung* gekennzeichnet werden, der zu mehr oder weniger stabilen Machtverhältnissen führt.

In einem System sozialer Beziehungen ist die Macht eines Akteurs umso größer, je stärker er mit seinen Handlungen auf die Interessenverfolgung der anderen Akteure (positiv oder negativ) einwirken kann und je weniger er selbst bei seiner Interessenverfolgung durch die Handlungen der anderen Akteure berührt wird. Je größer seine relative Macht ist, umso mehr kann ein Akteur die auf sein eigenes Handeln bezogenen Handlungen der anderen Akteure vorherbestimmen und gleichzeitig sein eigenes Handeln für diese anderen Akteure unbestimmt und offen halten. Machtstrategien lassen sich in diesem Sinne auch als Bewältigung oder Handhabung von *Unsicherheitszonen* deuten. Bei dem schwierigen Versuch, organisationale Machtverhältnisse aufzudecken, kann man sich deshalb an organisationalen Unsicherheitszonen orientieren, die stets auch mit der personellen Verfügbarkeit und ungleichen Verteilung von Informationen und Wissen zusammenhängen, mit denen organisationales Handeln angeleitet und begründet wird. Die Ressource Wissen und Information ist allgegenwärtig, da sie auch alle Veränderungen und Übertragungen materieller und finanzieller Ressourcen anstößt, vermittelt und begleitet. Macht kann deshalb überall dort aufgebaut, verändert und eingeschränkt werden, wo menschliche Perzeptions-, Interpretations-, Bewertungs- und Überzeugungsleistungen bei der Gewinnung und Verarbeitung von Informationen und Wissen besonders gefragt sind.

Für die mikropolitische Analyse organisationaler Handlungssysteme ist eine analytische Unterscheidung zwischen Kooperations- und Konkurrenzbeziehungen wesentlich, die auf die Homogenität oder Heterogenität der Interessen von Akteuren Bezug nimmt und von der üblichen, nicht auf soziale Beziehungen gemünzten Unterscheidung zwischen Kooperation und Konkurrenz abweicht. Von einer *Kooperationsbeziehung* soll dann gesprochen werden, wenn sich Akteure mit ähnlichen Interessen zusammenfinden und ein Konsens darüber erreicht wurde, dass die Kopplung der Handlungspotentiale und eine hierauf gründende Interaktion (z.B. Teamarbeit) das gemeinsame Interesse fördert. Für die Dynamik einer solchen Beziehung sind das Vertrauen der Akteure in die Übereinstimmung ihrer Interessen und in das Zusammenpassen ihrer Handlungspotentiale (das „Synergiepotential") sowie die Bestätigung oder Enttäuschung dieses Vertrauens durch die gegenseitige Beobachtung ihrer Beiträge, Anstrengungen und Effektivitäten von grundlegender Bedeutung. Demgegenüber soll von einer *Konkurrenzbeziehung* die Rede sein, wenn Akteure mit heterogenen und konfliktären Interessen einen Konsens darüber erzielen, dass ein partieller Austausch bzw. eine gegenseitige Übertragung ihrer Handlungspotentiale für die je unterschiedlichen Interessen aller Beteiligten förderlich ist (z.B. Arbeitgeber-Arbeitnehmer-Beziehungen mit einem Austausch von Geld gegen Kontrolle von Arbeitspotential). Für die Dynamik dieser Beziehung ist grundlegend, dass der Interessen- oder Zielkonflikt trotz des Konsenses über die Austauschbedingungen offen bleibt und damit die laufende Überprüfung der Einhaltung dieser Bedingungen und Versuche, diese Bedingungen im je eigenen Interesse zu verändern, eine zentrale Rolle spielt.

Die vorgenommene analytische Unterscheidung ist in Verbindung mit den machttheoretischen Annahmen geeignet, Licht auf die Entstehung organisationaler Gruppen, Koalitionen und Allianzen zu werfen. Eine *Gruppe* soll dann vorliegen, wenn aufgrund enger Kooperationsbeziehungen in einem Kreis interagierender Akteure die Macht mehr oder weniger institutionalisiert ist. Von einer organisationalen *Gruppe im engeren Sinn* kann etwa gesprochen werden, wenn die Mitglieder demselben Arbeitsbereich angehören und denselben formalen Status besitzen, so dass sich eine weitgehend übereinstimmende organisationsbezogene soziale Identität herausbilden kann. Im anderen Fall ist der Begriff *Koalition* zweckmäßig, z.B. bei einer Gruppe aus Vorgesetztem und Untergebenen, bei einem multifunktionalen Team, aber auch für den Fall, dass die Mitglieder – bei organisationsübergreifenden Beziehungen – verschiedenen Organisationen angehören. Gruppenbildungen werden dadurch gefördert, dass für die Interessenverfolgung von Akteuren dieselben Unsicherheitszonen relevant sind. Eine *Gruppenbildung* von Akteuren ist umso wahrscheinlicher,

1. je mehr diese Akteure durch gemeinsames, aufeinander abgestimmtes Handeln für andere Akteure relevante Unsicherheitszonen erzeugen und kontrollieren können,

2. je mehr für diese Akteure gemeinsame Unsicherheitszonen von anderen Akteuren erzeugt und kontrolliert werden können und

3. je kleiner und homogener (bezüglich Interessen und Ressourcen) die Menge der jeweils genannten anderen Akteure ist.

Mit (1) sind die Chancen der aktiven Interessendurchsetzung gegenüber anderen Akteuren, mit (2) die Möglichkeiten der Verteidigung oder Absicherung der eigenen Interessenposition angesprochen. Mit (3) wird ausgedrückt, dass die Gruppenbildung erleichtert wird, wenn nur wenige Zielakteure (Individuen oder Gruppen) für ein koordiniertes Durchsetzungs- oder Verteidigungsverhalten in Betracht kommen. Stimmen nun die Zielakteure der Durchsetzungsstrategien (1) mit den Zielakteuren der Verteidigungsstrategien (2) aufgrund spezifischer Handlungsinterdependenzen überein, so kann eine Konkurrenzbeziehung entstehen, in der durch Verhandlung von Austauschbedingungen ein Interessenausgleich angestrebt wird. Je mehr ein solcher Ausgleich gelingt, je zufriedener also die beteiligten Akteure mit dem Verhandlungsergebnis sind, umso mehr findet eine Machtinstitutionalisierung in dieser Konkurrenzbeziehung statt. Man kann in diesem Fall von der Entstehung einer *Allianz* sprechen. Gruppen als Mitglieder einer solchen Allianz haben die Eigenschaften eines kollektiven Akteurs. Hiermit ist gemeint, dass sie eine kollektive Gruppenidentität und Rationalität entwickeln, dass ihnen Handlungspotentiale und Handlungen zugeordnet werden können und dass sie gegenüber anderen (individuellen oder kollektiven) Akteuren verhandlungs- und verantwortungsfähig sind; kurz: dass sie in Bezug auf Machtbeziehungen und Machtstrategien wie teilautonome individuelle Akteure behandelbar sind.

Machtspiele in Organisationen stehen in einem dualen Spannungsverhältnis von Kooperation und Konkurrenz; in der Regel sind organisationale Akteure in einem je unterschiedlichen Netzwerk sowohl von Kooperations- als auch von Konkurrenzbeziehungen eingebunden. Sind Akteure selbst nicht oder nur begrenzt in der Lage, ihre Interessen und Ressourcen zu bündeln und mit anderen Akteuren Kooperations- und Konkurrenzbeziehungen aufzubauen, so können u.U. Dritte durch Übernahme von Integrations- oder Maklerfunktionen weiterhelfen und daraus eigene Macht schöpfen. Eine solche – wenn man so will parasitäre – *Managementmacht* ist an den Knotenpunkten organisationaler Interaktion und Kommunikation angesiedelt; sie ist von der Expertenmacht aufgrund organisationsrelevanter Qualifikationen (Sachverstand) zu unterscheiden. *Integratormacht* kann durch Förderung von Gruppenbildungsprozessen an den Schnittstellen von Kooperationsbeziehungen aufgebaut werden (Macht des Linien- und Projektmanagement, u.U. auch von Organisations- und Personalabteilungen). *Maklermacht* lässt sich durch Herstellung befriedigender Austauschbedingungen an den Schnittstellen horizontaler und vertikaler Konkurrenzbeziehungen gewinnen. *Horizontale Konkurrenzbeziehungen* ergeben sich an den Schnittstellen des internen und externen Leistungsaustauschs oder der Leistungskopplung (Maklermacht des höheren Linien-, Produkt- und Qualitätsmanagement, von Planungs- und Controllingabteilungen). *Vertikale Konkurrenzbeziehungen* entstehen zwischen den hierarchischen Ebenen einer Organisation, wenn es um die Verteilung der organisationalen Wertschöpfung geht. Der häufige Fall einer Hybridfunktion, die den spezifischen Charakter sowohl einer reinen Integrator- als auch einer reinen Maklerfunktion verliert, ist die Funktion des *Verhandlungsführers*. Verhandlungsführer sollen zwar die jeweiligen Interessen ihrer Gruppe in Verhandlungen mit dem Führer der Kontrahenten-Gruppe vertreten, durch eine Kopplung von Integrations- und Vermittlungsfunktionen ergeben sich aber besondere Möglichkeiten des Aufbaus von Machtpositionen, die sich auf eine partielle Kollusion mit dem Verhandlungsführer der Gegenseite stützen. Integrator- und Maklermacht sind stets dadurch gefährdet, dass die Gruppen- bzw. Allianzmitglieder durch eine zu weitgehende Routinisierung ihrer Interaktionen die Integrations- bzw. Maklerfunktion für entbehrlich oder überflüssig halten. Es liegt deshalb im Interesse von Integratoren und Maklern, einen mittleren Grad der Machtinstitutionalisierung bzw. die Kontrolle über eine entsprechende Unsicherheitszone und die hiermit verbundene Unselbständigkeit der primären Akteure aufrecht zu erhalten. Dies gilt vor allem dann, wenn die Integrations-, Vermittlungs-, Abstimmungs- oder Koordinationsfunktionen in besonderen Schnittstellen-Positionen institutionalisiert werden (neben den Führungspositionen der Linie z.B. Stellen für Controller, Informationsmanager, Wissensmanager, Logistikmanager).

Managementmacht kann meist nur dann aufgebaut und gefestigt werden, wenn den jeweiligen Integratoren und Maklern von den Gruppen- und Allianzmitgliedern ein gewisses Maß an Neutralität attestiert wird. So besteht für Makler immer die Gefahr, dass sie sich von einer (der stärkeren) Seite vereinnahmen lassen und dass die andere (die schwächere) Seite dies erkennt. Die Neutralitätszuschreibung wird erleichtert, wenn sich die Integrations- oder Maklerfunktion mit einem spezifischen Expertenstatus für die zu lösenden Kooperationsprobleme (Effizienz- und Effektivitätsprobleme) oder Konkurrenzprobleme (Verteilungsprobleme) verbinden lässt. Der Neutralitätsanspruch gründet in diesem Fall auf dem Objektivitätsanspruch in Bezug auf die verwendeten Problemlösungsmethoden (z.B. Methoden der Arbeits- und Leistungsbewertung zur Begründung von Lohndifferenzierungen, Methoden des Rechnungswesens zur Begründung ausschüttungsfähiger Gewinne). Eine Professionalisierung des Expertenwissens kann zur Bildung organisationsübergreifender Maklerdomänen führen (vgl. etwa die Wirksamkeit des REFA-Verbandes sowie von Wirtschaftsprüfungsverbänden; betriebswirtschaftliche Experten als „hohe Priester" kapitalistischer Wettbewerbsgesellschaften).

4.1.2 *Handlung und Struktur – zur Konstitution normativer und faktischer Strukturen*

Wie bereits mit dem Begriff (implizite) *Spielregeln* angedeutet wurde, wird bei mikropolitischen Analysen von einem konstitutionstheoretischen Verständnis der Beziehungen zwischen Handlungen und Strukturen ausgegangen, das in allgemeiner sozialtheo-retischer Perspektive als sog. *Theorie der Strukturierung* (*Strukturationstheorie*) von Anthony Giddens (1988) ausgearbeitet wurde. Strukturen sind zugleich Ergebnis und Medium des Handelns; Strukturen ermöglichen und beschränken Handlungen, die ihrerseits Strukturen reproduzieren oder verändern (*Dualität von Struktur, Rekursivität von Handlung und Struktur*). Um das (stets kontingente) Konstitutionsverhältnis zwischen organisationalen Handeln und organisationalen Strukturen zu erfassen, ist eine Unterscheidung zwischen Geltung beanspruchenden normativen Strukturen und den im Handeln tatsächlich (re)produzierten faktischen Strukturen wesentlich. Zur *normativen Struktur* einer Organisation gehört vor allem ihre *Formalstruktur* als ein Verhaltenserwartungen begründendes System formaler Ziele, Rollen und Beziehungen, das sich als eine *komplexe disjunkte Herrschaftsstruktur* beschreiben lässt, die auf der Legalität von Verfügungsrechten beruht (vgl. Coleman 1991). In die normative Struktur einer Organisation sind daneben auch solche gesellschaftlichen Werte, Normen und Rollen einzuschließen, die – mit unterschiedlichen Legitimitätskriterien – auch für organisationales Handeln geltend gemacht werden. Die Entstehung sozialer Geltungsansprüche beruht auf komplexen kollektiven Prozessen der Generalisierung von Erwartungs-Erwartungen (reflexiven Erwartungen) zwischen sozialen Kollektiven, in denen Handlungsintentionen und -erwartungen zugleich externalisiert (entpersönlicht, versachlicht, objektiviert und für allgemein verbindlich erklärt) und internalisiert (als Handlungsprämisse in den Deutungsrahmen der Mitglieder eines Kollektivs aufgenommen) werden. In solchen Prozessen werden vor allem auch *soziale Identitäten* formiert, reproduziert und verändert. In den sozio-technischen Systemen moderner Gesellschaften ist die Ausdifferenzierung sozialer Identitäten mehr oder weniger eng mit der Herausbildung und wechselweisen Konstitution von Qualifikationen, Interessen und Rationalitäten verschränkt, die ihrerseits mehr oder weniger eng an die Externalisierung instrumenteller Rationalitäten in Form von Technologien mit zugehörigen Informations- und Ressourcenstrukturen gekoppelt ist. *Externalisierung* meint in diesem Sinne

einen Prozess, in dem menschliche Handlungskompetenzen zu systembezogenen Qualifikationen, menschliche Bedürfnisse zu systembezogenen Interessen und menschliche Vernunft zu systembezogenen Rationalitäten transformiert, konkretisiert und objektiviert („nach außen gestellt") werden. In diesem Sinne kann auch der Begriff Systemrationalität (und systemische Rationalisierung) verwendet werden..." (Küpper/Felsch 2000, 75 – im Original mit verschiedenen Kursivsetzungen)

Die Bedeutung sozialer Identitäten für organisationales Handeln besteht zum einen darin, dass der Strukturierungsprozess von Qualifikationen, Interessen und Rationalitäten Machtunterschiede zwischen sozialen Kollektiven (z.B. Ungelernte, Angelernte oder Spezialisierte, Facharbeiter, Professionelle oder Spezialisten) und damit die Bewusstheit von Machthabe oder Machtlosigkeit (den *sozialen* Status) für organisationale Handlungssituationen präformiert. Zum anderen kann es zu Unterschieden und Konflikten zwischen dem qualifikationsbedingten sozialen Status und den durch relative (z.B. hierarchische) Positionen der Formalstruktur bestimmten *formalen* Status kommen. Personal- oder Beschäftigungsstrategien von Arbeitgebern orientieren sich am organisationsspezifischen Wert von Qualifikationen. Soweit diese Strategien auf Organisationsbindung und organisationale Loyalität von Arbeitnehmern abzielen, handelt es sich um Versuche, soziale Identitäten in organisationale Identitäten zu transformieren (vgl. zu Problemen solcher Sozialisations- oder Identifikationsstrategien Hanft 1991; vgl. Küpper/Felsch 2000, 78).

Mikropolitische Analysen erhalten erst dann ein besonderes Gewicht, wenn nicht von vornherein eine Deckungsgleichheit zwischen normativen und faktischen Strukturen bzw. eine einseitige Anpassung faktischer an normative Strukturen unterstellt wird und wenn organisationales Handeln selbst Strukturierungswirkungen auf normativer und faktischer Ebene zeitigt (vgl. zum Folgenden Küpper/Felsch 2000, 48ff.). Für *faktische Strukturen* wird der übliche Begriff der *Verhaltensstruktur* einer Organisation verwendet. Hiermit ist das System der tatsächlich wirksamen (operativen) Handlungs- und Verhaltensregeln gemeint, die Akteure in ihrem Handeln zum Ausdruck bringen und damit – wie vorläufig auch immer – akzeptieren. Unter einer *Spielstruktur* sind diejenigen operativen Regeln der Verhaltensstruktur zu verstehen, die sich in den Machtbeziehungen der Akteure herausgebildet haben und von den Beteiligten als gemeinsame Grundlage ihres je unterschiedlichen strategischen Verhaltens akzeptiert werden, über die also Konsens besteht. Durch die Spiele der Akteure wird diese Spielstruktur nur insoweit reproduziert, als sich die Beteiligten an die Spielregeln halten und damit den fortdauernden Konsens signalisieren. Für ein Verständnis der Organisationsdynamik ist es zweckmäßig, die spielgebundenen Regeln analytisch von solchen normgebundenen Elementen der Verhaltensstruktur zu unterscheiden, die durch Anpassung organisationaler Akteure an die Geltungsansprüche der Formalstruktur sowie an organisationsexterne soziale Geltungsansprüche (Orientierung an sozialen Identitäten) entstehen und dann als (internalisierte) Selbstverständlichkeiten des Verhaltens die Strategien und Spiele der Akteure gewissermaßen von außen einrahmen. Auch wenn diese normgebundenen Regeln kollektiv geteilt werden, kann man insofern von einseitig akzeptierten Regeln sprechen, als die Einhaltung dieser Regeln weder davon abhängt, dass sich auch konkrete andere Akteure hieran halten, noch davon, dass dem Akteur im Austausch für die Regeleinhaltung von anderen konkreten Akteuren Vorteile gewährt werden, indem diese anderen Akteure etwa bestimmte andere Regeln einhalten (z.B. Mehrarbeit zu leisten, wenn der Vorgesetzte im Gegenzug private Telefongespräche duldet). In diesem Sinne kommen in einseitig akzeptierten Regeln die *äußeren Machtverhältnisse* einer Organisation zum Ausdruck. Bei Verwendung des Begriffs *Organisationskultur* ist darauf zu achten, ob hiermit kollektiv geteilte Regeln der normativen Struktur (geltende Regeln), der Verhaltensstruktur (akzeptierte Regeln) oder der Schnittmenge aus normativer und faktischer Struktur gemeint sind. Unterschiede zwischen den Kulturen von Organisationen desselben gesellschaftlichen Sektors (z.B. von Unternehmen einer Branche) werden sich jedenfalls eher in den Spielstrukturen als in den normativen Strukturen und den normgebundenen Regeln der Verhaltensstruktur finden lassen.

Auch wenn mikropolitische Analysen primär darauf gerichtet sind, die faktische Struktur einer Organisation – besonders ihre Spielstruktur – zu rekonstruieren, bleibt die Interpretation ihrer Verhaltensstruktur auf ein Verständnis ihrer normativen Struktur angewiesen. Die Formalstruktur einer Organisation, die mehr oder weniger ihre kollektive (System-) Rationalität verkörpert, ist schon deshalb wesentlicher Bezugspunkt organisationalen Handelns, weil sie über formale Anreiz- und Kontrollsysteme in Verbindung mit organisationsspezifischen Ressourcen und Qualifikationsanforderungen unmittelbar die Handlungspotentiale organisationaler Akteure beschränkt und die Verfolgung ihrer organisationsbezogenen Interessen kanalisiert. Hierbei ist zu beachten, dass Organisationen selbst kollektive Akteure darstellen, die ihre Handlungs- und Lernfähigkeit, d.h. ihre Rationalität, Flexibilität und Innovativität, nur sicherstellen können, wenn sie ihren (individuellen und kollektiven) Mitgliedern in Abhängigkeit von perzipierten Umweltunsicherheiten mehr oder weniger umfassende Handlungs- und Interaktionsspielräume belässt. Solche Spielräume, die über entsprechende akteurspezifische Deutungen, Beurteilungen und kreative Leistungen ein situationsgerechtes organisationales Handeln ermöglichen sollen, bilden gleichzeitig –

neben stets zu erwartenden Inkonsistenzen und Widersprüchen der Formalstruktur mit der Folge von Werte-, Normen- und Rollenkonflikten – die wesentliche Quelle der von den Akteuren kontrollierten organisationalen Unsicherheitszonen. Die (autorisierten) Geltungsansprüche und Sanktionspotentiale der Formalstruktur liefern deshalb eine basale Machtquelle, von der organisationale Akteure bei ihren Machtstrategien in Abhängigkeit von ihren besonderen Fähigkeiten und Interessen je unterschiedlich Gebrauch machen können. In diesem Sinne stellt organisationale Macht das vorrangige Medium dar, das die Zusammenhänge und Unterschiede zwischen normativen und faktischen Strukturen organisationalen Handelns konstituiert. Organisationale Akteure können die normative Struktur zum einen in Anspruch nehmen, um ihre *Durchsetzungsmacht* gegenüber anderen Akteuren zu erhöhen. Dies ist z.B. der Fall, wenn Vorgesetzte durch die Beurteilung ihrer Mitarbeiter Einfluss auf deren Einkommen und Karriere nehmen und hierbei die in jedem Beurteilungssystem (einschließlich allgemeiner Gerechtigkeitsstandards) mehr oder weniger vorhandenen Beurteilungsspielräume auch in Verfolgung eigener Interessen nutzen. Zum anderen kann der Rückgriff auf Elemente des normativen Regelsystems auch dazu dienen, die *Verteidigungsmacht* bei der Absicherung der eigenen Interessenlage zu stärken, indem etwa bestimmte Handlungen vermieden oder verhindert werden (*Vermeidungs-* oder *Verhinderungsmacht*). Ein häufiger, besonders eklatanter Fall entsteht dadurch, dass ein mit Richtlinien, Plänen oder standardisierten Handlungsprogrammen konformes Handeln nicht oder nicht mehr den momentanen Situationsanforderungen entspricht und ein *Dienst nach Vorschrift* das normale Funktionieren der Organisation gefährdet. Vorgesetzte sind dann u.U. darauf angewiesen, selektiv in für sie selbst unkritischen Situationen Verletzungen von Vorschriften zu tolerieren, um hiermit die Bereitschaft von Untergebenen zu erkaufen, in kritischen Situationen mehr oder anderes zu tun als die Vorschriften beinhalten (vgl. Küpper/Felsch 2000, 37).

Auch wenn bei mikropolitischen Analysen stets die lokale, zeitliche und akteurspezifische Gebundenheit und Kontingenz von Spielstrukturen zu beachten und damit bei jeder Verallgemeinerung Vorsicht geboten ist, so kann man doch aus typischen Merkmalen unterschiedlicher Formal- und Ressourcenstrukturen in Verbindung mit machttheoretischen Erwägungen sinnvolle Hypothesen über zu erwartende typische Merkmale zugehöriger Spielstrukturen und die hieraus folgende Organisationsdynamik ableiten. Beispielsweise ist bei Formalstrukturen von Unternehmen, die durch Prinzipal-Agenten-Hierarchien gekennzeichnet sind, mit abnehmender Hierarchiestufe eine zunehmende Asymmetrie zwischen der Durchsetzungs- und der Verteidigungsmacht der jeweiligen Akteure zu erwarten, was in Verbindung mit ungestörtem Wachstum bzw. geringer Wettbewerbsintensität der Märkte eine die Innovations- und strukturelle Anpassungsfähigkeit mindernde Form der Machtinstitutionalisierung wahrscheinlich werden lässt (Entstehung von *Bewahrungskulturen* im Unterschied zu *Lernkulturen*) – eine in vielen Branchen während der sog. Wirtschaftswunderphase typische Form der Organisationsdynamik.

Für das konstitutionstheoretische Verständnis der Organisationsdynamik, das der Kontingenz und Zukunftsoffenheit sozioökonomischer Prozesse Rechnung trägt, ist ein Handlungsbegriff zentral, mit dem der in der sozialtheoretischen Forschung verbreitete Dualismus zwischen rationalem und kreativem („irrationalem") Handeln überwunden werden kann. Die folgenden Ausführungen verdeutlichen Konturen einer allgemeinen Handlungstheorie, die die Kreativität menschlichen Handelns in den Blick nimmt.

4.2 Rationalität und Kreativität des Handelns – Konturen einer allgemeinen Handlungstheorie

In letzter Zeit hat Joas (1992) den Versuch unternommen, die in rationalen und normativen Modellen vernachlässigte *Kreativität des Handelns* in den Mittelpunkt einer anthropologisch fundierten pragmatischen Handlungstheorie zu stellen; auch innerhalb von Modellen, die Handeln als normenorientiert oder als Nutzenverfolgung denken, lässt sich Kreativität nachweisen. Unter Rückgriff auf den amerikanischen Pragmatismus (James, Peirce, Dewey, Mead u.a.) und unter Zusammenführung verschiedener philosophisch-soziologischer Theoriestränge wird auf dem Wege der Rekonstruktion ein erweiterter Begriff rationalen Handelns eingeführt, der auf der in jedem Handeln zum Ausdruck kommenden *Körperlichkeit* und *Sozialität* aufbaut sowie auf einer *nicht-teleologischen Deutung der Intentionalität des Handelns* (vgl. ausführlich Küpper/Felsch 2000, 269ff.).

Joas stellt die scheinbare Selbstverständlichkeit von Zwecksetzung und zweckorientierten Handeln in der soziologischen Handlungstheorie unter Bezugnahme auf Deweys fundamentale Kritik am Ziel- bzw. Zweck-Mittel-Schema (vgl. Dewey 1939, 33ff.; 1949, 137ff.) in Frage,[167] die auf der Unterscheidung zwischen Zielen und Ergebnissen von Handlungen aufsetzt. Deweys Kritik richtet sich erstens gegen die Auffassung von *Zielen* als antizipierte Zukunftszustände, die s.E. nicht geeignet ist, die Bedeutung von Zielen für das *gegenwärtige* Handeln zu erfassen. Demgegenüber kann mit dem Begriff *ends-in-view* die Rolle von Zielen im gegenwärtigen Handeln im Sinne von Handlungsplänen bestimmt werden. Handlungspläne haben nach Dewey zweitens mit der einfachen Vorstellung klarer Handlungsziele, an die sich die Wahl der Mittel lediglich anschließt (Neutralität der Mittel gegenüber den Zielen), wenig gemein. Im Regelfall ist vielmehr davon auszugehen, dass die Zielklärung im Wechselspiel mit der Mittelwahl erfolgt, also eine *Reziprozität von Zielen und Mitteln* besteht:

> „Reziprozität von Zielen und Mitteln bedeutet .. ein Wechselspiel zwischen Mittelwahl und Zielklärung. Die Dimension der Mittel ist damit nicht neutral gegenüber der Dimension der Ziele. Indem wir erkennen, dass uns bestimmte Mittel zur Verfügung stehen, stoßen wir erst auf Ziele, die uns vorher gar nicht zu Bewusstsein kamen. Mittel spezifizieren also nicht nur Ziele, sie erweitern auch den Spielraum möglicher Zielstellung. ‚Ends-in-view‘ sind deshalb nicht vorschwebende Zukunftszustände, sondern Handlungspläne, die das gegenwärtige Handeln strukturieren. Sie leiten uns bei der Wahl zwischen verschiedenen Möglichkeiten des Handelns, werden aber auch selbst von unserer Wahrnehmung solcher Möglichkeiten beeinflusst." (Joas 1992, 227f.; vgl. Dewey 1949, 151)

Diese Perspektive einer wechselweisen Verschränkung von Ziel und Mittel verträgt sich nicht mit einer Sicht, bei der Zwecke in Form von Fremdzwang als dem Akteur äußerlich vorgegeben oder in Form von Selbstzwang als vom Handelnden selbst, gleichsam von „innen" – in beiden Fällen aber als *fixiert* – gedacht werden; sie betont vielmehr die Freiheit der Akteure, Ziele im Handeln jederzeit auch aufgeben oder revidieren zu können. Wenn hier also die Vorstellung von menschlichem Handeln als die Verfolgung vorgefasster Zwecke überwunden werden soll, dann geht dies auch mit der Zurückweisung der auf cartesianischen Trennungen zwischen Ich und Welt, Geist und Körper beruhenden Annahme einher, dass das menschliche Erkennen vom Handeln unabhängig sei, sich von diesem unab-

---

167 Auf diese Kritik wird im Übrigen auch bei Luhmann, wenn auch in einer anderen Verwendungsweise, zurückgegriffen (vgl. Joas 1992, 225f.).

hängig machen könne oder sollte. Die Alternative besteht darin, Wahrnehmung und Erkenntnis nicht so zu sehen, als ginge sie der Orientierung in der Welt und dem sich daran anschließenden Handeln voraus, sondern

> „als Phase des Handelns aufzufassen, durch welche das Handeln in seinen situativen Kontexten geleitet und umgeleitet wird. Die Setzung von Zwecken geschieht – in dieser alternativen Sichtweise – nicht in einem geistigen Akt *vor* der eigentlichen Handlung, sondern ist Resultat einer Reflexion auf die in unserem Handeln *immer schon* wirksamen, vor-reflexiven Strebungen und Gerichtetheiten. [...] Die Intentionalität selbst besteht dann in einer selbstreflexiven Steuerung unseres laufenden Verhaltens." (Joas 1992, 232)

Ein solches nicht-teleologisches, sondern *selbstreflexives* Verständnis von Intentionalität geht mit einer Auffassung von der menschlichen Wahrnehmung einher, bei der die Welt nicht als äußerliches Gegenüber, sondern als Modus möglicher Handlungen verstanden wird. Wahrnehmung basiert auf den je spezifischen Handlungsfähigkeiten, -erfahrungen und -dispositionen und gilt nicht der Beschaffenheit der Welt als solcher, sondern der praktischen Verwendbarkeit des Wahrgenommenen im konkreten Handlungskontext. Der körperlich-praktische Bezug zur Welt erlaubt den Umgang mit relativ unbestimmten Erwartungen (statt klar definierten Bewertungsschemata) und globalen (statt vollständigen, detailgenauen) Wahrnehmungen, die im Normalfall (solange nicht Handlungsprobleme auftauchen) ein praktisches Zurechtkommen in der Welt ermöglichen. Das flexible Zusammenwirken von *globalen* Erwartungen und *globalen* Wahrnehmungen beinhaltet im Regelfall bereits ein Urteil über den Charakter der Situation, in der Handeln stattfindet (den Handlungskontext) und über die Angemessenheit bestimmter Handlungsweisen. Aufgrund des *konstitutiven* (und nicht nur kontingenten) *Situationsbezugs menschlichen Handelns* ist nach Joas (ebd., 235)

> „der Begriff der ‚Situation' geeignet, an die Stelle des Zweck/Mittel-Schemas als erster Grundkategorie einer Handlungstheorie zu treten."

Mit Bezug auf Böhler (1985) lässt sich ein nicht-teleologisches Verständnis des Verhältnisses von Handlung und Situation als *quasi-dialogisch* charakterisieren. Um hier nicht einer Art behavioristischer Reduktion Vorschub zu leisten, wird eine Verbindung mit der Intentionalität des Handelns hergestellt (Joas 1992, 236):

> „Wenn ausschließlich die Situation als konstitutiv für das Handeln gedacht würde, dann verlöre die Intentionalität jeden Sinn. Aus diesem Dilemma heraus führt nur die Idee eines wechselseitigen Voraussetzungsverhältnisses von teleologischer und quasidialogischer Handlungsrelation. ,Situationsbezug und Zielbezug sind von vornherein miteinander verschränkt. Denn ohne, sei es auch vage *Zieldispositionen*, die in Gestalt von Bedürfnissen, Interessen und Normen *ante actu* gegeben sind, kann uns kein Ereignis als unsere Situation widerfahren, sondern es bliebe für uns bedeutungslos und stumm'." (Böhler 1985, 272f.)

Ziele und Pläne werden im Rahmen einer nicht-teleologischen Deutung von Intentionalität nicht als real wirkende Ursachen bzw. vorgefasste Ablaufschemata des Handelns verstanden, sondern als Produkte einer Reflexion auf immer schon wirksame *vorreflexive Quasi-Intentionen* in konkreten Situationen. Erst in Situationen, in denen sich der Handelnde bei der Fortsetzung vorreflexiv angetriebener Handlungsweisen gehindert sieht, erfolgt *Zwecksetzung* als reflexiver Akt der Bewusstwerdung und Beurteilung vorreflexiver Strebungen (vgl. Joas 1992, 238). Dieser reflexive Akt ist auf Werte und Ideale, z.B. Vorstellungen über eine gelungene Persönlichkeit oder eine gelungene Gemeinschaft, angewiesen, deren

Konkretisierung (wie die Befriedigung von Bedürfnissen) stets auch kreative Leistungen erfordert, so dass der Situationsbezug der Werte im menschlichen Handeln als genauso offen zu denken ist, wie der Situationsbezug der vorreflexiven Strebungen (vgl. ebd., 239; zur Entstehung von Werten ausführlich Joas 1997). Zwecksetzung ist also kein selbstverständlicher, sondern ein voraussetzungsvoller Zug menschlichen Handelns, der eine Verbindung des Realitätssinns mit der Fähigkeit zu Traum und Wunsch erfordert; sie geht mit der Konstitution einer subjektunabhängigen Wirklichkeit und dem Bewusstsein einher, dass aus Wünschen über realitätsgerechtes Handeln Wirklichkeit auch veränderbar ist.

Eine nicht-teleologische Deutung der Intentionalität als selbstreflexive Steuerung des laufenden Verhaltens trägt der Dualität von Struktur (Giddens) Rechnung und erlaubt, in fruchtbarer Weise an interaktionstheoretisch fundierte Identitätskonstrukte und Organisationskonzepte anzuknüpfen, die auf Macht als zentrale Dimension sozialen Handelns abstellen. Die von Joas in Konturen dargelegte *allgemeine Handlungstheorie* bietet damit wie kaum eine andere im Rahmen der deskriptiven Theoriebildung das Potential, die fundamentalen Probleme der Handlungstheorie, das Kausalitätsproblem und das Problem des Verhältnisses von Freiheit und Determinismus weiterführend zu diskutieren. Das ökonomische Verhaltensmodell geht in einem solchen allgemeinen Handlungsmodell auf bzw. ist als Spezialfall zu behandeln (vgl. Küpper/Felsch 2000, 237ff.).

Im Rahmen einer allgemeinen Handlungstheorie ist – wie oben bereits angedeutet wurde – auch die in der soziologischen Handlungstheorie bisher zumeist vernachlässigte[168] *Körperlichkeit des Menschen* von Bedeutung. Ihre Einbeziehung setzt die Überwindung des vorherrschenden aktivistischen Verständnisses von Handlung im Sinne einer fortlaufenden Hervorbringung einzelner Handlungsakte zugunsten der systematischen Berücksichtigung auch von Passivität, Sensibilität, Reziprozität und Gelassenheit voraus. Außerdem ist die handlungstheoretische Vorstellung vom Körper als beliebig verfüg- und beherrschbares Instrument normativ orientierten Handelns dahingehend zu korrigieren, dass neben der Herausbildung von *Körperkontrolle* auch deren Gegenteil, die intentionale Reduktion der Instrumentalisierung des Körpers, miteinbezogen wird.[169] Die Grenzen des aktivistischen Verständnis von Handlung und der Möglichkeit einer Instrumentalisierung des Körpers zeigen sich z.B. dort besonders deutlich, wo *passive Intentionalität* für erfolgreiches Handeln vorausgesetzt werden muss, z.B. bei der Absicht einzuschlafen oder bei der Überwindung von Blockaden in Problemlösungsprozessen (vgl. Merleau-Ponty 1965), sie zeigen sich aber auch in den für Menschen spezifischen Handlungsformen des Lachens oder Weinens, die als Ergebnisse eines *sinnhaften Verlustes von Intentionalität* gedeutet werden können (vgl. Plessner 1941). In Verbindung mit einem erweiterten Verständnis menschlichen Handelns sind richtungweisende Erkenntnisse vor allem aus der Forschung zur Entwicklung der Selbstgegebenheit des Körpers für den Handelnden zu erwarten. Joas plädiert vor dem Hintergrund der Erweiterung der *Theorie der Konstitution des Körperschemas* (von Paul Schilder) durch Merleau-Ponty dafür, die vorsprachliche Kommunikation des Kindes konsequent in die Erklärung des Körperschemas einzubeziehen. Dabei könnten Vorstellungen von George Herbert Mead zur *Konstitution permanenter Objekte* hilfreich sein. Die Konstitution permanenter Objekte setzt nach Mead bereits elementare Strukturen der Rollenübernahme voraus und lässt sich mit der Konstitution des Körpers als eigenen

---

168 Vgl. Joas (1992, 245), ähnlich Måseide (1986).
169 Vgl. Joas (1992, 247) und die ausführliche Analyse Goffmans (1959) zum Wechsel zwischen Körperkontrolle auf der Bühne des Lebens (*front stage*) und ihrer periodischen Lockerung hinter den Kulissen (*back stage*).

Leib verknüpfen, die durch soziale Selbst-Identifikation erreicht wird (vgl. Joas 1992, 267f.).

Für die Rekonstruktion des Begriffs *des rationalen Handelns* bzw. für die rekonstruktive Einführung des *autonomen Ich* in die Handlungstheorie greift Joas auf das im Rahmen der intersubjektiven Handlungstheorie stehende Konzept der *Identitätsbildung* von Mead (1968) zurück (zum Identitätskonzept vgl. weiter unten, *Abschnitt 4.4*), welches auf der Fähigkeit des Individuums zur Rollenübernahme basiert und einen nicht-individualistischen Begriff sozialen Handelns voraussetzt. Nach Mead besteht das Spezifikum menschlicher Kommunikation in der Verwendung signifikanter Symbole, d.h. in der Möglichkeit, in Bezug auf selbst hervorgebrachte Äußerungen und Handlungen das Antwortverhalten eines Handlungspartners zu antizipieren und dem eigenen Handlungen zugrunde zu legen. Kommunikation ist also an andere Individuen gerichtet – basiert daher auf sprachlichen Zeichen,[170] deren Bedeutung allgemein zugänglich ist – und gleichzeitig an das Subjekt selbst: das Individuum spricht zu anderen und zu sich selbst; indem es (aus der Haltung konkreter bzw. verallgemeinerter anderer) zu sich selbst spricht (konkretes bzw. abstraktes Denken), wird es zum Objekt. Die geistige Fähigkeit zugleich Subjekt und Objekt des eigenen Denkens zu sein, kennzeichnet menschliche Intelligenz (vgl. Mead 1980, 159) und ermöglicht es dem Individuum, sich selbst als Identität zu erfahren (vgl. ebd., 178ff.). Zugleich wird hiermit Verhaltenskoordination durch die Bildung wechselseitiger Verhaltenserwartungen ermöglicht, worin Mead den wesentlichen Grundzug menschlicher Sozialität sieht.

Rollenübernahme als Antizipation des situationsspezifischen Verhaltens eines Handlungspartners ist für die Ausbildung einer Bewertungsinstanz gegenüber den eigenen Triebimpulsen sowie für die Entwicklung eines einheitlichen Selbstbildes konstitutiv – eine Entwicklung, die von Mead radikal konstruktivistisch im Sinne einer vom Handelnden selbst zustande gebrachten Synthese gerade auch divergierender Erwartungen gedacht wird. Indem die Fähigkeit zur Rollenübernahme ein reflexives Verhältnis des Handelnden zu sich selbst ermöglicht, ist die Entwicklung kommunikativer Kompetenzen nach Mead zugleich wesentliche Bedingung für kognitives und moralisches Lernen. Die reflexive sprachliche Symbolisierung ist nicht als einseitige Einfluss- und Entwicklungsbeziehung zu verstehen; vielmehr erlaubt sie die wechselseitige Beeinflussung zwischen Individuen, die zur Veränderung sozialer Normen führen kann (vgl. Mead 1980, 211). Meads Begriffsstrategie zielt auf einen nicht-individualistischen Begriff sozialen Handelns. Sein Ausgangspunkt ist der *social act* – nicht im Sinne eines auf andere bezogenen individuellen Handelns, so dass soziales Handeln bloß als Spezialfall individuellen Handelns erschiene, sondern im Sinne einer komplexen Gruppenaktivität, bei der die individuellen Beiträge zur Handlungskoordination auf eine ursprüngliche Sozialität angewiesen bleiben. Diese ursprüngliche Sozialität ist nicht auf individuelle Handlungen reduzierbar. Gemeint ist nicht lediglich eine genetische Voraussetzung für den Erwerb von Handlungsfähigkeit, sondern eine für die Struktur allen Handelns wichtige Dimension. Vor allem die hiermit implizierte theoretische Verortung des Individuellen und des Sozialen auf *einer* ontologischen Ebene ist es, die Stacey (2001) im Rahmen seines Prozessansatzes dazu veranlasst, auf grundlegende Konzepte Meads (1934) zurückzugreifen und die Möglichkeit einer Übertragung von wesentlichen Erkenntnissen über komplexe adaptive Systeme auf menschliches Handeln und Lernen

---

170 Die besondere Bedeutung der vokalen Geste besteht nach Mead darin, dass wir uns selbst beim Sprechen hören können, wie andere uns hören, während entsprechendes etwa beim Sehen nicht der Fall ist.

auszuloten. Hierauf soll im Folgenden ausführlicher eingegangen werden, denn die von Stacey in jüngster Zeit eröffneten Perspektiven zu *komplexen, responsiven Prozessen in Organisationen* gelten zugleich dem Versuch, Evolutionsprozesse aus einer internen Dynamik heraus als gleichzeitigen Ausdruck von Identität und Differenz zu modellieren.

4.3 Komplexe, responsive Prozesse in Organisationen

Die in *Geist, Identität und Gesellschaft* entwickelten Perspektiven Meads setzen sich kritisch von Erklärungen der Entwicklung von Individuum und Gesellschaft in der evolutionären Psychologie ab, auf die auch im Rahmen institutionalistischen Denkens zurückgegriffen wird. Die Evolution von Geist und Gesellschaft wird dort in neo-darwinistischer Sicht als blinder, selbstsüchtiger, kompetitiver Prozess der natürlichen Selektion konzipiert. Kooperation lässt sich auf dieser Basis nicht erklären; sie kann allenfalls funktionalistisch im Sinne ihrer Zweckmäßigkeit für die Verbesserung der Überlebensfähigkeit, nicht jedoch im Sinne altruistischen Verhaltens behandelt werden. Auch Erkenntnisse, wie sie in spieltheoretischen Analysen zur Möglichkeit der *Evolution von Kooperation* von Axelrod (1984) vorgestellt worden sind, lassen sich nicht problemlos auf menschliche Interaktionen übertragen (zu den Gründen vgl. Stacey 2001, 77). Aus der sozialpsychologischen Sicht Meads erscheint vor allem die in der evolutionären Psychologie vertretene Auffassung, dass der Geist (Sinngebung, *mind*) – ab irgendeinem Punkt in der Evolution – als gegeben zu betrachten ist, wenig plausibel. Ebenso wenig ist es adäquat anzunehmen, dass der Geist der Gesellschaft vorangeht oder vice versa, wie es in den Computersimulationen des Gefangenendilemmas vorausgesetzt wird. Angemessen erscheint vielmehr eine Erklärung der Evolution von Geist, Selbst und Gesellschaft in ihrer wechselseitigen Verschränkung im Rahmen sozialer Interaktion. Soziale Sinngebung *(meaning)* entsteht damit in der responsiven Interaktion zwischen Handelnden; sie besteht im *social act*. Geist (auch Fantasie), Selbst und Gesellschaft entstehen gemeinsam im Medium der Sprache und – wie von Stacey (2001, 84) ausführlich dargelegt wird – von Körpern bzw. Gefühlen (*body rhythm, feeling states*); Geist und Selbst sind Handlungen eines Körpers. Bezugnehmend auf Mead sieht Stacey in Konversationsprozessen die Grundlage für sog. *complex responsive processes of relating*:

> „Mind/self and society are all logically equivalent processes of a conversational kind. Social interaction is a public conversation of gestures, particularly gestures of a vocal kind, while mind is a conversation of gestures between ‚I‘, ‚me‘, ‚other‘ and ‚group‘ in a silent, privat role play of public, social interaction. The result is self-referential, reflexive processes of sophisticated cooperation in the medium of symbols that constitute meaning. These processes, always involving the body and its feelings, both enable and constrain human experience and they are the basic forms of what I am calling complex responsive processes of relating.“

Stacey betont, dass diese konversativen Prozesse Kontinuität und Wandel von Geist, Identität und Gesellschaft vereinen. Dabei bildet die *Entwicklung des Selbst* im Zusammenspiel von *I* und *me* den theoretischen Dreh- und Angelpunkt. In der Unvorhersagbarkeit dessen, wie das *I* auf das *me* antwortet, in den zahlreichen Möglichkeiten einer Reaktion auf die Wahrnehmung der Erwartungen anderer an das eigene Verhalten, drückt sich nicht nur die

Autonomie des Individuums aus.[171] Hierin liegt auch die *Potentialität*, die die Entstehung des Neuen bewirken kann, das Potential für Transformation.

> „It is ... continuous spontaneous action in which patterns of action are continuously reproduced in repetitive forms as continuity, sameness and identity, and simultaneously as potential transformation of that identity. In other words, as with interaction between bodies, the social, so with interaction of a body with itself, mind, there is the experience of both familiar repetition of habit and the potential of spontaneous change. The process is not representing or storing but continuously reproducing and creating new meaningful experience. In this way, the fundamental importance of the individual self and identity is retained, along with the fundamental importance of the social. In this way too, both continuity and potential transformation are always simultaneously present." (Stacey 2001, 89)

Bezogen auf Meads grundlegende Ideen zur Entstehung des individuellen Selbst und zur menschlichen Interaktion schlägt Stacey die Bildung von Analogien zu Modellen von *komplexen adaptiven Systemen* vor. Komplexitätstheoretische Ansätze eignen sich schon aufgrund der mit jeder Simulation von abstrakten Interaktionsprozessen verbundenen, externen Betrachtungsperspektive nicht direkt für ein Verständnis menschlichen Handelns (vgl. Stacey 2001, 71). Die Interaktion zwischen Mustern von digitalen Symbolen kann, so Stacey (vgl. ebd., 75), überhaupt erst unter der Voraussetzung eine abstrakte Analogie zu menschlicher Interaktion bilden, dass menschliche Beziehungen mit Mead (1934) als Prozess der Interaktion im Medium von signifikanten Symbolen verstanden werden. Mit der Fokussierung auf „Interaktion" als Angelpunkt einer Analogienbildung wendet sich Stacey zugleich ausdrücklich gegen jedwede Form einer darüber hinausgehenden Analogienbildung zwischen komplexen adaptiven Systemen und menschlichem Handeln, weil diese unweigerlich mit den Beschränkungen systemtheoretischen Denkens behaftet wäre (vgl. ebd.).[172] Die Notwendigkeit für eine derartige Analogienbildung sieht Stacey darin, dass Meads Einsichten nicht weit genug reichen, um – was von Mead selbst selbstverständlich nicht beabsichtigt war – die Komplexität der Entstehung von Kohärenz bei einer größeren Zahl (z.B. Tausenden) von Individuen durch kontinuierliche zirkuläre Prozesse der Interaktion zu erklären. Hierzu könnte die Komplexitätsforschung wichtige Einsichten liefern (vgl. Stacey 2001, 92ff.), wie im Folgenden beispielhaft aufgezeigt wird.

In der Komplexitätsforschung wird die Eigenschaft von Interaktionen zwischen einer größeren Zahl von Einheiten im Medium digitaler Symbole betont, aus sich selbst heraus Ordnung herzustellen (*intrinsic ordering properties of interaction*). Unter den Bedingungen einer hohe Anzahl von Verbindungen zwischen genügend differenzierten Einheiten, die jeweils auf der Basis eigener, lokaler Prinzipien agieren, kommt die inhärente Kapazität des

---

171 Bezug nehmend auf Gergens (1999) Kritik an Mead, insbesondere an dem ungeklärten theoretischen Status des *I* und der damit letztlich nicht ausschließbaren Möglichkeit, dass das Reaktionsverhalten des Individuums sozial determiniert sein könnte, entgegnet Stacey (2001, 91): „I want to suggest, .. that the response is simultaneously called forth by the gesture of the other and selected or enacted by the responder. In other words, the response of the ‚I' is both being called forth by the other and being enacted, or selected by the history, biological, individual and social of the responder."
Unter Hinweis auf konstruktivistische Argumente fährt er fort: „What I am suggesting is a tension of movement in the response, a tension of selection/enactment and evocation/provocation at the same time. In this way, the reproduction and potential transformation of historical responses in the living present are held in tension with the reproduction and potential transformation of evocation." (Ebd.)

172 Damit vertritt Stacey in seinen neuesten Arbeiten offenbar eine differenziertere Position zur Frage nach der Übertragbarkeit von Erkenntnissen der Komplexitätsforschung auf Organisationen als in „Unternehmen am Rande des Chaos" (Stacey 1997).

Selbstorganisationsprozesses zur spontanen Produktion neuer kohärenter Muster zum Tragen. Analog zu abstrakten Systemen, die kohärente Muster hervorbringen und die die paradoxen Eigenschaften Kontinuität und Veränderung (Neues, *novelty*), Identität und Differenz vereinigen (vgl. auch in *Abschnitt 1.3* zur transformativen Teleologie), beinhaltet die Interaktion zwischen Menschen im Medium signifikanter Symbole das Potential, Formen sozialer Beziehungen mit Eigenschaften zu konstituieren, wie sie für *abstrakte Systeme* genannten wurden:

> „Abstract systems can pattern themselves where those patterns have the paradoxical feature of continuity and novelty, identity and difference, at the same time. By analogy, I understand the circular process of gesturing and responding between people who are different to be self-organizing relating in the medium of symbols with an intrinsic patterning capacity. In other words, patterns of relating pattern relating in ways that constitute both continuity and novelty, both identity and difference. This is what I mean by complex responsive process of relating ...“ (Stacey 2001, 93).

In dieser Sicht besteht keine Notwendigkeit, für die Erklärung kohärenten menschlichen Handelns nach irgendwelchen bisher nicht ausreichend beachteten Aspekten der Realität oder nach bisher vernachlässigten Mechanismen irgendeiner Art zu suchen, außer nach der Interaktion selbst. Eine Konsequenz besteht in diesem Zusammenhang auch in der Ablehnung von Konzepten wie Archetypen, Tiefenstrukturen, transzendentale Löcher, Gruppengeist, innere Welten, kollektives Unbewusstes, Gruppe als Ganzheit etc.

Stacey geht es weiterhin um ein Verständnis von komplexen responsiven Interaktionsprozessen als *fraktale Interaktionsprozesse*. Entscheidend ist hier die Wesensähnlichkeit fraktaler Phänomene unabhängig vom Maßstab, mit dem eine Betrachtung vorgenommen wird, und die Tatsache, dass kein Maßstab fundamentaler ist als ein anderer;[173] Individuum, Gruppe, Organisation und Gesellschaft bilden Phänomene derselben Art, befinden sich auf der gleichen ontologischen Ebene.

> „The individual mind/self is an interactive role-playing process conducted privately and silently in the medium of symbols by a body with itself and the group, organization and society are all also interactive processes in the medium of the same symbols, this time publicly and often vocally between different bodies.“ (Stacey 2001, 95)

Kulturen und soziale Strukturen werden im Sinne von Gewohnheiten, Routinen, Werten und Überzeugungen als *social acts* besonderer Art verstanden. In der Perspektive komplexer responsiver Prozesse handelt es sich hierbei um vorhersagbare, hochgradig repetitive Kopplungen zwischen Geste und Antwort, die im Rahmen sozialer Interaktion kontinuierlich reproduziert werden. Allerdings werden Gewohnheiten, Routinen etc. selten in *exakt*

---

173 Bezogen auf Meads Erklärung von Geist und Gesellschaft verdeutlicht Stacey diesen Punkt ausgehend von zwei Personen, die in einem physikalischen Kontext kooperativ operieren, wie folgt: „In a sense they collectively make a gesture to the physical context, which responds so that the physical context is forming the cooperative human action while it is significantly being formed by it. Looking more closely at the cooperative interaction itself, one sees a self-similar process of public, largely vocal gesturing and responding between the interacting individual bodies as they resonate with each other. Looking even more closely at one of the individuals in the group, one sees a self-similar process of gesturing and responding in a private, silent role play, a mirror of the vocal public processes that is forming them while it is being formed by them. Looking even more closely, one sees that this silent role play, as well as the public interaction with other people, is also a self-similar process in that body rythms are forming role plays and interactions while being formed by them (Stacey 2001, 94f. in Anlehnung an Dardik 1997).

der gleichen Form reproduziert; vielmehr ist ihre repetitive Reproduktion immer auch ein Stück weit von spontaner Variation begleitet, etwa wenn der Interaktionspartner oder der Kontext der Interaktion wechselt. Somit sind Gewohnheiten, Routinen, Werte und Überzeugungen auch nicht auf einer höheren ontologischen Ebene zu verorten, sondern Teil der Interaktion zwischen Menschen. *Habits* sind nicht als sozial geteilte mentale Inhalte zu verstehen, sondern als historische, repetitive Handlungen privater und öffentlicher Natur, die in der gelebten Gegenwart mit relativ geringer Variation reproduziert werden. Entsprechend lässt sich *Wissen* als die fortwährende Reproduktion *und* Transformation von Themen in der Interaktion (Konversation) zwischen Individuen verstehen.

> „Individual minds are continuously reproduced, that is historical, and potentially transformed privat role plays and silent conversations mirroring public communicative interaction. Evolving public communicative interaction of gesture-response triggers shifts in private role plays and silent conversations." (Stacey 2001, 96)

Auf der Basis der bisherigen Ausführungen lässt sich das Verständnis *komplexer responsiver Prozesse* wie folgt veranschaulichen:

Abbildung 11:   Gesture-response: the habitual and the spontaneous (Quelle: Stacey 2001, 97)

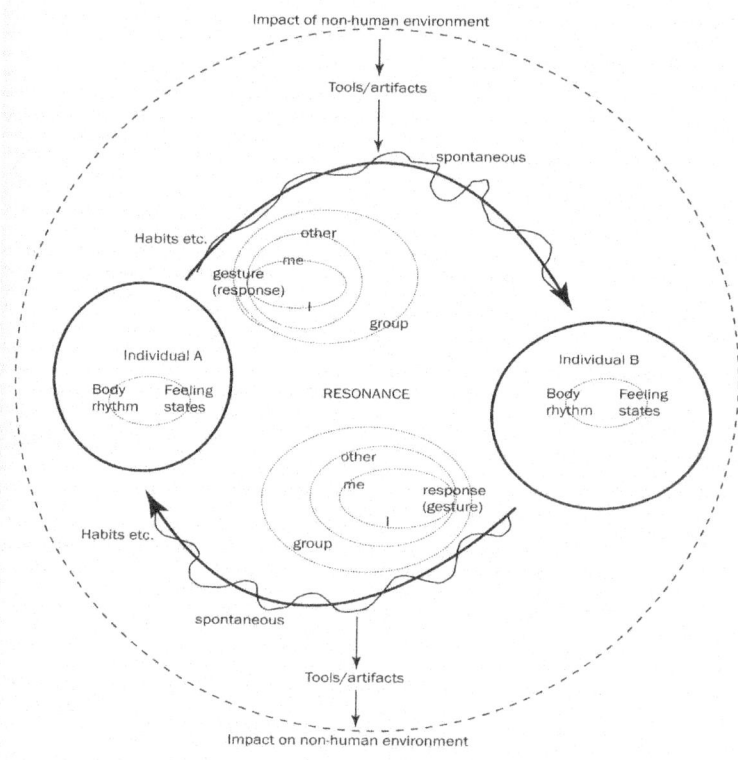

Die Abbildung bietet eine vereinfachte Darstellung der Interaktion zwischen zwei Individuen A und B als wechselseitigen Prozess der Konversation (*gesture, response*) im Medium signifikanter Symbole. Dieser kontinuierliche (d.h. in der Gegenwart mit Bezug auf Vergangenheit und Zukunft vollzogene) Prozess erfolgt unter den ermöglichenden und begrenzenden Bedingungen der physischen Umwelt und wirkt (über den Gebrauch von Werkzeugen, Technologien und die Schaffung von Artefakten) zugleich auf diese ein. Parallel zur öffentlichen Konversation (*public conversations of gestures*) kommunizieren Individuen mit sich selbst, indem sie Haltungen konkreter oder generalisierter anderer (Individuen, Gruppen) zu sich selbst einnehmen (*privat role play*). Begleitet werden beide Formen der Kommunikation von biologischen Körperrhythmen und Gefühlszuständen, die sich auch als direkte Resonanz der Interaktion mit anderen (Körpern) einstellen. Die Konstitution des individuellen Selbst im Zusammenspiel von *I* und *Me* erfolgt in der Beziehung zu anderen und insofern außerhalb des Individuums/des eigenen Körpers. Weiterhin verdeutlicht die Abbildung, dass Gewohnheiten (ebenso wie Routinen, Werte, Überzeugungen etc.) als Teil der Interaktion zwischen Menschen mit relativ kleinen spontanen Variationen reproduziert werden.

Zwischen den Simulationen von komplexen adaptiven Systemen und komplexen responsiven Prozessen menschlicher Interaktion lassen sich noch weitere Analogien aufzeigen, etwa zwischen Mustern der Interaktion zwischen Algorithmen (z.B. Mustern in Schwankungen der Zu- und Abnahme von bit-Reihen unterschiedlicher Länge in der sog. *Tierra Simulation*, vgl. dazu Ray 1992) und erkennbaren Mustern in Themen der Konversation[174] (vgl. Stacey 2001, 142). Eine andere Analogie zwischen Attraktoren und Themen betrifft die simultan vorhandenen Eigenschaften von Stabilität und Instabilität in menschlichen Interaktionen und in digitaler Interaktion, wobei Stabilität in der *Dynamik am Rande des Chaos* auf Redundanz, lose Kopplung und das Macht-Gesetz[175] zurückgeführt wird. Diese Eigenschaften lassen sich nach Stacey auch für die Stabilität in der menschlichen Interaktion aufzeigen: *Redundanz* in der menschlichen Alltagskonversation (auch im Sinne der stillen Konversation, des privaten Denkens) als eine nicht unbedingt als effizient zu beurteilende Wiederholung des Gesagten; *lose Kopplung* als Ausdruck dessen, dass es in der Konversation mit anderen nicht zwingend notwendig ist, jedes einzelne Wort oder Konzept zu verstehen, um die Idee des Gesagten zu begreifen; das *Machtgesetz* kommt auch in den vielen kleinen und wenigen großen Missverständnissen in der menschlichen Konversation zum Tragen und hat zur Folge, dass nicht restlos geklärt werden kann, *was* vom Interaktionspartner *wie* verstanden wird, d.h. wie und mit welchen Konsequenzen Themen das weitere Handeln des Interaktionspartners beeinflussen. Die Selbstreferentialität im Medium der Konversation (und die durch sie gestützte Identität und Differenz) beruht auf menschlicher Erfahrung, die sich auf Themen bezieht, die menschliche Erfahrung formen. Analog zu Prozessen der zufälligen Mutation und *cross-over replication* in Computersimulationen ist es die nicht-perfekte Kommunikation, sind es Missverständnisse und *cross-fertilization*, die in der menschlichen Interaktion unter bestimmten Bedingungen (d.h. innerhalb eines kriti-

---

174 Beispiele hierfür sind Ankündigungen oder Gerüchte über Fusionen oder Unternehmensübernahmen, die in den betroffenen Unternehmen natürlich umgehend zum zentralen Thema werden. Ähnlich wirft der drohende Austritt eines Topmanagers aus einem Unternehmen unverzüglich das Thema „Wer wird der neue Chef?" auf.

175 Dieses Gesetz ist mit der Vorstellung eines kontrollierten Wandels verbunden. Es besagt, dass es eine kleine Anzahl von Ereignissen (Fehlern) mit großer Reichweite und eine große Anzahl von Ereignissen (Fehlern) mit geringer Reichweite gibt.

schen Bereichs zwischen einem Zuwenig und Zuviel an Missverständnissen bzw. zwischen repetitiver und desintegrierter Kommunikation, zwischen Konformität und Devianz, analog zum Zustand am „Rande des Chaos") Kreativität als Voraussetzung für die Entstehung von Diversität bzw. neuen Mustern der Konversation freisetzt.

Die von Stacey angeführten Analogien zwischen komplexen adaptiven Systemen und menschlicher Interaktion sind für die Organisations- und Managementforschung schon deshalb aufschlussreich, weil eine Perspektive geboten wird, die die spontane Entstehung von Ordnung (Strukturen) durch Selbstorganisationsprozesse fest ins Visier nimmt und einen kritischen Blick auf Fragen der Steuerung bzw. Steuerbarkeit von organisationalen Prozessen durch wie auch immer geartete Managementaktivitäten erlaubt. Allein um die Komplexität sozialer Organisationen herauszustellen, ist es allerdings nicht notwendig, auf komplexitätstheoretische Erkenntnisse zurückzugreifen. Dies ist mit systemtheoretischem Bezug längst z.B. durch Arbeiten von H. von Foerster geleistet worden, der zwischen den Modellen der *trivialen* und der *nicht-trivialen (komplexen) Maschine* unterscheidet[176] und letztere mit sozialen Organisationen in Verbindung bringt. Analogien zwischen digitaler und menschlicher Interaktion werden bei Stacey eben auch deshalb in Anschlag gebracht, um die Umrisse eines Ansatzes schärfer herauszustellen, der die gemeinsame Konstitution von Individuum und Organisation handlungsbezogen zu rekonstruieren und dabei wichtige Dimensionen wie die Relationalität, Potentialität (Historizität und Offenheit) und Prozessualität theoretisch zu verbinden sucht – komplexitätstheoretische Erkenntnisse sind hier hilfreich, aber für die Entwicklung einer Perspektive komplexer responsiver Prozesse letztlich auch entbehrlich insofern, als sie von Stacey eher additiv in die Argumentation einbezogen werden.

Für die Beantwortung der Frage, inwieweit die Bildung von Analogien der genannten Art sinnvoll ein Verständnis seiner Perspektive komplexer responsiver Prozesse in sozialen Organisationen unterstützen kann, dürfte ausschlaggebend sein, inwieweit mit diesen wesentliche Dimensionen menschlicher Interaktion abgedeckt werden können. Hier stellt sich m.E. vor allem die Frage nach der Möglichkeit der Berücksichtigung von *Macht als Dimension sozialer Beziehungen*. Denn die Wirkung von Macht besteht schließlich nicht nur darin, dass sie Handeln ermöglicht, sondern ebenso darin, dass sie Handeln *begrenzt*, d.h. den Handlungsspielraum für andere Akteure einschränkt und damit also die potentielle Offenheit komplexer responsiver Prozesse mehr oder weniger schließt. Kurz gesagt stellt sich hier – mit der Frage nach der Sinnhaftigkeit von Analogien zur Komplexitätstheorie – auch die Frage nach der Symmetrie oder Asymmetrie von Machtverhältnissen. Die komplexitätstheoretische Vorstellung von Kontingenz und Offenheit lässt sich eher mit symmetrischen denn mit asymmetrischen Machtverhältnissen in Verbindung bringen. Symmetrische Machtverhältnisse können für Tauschbeziehungen auf sog. idealen Spotmärkten unterstellt werden, nicht jedoch für hierarchische Organisationen. In hierarchischen Organisationen hat man es eher mit mehr oder weniger asymmetrischen Machtverhältnissen zu tun. Es besteht außerdem die Tendenz, dass symmetrische Machtverhältnisse mit der Zeit zunehmend in asymmetrische Machtverhältnisse verwandelt werden, denn je symmetri-

---

176 Vgl. z.B. Probst (1987), der das Charakteristikum „Komplexität" in Anlehnung an von Foerster bezugnehmend auf Systeme erläutert, die als *Nicht-triviale Maschinen* verstanden werden. Diese sind im Unterschied zu *Trivialen Maschinen* von der Vergangenheit abhängig, analytisch nicht bestimmbar und nicht vorhersagbar und synthetisch deterministisch. „Kurz gesagt weist eine nicht-triviale Maschine nicht einfach dieselben Antworten oder Outputs auf dieselben Stimuli zu einem späteren Zeitpunkt auf." (Probst 1987, 78)

scher die Machtverhältnisse aus der Sicht der Beteiligten sind, desto größere Erfolgsaussichten bestehen für Versuche, die eigenen Handlungsspielräume auszuweiten und die herrschenden Machtverhältnisse infrage zu stellen. Je asymmetrischer die Machtverhältnisse in den sozialen Beziehungen, desto weniger kontingent sind die Interaktionsprozesse und desto mehr – wenn auch nie vollständig – wird Zukunftsoffenheit geschlossen. Die vergleichsweise größere Geschlossenheit in sozialen Hierarchien ist aber nicht gleichbedeutend mit besserer Steuerbarkeit, wie Stacey dies implizit unterstellt. Der hierarchischen Steuerung sind bereits durch die *Logik von Machthierarchien* (Agentschaftshierarchien) selbst Grenzen gesetzt; denn es ist davon auszugehen, dass mit abnehmender Hierarchiestufe die Verteidigungs-, Vermeidungs- und Verhinderungsmacht nicht im gleichen Maße abnimmt wie die Durchsetzungsmacht. Gründe hierfür liegen in Informations- und Qualifikationsvorsprüngen niedriger gegenüber höheren hierarchischen Ebenen (Informationsasymmetrie) oder in der Möglichkeit von Gruppen- und Koalitionsbildung (Macht der Zahl). Überlegungen wie diese (vgl. dazu in Küpper/Felsch 2000) können bezugnehmend auf Ordnungsformen und Prozesstypen wie sie Khalil (1990; 1996, 11ff.) unterscheidet, ergänzt werden.

Khalil differenziert zwischen zwei Arten der natürlichen Ordnung, Organisation (*natural complex*) versus Struktur (*natural system*). Ökonomische Agenten in einem (Spot-)Markt, wie auch Spezies in einer Gesellschaft von Spezies oder das Ökosystem sind nach Khalil eher als *natürliche Systeme* zu begreifen, die durch topographische oder quasichaotische (stochastische) Interaktion zwischen separaten (wenn auch nicht voneinander unabhängigen) Elementen konstituiert werden. Ordnung entsteht hier spontan oder selbstreguliert durch Gleichgewichtskräfte. Dagegen konstituieren sich *natürliche Komplexe*, z.B. soziale Organisationen (Staat, Firmen, Haushalte, Individuen, org. Arbeitssysteme), Organismen oder Zellen, durch organische/organisierte Interaktion zwischen Elementen, die nicht voneinander getrennt werden können, ohne dass sich ihre Identität verändert; Ordnung entsteht hier selbstreferentiell durch bestimmte organisierende Prinzipien. Für natürliche Komplexe sind Prozesse wie Wachstum, Lernen oder Evolution charakteristisch. Diese Prozesse des positiven Feedbacks werden allgemein als *Entwicklung* bezeichnet und sind strikt zu unterscheiden von den positiven Feedbackschleifen der kurz- oder langfristigen Dynamik (Maturation bzw. Transformation) natürlicher Systeme; die Dynamik eines Marktes (die Fluktuation von Stock-Märkten) wäre hier ein Beispiel für Maturation. Auch wenn für Individuen, soziale Organisationen, Organismen usw. Entwicklungsprozesse typisch sind, können für ihre Konstitution partiell auch Prozesse der nonergodischen Dynamik relevant sein. Umgekehrt ist dies jedoch nicht der Fall: für natürliche Systeme sind ausschließlich Maturations- oder Transformationsdynamiken zu beobachten (vgl. Khalil 1996, 16).

Es ist für die Frage nach der Sinnhaftigkeit einer Analogienbildung à la Stacey in kritischer Hinsicht nicht unerheblich, wenn nach Khalil eine essentielle Unterscheidung zwischen Hierarchien und Märkten bezugnehmend auf organische Interaktion einerseits und stochastische Interaktion andererseits postuliert werden kann. Auch wenn in Rechnung gestellt werden muss, dass in praxi die Übergänge zwischen Markt und Hierarchie fließend sind, zeigen sich hier die Grenzen eines Verständnisses kommunikativen Handelns aus der Perspektive der Komplexitätsforschung. Im Übrigen sieht Khalil den wesentlichen Unterschied zwischen organischer und stochastischer Interaktion gerade darin, dass erstere nicht nur die Verfolgung von Eigeninteressen, sondern darüber hinaus und vor allem die Verfolgung von gemeinsamen Zielen beinhaltet. Die Ordnung hierarchischer Organisationen drückt aus seiner Sicht Kooperation insofern aus, als sie auf der Interpenetration von Zielen basiert, die Agenten mit der Wahrnehmung der Aufgabenerfüllung arbeitsteilig im Hinblick auf die Erfüllung einer Gesamtaufgabe verfolgen. Auf (vermutete) gemeinsame Ziele ist es nach Khalil zurückzuführen, dass Autorität von den Mitgliedern hierarchischer Organisationen *akzeptiert* wird. Damit, dass hier auf die Akzeptanz von Organisationsmitgliedern abgestellt wird, ist eine im Vergleich etwa zum vertragstheoretischen Ansatz starke Erklärung von Autorität möglich, denn vertragstheoretische Erklärungen sind mit letztlich nicht lösbaren Problemen behaftet, die auf das Faktum der Unvollständigkeit von Verträgen zurückzuführen sind. Dass Autorität überhaupt Akzeptanz findet, ist nach Khalil in erster Linie unter Bezugnahme auf *asymmetrische Machtverhältnisse* in der Gesellschaft verständlich zu machen:

„The acceptance of authority does not appear to be merely the outcome of socialization or enculturation processes: No one has discovered a society without the asymmetrical distribution of power." (Khalil 1996, 17f.)

Soweit die hier angedeuteten Überlegungen zur Machtdimension sozialen Handelns zeigen, lässt sich die Frage nach der Sinnhaftigkeit einer Analogienbildung zwischen digitaler und menschlicher Interaktion nicht eindeutig beantworten – sicher scheint indes, dass es für die Komplexitätsforschung aus der Bildung von Analogien zur menschlichen Interaktion wenig zu lernen gibt. Im Folgenden soll Staceys Zugang zum Thema Macht in komplexen responsiven Prozessen erörtert und in diesem Zusammenhang der Frage nach der Emergenz von Neuem nachgegangen werden.

Nach Meinung von Stacey besteht eine „faszinierende" Besonderheit seines handlungsbasierten Ansatzes darin, dass *ein* Prozess im Blickpunkt des Interesses steht, der die Entwicklung des individuellen Selbst, des individuellen Denkens, der individuellen und der kollektiven Identität (und mithin hochentwickelte Formen der Zusammenarbeit und Stabilität) bewirken kann und *zugleich* den Zusammenbruch der Kooperation, die Emergenz von Neuem. Die *Auflösung der Kooperation* geht der *Emergenz von Neuem* stets voraus, bildet eine essentielle Voraussetzung für Veränderung (Stacey 2001, 148). Für die Beantwortung der Frage, auf welche Weise der Zusammenbruch der Kooperation im menschlichen kommunikativen Handeln von herausragender Bedeutung für die Entwicklung von Neuem ist, öffnet Stacey die Perspektive für Machtbeziehungen und -verhältnisse im Rahmen der kommunikativen Interaktion. Die Machtdimension komplexer responsiver Prozesse wird von ihm unter Bezugnahme auf die Kategorien *Mitgliedschaft* und *Ideologie* behandelt. In komplexen responsiven Prozessen erfolgt mit der Reproduktion und Variation von Themen – für die Stacey hier vor allem die ideologische Dimension betont – zugleich eine Klärung der (Macht-)Beziehung zwischen den Handelnden; insbesondere erfolgt eine Verständigung darüber, wer sich wann und wie verändert und wer nicht:

„It is the ideological thematic patterning of turn-taking/turn-making that enables some to take a turn while constraining others from doing so." (Stacey 2001, 148)

Macht wird von Stacey an dieser Stelle als ein zusätzlicher Aspekt in die Betrachtung einbezogen:[177] Macht wirkt einschränkend, indem sie bestimmte kommunikative Handlungen ausschließt und zugleich ermöglichend, indem sie andere einschließt. Durch Exklusion und Inklusion von Themen werden Machtverhältnisse etabliert bzw. reproduziert, sind *diese* Handelnden „in" und *jene* „out". Weiter betont Stacey die *Allgegenwart von Macht* in Prozessen der menschlichen kommunikativen Interaktion:

> „This process of power relating, with its dynamic of inclusion and exclusion, is ubiquitous in all human communicative interaction, that is, in all human relating. The very process of turn-taking/turn-making makes the dynamic of inclusion and exclusion an inevitable and irremovable property of human communicative interaction quite simply because when one person takes a turn, others are at that moment excluded form doing so." (Ebd., 149)

Und etwas weiter unter Bezugnahme auf Elias (1970; 1989) fasst Stacey zusammen:

> „Communicative interaction is a process in which people account for their actions and negotiate their next actions. This is a political process, the exercise of power. Because all relationships have these characteristics, all relationships are simultaneously power relations .. and communicative interaction." (Stacey 2001, 151)

Eine wesentliche Konsequenz aus dem Verständnis *sozialer Beziehungen als Machtbeziehungen* besteht in der Einsicht, dass im Rahmen sozialen Handelns Neues nur dann entstehen kann, wenn bestehende Muster der Zusammenarbeit und bestehende Machtbeziehungen gebrochen werden. Möglichkeiten hierzu sieht Stacey ausgehend von dem durch Macht, genauer: dem durch die Exklusion vom kommunikativen Handeln geweckten Gefühlen der *existenziellen Angst*.[178] Eine derartige Angst löst beim Individuum Themen aus,

---

177 „There is another aspect. To go on together, people have to account to each other for what they do. In other words, the maintenance of relationship imposes constraint. Power is constraint that excludes some communicative action and includes others. However, at the same time, power enables." (ebd., 149)

178 M.E. lässt sich hier eine Verbindung zum Konstrukt der *fundamentalen Unsicherheit* (vgl. Khalil 1997b; s. auch in *Abschnitt 2.3* dieser Arbeit) herstellen. Angesichts fundamentaler Unsicherheit (über die eigenen Fähigkeiten) hat das Individuum zwei Möglichkeiten: im Vertrauen auf sich selbst zu handeln und damit die eigenen Fähigkeiten zu testen (und zugleich Identität zu behaupten) oder Ängste zu entwickeln, die zu einem Verweilen in Unentschlossenheit führen, was auch als (partieller) Rückzug aus der sozialen Interaktion interpretiert werden kann. Wird die Machtposition eines Individuums in sozialen Beziehungen geschwächt (hierauf deutet die Formulierung von Stacey hin), werden seine Handlungs- bzw. Einflussmöglichkeiten und damit auch seine Möglichkeiten eingeschränkt, Selbstvertrauen (auch Identität) handelnd zu bestätigen, dann tritt zunächst die – stets latent vorhandene, im eigentlichen Sinne des Wortes nicht überwindbare – Dimension der existenziellen Angst stärker in den Vordergrund der psychischen Verfasstheit des Individuums. Da sich existenzielle Angst lediglich via soziales Handeln zurückdrängen lässt, ist normalerweise davon auszugehen, dass das Individuum (früher oder später) sein (annahmegemäß) vorhandenes Machtpotential nutzt (das machtlose Individuum ist nach Crozier/Friedberg eher ein theoretischer Grenzfall), um in Interaktionsbeziehungen zugunsten der eigenen Ziele Einfluss zu nehmen. Dieses *re-entry in action* wird letztlich nur aufgrund der fundamentalen Unsicherheit ermöglicht; hierin besteht gewissermaßen die konstruktive Seite der fundamentalen Unsicherheit, mit der Individuen stets befrachtet sind. Bestünde diese Unsicherheit nicht, wüsste das Individuum z.B. mit Sicherheit, dass seine Fähigkeiten nicht hinreichend sind, um zielorientiert Einfluss auf das Verhalten anderer zu nehmen, würde es sein mögliches Scheitern vermutlich kaum in Kauf nehmen und – mit allen problematischen Folgen für die eigene Persönlichkeit – in Unentschiedenheit verharren (es liegt vermutlich an der konstruktiven Seite der fundamentalen Unsicherheit, dass wir über kurz oder lang nicht alle in Depression, Sucht oder Zwangszuständen verenden; umgekehrt bedeutet die schlichte Tatsache, dass Akteure in sozialen Interaktionen Einflussversuche unternehmen und dabei im Vertrauen auf sich selbst handeln natürlich nicht, dass diese Versuche nicht auch scheitern könnten).

die i.d.R. in einem mehr oder weniger direkten Bezug zur Veränderung von Machtverhältnissen stehen und die es – auf welche Weise auch immer – ermöglichen, mit Angst umzugehen. Diese Themen sind Produkte von nicht notwendigerweise bewusst gebildeten Fanta-
sien, die im Rahmen privater (aber nichts desto trotz politischer)[179] Reflexion, d.h. stiller
Konversation des Individuums mit sich selbst ausgearbeitet werden. Durch Angst vermittel-
te Themen sind bezogen auf aktuelle kommunikative Interaktionen mit anderen von stark
destruktiver Natur (vgl. Stacey 2001, 149 u. 156); sie schaffen Missverständnisse, können
effektives gemeinsames Handeln unmöglich machen, dadurch aber gerade auch Diversität
hervorbringen und zur Emergenz von Neuen beitragen. *Organisationaler Wandel* wie die
Kreation neuen Wissens geht stets mit Verschiebungen in den Mustern der kommunikativen Interaktion, Veränderungen der Machtbeziehungen und damit auch mit Veränderungen
in den Mustern von Inklusion und Exklusion einher.

Die in dieser Vorstellung betonte enge Verbindung zwischen Macht, Angst, Fantasie
und Missverständnissen auf der einen Seite und der Möglichkeit der Emergenz von Neuem
auf der anderen Seite lässt sich aus der Sicht der Strategischen Organisationsanalyse teilen.
Allerdings reicht Staceys Behandlung der Machtdimension kommunikativen Handelns m.E.
nicht weit genug. Die Machtdimension hat in Staceys Perspektive komplexer responsiver
Prozesse – unabhängig von der Kategorie der Ideologie – keinen systematischen Stellenwert. Die Behandlung der Machtdimension bleibt bei Stacey im Wesentlichen auf Betrachtungen zur Verbindung von Macht und Ideologie beschränkt und befasst sich mit dieser
Verbindung eher in der Bedeutung von *ideologisch basierten Machtbeziehungen* denn in
der von *machtgestützten Ideologien*. Das Verständnis einer rekursiven Konstitution von
ideologisch basierten Machtbeziehungen und machtgestützten Ideologien ist mit der von
Stacey vertretenen prozessorientierten Sicht durchaus impliziert, bedarf jedoch einer kon-
sequenteren Rückbindung an die Machtdimension kommunikativen Handelns. Gerade im
Hinblick auf die Ausarbeitung eines prozessorientierten Bezugsrahmens, der auf die Dynamik kommunikativer Interaktion abstellt, reicht es m.E. nicht aus, Macht lediglich im Sinne
eines zusätzlichen Aspekts neben anderen in die Betrachtungen einzubeziehen; notwendig
erscheint vielmehr die theoretische Integration von Macht als den zentralen Mechanismus
sozialen Handelns.

Vielversprechende Möglichkeiten bestehen gerade im Anschluss an das Meadsche
Konzept der *Identität (des self)*. Dieses Konzept ist, wie gezeigt wurde, auch in der von
Stacey entwickelten Sicht komplexer responsiver Prozesse – etwa für die Bildung von Analogien zur Komplexitätstheorie und in Bezug auf dessen Potential für die Möglichkeit der
spontanen Hervorbringung von *Neuem* – unentbehrlich (vgl. weiter oben). Es wird allerdings nicht explizit aufgegriffen, wenn es um die Verbindung zwischen Macht, Ideologie
und die Emergenz des Neuen geht; da Staceys diesbezügliche Auseinandersetzung vor
allem auf der Ideologie als Form der Kommunikation abhebt, wundert es auch nicht, das
von ihm inhaltliche Bezüge eher zur kollektiven als zur individuellen Identität hergestellt
werden:

---

179 „If one accepts that an individual mind is the privat role play of communicative interaction, taking the same
form as the public, it follows that an individual mind is also a role play in power, a private political process.
What is being suggested, then, is a self-referential, reflexive process in which individual minds are formed by
power relationships while they are, at the same time, forming those power relationships in both privat relations with themselves and public forms of power relations with others." (Stacey 2001, 151)

„A key aspect of ideology is the binary oppositions that characterize it and the most basic of these is the distinction between ‚them' and ‚us'" (Stacey 2001, 152).

Im Übrigen ist nicht allein bei Stacey, sondern im weiten Feld der sozialwissenschaftlichen Forschung bisher kaum der Versuch unternommen worden, auf der theoretischen Ebene eine Verbindung zwischen den Konzepten Macht und Identität (*self*) herzustellen. Die konzeptionelle Verbindung von Macht und Identität wird im folgenden *Abschnitt (4.4)* vorgenommen. Im Anschluss daran wird (in *Abschnitt 4.5*) die Perspektive von der individuellen auf die kollektive Identität und Rationalität erweitert.

4.4 Dualität von Macht und Identität

Das organisationstheoretische Konzept der *Mikropolitik* geht von der Perspektive interessenverfolgender Akteure aus und stellt Macht als zentralen Steuerungs- und Regulierungsmechanismus sozialer Interaktion in den Mittelpunkt der strategischen Organisationsanalyse (vgl. *Abschnitt 4.1*). Die persönlichkeits- bzw. identitätstheoretische Fundierung des mikropolitischen Konzepts stützt sich auf Ansätze der sog. *klassischen Moderne* (für einen Überblick über den Identitätsdiskurs vgl. z.B. Hettlage/Vogt 2000; Keupp 2002; Keupp/Höfer 1997; Reckwitz 2001; Straub 1991), besonders auf den sozialpsychologischen Begriff der Identität nach George Herbert Mead (1934/1968) und den hieran anschließenden soziologischen Identitätsbegriff von Lothar Krappmann (1978) (vgl. ausführlich Felsch 1999, 158ff.). Meads Sozialisationstheorie in *Mind, Self, and Society* wurde erst im Kontext des symbolischen Interaktionismus der 50er und 60er Jahre breiter rezipiert. Im Unterschied zur Entwicklungspsychologie von Erik Erikson (1973), die den nordamerikanischen Identitätsdiskurs ebenfalls maßgeblich geprägt hat und bei der individuelle Identität vor allem auf die internalisierende Übernahme sozialer Erwartungen bezogen wird, fokussiert Mead stärker auf den sozialen Interaktions- und (sprachlichen) Kommunikationsprozess als wesentliche Basis einer reflexiven Identitätsentwicklung. Zudem setzt die Behauptung von Identität im sozialen Handlungsprozess bei Mead voraus, dass neben der Übernahme sozialer Erwartungen regelmäßig auch die unkontrollierbare Dimension der Spontaneität und Kreativität Ausdruck findet.

Im Rahmen der intersubjektiven Handlungstheorie konzipiert Mead das *self* als Zusammenspiel von zwei Dimensionen der Erfahrung, dem Sich-selbst-als-handelndes-Subjekt-Erleben (dem *I*, Ich) und dem Sich-selbst-als-Objekt-Erfahren (dem *me*, Mich). Die erste Dimension steht für die nur teilweise bewusste und (auch für jedes Individuum selbst) überraschende, spontane, kreative und phantasievolle Seite des Selbst (*role making*). Die zweite Dimension ist die durch konkrete und generalisierte Erwartungs-Erwartungen organisierte, von Konventionen, Gewohnheiten etc. gelenkte und (historische) Bewusstheit ermöglichende Seite des Selbst (*role taking*). Die Strukturen sozialer Kommunikation sind damit für die Struktur der Selbstbeziehung einer Person elementar. Im Anschluss an dieses Identitätskonzept zeigt die Analyse der *soziologischen Dimension der Identität* von Krappmann, dass Identität auch als erforderliche Leistung, als strukturelle Bedingung der sozialen Interaktion zu verstehen ist. Krappmann folgt hier der Aufforderung Goffmans, das bei Mead nicht ausreichend geklärte „Ich in die Gesellschaft zurückzuholen" (Krappmann 1978, 11). Mit Hilfe einiger zusätzlicher, von Goffman (1963) übernommener Begriffe, mit denen die Meadschen Termini des *I* und *me* modifiziert werden, nimmt Krappmann eine Präzisierung des Identitätsbegriffs vor.

Nach Krappmann steht das Individuum in sozialen Handlungsprozessen, ob es will oder nicht, vor einem Dilemma: Es muss den divergierenden Erwartungen verschiedener Interaktionspartner nachkommen (so sein wie alle anderen) und sich gleichzeitig in seiner Besonderheit, also als ein von anderen unterscheidbares Individuum, darstellen (so sein wie kein anderer). Es ist ein schwieriger *Balanceakt* zwischen den im Widerstreit stehenden Dimensionen der sozialen Identität einerseits und der personalen (biographischen) Identität andererseits bzw. zwischen Rollenkonformität und Rollendiskonformität zu erbringen. *Ich-Identität* wird dem Individuum zugeschrieben (vgl. die Kennzeichnung von personaler und sozialer Identität bei Goffman 1963, 74), wenn es ihm gelingt vorzugeben, dass es sämtliche ihm angesonnenen Erwartungen akzeptiert, zugleich aber die Unmöglichkeit dieses Unterfangens deutlich macht. Wie besonders die Analysen von Goffman zeigen, ist jede Identität problematisch, weil die Erwartungen der Interaktionsteilnehmer prinzipiell unerfüllbar sind. Identitätsbehauptung und der erfolgreiche Fortgang des Interaktionsprozesses erfordert erstens, dass sich das Individuum (jedes an der Interaktion teilnehmende Individuum) so verhält, *als ob* es wie alle anderen *und als ob* es einzigartig wäre. Zweitens ist es notwendig, dass die Teilnehmer der Interaktion die Übernahme von Erwartungen auf einer *als ob*-Basis akzeptieren. Dabei ermöglicht die sog. *phantom normalcy* (Schein-Normalität) die Lösung des Identitätsproblems auf der horizontalen Ebene (der divergierenden, an das Individuum herangetragenen Erwartungen); die *phantom uniqueness* (nach J. Habermas; die nur scheinbare Übernahme der zugeschriebenen Einzigartigkeit und Kontinuität) vermag entsprechendes auf der vertikalen Ebene (der persönlichen Biographie) zu leisten. Ein in der Zuschreibung anderer (!) gelungener Balanceakt zwischen sozialer und personaler Identität bewahrt das Individuum auf der einen Seite vor eingrenzender Unterwerfung (dem Erfahren von Ohnmacht, Bedeutungslosigkeit usw.), auf der anderen Seite vor sozialer Isolierung (dem Erleben von Omnipotenz, Einzigartigkeit etc.). Dabei muss sich das Individuum die Anerkennung seiner Identität in jeder Interaktionssituation neu erarbeiten; Identitätsbehauptung ist ein prinzipiell unabschließbarer Prozess.

Die Leistung der Ich-Identität setzt auf Seiten des Individuums bestimmte Fähigkeiten voraus, die nach Krappmann nicht als stabile, in der psychischen Struktur verankerte Persönlichkeitsmerkmale des Individuums zu fassen sind, sondern aus interaktionistischer Perspektive von ihren Funktionen in Interaktionszusammenhängen her: *Rollendistanz* ermöglicht dem Individuum, sich über Anforderungen von Rollen zu erheben, insbesondere Rollen zu interpretieren; *Empathie* ist die zunächst kognitiv begriffene Fähigkeit, Erwartungen von Interaktionspartnern zu antizipieren; *Ambiguitätstoleranz* befähigt dazu, die mit der Behauptung von Ich-Identität und Interaktion stets auch erzeugte Unzufriedenheit zu ertragen; über diese Fähigkeiten hinaus hängt es schließlich von der *Identitätsdarstellung* ab, inwieweit Individuen in der Lage sind, die aufrechtzuerhaltende Ich-Identität überzeugend zu präsentieren. Diese individuellen Basisfähigkeiten sind als Voraussetzung und zugleich als Korrelat der Bemühung um Ich-Identität zu verstehen (vgl. Krappmann 1978, 132ff.).[180]

---

180 An dieser Stelle liegt es wiederum nahe, eine Verbindung zum Konzept der *fundamentalen Unsicherheit* (vgl. Khalil 1997b; s. auch in *Abschnitt 2.3* dieser Arbeit) herzustellen und die fundamentale Unsicherheit (bezüglich *self-ability*) gerade auch auf die genannten individuellen Basisfähigkeiten zu beziehen. Hierfür würde nicht zuletzt die empirische Erfahrung sprechen, dass Individuen in den Fällen, in denen sie von den bei Kha-

Abbildung 12: Identitätskonstruktionen nach Mead (1968) und Krappmann (1978)[181]

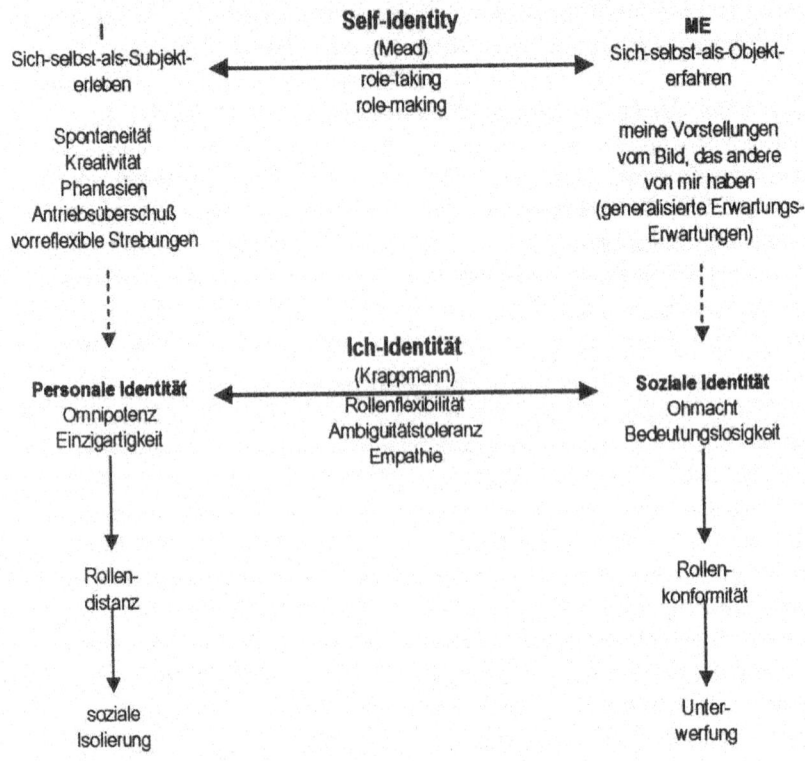

lil genannten möglichen Folgen von Angst und Unentschlossenheit betroffen sind (Depression, Sucht und Zwanghaftigkeit), häufig kaum mehr in der Lage sind, sich kompetent auf der Basis derartiger Basisfähigkeiten zu verhalten (etwa mit verschiedenen Rollen – Erwartungen von anderen – zu spielen, andere Perspektiven als ihre eigene einzunehmen, Ambiguitätstoleranz zu üben, auf der horizontalen und vertikalen Ebene eine Identität darzustellen etc.). Weiterhin lässt sich die fundamentale Unsicherheit und die in diesem Zusammenhang von Khalil betonte Bedeutung von Glaubenssystemen gerade auch bezugnehmend auf die sog. personale Identität verständlich machen. Auf die Kreativität und Spontaneität der personalen Identität müssen sich Individuen bereits dann verlassen, wenn es im Handeln um bloße Regel(Wissens-)anwendung geht; insofern ist Handeln stets – mehr oder weniger offenkundig – von fundamentaler Unsicherheit gekennzeichnet, erfordert also immer auch Vertrauen ins eigene Selbst. Dieses Selbstvertrauen bezieht sich genau genommen auf die vom Individuum zu erbringende Leistung des Balanceakts (die Herstellung einer Passung) zwischen personaler und sozialer Identität, so dass angemessenes soziales Handeln erfolgt (bspw. müssen Dozenten darauf vertrauen [lernen], dass kreative, eher unbewusst ablaufende „Denk"-Prozesse auf eine Weise zur Geltung kommen, die eine angemessene Wissensvermittlung ermöglichen). Glaubenssysteme sind – in identitätstheoretischer Sicht – am Pol der personalen Identität, gesellschaftliche Konventionen am Pol der sozialen Identität zu verorten (für „unternehmerisches Denken" wird schließlich im Allgemeinen vorausgesetzt, dass der Unternehmer am zukünftigen Erfolg seiner innovativen Ideen bzw. Produkte glaubt bzw. im Vertrauen auf einen künftigen Erfolg investiert). Zur Unterscheidung zwischen Glaubenssystemen und gesellschaftlichen Konventionen vgl. Khalil (1997b; s. auch in *Abschnitt 3.2.1* dieser Arbeit).

181 Entnommen aus: Küpper/Felsch (2000, 300).

Als wesentliche Voraussetzungen für einen erfolgreichen Fortgang des Interaktionsprozesses auf Seiten der Gesellschaft nennt Krappmann flexible Normensysteme und den *Abbau* gesellschaftlicher Repression, so dass zum einen die subjektive Interpretation und individuelle Ausgestaltung des Verhaltens (*role making*) gefördert und zum anderen die Um- und Neuinterpretation von Normen nicht regelmäßig sanktioniert wird.

Krappmann klärt nicht systematisch, auf welche Weise Strukturen im sozialen Austausch wirksam werden und wie ihre Rekonstruktion oder Modifikation im Rahmen sozialer Interaktion zu denken ist; offen bleibt damit nicht zuletzt die Machtdimension sozialer Interaktion und ihre Bedeutung für die Zuschreibung von Identität. Dass es für die soziologische Identitätstheorie fruchtbar sein könnte, das Wechselverhältnis von Macht und Identität auf der konzeptionell-theoretischen Ebene genauer zu bestimmen, lässt sich aber andeutungsweise bereits bei Mead aufzeigen:[182] Die Bedeutung der strategischen Dimension menschlichen Handelns für die Behauptung von Identität zeigt sich bei Mead gerade dort, wo der inhaltliche Bogen von der Verwirklichung der Identität zu gesellschaftlichen Reorganisationsprozessen geschlagen wird (vgl. dazu Felsch 1999, 143ff.).

Im Rahmen des mikropolitischen Konzepts lässt sich ein *gelungener Balanceakt* zwischen den Polen der totalen Identifikation auf der einen und sozialer Isolation auf der anderen Seite immer auch so verstehen, dass eine fundamental *strategische* Leistung erbracht worden ist: ein Akteur, der seine Identität erfolgreich behauptet, erscheint anderen in Bezug auf sein für diese relevantes Verhalten weder als kalkulierbar noch als unkalkulierbar. Im Rahmen interdependenten Handelns ist einem Individuum Identität nur dann zuschreibbar, wenn es als machthabender und -ausübender Akteur auftritt; unabhängig hiervon besteht keine Chance für eine erfolgreiche Identitätsdarstellung. Zugleich ist das balancierende Streben nach Identität Voraussetzung für die Durchsetzung eigener Interessen in sozialen Organisationen, denn diese basiert darauf, dass Akteure in ihren Handlungsstrategien die Erwartungen anderer *partiell* berücksichtigen. *Wirkungsvolle Selbstdarstellung* – das Angebot eines Identitätsentwurfs von ego und die Anerkennung desselben durch alter – erfolgt in praxi stets auch in Bezug auf die Nutzung organisationaler Ungewissheitsquellen als Machtquellen. *Reziproke Anerkennung* bzw. Zuschreibung von Identität ist damit immer auch als Teil der Strategie von Akteuren zu verstehen, die im Rahmen sozialen Handelns eigene Ziele verfolgen; sie erfolgt immer auch geleitet von Interessen an Ressourcen, die von anderen Akteuren kontrolliert werden, die nach Identitätsbehauptung streben. Reziproke Anerkennung bezieht sich stets auf in diesem Sinne relevantes Verhalten anderer. Dabei besteht ein wie auch immer begrenzter Konsens über die Machtverhältnisse und die je unterschiedlichen Möglichkeiten der Akteure zur Selbstdarstellung. Nur zu analytischen Zwecken lässt sich zwischen Prozessen der Identitätsbehauptung und Prozessen der Machtausübung unterscheiden. Davon abgesehen erscheint es angebracht, von einem dialektischen Verhältnis zwischen Macht und Identität auszugehen.

Die normative Debatte zur individuellen Identität in der Moderne spricht für die Entwicklung und Stabilisierung von Rahmenbedingungen, die im Idealfall einen *herrschaftsfreien Dialog* (Habermas) zulassen. Für die individuelle Identitätsproblematik wird im Allgemeinen angenommen, dass sie durch den Abbau asymmetrischer Machtverhältnisse in der Gesellschaft zugunsten eher symmetrischer, demokratischer Kräfteverhältnisse entschärft werden kann. Dies gilt freilich auch bezogen auf Arbeitsorganisationen – für viele

---

182 Was von diesem freilich nicht beabsichtigt war.

Akteure die zentralen Felder ihrer alltäglichen sozialen Interaktionspraxis schlechthin. Solche Organisationen stellen eher „identitätsfeindliche" Handlungskontexte dar, insofern für sie als hierarchische Herrschaftssysteme asymmetrische Machtbeziehungen charakteristisch sind.[183] Über diese Auffassung hinaus, ist es für die Ausarbeitung einer handlungstheoretischen Perspektive der Organisationsdynamik m.E. aufschlussreich, genauer nach der Art und Weise der Identitätsbehauptung im Kontext asymmetrischer Machtverhältnisse zu fragen. Dies wird im Folgenden unter Bezugnahme auf das Balancekonzept der Identität nach Krappmann gezeigt, das in diesem Zusammenhang auf der Basis der Idee erweitert wird, dass Akteure im Rahmen organisierten Handelns mindestens nach einem *ausgeglichenen Identitätshaushalt* streben.[184]

Für die folgenden Überlegungen wird davon ausgegangen, dass Akteure in der Praxis formaler hierarchischer Herrschaftssysteme typischerweise in ein Netzwerk von mehr oder weniger ungleichgewichtigen Machtverhältnissen verstrickt sind. Dadurch geraten sie regelmäßig in „identitätstechnische" Turbulenzen und müssen (in ihrer interessenbezogenen Sicht) auch unbefriedigende Beiträge des eigenen und fremden Handelns womöglich dauerhaft ertragen (können). Das Streben nach Identität[185] stellt hier eine notwendige, immanent politische (Lebens-)Strategie dar (vgl. Giddens 1991, 214ff.). Die über emanzipatorische Politik („Freiheit von ...") hinausgehende Kategorie einer *Politik der Selbstaktualisierung* („Freiheit zu ...") ist geeignet, Strategien von Akteuren zu thematisieren, die als „Gewinner" in dieser und als „Verlierer" in jener Machtbeziehung ihre *Identitätspolitik* in Bezug auf einen aus ihrer Sicht relevanten Ausschnitt aus der Gesamtheit ihrer Interaktionsbeteiligungen leben. Die Perspektive der Identitätspolitik schließt als Möglichkeit ein, was bei Krappmann eher implizit vorausgesetzt wird: dass Individuen in jeder einzelnen ihrer sozialen Beziehungen bestehende Chancen zur Interpretation von Situationen und zur Darstellung von Identitätsentwürfen in der ihnen „bestmöglichen" Weise i.S. der Präsentation möglichst ausbalancierter Identitätsentwürfe nutzen, dass also auf der Ebene der psychischen Organisation eine enge Kopplung zwischen persönlicher Anerkennung und emotionalen Wohlergehen besteht. Dies kann als *unabhängige personale Existenzfähigkeit* bezeichnet werden. Identitätspolitik beinhaltet aber noch eine hierüber hinausgehende, für das handlungstheoretische Konzept fruchtbare alternative Perspektive. Diese besteht darin, (bisher nicht ausreichend erklärbare) Phänomene der Handlungspraxis (z.B. die persönliche Identifikation mit erfolgreichen Personen, vgl. Coleman 1992, 254) im Rahmen der Verhaltensannahmen durch Berücksichtigung der Möglichkeit Rechnung zu tragen, dass Akteure die Mühen der Identitätsbehauptung nur partiell auf sich nehmen (Akteure wägen ab, in welchen Interaktionsbeteiligungen sie „besondere" identitätsdarstellerische Anstrengungen unternehmen, z.B. als Vorsitzende von Vereinen). Damit können auch „Kompensationsgeschäfte" zwischen eher einseitigen, „schiefen" Identitätsdarstellungen in der Nähe von personaler oder sozialer Identität in den Blick geraten, die als Ergebnisse von Wahlakten bzw. Handlungskalkülen identitätssuchender Akteure zu interpretieren sind. So lässt sich z.B. auch die freiwillige Identifikation i.S.v. *kalkulierter Identifikation* (Mintzberg) jenseits der verbreiteten, eher negativ besetzten Vorstellung von eigennützigem Opportunismus

---

183 Strukturreformen in Organisationen, auch der partielle Abbau von Hierarchieebenen, rechtfertigen hier freilich keine grundsätzlich andere Einschätzung.

184 Für eine ausführlichere Auseinandersetzung vgl. auch Felsch (1999, 181ff.).

185 Man müsste wohl genauer, wie bei allen Sinnkonstruktionen, von einer indirekten Intention sprechen (vgl. Marquard 1986, 42ff.).

deuten. Eine erfolgreiche (emotional tragbare) Politik der Selbstaktualisierung, die Aufrechterhaltung der psychischen personalen Existenzfähigkeit des Selbst, bedingt dann mindestens, dass der Akteur im Zuge seines strategischen Handelns über eine Reihe von Interaktionsbeteiligungen hinweg einen *ausbalancierten Identitätshaushalt* pflegt. In diesem Zusammenhang soll von *globaler personaler Existenzfähigkeit* gesprochen werden. Diese, auch durch eine relative Entkopplung von persönlicher Anerkennung und emotionalem Wohlergehen gekennzeichnete Form der psychologischen Organisation hat negativen Folgen für die Persönlichkeitsentwicklung letztlich aller Beteiligten, die besonders dann deutlich zutage treten, wenn Handlungs- und Wirkungsebenen von Identitätspolitik verschiedene sind, z.B. beim „Durchtreten-nach-Unten" oder beim sich Sich-Aufspielen gegenüber weniger Mächtigen (oft mit Frauen, Kindern, Alten, Behinderten, Fremden oder Tieren als Opfern). Auf der individuellen Ebene ist hier auch an asoziale und fragmentierte Persönlichkeiten (*multiple selves*)[186] zu denken, die im aktuellen Identitätsdiskurs im Vordergrund der Aufmerksamkeit stehen – dort nicht nur als psychologische bzw. psychopathologische Erscheinungsformen, sondern auch als Konsequenz aus einer veränderten Problemstellung des Diskurses selbst, der mit dem Begriff Identität nun stärker auf das Problem des individuellen und kollektiven Selbstverstehens und seine Kontingenz fokussiert (vgl. Reckwitz 2001, 29).

Bezogen auf die Dynamik formaler Organisation sind Kompensationsgeschäfte der globalen personalen Existenzfähigkeit mit regressiven Lern- und Strukturierungsprozessen verbunden. Chancen für eine Verbesserung der organisationalen Lernfähigkeit und die Förderung wünschenswerter Persönlichkeitsentwicklungen der Beteiligten sind hier vor allem in der angemessenen Kopplung der Interessen der Akteure mit organisationaler Durchsetzungsmacht (Mächtige Akteure brauchen mächtige Gegenspieler!) zu sehen. In diesem Zusammenhang kommt es darauf an, auf der Makroebene von Organisationen auf Strukturen zu setzen, die auf Selbststeuerungsmechanismen in eher horizontalen Macht- und Tauschbeziehungen gerichtet sind, damit auf der Mikroebene gewinnbringende Handlungsstrategien gefördert werden, die der unabhängigen personalen Existenzfähigkeit von Organisationsmitgliedern mehr Gewicht verleihen.

4.5 Individuelle und kollektive Identitäten und Rationalitäten

Mit den in diesem Kapitel bisher erörterten konstitutionstheoretischen Bausteinen wird zunächst auf individuelle Rationalität, Kreativität und Identität fokussiert: so ist etwa der Begriff der Teleologie bei Stacey auf Ziele und Zwecke bezogen, die auf der individuellen Ebene liegen; gleiches gilt bereits für sozialpsychologische Konzepte von Mead, auf dessen Konstrukt des *social act* Stacey zurückgreift, weil mit diesem die genuine Sozialität menschlichen Handelns betont wird. Dies ist im Übrigen im engeren theoretischen Bezugsrahmen der Mikropolitik nicht anders. Auch hier bilden Akteure den Ausgangspunkt der Organisationsanalyse und erfolgt zunächst eine Konzentration auf den individuellen Akteur, die mit einer Kritik an der Vorstellung von kollektiver Rationalität verbunden wird.

Im Folgenden soll eine erweiterte Perspektive zum Verständnis von *Organisationen als kollektive Akteure* eröffnet werden, die die Vorstellung von einer kollektiven Rationali-

---

186 Zu kollektiven Akteuren als *multiple selves* vgl. Elster 1986; Wiesenthal 1990.

tät einschließt. Insbesondere wird der Frage nachgegangen, ob sich ein konstitutionstheoretisches Verständnis des Interaktionsverhaltens von Individuen auf kollektive Akteure übertragen lässt. Dieses Verständnis des Interaktionsverhaltens basiert auf einer Verbindung zwischen individueller und sozialer Ebene durch beziehungsorientierte Macht- und Identitätskonstrukte (vgl. dazu den *Abschnitt 4.4* dieser Arbeit) und ermöglicht dadurch die Berücksichtigung sozialer und kreativer Dimensionen des Handelns, die z.B. im ökonomischen Verhaltensmodell theoretisch nicht fassbar sind.

Für die Behandlung der hier aufgeworfenen Frage kann außerdem auf ein Konzept des kollektiven Akteurs zurückgegriffen werden, das in jüngster Zeit von Philip Pettit (2001) im Rahmen der Ausarbeitung eines veränderten Demokratieverständnisses vorgestellt wurde. Dieses, besonders durch philosophische Denktraditionen von Thomas Hobbes und Immanuel Kant inspirierte Konzept weist bislang keine explizite identitäts- und machttheoretische Fundierung auf. Es ist aber, wie im Folgenden u.a. gezeigt wird, an ein hier vertretenes konstitutionstheoretisches Verständnis organisationalen Handelns anschlussfähig. Insbesondere mit der Übertragung identitätstheoretischer Vorstellungen auf kollektive Akteure eröffnen sich m.E. völlig neue Einsichten, die für die Organisationsforschung von Bedeutung sind.

Von Pettit ist eine *Theorie der Freiheit* ausgearbeitet worden, in deren Rahmen die Vorstellung von der Freiheit des Akteurs als Voraussetzung für politisches Handeln (bzw. als Basis der Idee eines Ideals der politischen Freiheit) nicht auf individuelle Akteure beschränkt bleibt, sondern auch auf Kollektive übertragen wird, die schließlich häufig von Individuen konstituiert werden. Pettit geht davon aus,

1. dass es *kollektive Subjekte* gibt, wie es individuelle Subjekte gibt; insbesondere sind kollektive Subjekte fähig, Verantwortung für ihr Handeln zu übernehmen und andere Akteure für deren Handeln verantwortlich zu machen,

2. dass eine auf *diskursiver Handlungssteuerung*[187] basierende Theorie der Freiheit nicht nur auf individuelle, sondern auch auf kollektive Akteure anwendbar ist; kollektive Subjekte sind demnach für ihr Handeln verantwortlich, wenn und insoweit dieses Handeln auf diskursiver Handlungssteuerung beruht.

Die Argumentation Pettits nimmt ihren Ausgang beim *diskursiven Dilemma*, der allgemeinen Form eines besonders in juristischen Zirkeln diskutierten Paradoxons, das sich auch auf Entscheidungsfindungsprozesse in Organisationen anwenden lässt. Dieses Dilemma kann zweckmäßig am Beispiel einer Richtergruppe verdeutlicht werden, die darüber zu entscheiden hat, ob ein Angeklagter für einen möglichen Vertragsbruch zur Rechenschaft zu ziehen ist oder ob er freigesprochen werden soll. Nach herrschender Meinung (legaler Doktrin) kann das Gericht den Angeklagten nur dann für schuldig erklären, wenn erstens ein rechtsgültiger Vertrag vorliegt *und* wenn zweitens das Verhalten des Angeklagten – vor dem Hintergrund eines solchen Vertrages – als Vertragsbruch zu bewerten ist. Die folgende Matrix verdeutlicht die Entscheidungen von drei Richtern A, B und C in dieser Streitfrage.

---

187 Vgl. zum Begriff der diskursiven Handlungssteuerung Pettit (2001, 65ff.). Im Unterschied zur rationalen (vgl. ebd., 32ff.) und willentlichen (vgl. ebd., 49ff.) Handlungssteuerung setzt die diskursive Handlungssteuerung die Einbindung des Subjekts in soziale Beziehungen voraus, so dass sich gerade hierdurch identitätstheoretische Konstrukte anbieten.

Matrix 1 (Quelle: Pettit 2001, 107)

	Contract?	Breach?	Liable?
A.	Yes	No	No
B.	No	Yes	No
C.	Yes	Yes	Yes

Prinzipiell bestehen zwei alternative Wege, die das Gericht einschlagen kann, um den Fall zu entscheiden. Der erste besteht darin, dass jeder Richter zunächst sein persönliches Urteil zur Streitfrage fällt und dass daraufhin die persönlichen Urteile aller drei Richter zu einem *Mehrheits-Urteil* aggregiert werden. In diesem Fall überwiegen die Auffassungen von A und B (Angeklagter ist nicht schuldig) gegenüber der gegenteiligen Auffassung von C, so dass mit dem gemeinsamen Urteil aller drei Richter ein Freispruch des Angeklagten erfolgt.

Ein alternativer kollektiver Entscheidungsprozess besteht darin, dass zunächst Mehrheitsentscheidungen über die Teilfragen 1. des Vorhandenseins eines rechtsgültigen Vertrages und 2. des Tatbestandes des Vertragsbruches herbeigeführt werden,[188] aus denen sich dann (der legalen Doktrin entsprechend) das kollektive Urteil ableiten lässt. Pettit spricht hier von einem *prämissengetriebenen Ansatz*. Im Beispiel wird sowohl das Vorliegen eines Vertrages als auch das Vorhandensein eines Vertragsbruches mehrheitlich bejaht, so dass bei diesem alternativen Prozedere der Angeklagte schuldig gesprochen würde.

Das Dilemma besteht immer dann, wenn – wie in dem Beispiel – die genannten alternativen Entscheidungsprozesse zu verschiedenen Ergebnissen führen.

Ein anderes von Pettit angeführtes Beispiel betrifft in einem arbeitnehmergeführten Unternehmen die kollektive Entscheidung hinsichtlich der Frage, ob auf einen Teil des Lohnes verzichtet werden soll, um mit dem eingesparten Geld eine Arbeitssicherheitsmaßnahme, z.B. eine Schutzvorrichtung gegen Stromschlag, zu finanzieren. Für diese Entscheidungen sollen folgende Kriterien herangezogen werden:

1. Besteht – in Anbetracht eines anerkannten Maßstabs – ernsthaft die Gefahr eines Stromschlags am Arbeitsplatz?
2. Könnte eine Schutzvorkehrung, wie sie mit den in Aussicht gestellten Mitteln finanzierbar wäre, einen Stromschlag nachgewiesenermaßen wirksam verhindern?
3. Ist Lohnverzicht ein tragbarer Verlust?

Nur wenn ein Arbeitnehmer von der faktischen Gefahr eines Stromschlags am Arbeitsplatz ausgeht, er die Möglichkeit einer effektiven Gefahrenabwendung durch eine Schutzvorkehrung sieht und er den Verzicht auf einen Teil seines Lohnes für tragbar hält, ist er bereit, einen Teil seines Lohns zu opfern.

---

188 Bei den Entscheidungen über die genannten Teilfragen handelt es sich in diesem Fall um Vorentscheidungen (Entscheidungen über Entscheidungsprämissen), die die Endentscheidung aufgrund festliegender Entscheidungskriterien (legale Doktrin) bestimmen.

Matrix 2 (Quelle: Pettit 2001, 108)

	Serios danger?	Effective measure?	Bearable loss?	Pay-sacrifice?
A.	Yes	No	Yes	No
B.	No	Yes	Yes	No
C.	Yes	Yes	No	No

Auch hier hängt die kollektive Entscheidung davon ab, ob sie durch Aggregation der individuellen Einzelentscheidungen gebildet wird oder ob sie aus kollektiven (mehrheitlichen) Vorentscheidungen über die drei genannten Entscheidungsprämissen abgeleitet wird. Aus der Matrix geht hervor, dass jeder Entscheider einen Lohnverzicht ablehnt, weil er jeweils eine Voraussetzung hierfür als nicht erfüllt ansieht. Das erste Prozedere würde also zu einer einstimmigen Ablehnung der Arbeitssicherheitsmaßnahme mit Lohnverzicht führen (die letzte Spalte enthält nur Nein-Stimmen). Da bei Anwendung des zweiten Entscheidungsverfahrens jeweils eine Mehrheit der Entscheider für die Erfüllung der drei Voraussetzungen votiert (in jeder der drei Prämissen-Spalten überwiegen die Ja-Stimmen), würde hiernach eine kollektive Entscheidung für die Arbeitssicherheitsmaßnahme zustande kommen.

Die kollektive Entscheidung hängt also davon ab, ob sie durch Aggregation der individuellen Einzelentscheidungen, also durch Mehrheitsentscheid gebildet wird *oder* ob sie aus kollektiven (mehrheitlichen) Vorentscheidungen über die Entscheidungsprämissen abgeleitet, also prämissengetrieben erfolgt. Für das Abstimmungsverfahren nach der Mehrheitsregel (der Standardpraxis) ist charakteristisch, dass die Ursachen der individuellen Urteile bzw. der Beweisführung nicht öffentlich werden. Sie sind – quasi individualisiert – nur dem Individuum bekannt. Damit birgt die Mehrheitsregel also die Problematik, dass die Ursachen der individuellen Entscheidungen nicht zufriedenstellend berücksichtigt werden – möglich sind (wie gezeigt) kollektive Entscheidungen, die zu einem anderen Ergebnis führen, als das, das durch die Prämissen-Teilentscheidungen der Individuen zu befürworten wäre. Wird der Gruppenentscheidung jedoch das alternative Verfahren zugrundegelegt, dann wird die Abstimmung durch kollektiv begründete Kriterien geleitet, die in Entscheidungsprozessen transparent gemacht werden. Eine Gruppe kommt bei Anwendung dieses alternativen Verfahrens nicht in die Situation, dass sie eine Lösung ablehnen würde, die sie aufgrund kollektiv gutgeheißener Prämissen befürworten würde. Nach Pettit ist das *prämissengetriebene Verfahren* die für die Organisationspraxis besonders geeignete Möglichkeit, kollektive Rationalität sicherzustellen.

Allgemein zeigen die Dilemmata in den illustrierten Fällen, dass es sinnvoll ist, zwischen individueller Rationalität und kollektiver Rationalität zu unterscheiden und dass *kollektive Rationalität* nicht aus der Aufsummierung individueller Rationalitäten abgeleitet werden kann. Kollektive aus Individuen, die vor dem Hintergrund bestimmter rational miteinander verbundener Kriterien eine kollektive Entscheidung zu treffen haben, haben sich darüber zu einigen, ob sie der individuellen oder der kollektiven Rationalität folgen wollen, ob sie also entscheidungsrelevante Gründe individualisiert oder kollektiviert behandeln wollen. Ist ersteres der Fall, spricht Pettit von *aggregierten Kollektiven*, von *integrierten Kollektiven* (auch *sozialen Integrationen*) dagegen, wenn letzteres der Fall ist (vgl. Pettit, ebd., 113). Bei integrierter Kollektivität handelt es sich um eine Form der Kollektivität, bei der Individuen (Mitglieder des Kollektivs) in ein kollektives Muster des Beurteilens und Entscheidens involviert sind, das dem Kriterium der kollektiven Rationalität genügt.

Für Kollektive, die einen (gemeinsamen) Zweck verfolgen, also gerade auch Organisationen (vgl. den Organisationsbegriff bei Renate Mayntz 1968), besteht nach Pettit geradezu ein „Zwang" kollektive Rationalität zu entwickeln, d.h. ein integriertes Kollektiv zu sein. Der wesentliche Grund ist darin zu sehen, dass ein Kollektiv nur dann Promotor einer effektiven und glaubwürdigen (Organisations-)Zielverfolgung sein kann, wenn Inkonsistenzen oder Inkohärenzen in den Entscheidungen im Zeitablauf zumindest soweit vermieden werden, dass sein Verhalten nicht als chaotisch wahrgenommen und entsprechend beurteilt wird. Integrierte Kollektive entfalten (geistige) Eigenschaften, die nicht bloß (wie eine Summe oder Metapher) die Eigenschaften ihrer Mitglieder widerspiegeln (vgl. Pettit, ebd., 114) und stellen – wie Individuen – *reale Subjekte* dar; integrierte Kollektive können Entscheidungen treffen bzw. Intentionen verfolgen, die momentan keines der individuellen Mitglieder des Kollektivs unterstützen würde (vgl. das zweite Beispiel).

Die Argumentation zum Charakter integrierter Kollektive als reale Subjekte wird von Pettit weitergeführt, indem kollektive Subjekte als *institutionale Personen* betrachtet werden, die Selbstidentität besitzen. Pettit betont, dass für kollektive Subjekte als *Identitäten* dieselben Kriterien anzuwenden sind wie für individuelle Identitäten. Damit eröffnet er eine Perspektive, mit der im Prinzip auch an identitätstheoretische Konzepte angeschlossen werden kann. Pettit kommt es beim Verständnis von Kollektiven als Identitäten darauf an, dass Kollektive im Rahmen der diskursiven Praxis zu einem späteren Zeitpunkt als dieselbe kollektive Person wiedererkannt werden (können, was eine gewisse Konsistenz von kollektiven Entscheidungen im Zeitablauf voraussetzt). Für kollektive wie für individuelle Identität sind interpersonale Beziehungen konstitutiv. Im Rahmen dieser Beziehungen können sie (vor allem integrierte Kollektive) wie Individuen über Freiheit als Person, über Freiheit als Selbst und über Freiheit in Bezug auf ihr Handeln verfügen. Dabei bedingt

- die *Freiheit als Person*, dass es Kollektiven gelingt, in der Beziehung zu anderen individuellen und kollektiven Personen Verantwortung für das eigene Handeln zu übernehmen (s. dazu weiter unten). Dies erfordert die (von anderen abhängige) Fähigkeit zur diskursiven Steuerung des eigenen Handelns.

- die *Freiheit des Selbst*, dass Kollektive (Individuen) fähig sind, gegenüber Handlungen in der Vergangenheit Commitment aufrecht zu erhalten und dies im aktuellen Handeln zumindest nicht systematisch zu unterlaufen.

- die *Freiheit des Handelns*, dass kollektives (individuelles) Handeln unter den besonderen Bedingungen von Diskursivität erfolgt.

Bei Pettit schließt diskursive Handlungssteuerung Zwang und Gewaltanwendung aus. In seinen Ausführungen wird kein relationales Machtkonzept zugrunde gelegt. Zwang und Gewaltanwendung werden von ihm als gleichermaßen unerfreuliche wie unfreundliche Handlungspraxis einer denkmöglichen diskurs-freundlichen Beziehung zwischen Personen

(Individuen und Kollektive) gegenübergestellt.[189] Die diesbezüglichen Andeutungen bei Pettit weisen in Richtung herrschaftsfreier Dialog, wenngleich auf Habermas nicht explizit Bezug genommen wird; im Unterschied zu Habermas hält Pettit den Bereich der Wirtschaft offenbar für „freiheitsfähig".

An dieser Stelle gehen die Vorstellungen Pettits weit, aber nicht weit genug. Die Notwendigkeit einer für die deskriptive Theoriekonstruktion nur bedingt befriedigenden Gegenüberstellung von „machtdominierten" Beziehungen zwischen Akteuren (Individuen, Kollektiven) auf der einen und „diskursiv-freundlichen" Akteurbeziehungen auf der anderen Seite entfällt, sobald Überlegungen, wie Pettit sie anstellt, auf einer erweiterten identitäts- und machttheoretischen Basis vorgenommen werden; diskursive Handlungssteuerung erscheint hier jedoch eher als Grenzfall. Ausgehend von einer Verbindung des *soziologischen Balancekonzepts der Identität* nach Krappmann (1978) mit dem *relationalen Machtkonzept* nach Crozier/Friedberg (vgl. Felsch 1998; 1999) setzt die Autonomie des kollektiven Akteurs als Person, als Selbst und als Handelnder *mehr* voraus als die von Pettit hervorgehobene biographische Identifizierbarkeit (bei Krappmann die *vertikale Dimension der Identität*): Ausschlaggebend ist darüber hinaus, dass kollektive Akteure in ihrem für andere relevanten Handeln den Erwartungen anderer individueller und kollektiver Akteure zumindest partiell entsprechen (bei Krappmann die *horizontale Dimension der Identität*). Einer vollständigen Erwartungsentsprechung sind bereits durch widersprüchliche Erwartungen, mit denen sie konfrontiert werden, Grenzen gesetzt. Z.B. müssen große Unternehmungen die teilweise konträren Erwartungen ihrer Stakeholder irgendwie synthetisieren. Wie Individuen, die vor dem Hintergrund heterogener Erwartungen ihre personale Identität stärker ausprägen müssen, um ihre Binnenstabilität aufrecht zu erhalten und konsistent zu handeln, müssen Organisationen ihr Handeln umso mehr an einer *corporate identity* orientieren, desto uneinheitlicher die Erwartungen sind, mit denen sie konfrontiert werden.[190]

Eine vollständige Erwartungsentsprechung wäre wohl auch kaum mit der Vorstellung der diskursiven Handlungssteuerung vereinbar, denn anders als Mead geht Krappmann davon aus, dass die Behauptung von Identität auch und gerade als Voraussetzung für eine verstehbare Beteiligung an Kommunikations- und Interaktionsprozessen erfordert, dass divergierende Erwartungen interpretierend verknüpft und in ihrer Widerspüchlichkeit ausgedrückt werden. Mit anderen Worten: Erst in der partiellen, nicht in der vollständigen Erwartungsentsprechung hinsichtlich der für andere relevanten Handlungen kommt der Anspruch eines Kollektivs zum Ausdruck, von anderen als autonomer Akteur (Selbst) wahrgenommen zu werden.[191] Ob die Identitätsbildung bzw. -behauptung des kollektiven Akteurs gelingt, hängt freilich von anderen individuellen und kollektiven Akteuren ab, die

---

189 „They (collectives, A.F.) may themselves exercise force or coercion or manipulation in relation to other persons, and they may themselves experience the effects of force or coercion or manipulation. But equally they may avoid the practice of such hostile overtures, acknowledging the discursive control of those they deal with; and they may be lucky enough not to experience overtures of that kind, being dealt with in a discourse-friendly manner.
A collective subject will be a free institutional person, then, to the extent that it enjoys discourse-friendly relationships with other persons, individual or institutional." (Pettit, 2001, 120)

190 Vgl. Geser (1990, 406), der im Zusammenhang mit der Verdeutlichung des *Akteurstatus* von formalen Organisationen u.a. auf die oben genannte Arbeit von Krappmann hinweist.

191 Es ist, so ließe es sich auch ausdrücken, Kollektiven wie Individuen nicht möglich, den Balanceakt der Identitätsdarstellung erfolgreich zu vollführen, ohne – aus der Sicht anderer, die im Rahmen responsiver Prozesse Identität zuschreiben – zugleich als machtausübend wahrgenommen zu werden.

ihm eine Identität *zuschreiben*. Der *Akteurstatus von Organisationen* ist aus dieser identitätstheoretischen Sicht also daran gebunden, das es Organisationen gelingt, Identität zu
behaupten, indem sie wie Individuen, die Rollen übernehmen, zwischen Rollenkonformität
und Rollendistanz balancieren und in dieser Leistung von anderen individuellen und kollektiven Akteuren anerkannt werden. Somit ist auch für die Selbstdarstellung von Organisationen als kollektive Akteure (wie für Individuen, vgl. dazu in *Abschnitt 4.4*) das *als ob-
Verhalten* von elementarer Bedeutung.

Wie Helena Flam (1990) in ihrer Auseinandersetzung mit verschiedenen Kriterien, die
im Rahmen der analytischen Begriffsbildung für die Identifizierung korporativer Akteure
herangezogen werden, verdeutlicht, ist ein *als ob*-Verhalten ausschlaggebend für die Behandlung der Organisationen als kollektiven Akteur – nicht jede formale Organisation wird
von anderen als kollektiver Akteur betrachtet. Bezogen auf die für korporative Akteure
charakteristische formale Konstitution, Mitgliedschaft und Interessenrepräsentation komme
es weniger auf die faktisch aufweisbare Mitgliedschaft einer Anzahl von Individuen an,
sondern vielmehr auf das Verhalten der Organisation *als ob* sie eine Mitgliedschaft hätte;
auch komme es eher nicht auf die in Formalstrukturen zum Ausdruck gebrachte Einheit der
Organisation an, sondern auf ein Verhalten der Organisation *als ob* es formulierte Maßstäbe
gäbe; schließlich sei nicht die Interessenrepräsentation aufgrund der tatsächlichen Übertragung von Repräsentationsaufgaben ausschlaggebend, sondern das Verhalten der Organisation, *als ob* sie zur Interessenrepräsentation befugt sei (vgl. Flam 1990, 10). Wenn das Akteurskonzept begrifflich nicht mehr an die bloße Existenz von Organisationen geknüpft
wird, dann komme es für die Organisation als korporativen Akteur, so Vollmer (1997, 173)
zusammenfassend, darauf an, dass sie

> „bestimmte Verhaltensweisen vollzieht, die sich als Interessenrepräsentation oder Verfolgung eigener Zwe-
> cke nach selbstgewählten Maßstäben *begreifen* lassen."

Die Überlegungen von Flam sprechen auch aus der Sicht von Vollmer (vgl. ebd.) dafür, den
Prozess der Korporatisierung mit der Übernahme von Akteursrollen (im Sinne eines flexiblen Rollenspiels zwischen Rollenidentifikation und Rollendistanz verstanden) in Verbindung zu bringen. Beispielsweise werden Organisationen im Kontext des politischen Systems
zu *kollektiven Akteuren*, wenn sie

> „*als* Einflussnehmer auftauchen, die *Rolle* eines Repräsentanten übernehmen, eigenes Handeln im Kontext
> von *Erwartungen* vollziehen, die sich an sie richten, in Tauschbeziehungen auftauchen, die sie *als* Tausch-
> partner etablieren (vgl. Marin, 1990, 63f.). Das ,als ob' der Korporatisierungskriterien bei Flam drückt
> nichts anderes aus als die Interpretierbarkeit von Verhalten im Lichte bestimmter Rollen, die den Akteurs-
> status dessen implizieren, der anhand dieser Kriterien beobachtet wird." (Vollmer 1997, 173f.)

Derartige Vorstellungen in Richtung einer Konstitution von Akteuren im Rahmen sozialer
Praxis als Wechselverhältnis von Selbstdarstellung auf der einen und Anerkennung
(Fremdbeschreibung) auf der anderen Seite trägt dazu bei, den Akteurstatus von kollektiven
Akteuren, anders als dies letztlich mit den meisten herkömmlichen soziologischen und
politikwissenschaftlichen Vorstellungen über Korporatisierung[192] der Fall ist, ernst zu neh-

---

192 Die Frage nach der Möglichkeit der Durchsetzung von sozialen Ordnungsformen, deren Handlungsweisen
   den Interessen der beteiligten Individuen in vielerlei Hinsicht widersprechen, ist z.B. von Michels (1925) unter Hinweis auf Oligarchien beantwortet worden. Diese instrumentalisieren Organisationen für die Durchset-

men. Wie gerade die fortdauernde Diskussion über die gesellschaftliche Verantwortung von Unternehmen (*corporate responsibility*) zeigt, sollte man aber trotz aller von Pettit angeregten Überlegungen zu Ähnlichkeiten der Konstitution individueller und korporativer Akteure sensibel für ontologische Unterschiede bleiben. Charakteristische Unterschiede zwischen organisierten und individuellen Akteure bestehen nach Geser (1990, 406ff.) u.a. darin, dass Organisationen im Vergleich zu Individuen sowohl über eine erhöhte Fähigkeit zu selbstverantwortlichem, normgeleitetem Handeln verfügen als auch über eine erhöhte Fähigkeit zu komplexem und zuverlässigem Aktivhandeln, so dass Organisationen gegenüber Individuen eine höhere moralische Handlungs- oder, wie es Ortmann (2005) bezogen auf Geser (1989; 1990) ausdrückt, *Zurechnungsfähigkeit* besitzen. Wie Ortmann ausführlich begründet, lässt sich – durchaus im Sinne von Geser – zu Recht von einer erhöhten Moralfähigkeit von Organisationen sprechen, insofern es Organisationen gelingt, unter Einsatz von Regeln und Ressourcen so zu handeln, wie es als „richtig" etabliert ist. Allerdings ist nach Ortmann (was dieser bei Geser vermisst) zu bedenken,

„1.   dass der Charakter von Organisationen als Veranstaltungen organisierter Interessenverfolgung ihrer Befähigung zu Verantwortlichkeit Grenzen setzt;

2.   dass die ungleich höheren Kapazitäten und Ressourcen, über die Organisationen verfügen, *pro malo* ebenso einsetzbar sind wie *pro bono* ...;

3.   dass der Eigensinn und die Eigendynamik von Organisationen, aus dem Geser gerade ihren Status als autonome Akteure herleitet, eine Steuerung, ... und erst recht eine Steuerung in Richtung auf Verantwortlichkeit zumindest schwierig macht;

4.   dass selbst das, was Organisationen *für* die Sicherung von Verantwortlichkeit einsetzen (können) – etwa: Regelwerke, Ressourcen, Standardisierung, Programme – , Pharmakon ist;

5.   dass Organisationen selbst scham- und gewissenlos in einem zunächst ganz neutralen Sinne sind..."

Und schließlich, von Geser teilweise gesehen,

„6.   dass der Einsatz von Organisation zur Sicherung von Verantwortlichkeit auch deswegen höchst ambivalent ist, weil organisationale als gefährliches Supplément *individueller* Verantwortlichkeit fungieren kann, letztere also nicht nur ergänzt ..., sondern allmählich ersetzt..." (Ortmann 2005, o. S.).

Diese Offenheit der Moralität von korporativen Akteuren lässt sich auch thematisieren, wenn bei der Konzeptualisierung des kollektiven Akteurs auf das Balancekonzept der Identität zurückgegriffen wird.

Bei Pettit droht die Gefahr einer eindimensionalen Konzeptualisierung des kollektiven Akteurs insbesondere dort, wo er die Frage nach der Freiheit der Person beantworten will. Um zu verdeutlichen, wann eine Person (Individuum, Kollektiv) Freiheit (im Sinne der Fähigkeit zur Verantwortungsübernahme) besitzt, geht Pettit auf „unfreie" Personen ein,[193]

---

zung ihrer partikularen Interessen auf Kosten der Interessen der Organisationsmitglieder, so dass im Prozess der Korporatisierung die Ablösung der Interessen der Organisation von den Interessen ihrer Mitglieder erfolgt. Dies impliziere, so Vollmer (1997, 173), dass die Diskussion um die Entstehung des korporativen Akteurs im Dunstkreis zwischen Soziologie und Politikwissenschaften den Akteurstatus von kollektiven Akteuren teilweise nicht ernst nimmt, zumal wenn „mit Verbindungen von Gruppen-, Organisations- und Machttheorien gearbeitet (wird), die Handlungsautonomien sozialer Einheiten als Resultate der Ausübung von Herrschaft begreifen, wobei es sich schließlich um bestimmte individuelle Akteure handelt, die ihre Interessen gegen andere durchsetzen."

193   „The distinction in view .. between the free and the unfree collectivity marks the difference between the regular, robust sort of institutional entity that recognizes a past and effectively lives up to it and the entity that vacillates in the recognition of fidelity that it gives the past. If this vacillation becomes chronic, then the en-

die u.a. durch ein „schwaches" Selbst gekennzeichnet werden. Er meint damit ein für andere nicht sicher fassbares Selbst, das in seinen aktuellen sozialen Handeln – aus der Sicht
von anderen – nicht deutlich (genug) an die eigenen, in der Vergangenheit liegenden Handlungen anschließt. In einer solchen Charakterisierung eines schwachen Selbst kommt möglicherweise wiederum der problematische Dualismus einer Sichtweise zum Ausdruck, in
der Machtausübung einer diskursiven Verhaltenssteuerung gegenüber gestellt wird. Das
Selbst erscheint als „schwach", weil sein Verhalten für andere nicht sicher kalkulierbar ist –
was vor dem hier vertretenen machttheoretischen Hintergrund auch bedeuten kann, dass es
machtvoll auftritt. Darüber hinaus lässt die Charakterisierung eines schwachen Selbst nach
Pettit und die offenbar gegenteilige Vorstellung eines starken Selbst an die Auseinandersetzung über starke und schwache Unternehmenskulturen in der Organisationsforschung denken,[194] bei der im Unterschied zur Sichtweise Pettits allerdings eher die Konsequenzen sog.
starker Unternehmenskulturen problematisiert wurden (vgl. Schreyögg 1989). *Starke Un-
ternehmungskulturen* zeichnen sich (nicht durch bestimmte Kulturinhalte und Konsensgra-
de, sondern) durch folgende Merkmale bezogen auf Orientierungsmuster und Werthaltungen aus:

1. Prägnanz: klar, konsistent, umfassend
2. Verbreitungsgrad: homogen
3. Verankerungstiefe: internalisiert, persistent.

Starke Unternehmenskulturen zeitigen positive Wirkungen wie reibungslose Kommunikation, rasche Informationsverarbeitung und Entscheidungsfindung, Handlungsorientierung
durch Komplexitätsreduktion, beschleunigte Implementation von Plänen und Projekten,
hohe Motivation und Loyalität, geringer Kontrollaufwand, Stabilität und Zuverlässigkeit.
Als negative Konsequenzen starker Unternehmenskulturen gelten Tendenzen zur Abschlie-
ßung, Blockierung neuer Orientierungen, Implementationsbarrieren, Fixierung auf traditionelle Erfolgsmuster, kollektive Vermeidungshaltung, Konformitätszwang und ein Mangel
an Flexibilität. Starke Unternehmenskulturen ermöglichen hohe Effizienz zum Preis von
mangelnder Kreativität und Innovationsfähigkeit. Autonomie, Nonkonformität, Experimen-
tierfreude, Widerspruchsgeist oder Individualität sind als Werte für starke Unternehmenskulturen jedenfalls nicht zugelassen. Starke Unternehmenskulturen scheinen organisationales Lernen im Sinne von *double-loop learning* eher zu verhindern als zu fördern.

Insgesamt wird durch solche kritischen Anmerkungen zu den Konzepten Pettits die
grundsätzliche Übertragbarkeit der Identitätskonstrukte von individuellen auf kollektive
Akteure nicht in Frage gestellt. Meine Kritik verweist vielmehr auf unterschiedliche theoretische Fassungen von Identität, die auf unterschiedlichen Annahmen über teilautonomes
Handeln von Akteuren im Rahmen sozialer Beziehungen beruhen. Ein Identitätskonstrukt,
das in Verbindung mit der Machtdimension auch die Kreativität des Handelns berücksichtigt, ist gerade auch für kollektive Akteure relevant. In diesem Zusammenhang wäre genauer zu untersuchen, welche Konsequenzen aus Unterschieden zwischen individuellen und

---

tity in question will begin to seem less and less like a properly integrated collectivity: a proper institutional
person." (Pettit 2001, 120f.)
194 Selbstverständlich gibt es auch hier die Vorstellung, dass eine starke Organisationskultur mit einer förderli-
chen Wirkung auf den inneren Zusammenhalt und auf die Effektivität der Organisation verbunden sei, während eine „schwache" Organisationskultur eher als dysfunktional wahrgenommen wird (vgl. DiTomaso 1987,
129).

kollektiven Akteuren für die Art und Sicherstellung einer kollektiven Rationalität folgen. So könnte etwa aus der Tatsache, dass kollektive Akteure im strengen Sinne kein Gedächtnis und keine Emotionen besitzen, eine Begründung für das Vorherrschen von *prozeduraler Rationalität* (Simon 1976, 1986) abgeleitet werden. Die größere öffentliche Sichtbarkeit von Organisationen als kollektive Akteure erfordert daneben besondere Anstrengungen, die Identität nach außen darzustellen und zu behaupten. Bekanntlich wird im soziologischen Institutionalismus aus Anforderungen moderner Gesellschaften an Organisationen ein Zwang abgeleitet, Rationalität nach außen zu demonstrieren. Mit der hier vorgeschlagenen identitätstheoretischen Sicht auf kollektive Akteure können solche Überlegungen vertieft und in Richtung auf unterschiedliche Organisationsformen – einschließlich Unternehmensnetzwerke – erweitert werden.

5 Kontextualität der Organisationsdynamik im Spannungsfeld zwischen externer Steuerung und interner Eigendynamik

In diesem Kapitel geht es um eine substanzielle Unterfütterung der theoretischen Ansätze mit dem Ziel, das Erklärungspotential dieser Ansätze und ihrer Verknüpfung zu verdeutlichen. Hierbei werden anders als bei einer historischen oder geschichtswissenschaftlichen Untersuchung (vgl. Türk/Lemke/Bruch 2002) in allgemeiner, kategorisierender Form Zusammenhänge zwischen Entwicklungsprozessen und Entwicklungsbedingungen beispielhaft verdeutlicht, um das theoretisch-praktische Erklärungspotential der Ansätze zu bewerten. Ausgangspunkt der Überlegungen ist die Grundvorstellung von Organisationen als kollektive, korporative Akteure mit einem auf Arbeitsteilung und Koordination gerichteten Regelsystem (Formalstrukturen) und dem Ziel der Effizienzsteigerung gegenüber nichtorganisierten Formen sozialen Handelns (vgl. eine ausführliche Erörterung der in diesem Sinne ausdifferenzierten Organisationsdimensionen Ordnung, Gebilde und Vergemeinschaftung bei Türk/Lemke/Bruch 2002, S. 19ff.). Jede Erklärung von Organisationsdynamik muss dem Versuch gewidmet sein, Beziehungen zwischen grundlegenden Merkmalen von Organisationen bzw. organisierten kollektiven Handeln und konkreten historisch gebundenen Kontexten herzustellen. Hierbei ist eine analytische Trennung zwischen dem äußeren und inneren Kontext einer Organisation sinnvoll. In Bezug auf den äußeren Kontext erfolgt im Folgenden eine Konzentration auf die in einer „Marktumwelt" agierende kapitalistische Unternehmung, d.h. es werden Beziehungen zwischen der *Marktdynamik* und der *Organisationsdynamik* aus theoretischer Perspektive thematisiert (*Abschnitt 5.1*). Bezogen auf den *inneren Kontext* sollen zum einen alle unmittelbar auf die Organisationsdynamik einwirkenden *Folgen der kollektiven Organisiertheit*, zum anderen Beziehungen zwischen innerem und äußerem Kontext ausgelotet werden (*Abschnitt 5.2*). Wenn im Folgenden die hierbei analysierten Beziehungen auf der sprachlichen Ebene den Eindruck kausaler (Ursache-Wirkungs-)Beziehungen erwecken, sollte sich der Leser stets bewusst sein, dass hier von einem konstitutionstheoretischen Verhältnis zwischen Kontext und Organisation ausgegangen wird, d.h. dass sich kurzfristige Ursache-Wirkungs-Beziehungen durch mehr oder weniger Feedbackmechanismen in ihrer Richtung umkehren können. So können etwa Fusionen zwischen Unternehmen kurzfristig ausgelöst sein durch eine von den Beteiligten nicht mehr bewältigte Wettbewerbsintensität des Marktes, die ein Überleben der einzelnen Organisationen in Frage stellt. Durch das Zusammenspiel der in einer Branche parallel stattfindenden erfolgreichen Fusionsprozesse wird natürlich tatsächlich die Wettbewerbsintensität vermindert und damit längerfristig der Kontext Marktumwelt verändert. Gründe für zunehmende Wettbewerbsintensität und weitere externe Gründe für Fusionen wurden z.B. im Rahmen der Analyse von fünf historischen Merger-Wellen herausgearbeitet: Monopolisierung als Folge der industriellen Revolution (1887-1904), vertikale Integration als Konsequenz neuer Anti-Trust Gesetze (1916-1929), Konglomerate-Ära infolge von

Diversifikationsstrategien (1965-1969), Merger-Mania durch Liberalisierung und Deregulierung (1984-1989) und schließlich die fünfte, noch nicht abgeschlossene Merger-Welle durch Globalisierung, europäischen Binnenmarkt und Shareholder Value-Strategien (ab 1993) (vgl. Picot/Nordmeyer/Pribilla 2000, 43ff.). Bei der konkreten Abgrenzung und Fassung des inneren Kontextes geht es – darauf sei ausdrücklich hingewiesen – um das mögliche Deutungspotential für organisationale Veränderungsprozesse. Insofern gehört zur Erklärung der Veränderung organisationaler Formal- und Verhaltensstrukturen beispielsweise die Formalstruktur zum inneren Kontext der Organisation. Dies ist gerade auch Folge der Dualität von Struktur bzw. der Rekursivität von Handlung und Struktur, wobei im Übrigen dieses konstitutionstheoretische Paradigma nur für historisch-dynamische Analysen, d.h. bei Einschluss der Zeitdimension in die Analyse der Veränderungen, Sinn macht (vgl. demgegenüber den kontingenztheoretischen Ansatz, der bei Ausschluss der Zeitdimension zum Kontext der Organisation nicht Merkmale der Organisation selbst zählen kann). In diesem Zusammenhang erscheint eine Fokussierung auf die Dynamik des Verhältnisses zwischen Formal- und Verhaltensstrukturen besonders wünschenswert, z.B. um Konzepte der Organisationskultur für eine Analyse der Organisationsdynamik fruchtbar zu machen. Den bei bisherigen historischen Analysen weitgehend vernachlässigten Akteureigenschaften von Organisationen wird hierbei, aber auch für die Verdeutlichung des Verhältnisses von innerem und äußerem Kontext, besondere Aufmerksamkeit gewidmet. Für die Analyse der Organisationsdynamik ist m.E. wesentlich, mehrstufige Prozesse der Konstitution kollektiver Akteure zu betrachten, z.B. die Konstitution eines rechtlich abgegrenzten korporativen Akteurs in Verbindung mit der Konstitution unterschiedlicher organisationaler Subakteure und die Konstitution eines organisationalen Netzwerkes in Verbindung mit der Konstitution unterschiedlicher Formen beteiligter organisationaler Kollektivakteure.

5.1 Marktdynamik und Organisationsdynamik

5.1.1. Effizienz durch organisiertes kollektives Handeln

5.1.1.1 Effizienz, Flexibilität und Planung

Der wohl wesentlichste Rechtfertigungsgrund für die Existenz und damit auch Anspruch von Organisationen in der modernen Gesellschaft ist, *Effizienzsteigerungen durch organisiertes kollektives Handeln* erreichen zu können bzw. zu wollen. Dies erscheint sehr fragwürdig, wenn man kollektives Handeln als Konglomerat zielstrebigen individuellen Handelns denkt. Wie bereits am Beispiel der Stecknadelproduktion von Adam Smith deutlich wird, ist die Einlösung des Effizienzanspruchs an mindestens zwei Bedingungen geknüpft: erstens an die Wiederholung der Herstellung gleichbleibender und möglichst ähnlicher Produkte und Produktionsprozesse mit der Möglichkeit einer Normierung, Standardisierung und Typisierung (zusammengefasst unter dem Begriff der Rationalisierung) als Voraussetzung für die Realisierung von *economies of scales*, wie es das Paradebeispiel industrieller Massenfertigung zum Ausdruck bringt; zweitens die Möglichkeit der *Formung und Zurichtung menschlicher Arbeit* auf die Bedingungen des arbeitsteiligen Produktionsprozesses (dazu *Abschnitt 5.1.2*).

Das hier angesprochene, im Folgenden als *Kosteneffizienz* bezeichnete Existenzkriterium für Organisationen ist zwar eine wichtige, aber nicht die alleinige Anforderung, die sich aus dem Marktkontext kapitalistischer Wettbewerbssysteme für Unternehmen ableitet. Während sich die statische Betrachtung der neoklassischen Modelle notwendigerweise auf die Kosteneffizienz als wesentliches Kriterium der Markteffizienz beschränkte, werden erst in jüngerer Zeit mit den in Fortsetzung des bahnbrechenden Werkes von Schumpeter entwickelten Modellen der sog. Evolutorischen Ökonomik, mit denen eine Annährung an die Realität der Marktdynamik unternommen wird, weitere wettbewerbsabhängige Existenzkriterien für Unternehmen zur Diskussion gestellt. Diese Kriterien lassen sich unter den Begriffen Anpassungsfähigkeit (Flexibilität) und Einwirkungsfähigkeit zusammenfassen. *Flexibilität* soll hier als Fähigkeit von Unternehmen definiert werden, sich an veränderte Marktanforderungen anzupassen. Zur Sicherung der Existenzfähigkeit sind solche Anpassungen möglichst schnell und kostengünstig zu vollziehen, so dass in diesem Sinne auch der Begriff der *Anpassungseffizienz* verwendet werden kann.[195] Bezieht man hier auch die Möglichkeit von Variationen der Produktqualität bei gegebenen Produktionsverfahren ein, so lässt sich die Notwendigkeit der Anpassungseffizienz als Folge von Qualitäts-, Zeit- und Kostenwettbewerb begreifen. Während also Flexibilität die Reaktionsfähigkeit von Unternehmungen beschreibt, soll mit *Einwirkungsfähigkeit* die Möglichkeit von Unternehmen benannt werden, zielorientiert auf die eigenen Marktbedingungen Einfluss zu nehmen, d.h. proaktiv im eigenen Interesse den Marktkontext zu gestalten. Beim Ziel der (langfristigen) Gewinnmaximierung ist aus Unternehmensperspektive jede erfolgreiche Einflussnahme auf Marktbedingungen mit einer Einschränkung des relevanten Wettbewerbs bzw. einer Minderung der Wettbewerbsintensität und damit auch der strategischen Unsicherheit verbunden. Die faktische Wettbewerbsdynamik hängt wiederum vom Zusammenspiel der Einwirkungsversuche aller Marktteilnehmer ab. Auf höherer Ebene ergibt sich also ein „Einwirkungswettbewerb", dessen Intensität das Ausmaß der zur Existenzsicherung notwendigen Einwirkungseffizienz bestimmt. In substanzieller Hinsicht hängt die Marktdynamik von dem Ausmaß (zeitliche und inhaltliche Reichweite und Tiefe) der durch Einwirkungen und ihre auch unbeabsichtigten Folgen verursachten Marktveränderungen ab. So kann eine operative Einwirkung (z.B. zeitlich begrenzte Veränderungen von Mengen, Preisen und Produktqualitäten) von einer strategisch-strukturellen Einwirkung (Veränderung von Informations-, Produkt- und Ressourcenstrukturen sowie den hierauf bezogenen Präferenzstrukturen des Marktes) unterschieden werden. Die Einwirkungsfähigkeit von Unternehmen kann mehr oder weniger von ihrer Marktdominanz – im Extremfall einer Monopolstellung – abhängig sein. Beispielsweise ermöglicht Marktdominanz, Preise und Produktqualitäten relativ autonom den Unternehmenszielen entsprechend festzulegen. Auch hierbei lässt sich die Organisationsdynamik durch einen rekursiven und kumulativen Konstitutionsprozess beschreiben: jede erfolgreiche Markteinwirkung erhöht die Marktdominanz und damit die Chancen für weitere erfolgreiche Einwirkungen. Für die Möglichkeit strategisch-struktureller Einwirkungen kann die *Innovationsfähigkeit* von Unternehmungen größere Bedeutung haben als ihre Marktdominanz. So lassen sich zahlreiche Beispiele dafür ange-

---

195 Im Unterschied zu dieser Begriffsfassung wird von North bei der Betrachtung gesellschaftlicher Institutionen unter dem Begriff Anpassungseffizienz primär die Innovativität angesprochen. Er verweist in diesem Zusammenhang auf „die Bereitschaft einer Gesellschaft, Wissen und Bildung zu erwerben, Innovationen zu bewirken, Risiko zu übernehmen und in verschiedenster Hinsicht kreativ tätig zu werden sowie Probleme bzw. Engpässe in der Gesellschaft im Verlaufe der Zeit zu bewältigen." (North 1992, 96)

ben, dass die Kreation innovativer Produkte durch kleine Unternehmen entscheidenden Einfluss auf die Marktentwicklung nehmen kann.

Bei der auf den Marktkontext bezogenen Innovationsfähigkeit von Organisationen steht die Produktinnovation im Vordergrund. Daneben lassen sich Verfahrensinnovationen und sog. Sozialinnovationen unterscheiden, wobei mit letzterem Begriff organisatorische und personelle Veränderungen zusammengefasst werden. Die erfolgreiche Implementierung von Produktinnovationen setzt häufig hierzu passende Verfahrens- und Sozialinnovationen voraus (vgl. Marr 1993, 1796ff.). In immer mehr Branchen kann in jüngerer Zeit – u.a. als Folge der Globalisierung der Märkte – eine Verkürzung der Produktlebenszyklen beobachtet werden, was es rechtfertigt, von einem (zunehmenden) Innovationswettbewerb zu sprechen. Dies hat zur Folge, dass die Existenzsicherung von Unternehmen nicht nur allgemein an Innovationsfähigkeit, sondern speziell an eine zunehmende *Innovationseffizienz* geknüpft ist. Hierbei geht es vor allem darum, innovative Produkte nicht nur kostengünstig, sondern rechtzeitig, d.h. vor möglichen Konkurrenten am Markt zu platzieren, um *First-mover*-Vorteile zu realisieren. Wie an späterer Stelle noch weiter ausgeführt wird, ist für Innovationsprozesse eine Differenzierung aufeinanderfolgender Ablaufphasen von Bedeutung. Üblicherweise unterscheidet man hier die Phase der *Ideengenerierung* (Problemwahrnehmung, Informationssuche, Entwicklung alternativer Lösungsvorschläge) von der Phase der *Ideenselektion* (Vervollständigung, Prüfung und Auswahl der Innovationsideen) und der Phase der *Implementation* (Realisierung, inner- und außerbetriebliche Integration der Problemlösung) (vgl. Marr 1993, 1798f.). Eine solche Phasenbildung ist besonders augenfällig für den Fall, dass die Phasen nicht nur in unterschiedlichen Subsystemen von Unternehmen, sondern in verschiedenen Unternehmen stattfinden. So wurde insbesondere im Industriebereich die Dynamik des technischen Fortschritts wesentlich dadurch geprägt, dass sich eine Investitionsgüterindustrie (z.B. Werkzeugmaschinenhersteller) herausgebildet hat, deren Produktinnovationen wesentlich die Verfahrensinnovationen in Anwenderunternehmen der Konsumgüterindustrie, aber auch anderer Unternehmen der Investitionsgüterindustrie bestimmt haben. Vom Gesamtprozess der Verfahrensinnovation entfallen hier also die Phasen der Ideengenerierung und -selektion auf die Herstellerunternehmen der Investitionsgüterindustrie, die Phase der Implementation auf die Anwenderunternehmen.

Ein tieferes Verständnis der Organisationsdynamik kann nur gewonnen werden, wenn man die sehr unterschiedlichen, z.T. sogar konträren Anforderungen betrachtet, die sich aus Verschiebungen zwischen den genannten Wettbewerbsebenen – Anpassungswettbewerb mit den Unterfällen des Preis-, und Qualitätswettbewerbs, Einwirkungswettbewerb vor allem in der Form des Innovationswettbewerbs – ergeben. Im Folgenden sollen wesentliche Veränderungen von Organisationsformen als Ausprägungen einer abnehmenden Organisiertheit von Unternehmen gedeutet werden, die sich durch veränderte Anforderungen als Folge einer allgemein zunehmenden Wettbewerbsintensität, verbunden mit einer tendenziellen Abnahme des Preiswettbewerbs zugunsten des Innovationswettbewerbs ergeben haben. Wenn hierbei kausale Verbindungen (im konstitutionstheoretischen Sinne) zwischen der Dynamik des Kontextes und der Organisationsdynamik hergestellt werden, so wird damit nicht die Kontingenz und Offenheit von Systementwicklungen, speziell auch des kapitalistischen Wettbewerbssystems, in Frage gestellt. Gerade ein konstitutionstheoretisches Kausalverständnis kann die Indeterminiertheit kausal verknüpfter rekursiver Prozesse verständlich machen (vgl. zur Indeterminiertheit intentionaler Verursachung den philosophischen Beitrag von Searle 2004, 127ff.).

Wie oben bereits angedeutet, gehört zu den Existenzbedingungen von Unternehmen ein Mindestmaß an Stabilität des externen Kontextes, so dass das strategische Management immer auch auf die Reduktion strategischer Unsicherheit gerichtet ist. Stabilität ist die wesentliche Voraussetzung für die Planbarkeit und Optimierung betrieblicher Leistungsprozesse und damit für die Effizienzvorteile formaler Organisationen, in denen wir bereits zuvor die primäre Rechtfertigung für kollektiv organisiertes Handeln gesehen haben. Im Vordergrund steht hierbei die *Kosteneffizienz*, die nicht nur für den frühen Industrialisierungsprozess maßgebend war, sondern bis heute kaum an Bedeutung eingebüßt hat (vgl. aktuelle Entwicklungen im Dienstleistungsbereich, z.B. Versuche im Bankenbereich, durch *Outsourcing* bestimmte Back-office-Bereiche nach dem tayloristischen Muster von Fabrikorganisationen zu gestalten). Während die wesentliche Bedingung für Planung in der Prognostizierbarkeit von zukünftiger Entwicklungen und damit in der Einschränkung der Wettbewerbsintensität von Märkten besteht, sind auch die Vorteile der Planung gegenüber dispositivem Anpassungsverhalten an die Existenz von Marktunvollkommenheiten geknüpft. Sind alle Anpassungen – wie im Modell des vollkommenen und vollständigen Marktes – ohne Anpassungskosten und -zeiten realisierbar, ist Planung im Sinne einer gegenwärtigen Fixierung zukünftiger Handlungen entbehrlich. Während effiziente Planungssysteme und ein hiermit verbundenes Optimierungspotential Einwirkungseffizienz und damit eine mehr oder weniger starke Machtstellung an den Märkten des Unternehmens voraussetzt, ist Anpassungseffizienz an die Flexibilität betrieblicher Ressourcen gebunden, wobei zwischen Bestandsflexibilität und Einsatzflexibilität unterschieden werden kann. *Bestandsflexibilität* meint hierbei die Fähigkeit von Unternehmen, die Bestände an Produktionsfaktoren der Art und dem Umfang nach möglichst kostengünstig und schnell an Beschäftigungsanforderungen anpassen zu können, was etwa bei Maschinen und Anlagen die Existenz von Gebrauchtmärkten voraussetzt. *Einsatzflexibilität* meint demgegenüber die entsprechende Fähigkeit, Ressourcen innerbetrieblich wechselnden Verwendungen zuführen zu können.

Die genannten Zusammenhänge sollen noch am Beispiel des Produktionsfaktors menschliche Arbeit veranschaulicht werden. Eine Strategie der Einwirkung auf externe Arbeitsmärkte besteht im Rahmen des Personalmarketings z.B. im Aufbau eines das Arbeitsangebot für Unternehmen stabilisierenden positiven Arbeitgeberimage; daneben ist Personalentwicklung eine Personalstrategie, die es ermöglicht, durch die Gestaltung interner Arbeitsmärkte die Abhängigkeit vom externen Arbeitsmarkt zu reduzieren. Die in beiden Fällen erreichbare Stabilisierung des Arbeitsangebotes erleichtert eine gerade auch längerfristige Personalplanung. Die Unvollkommenheiten der Arbeitsmärkte (z.B. Kündigungsschutzgesetze und andere Schutzrechte für Arbeitnehmer, Regulierungen des Arbeitsmarktes auf staatlicher und tarifpolitischer Ebene) erhöhen die durch Personalplanung realisierbaren Vorteile. Im Rahmen der schon mehrere Jahre anhaltenden Flexibilisierung von Arbeitsverhältnissen waren z.B. gewerkschaftliche Strategien darauf gerichtet, zur Sicherung von Arbeitsplätzen und damit einer weiterhin eingeschränkten Bestandsflexibilität Zugeständnisse in Richtung einer Erhöhung der Einsatzflexibilität zu machen. Generell werden durch *Arbeitsflexibilisierung* jeder Art die Vorteile von Personalplanung gegenüber einer kurzfristigen Personaldisposition vermindert, weil die Möglichkeiten schneller und kostengünstig umsetzbarer Personaldispositionen zunehmen. Dies heißt im Übrigen nicht, dass auf Personalinformationssysteme verzichtet werden kann, da sie für die innerbetriebliche

Wahrnehmung von Anpassungserfordernissen (z.B. bei krankheitsbedingtem Absentismus) und Umsetzung dispositiver Entscheidungen unentbehrlich sind. Die Erreichung von Anpassungseffizienz ist gerade für Großunternehmungen (trotz ausgebauter Personalinformationssysteme) häufig ein schwierig zu lösendes Problem. So zeigen etwa empirische Untersuchungen, dass die in Tarifverträgen ausgehandelten Flexibilitätsspielräume (z.B. Über- oder Unterschreitungen der tariflichen Arbeitszeit für bestimmte Beschäftigungsgruppen unter der Bedingung, dass die durchschnittliche Arbeitszeit pro Arbeitnehmer der tariflichen Arbeitszeit entspricht) von Großunternehmen faktisch selten genutzt werden (vgl. Büchtemann 1990).

5.1.1.2 Zunehmende Wettbewerbsintensität und abnehmende Organisiertheit formaler Organisationen

Ohne hier im Detail die Industriegeschichte rekapitulieren zu wollen (vgl. zum Folgenden Chandler 1962; 1977; 1990; Weber 1922; Türk/Lemke/Bruch 1992), ließen sich die Effizienzvorteile der ursprünglich entstandenen funktional integrierten Großunternehmen (*economies of scale and scope*) bei zunehmender Wettbewerbsintensität nicht ohne weiteres aufrechterhalten. Nach Thompson (1967) können verschiedene Versuche der Effizienzsicherung angesichts allfälliger aus der Umweltdynamik resultierenden Störungen und Unwägbarkeiten als Strategien der *Abschirmung des technischen Kerns* interpretiert werden, wobei für seine Betrachtungen das Fließband eines Automobilwerks Pate stand. Scott (1986, 258ff.) ordnet diese Strategien unter den Begriffen *Pufferstrategien* (Kodierung, Vorrats- und Lagerhaltung, Nivellierung, Vorausplanung, Wachstum) und *Verknüpfungsstrategien* (Verhandlung, Vertrag, Kooptation, Gemeinschaftsunternehmen, Fusionen, Assoziierungen, Verkettungen zwischen Organisation und Staat, Verbindungen zu Institutionen). Während Pufferstrategien die notwendige Stabilität und Sicherheit nur durch Inkaufnahme von weiteren (durch Automatisierungs- und Mechanisierungsprozesse ohnehin zunehmenden) fixen Kosten erreichen, geht es bei Verknüpfungsstrategien um die Etablierung langfristiger Bindung mit anderen Organisationen oder Akteuren, d.h. letztlich um die Verminderung der Wettbewerbsintensität durch zunehmende Marktmacht in industriellen Domänen (vgl. zur Entstehung technologischer Domänen in Verbindung mit der Absicherung ausgereifter Technologien Küpper/Felsch 2000, 82ff.). Eine differenzierte machtstrategische Analyse von Verknüpfungsstrategien zur Reduktion der durch Ressourcenabhängigkeiten entstehenden strategischen Unsicherheiten wurden von Pfeffer/Salancik (1978) im Rahmen ihres sog. Ressourcenabhängigkeitsansatzes geleistet (vgl. die konstitutionstheoretische Deutung dieses Ansatzes bei Küpper/Felsch 2000, 101ff.).

Bei Chandler (1962), in dessen Argumentation neben der zunehmenden Wettbewerbsintensität (u.a. auch aufgrund einer durch gesteigerte Kaufkraft ausgelösten Ausdifferenzierung von Kundenbedürfnissen) auch unbewältigte Probleme beim Wachstum funktional integrierter Unternehmen eine Rolle spielen, ist der Übergang von der Funktionalorganisation zur Divisionalorganisation die entscheidende strukturelle Anpassungsstrategie, wobei er diese Sozialinnovation als spezifische Leistungen unternehmerischer Innovatoren herausstellt (vgl. kritisch hierzu Küpper/Felsch 2000, 339). Auch für Williamson (1975) bietet bei der ersten Konzeptionierung seines Transaktionskostenansatzes die Divisionalisierung von Großunternehmungen besonderes Anschauungsmaterial (vgl. zur Kritik des Transaktionskostenansatzes allgemein und im Besonderen bezüglich der Unvereinbarkeit mit einer machttheoretischen Analyse Küpper/Felsch 2000, 315ff.). Coleman (1992) behandelt solche und weitere *Strukturreformen* unter der Perspektive der Bedingungen der Existenzfähigkeit (*viability*) von Organisationsstrukturen, wobei anders als hier betont das Konstitutionsverhältnis von externer Marktdynamik und Strukturreformen bei Coleman eher im Hintergrund bleibt. Die von ihm als Alternativen zur *globalen* Existenzfähigkeit von Organisationen interpretierten Strukturveränderungen lassen sich als Kaskade einer abnehmenden Organisiertheit formaler Organisationen deuten, die den zunehmenden Flexibilitätsanforderungen des organisationalen (Markt-)Kontextes besser gerecht zu werden vermögen (vgl. Küpper/Felsch 2000, 176ff.). Dies ist bereits bei einem Divisionalisierungsprozess der Fall, bei dem die globale Existenzfähigkeit für das funktional organisierte Gesamtunternehmen durch eine auf Unternehmensbereiche (Produkt-Divisionen) begrenzte globale Existenzfähigkeit abgelöst wird. Die erfolgreiche Herstellung einer solchen *bereichsspezifischen* Existenzfähigkeit setzt eine Entkopplung der Liefer- und Leistungsbeziehungen zwischen den Bereichen, d.h. eine Aufteilung des Unternehmen in relativ autonome Subunternehmen voraus, wodurch letztlich das Gesamtunternehmen in relativ autonome Subeinheiten aufgelöst wird. Anreizsysteme des Lean Management werden von Coleman als sog. *rückwärts gerichtete Steuerung* gekennzeichnet, die die klassische bürokratische oder hierarchische Steuerung (vorwärts gerichtete Steuerung) ablöst. Eine derartige Enthierarchisierung, bei der die vertikalen Agentschaftsbeziehungen zugunsten *horizontaler* Kooperations- und Konkurrenzbeziehungen abgebaut werden, um Selbstverantwortung, Selbstorganisations- und -planungsfähigkeiten der kleiner werdenden organisationalen Gruppen zu verstärken oder erst zu ermöglichen (vgl. Küpper/Felsch 2000, 173), ist nach Coleman ein weiterer Schritt auf dem Weg von globaler zu *unabhängiger* Existenzfähigkeit. Unter Rückgriff auf das Deutungsmuster innerbetrieblicher Rechtsallokationen sieht Coleman in neueren Formen der Konzessionierung (*Franchising*), vertraglich fixierten Beziehungen zwischen Supermärkten und Regalgroßhändlern (*Rack-jobbers*) oder zwischen Hotels und unabhängigen Handels- und Dienstleistungsunternehmen (Läden, Friseure, Restaurants etc.) Beispiele für eine Rückkehr zu *wechselseitiger* Existenzfähigkeit in der Beziehung zwischen Prinzipal und Agent; sie bestand z.B. bereits in Form der Zwei-Parteien-Interaktionen im mittelalterlichen Pacht- und Lehenswesen vor und während der Zeit des Feudalismus. Endpunkt dieser Entwicklung ist nach Coleman schließlich das Konstrukt *positionale* Existenzfähigkeit, bei der durch eine Neuverteilung von Rechten jeder Inhaber einer Position seine Existenzfähigkeit im Hinblick auf Transaktionen mit anderen Positionen erlangen muss. Letztlich bedeutet dies, dass sich jede Position in Organisationen durch eine positionale Gewinn- und Verlustrechnung legitimieren muss wie es heute bereits durch den Ausbau von Controllingsystemen mit auf Arbeitsplatzebene heruntergebrochenen Deckungsbeitragsrechnungen angestrebt wird. Dies unterscheidet sich von einer Auflösung des korporativen Akteurs Unternehmung in eine Vielzahl von *Ich-AGs* nur dadurch, dass ein oberes Management verbleibt, dessen Rolle sich weitgehend darauf beschränkt, Rechts- und Ressourcenallokationen für Positionen vorzunehmen und über Interessenkonflikte zu entscheiden (vgl. Coleman 1992, 163f.).

Die durch zunehmenden Innovationswettbewerb ausgelösten Anforderungen an die Innovationsfähigkeit von Organisationen wird in der Organisationsliteratur schon seit langem unter dem sog. *organisatorischem Dilemma* diskutiert. Dieses Dilemma ist darin begründet, dass für die verschiedenen Phasen eines Innovationsprozesses, insbesondere in der

Phase der Ideengenerierung gegenüber der Phase der Innovationsdurchsetzung unterschiedliche strukturelle Anforderungen postuliert werden, kurz gesagt: eine Organisationsstruktur, die sich für die Generierung und Konzipierung von Innovationsvorschlägen als förderlich erweist, kann die Annahme und Durchsetzung dieser Vorschläge behindern und umgekehrt (vgl. etwa Kieser/Kubicek 1983, 326ff.). *Innovationsfreundliche Strukturen* werden meist durch einen niedrigen Formalisierungs- und Standardisierungsgrad, einer Entscheidungsdezentralisation, kleine und übersichtliche organisationale Basiseinheiten mit kollegialer Willensbildung und „offenen" Anreizstrukturen gekennzeichnet, also durch Strukturmerkmale, die den auf Effizienzsteigerung gerichteten Merkmalen hierarchischer Organisationen im Prinzip widersprechen. Die Problematik solcher Gegenüberstellungen wird später noch ausführlich zu diskutieren sein. An dieser Stelle genügt der Hinweis, dass die in organisationalen Kontexten eingeforderte und mögliche Kreativität stets eine mehr oder weniger *domestizierte* Kreativität ist, die von den Kreativitätsvorstellungen abweichen, die für kreative Akte schöpferischer Individuen in Anspruch genommen werden (vgl. allgemein zur Kreativitätsdimension menschlichen Handelns Joas 1992 und Küpper/Felsch 2000, 269ff.). Die Domestizierung organisationaler Kreativität folgt schon daraus, dass organisationale Innovationsprozesse auf Innovationseffizienz gerichtet sind und damit durch vorhandene Technologie-, Produkt- und Ressourcenstrukturen kanalisiert werden. In Abhängigkeit von der Komplexität und strukturellen Anschlussnotwendigkeit von Produktionsverfahren und Produkten ist z.B. die Forschungs- und Entwicklungstätigkeit von Großunternehmen nicht mehr ohne arbeitsteilige Professionalisierung möglich. Die Notwendigkeit der Koordination von spezialisierten Arbeitskräften auf Produktionsebene hat deshalb auf „höherer" Ebene ihr Pendant in der Notwendigkeit der Koordination von Spezialisten der Forschung und Entwicklung, was nur durch entsprechende formalstrukturelle Regelungen gesteuert werden kann. Hieraus folgt z.B., dass sich die Stärke von Großunternehmen eher in der effizienten Generierung und Durchsetzung von sog. Verbesserungs- oder Anpassungsinnovationen und nicht in Basisinnovationen mit hohem Neuerungspotential zeigt. *Basisinnovationen* anregende kreative Ideen können natürlich als ungeplante (zufällige) Folgen organisationaler Innovationsprozesse auftreten. Geht man von einem solchen organisationalen Innovationsverständnis aus, so können – bezogen auf die Innovationsfähigkeit – die Vorteile kleinerer Unternehmen oder organisationaler Einheiten gegenüber größeren Unternehmen eher in der engeren (unbürokratischeren) Kopplung zwischen Ideengenerierung und -implementierung vermutet werden als in einem generell höheren Kreativitätspotential.

Vor diesem Hintergrund in Verbindung mit den bereits genannten zunehmenden Anforderungen an Anpassungs- und Einwirkungseffizienz wird ein *radikales Reorganisationskonzept* für große, international tätige Unternehmungen (*global player*) verständlich, das von Bartlett und Ghoshal aus empirischen Untersuchungen erfolgreicher gegenüber weniger erfolgreichen Unternehmen abgeleitet wurde (vgl. Bartlett/Ghoshal 1994; 1995; Ghoshal/Bartlett 1995). Das bisherige *Leitbild divisionaler Unternehmensstrukturen* lässt sich wie folgt kennzeichnen:

- Durch Planungs- und Kontrollsysteme (Controlling-Hierarchien) unterstützte Organisationsstrukturen müssen auf zentral festgelegte Unternehmensstrategien zugeschnitten sein.

- Es existiert eine Trennung zwischen strategischer, taktischer und operativer Unternehmensebene, wobei die unternehmerische Funktion auf die strategische Ebene des Top-Managements konzentriert ist.

- Die Divisionen und operativen Einheiten verstehen sich als Implementoren und Controller zentraler strategischer Vorgaben.
- Horizontale und laterale Informationsflüsse werden von vertikalen (hierarchischen) Informationsflüssen dominiert.

Nach den Autoren ist die Umsetzung dieses Leitbildes mit folgenden *negativen Konsequenzen* verbunden:

- Distanz der Zentrale vom operativen Geschäft
- mangelnde strategische Flexibilität bei unsicheren, dynamischeren Marktverhältnissen
- Austrocknung der unternehmerischen Initiative an der Basis („mit dem Kopf nach oben und dem Hintern zum Kunden")
- mangelnder horizontaler Wissens- und Erfahrungstransfer zwischen Divisionen und operativen Einheiten

Ein der aktuellen Marktunsicherheit und Wettbewerbsintensität besser angepasstes, *neues Leitbild* weist demgegenüber folgende Merkmale auf:

- Aufbau eines reichhaltigen und einnehmenden Unternehmenszwecks anstelle einer Überbetonung der zentralen strategischen Planung
- Fokussierung auf effektive Managementprozesse anstelle formal-struktureller hierarchischer Planungs- und Steuerungssysteme
- Entwicklung von Fähigkeiten und Perspektiven der Mitarbeiter anstelle von dirigistischer Verhaltenssteuerung

Die hieran ausgerichteten Organisationsformen sollen unternehmerisches Denken und Handeln an die Basis zurückverlagern (*Intrapreneurship*), den horizontalen Wissenstransfer fördern und die Identifikation mit dem Unternehmenszweck sichern.

Die Radikalität der hiermit verbundenen Strukturvorstellungen wird deutlich, wenn man die Organisationsformen und das hiermit verbundene Rollenverständnis des operativen, des mittleren und des Top-Managements in Bezug auf die drei grundlegenden Prozesstypen unternehmerischer Prozess, Integrationsprozess und Erneuerungs- bzw. Innovationsprozess betrachtet. Die Verantwortung für den *unternehmerische Prozess* liegt primär beim operativen Management, das für die Kreation und Nutzung von Opportunitäten durch Ausschöpfung aktueller Marktinformationen in Verbindung mit dem eigenen Know-how sorgen soll. Das mittlere Management soll diesen Prozess durch ein Review von Entwicklungs- und Unterstützungsinitiativen fördern, während sich die Rolle des Top-Managements auf die Etablierung strategischer Missionen und Leistungsstandards für den unternehmerischen Prozess beschränkt. Die primäre Verantwortung für den *Integrationsprozess* übernimmt das mittlere Management, das durch die horizontale Verknüpfung von Fähigkeiten, Wissen und Ressourcen (Wissensmanagement) die Ausschöpfung von Synergiepotentialen für das Gesamtunternehmen sichern soll. Das Top-Management übernimmt die Förderung der auf die Unternehmensidentität (*Corporate Identity*) gerichteten Integration durch Entwicklung und Pflege organisationaler Werte (Wertemanagement) und das operative Management soll die aus dem Integrationsprozess folgenden operationalen Interdependenzen und personalen Netzwerke steuern. Das Top-Management übernimmt nur für den *Erneuerungsprozess* durch Formung und Verankerung eines visionären Unternehmenszwecks die primäre Verantwortung. Das mittlere Management soll den Innovationsprozess durch Schaffung und Erhaltung des Vertrauens als Basis kooperativer Austauschbeziehungen fördern (Vertrauensmanagement), während das operative Management die Spannungen zwischen kurzfristiger Leistung und langfristigen Herausforderungen und Ambitionen handhaben muss. Zur konkreten Umsetzung dieser Prozessstrukturen sind Organisations- und Arbeitsformen gefragt, die den wechselseitigen Know-how-Transfer, Abstimmungen und produktive Konflikthandhabungen sowie die Herstellung von commitment fördern. Im Wesentlichen handelt es sich um alle Formen von Gruppenarbeit: sowohl *face-to-face* als auch telekommunikativ auf der Basis offener/transparenter Informationssysteme als allgemein zugängliche Basis; sowohl als Beratungs- und Unterstützungsgruppen (z.B. für Benchmarkingprozesse) als auch als Entscheidungsgremien (z.B. bei der Einführung neuer Produkte).

Dieses Organisationsmodell von Bartlett und Ghoshal stellt die klassischen Vorstellungen der Organisiertheit von größeren Unternehmen radikal in Frage. Die pyramidenförmige Hierarchie mit asymmetrischen Herrschaftsstrukturen und Machtbeziehungen wird gewissermaßen auf den Kopf gestellt, wobei das unternehmerische Zentrum von der Spitze an die Basis wandert. Obwohl sich die Autoren teilweise empirisch auf Restrukturierungsprozesse in einigen zur Zeit der Beobachtung erfolgreichen Großunternehmen (z.B. *Asea Brown Boveri [ABB], AT&T, Intel, Kao Corporation, Komatsu, Canon*) stützen, ist fraglich, ob es sich hierbei lediglich um eine mögliche Interpretation verschiedener Dezentralisierungstendenzen durch ein Idealmodell oder um die Annährung an ein tatsächliches Realmodell handelt. Der zweite Fall wäre mit einem Zukunftsszenario verbunden, bei dem sich auf der Ebene globaler Kapital-, Arbeits- und Produktmärkte eine gleichbleibende hohe Wettbewerbsintensität auf allen Wettbewerbsebenen mit unternehmerischen Strukturen geringer Organisiertheit verbindet und die klassischen Vorteile von *economies of scale and scope* zugunsten einer erhöhten Flexibilität durch erhebliche Steigerungen der Anpassungs- und Einwirkungseffizienz aufgegeben werden. Die Widersprüchlichkeit eines solchen Szenariums wird bereits an dem problematischen Begriff *strategische Flexibilität* augenfällig, der z.B. gerade auch in Verbindung mit der anscheinend neuen Qualität der sog. E- bzw. Internet-Ökonomik verwendet wird. In besonders pointierter Form kommt dies in folgenden Aussagen von Pitt (1999) zum Ausdruck, der den Begriff der *Strategie im digitalen Zeitalter* vollständig konträr zu dem verbreiteten, auf Porter (1980) gestützten Konzept der Ableitung erfolgreicher Unternehmensstrategien aus einem stabilen Muster von fünf Kontextfaktoren (Triebkräften des Branchenwettbewerbs: Eintrittsbarrieren sowie Determinanten der Rivalität, der Abnehmerstärke, der Substitutionsgefahr und der Lieferantenmacht) fasst:

„First, change is too rapid for anyone anywhere to feel comfortable – success has an anesthetizing effect that becomes its own enemy. Second, it may be a good idea to continually seek ways of destroying your own firm´s value chain and putting yourself out of business – if you don't, someone else will in any case. Third, resources are increasingly less about tangible assets and more about knowledge and the ability to constantly innovate. Fourth, firms should constantly find exploitation ways to give the customer as much of an opportunity to do as much of the work as possible. Strangely, customers don't want more service, they want less. They want control, and the power to solve their own problems, and victory will got to those players who find ways for them to do this well. Finally, strategy is no longer long-term, as the half-life of ideas diminishes. The five-year plan or the long-term strategy are no longer viable, and the value of the annual strategic planning session is to be questioned. Strategy becomes incremental, rather than planned. It is revisited and revised not annually or even bi-annually, but monthly, probably weekly, and possibly, daily." (Pitt, 1999, 124)

Die „Stabilität" eines solchen Szenarios besteht in gleichbleibend hoher Volatilität des Branchenkontextes, was letztlich bedeutet, dass kein Unternehmen tatsächlich dauerhafte Wettbewerbsvorteile und damit eine die strategische Unsicherheit und Volatilität einschränkende dominante Marktpositionen erreichen kann. Hierbei darf nicht vergessen werden, dass systemische Volatilität – ganz im Sinne der alten Schumpeterschen *schöpferischen Zerstörung* (*created distraction*, vgl. Schumpeter 1911) durch Unternehmer – eine gesellschaftliche Dauerkrise im Sinne der ständigen Vernichtung von Ressourcen und Kapital zeitigt. Unterstellt man, dass sich die aktuelle wirtschaftliche Entwicklung in Deutschland durch zunehmende globale Wettbewerbsintensität, verstärkt durch staatliche Deregulierungspolitik, kennzeichnen lässt, so steht die andauernde Krise (anhaltende Arbeitslosigkeit, dramatisch gestiegene Konkursraten und für die Zukunft vorausgesagter weiter ansteigender Arbeitsplatzabbau) hiermit im ursächlichen Zusammenhang. Dass derartige Hypothesenkonstrukte zur Zeit nicht prominent sind, ist sicher auch Folge des nach wie vor dominanten statischen neoklassischen Denkschemas gegenüber einer Sichtweise, die die Dynamik des kapitalistischen Wettbewerbs ins Zentrum rückt – wie bei Schumpeter, der 1942 schrieb:

> „What we have got to accept is that (the large-scale establishment or unit of control) has come to be the most powerful engine of ... progress and in particular of the long-run expansion of output not only in spite of, but to a considerable extent through, this strategy which looks so restrictive ... In this respect, perfect competition is not only impossible but inferior, and has not title to being set up as a model of ideal efficiency." (Schumpeter 1942, 106, zitiert bei Audretsch 1995, 3).

Das von Bartlett und Ghoshal behandelte Problem der Anpassung von Organisationsformen an die Dynamik des Marktkontextes wirft eine Reihe weiterer Fragen auf. Werden solche Anpassungen z.B. durch Reorganisationsprozesse existierender Großunternehmen (wie in den von den Autoren genannten konkreten Beispielen) oder durch die Entstehung neuer Unternehmen mit von vornherein veränderten Organisationsformen vollzogen? Ersteres setzt nicht nur strategische Flexibilität, sondern eine darüber hinausreichende strukturelle Flexibilität von Unternehmen voraus. Letzteres kann nur eruiert werden, wenn man nicht einzelne Unternehmen, sondern die Unternehmenspopulation einer Branche in den Blick nimmt. Wie Audretsch (1995, 10) feststellt, ist der eklatante Mangel an hierauf gerichteten empirischen Untersuchungen nicht zuletzt darauf zurückzuführen, dass eine geeignete Datenbasis für historische Längsschnittuntersuchungen von Branchenentwicklungen bisher nicht zur Verfügung stand. Mit dem sog. *Small Business Act* von 1976 und dem *Small Business Economic Policy Act* von 1980 hat der *U.S. Congress* die Einrichtung einer solchen Datenbasis gefördert (vgl. ebd., 14ff.), auf die sich Audretsch bei seiner Analyse verschiedener Branchenentwicklungen stützt. Interessante Details seiner Untersuchungsergebnisse werden im letzten Kapitel dieser Arbeit im Zusammenhang mit der Untersuchung von Innovationsproblemen angesprochen und mit Einsichten aus dem Werk von Aldrich (1999) verknüpft. Hier soll lediglich auf ein Phänomen hingewiesen werden, dass bei der Analyse von Branchenkontexten moderner Industriegesellschaften schon häufig konstatiert und mit unterschiedlichsten Ansätzen zu deuten versucht wurde: eine schiefe Größenverteilung von Unternehmen, bei der eine kleinere Anzahl von Großunternehmungen mit hohen Beschäftigungs- und Wertschöpfungsanteilen pro Unternehmen mit einer großen Anzahl kleinerer Unternehmen mit pro Unternehmen kleinen Beschäftigungs- und Wertschöpfungsanteilen zusammentrifft. Wenn sich auch die relativen Anteile von Klein- und Großunternehmen zwischen den Branchen unterscheiden, ist das Grundmuster einer derartigen Oligopolstruktur bei nahezu allen Branchen ähnlich. Audretsch weist nach, dass dies nicht eine statische Stabilität in reifen Branchen zum Ausdruck bringt (vgl. z.B. zur Deutung „friedlicher" Wettbewerbsstrategien von Oligopolisten untereinander und ihrer Duldung von Kleinunternehmen Küpper/Felsch 2000, 107), sondern dass sich hinter der stabilen Größenverteilung im Sinne einer dissipativen Struktur oder eines dynamischen Gleichgewichtes eine erhebliche Organisationsdynamik verbirgt, die mit unterschiedlichen Funktionen von Klein- und Großunternehmen im Innovationswettbewerb erklärt werden kann. Kurzum: Kleine *Startup-Unternehmen* sind häufig für die Pionier- und Experimentierphase bei der Ausschöpfung des Innovationspotentials neuer Basistechnologien, *Großunternehmen* für die effiziente Produktion und Vermarktung neuer Produkte sowie die routinemäßige Implementierung planbarer Anpassungsinvestitionen „zuständig".[196] Im Unterschied zur Perspektive von Bartlett und Ghoshal wird hier ein *routinized technological regime* (zur Realisierung von *economies of scale and scope*) und ein *entrepreneurial technological regime* (zur Ideengenerierung und Invention; vgl. zu dieser Unterscheidung technologischer Steuerungsmechanismen Nelson/Winter 1982 und Winter 1984) nicht unter dem Dach eines Großunternehmens gekoppelt, sondern durch eine symbiotische Funktionsteilung zwischen unterschiedlichen Unternehmensgrößen und -typen.

Wenn hier von symbiotischer Funktionsteilung und nicht von symbiotischen Beziehungen die Rede ist, so soll dies anzeigen, dass im vorliegenden Fall nicht notwendigerweise konkrete Leistungsbeziehungen (Kooperations- oder Konkurrenzbeziehungen) zwischen Groß- und Kleinunternehmen vorliegen. Im Unterschied zur Branchenkontextanalyse ist eine derartige Beziehungsanalyse Gegenstand der sog. Netzwerkforschung (vgl. zur sog. *Actor Network Theory* Law/Hassard 1999). *Netzwerke* stellen ein Beziehungssystem verschiedener Aktionseinheiten (neben Produktions- und Dienstleistungsunternehmen verschiedener Branchen z.B. auch staatliche Einrichtungen und Organisationen des Bildungssystems) dar, die durch die Verfolgung gemeinsamer Ziele und Interessen mehr oder weniger miteinander verbunden sind. Mit dem Begriff der *Netzwerkgesellschaft* verbinden sich allerdings nicht lediglich spezifische Formen der Organisationsanalyse, sondern Hypothesen zur aktuellen Entwicklung post-moderner Gesellschaften, die über den Bereich immer schon vorhandener Organisationskooperationen mehr oder weniger weit hinausreichen. Es geht hierbei um Hypothesen zur angeblichen *Auflösung von Unternehmensgrenzen* (vgl. z.B. Picot/Reichwald/Wigand 1996) sowie um eine vermeintlich wachsende Bedeutung von Beziehungsnetzwerken zwischen der Ebene des Staates (hierarchische Steuerung) und der Ebene des Marktes (dezentrale Entscheidungen) (vgl. Messner 1995, 154ff.). Für den Bereich der Wirtschaft sollen Netzwerkbildungen eine sog. systemische Wettbewerbsfähigkeit (Wettbewerbsfähigkeit durch Interaktion) hervorbringen (vgl. ebd., 41ff.). Die auch auf Vertrauen und Reziprozität setzende Funktionslogik von Netzwerken soll eine kreative Problemlösungsorientierung fördern, u.a. durch fairen Austausch, die Entwicklung und Durchsetzung gemeinsamer Gerechtigkeits- und Verteilungskriterien sowie die Fähigkeit zur Konfliktbearbeitung auch durch freiwillige Beschränkung der eigenen Handlungsfreiheit und damit durch einen Konsens über ein gemeinsames Zielsystem aller Netzwerkakteure. Im Anschluss an das zuvor Gesagte ist vor allem die durch Netzwerkbildung gleichzei-

---

196 Man denke hier auch an *fast following* als Marktstrategie (statt technologische Führerschaft), die Orientierung an *best practices*, die *Nachahmung* von Produktionsprozessen, Organisationsformen, Managementformen, Designs, Qualität, Service u.v.m. (vgl. ausführlicher Ortmann 2003b, 152f.).

tig erhoffte Flexibilisierung von Ressourcen, erhöhte Effizienz und gesteigerte Innovationsfähigkeit von Handlungssystemen widersprüchlich. In diesem Sinne droht die Netzwerk-
Metapher zu einer magischen Formel hochstilisiert zu werden, mit der gesellschaftliche
Widersprüche, Ambivalenzen oder Kontingenzen als Folge veränderter globaler Wettbewerbsverhältnisse eher verschleiert als offen gelegt werden. Die teilweise aus der Dynamik
des externen Kontextes resultierenden konfliktären Interessenkonstellationen machen auf
Probleme der Netzwerksteuerung aufmerksam, z.B. die Möglichkeit der Durchsetzung von
kurzfristigen gegenüber langfristigen Interessen; Verhandlungsdilemmata, die die Herausbildung gemeinsamer Identitäten erschweren; das Spannungsverhältnis von Konflikt und
Kooperation sowie Schwierigkeiten Machtzentren zu identifizieren (vgl. Messner 1995,
243ff.). Für die empirische Analyse der für solche Steuerungsprobleme konkret realisierten
Lösungen, die letztlich den Charakter von Netzwerken bestimmen, wären auch hier historische Längsschnittuntersuchungen anstelle statischer Querschnittsbetrachtungen sinnvoll,
die allerdings aufgrund einer mangelnden Datenbasis noch viel schwieriger durchzuführen
sind als die bereits angesprochenen Untersuchungen der Branchendynamik. Hilfreich ist es
auf jeden Fall, Netzwerke unter der Perspektive der *Konstitution kollektiver Akteure* zu
betrachten, wie es bereits ansatzweise für unternehmensinterne und -übergreifende Grup-
penbildungsprozesse unternommen worden ist (vgl. die Unterscheidung zwischen Gruppen
i.e.S. und Koalitionen als organisationsinterne oder -übergreifende kollektive Subakteure
und Allianzen als durch Konkurrenzbeziehungen verbundene kollektive Subakteure in
Küpper/Felsch 2000, 126ff.). Das unter Rückgriff auf Pettit (2001) im *Abschnitt 4.5* herausgearbeitete Konstrukt des kollektiven Akteurs lässt die Konstitutionsbedingungen zielorientierten kollektiven Handelns erkennen, die nach dem Muster der Konstitution von
Personen auf individueller Handlungsebene analysierbar sind. Hierzu gehören strukturelle
Bedingungen für die Handlungsfähigkeit (d.h. die Fähigkeit zum intentionalen Handeln)
sowie Interaktionsfähigkeit (d.h. die Möglichkeit der Zuschreibung von Verantwortlichkeit
durch Interaktionspartner als Folge der Bildung von mehr oder weniger enttäuschungssi-
cheren Erwartungs-Erwartungen), die z.B. die Bildung von Vertrauen in Beziehungen ermöglicht. Kurzum geht es um Bedingungen für die Entstehung einer kollektiven Identität
im Sinne des im vorangehenden Kapitel erörterten Identitätskonstrukts.

5.1.1.3 Wechselseitige Konstitution von (Markt-)Kontexten und Organisationsformen – Stärken und Schwächen kollektiver Akteure

Bevor konkreter die Fruchtbarkeit des Konstrukts des kollektiven Akteurs (im Folgenden
KA-Konstrukt genannt) für eine differenzierende Netzwerkanalyse aufgezeigt wird, soll auf
allgemeinerer Ebene verdeutlicht werden, dass das KA-Konstrukt in besonderem Maße
geeignet ist, verschiedene Theoriestränge zusammenzufügen, die das Konstitutionsverhältnis zwischen der Dynamik des externen Kontextes und der Organisiertheit von Unternehmen bzw. der Entwicklung organisationaler Formalstrukturen zu erhellen versuchen. Wie
bereits genauer ausgeführt, spielen hierbei unterschiedliche, z.T. sogar konträre Anforderungen des externen Kontextes an die Handlungs- und Interaktionsfähigkeiten (z.B. Anpassungsfähigkeit versus Innovationsfähigkeit) eines kollektiven Akteurs eine besondere Rolle. Die Auseinandersetzung mit der Kontextualität organisationaler Formalstrukturen steht
bereits im Zentrum der zum sog. Bürokratiemodell führenden Rationalisierungsthesen von

Max Weber. Die hierbei herausgearbeitete Kosteneffizienz bürokratisch organisierten kollektiven Handelns wird sowohl von klassischen betriebswirtschaftlichen Organisationslehren als auch der verhaltenswissenschaftlich orientierten Organisationsforschung aufgegriffen und für eine Konkretisierung formalstruktureller Regelsysteme (z.B. die Handlungssteuerung durch Zweck- und Routineprogramme, die Koordination durch Programmierung anstelle von spontanen Abstimmungen sowie die Ausdifferenzierung von Planungs- und Kontrollsystemen) in Anschlag gebracht. Während die Kontextabhängigkeit von Organisationen in den verhaltensorientierten Ansätzen durch Anreiz-Gleichgewichts-Thesen teilweise entproblematisiert wird, steht die Absicherung der Verfügbarkeit über kritische Ressourcen durch Aufbau stabilisierender Machtbeziehungen zu Stakeholdern, d.h. die nach außen gerichtete Interaktionsfähigkeit kollektiver Akteure, im Vordergrund des Ressourcenabhängigkeitsansatzes. Im Rahmen der Neuen Institutionenökonomik (NIÖ) ist besonders der Transaktionskostenansatz von Williamson auf die Erklärung unterschiedlicher Organisationsformen bzw. *Governance-Strukturen* (Märkte, Hybriden, Hierarchien) durch Merkmale des Kontextes, insbesondere der sog. institutionellen Umwelt (*institutional environment*) gerichtet. Auch bei Williamson erfolgt eine teilweise Entproblematisierung der Interdependenzen zwischen Kontextentwicklungen und der Herausbildung von Organisationsformen; in diesem Fall durch die zentrale These einer durch den Konkurrenzmechanismus des Marktes selektierten transaktionskostenminimalen Governance-Struktur (vgl. zur Kritik dieser These Küpper/Felsch 2000, 331). Die von Williamson zusätzlich eingeführten ad hoc-Thesen zu spezifischen Organisationsmerkmalen lassen sich theoretisch aus besonderen Problemen der Konstitution kollektiver, besonders korporativer Akteure ableiten (vgl. Küpper/Felsch ebd., 330f.): sein Konzept des *forbearance law*[197], das auf eine aus *property rights* der Rechtsordnung abgeleitete spezifische Handlungskompetenz korporativer Akteure, gerade auch in der Form einer juristischen Person, verweist; die sog. *Unmöglichkeit selektiver Intervention* durch die Unternehmensleitung aufgrund opportunistischen Verhaltens der übrigen Organisationsmitglieder[198]; die sog. *fundamentale Transformation* von einer vorvertraglichen Wettbewerbssituation mit geringer Abhängigkeit zu nachvertraglichen bilateralen Abhängigkeitsbeziehungen aufgrund transaktionsspezifischer Investitionen (vgl. Williamson 1975; 1985) und schließlich die gegenüber Märkten geringere *Anreizintensität* in Organisationen[199] und geringere (marktmäßige) *autonome,* aber größere bilaterale Anpassungsfähigkeit[200] (vgl. Williamson 1996, 101ff.). Mit Ausnahme des *forbearance law* verweisen alle diese Merkmale auf eingeschränkte Handlungsfähigkeiten von Organisationen als kollektive Akteure. In dem auf Organisationen bezogenen Neuen Soziologische Institutionalismus (NSI) wurde auf empirischer Grundlage konstatiert, dass ein Teil der

---

197 Gemeint ist hiermit, dass die meisten innerorganisatorischen Konflikte durch das Direktionsrecht des Prinzipals und nicht etwa durch Anrufung von Gerichten gelöst werden („forbearance law has the property that hierarchy is its own court of ultimate appeal" [Williamson 1998, 34]).

198 Gemeint ist hier die Unmöglichkeit der Unternehmensleitung, kurzfristig und situationsabhängig von zentraler Koordination und Entscheidung auf dezentrale, z.B. divisionale Entscheidungsautonomie umschalten zu können.

199 Hiermit sind die mehr oder weniger eingeschränkten Möglichkeiten von Organisationen gemeint, durch die Gestaltung von Anreizen für Organisationsmitglieder und -einheiten ein im Sinne der Organisationsziele optimales Verhalten zu erreichen.

200 Während mit autonomer Anpassungsfähigkeit die Anpassungsfähigkeit von Marktteilnehmern an Marktsignale, besonders an Preisveränderungen, gemeint ist, bezeichnet bilaterale Anpassungsfähigkeit die Fähigkeit der Aushandlung neuer Bedingungen in langfristigen Vertragsbeziehungen.

Regelsysteme und Aktivitäten formaler Organisationen nicht als Folge effizienter Zielerreichung erklärt werden kann, sondern sich eher dadurch charakterisieren lässt, dass gegenüber der Umwelt Rationalität und damit auch Berechenbarkeit und Zuverlässigkeit demonstriert bzw. vorgetäuscht wird (vgl. Meyer/Rowan 1977; s. hierzu auch aus evolutionstheoretischer Sicht Hannan/Freeman 1984, 153). In die gleiche Richtung weist die Beobachtung von Brunsson (1989), dass die Handlungsebene organisationaler Leistungsprozesse von der Ebene der Planungs- und Entscheidungsprozesse und diese wiederum von der Ebene der zum Zwecke der Aufklärung- und Überzeugung nach außen gerichteten Informations- und Kommunikationsprozesse entkoppelt ist. Außer der Erzeugung eines von Meyer/Rowan sog. *Rationalitätsmythos* kann auch diese Form der Scheinheiligkeit auf die beschränkten und besonderen Handlungs- und Interaktionsfähigkeiten von korporativen Akteuren zurückgeführt werden, mit widersprüchlichen Anforderungen des gesellschaftlichen Umfeldes fertig zu werden. Die hier nahegelegte Hypothese, dass die mit verschiedenen organisationstheoretischen Ansätzen behandelten Besonderheiten von Formalstrukturen in Konstitutionsbedingungen und -problemen kollektiven Handelns begründet sind, lässt sich wie folgt pointieren: Eine Analyse der Organisationsdynamik setzt eine begriffliche und konzeptionelle Trennung zwischen formalen Organisationen als kollektive oder korporative Akteure und den von diesen Akteuren in Anspruch genommenen oder geschaffenen Institutionen voraus (vgl. hierzu unter Bezug auf Khalil 1995 Küpper/Felsch 2000, 332ff.), wobei die historischen Spezifika der organisationsbezogenen Institutionen (Regeln, Normen, Werte usw.) zwingend aus den begrenzten und besonderen Handlungs- und Interaktionsfähigkeiten kollektiver Akteure in Bezug auf die Anforderungen des jeweiligen historischen Kontextes zu erklären sind (z.B. aktuell die Einrichtung von Umweltabteilungen, Ethikräten, Sozialbilanzen als besondere Formen von auf unterschiedliche Zielgruppen gemünzten Marketingstrategien).

Die besondere Stärke kollektiver Akteure kommt darin zum Ausdruck, dass die *prämissenorientierte* Steuerung organisationalen Handelns (vgl. Pettit 2001) als Bedingung für die Herausbildung einer *kollektiven Identität* kompatibel ist mit den Anforderungen einer auf Kosteneffizienz gerichteten Planungs- und Optimierungsrationalität, aber auch mit der auf gesellschaftliche Legitimation gerichteten Demonstration dieser Rationalität gegenüber Stakeholdern. Diese mit einer Fixierung von Handlungs- und Entscheidungsregeln sowie der Realisierung effizienter Handlungsroutinen verbundenen Stärken erweisen sich gleichzeitig als Schwächen, wenn es um die Anpassungs- und Einwirkungsfähigkeit bezüglich der Dynamik des externen Kontextes geht. Diese Schwächen nehmen in Ausmaß und Reichweite von der Anpassungseffizienz bis zur Innovationseffizienz zu. Der Grund liegt im Wesentlichen darin, dass die mit solchen Anpassungen geforderte strukturelle Flexibilität (Möglichkeit der Veränderung von Formalstrukturen) mehr oder weniger in Widerspruch zu den Bedingungen kollektiver Rationalität und Identität gerät. Diese Stärken und Schwächen kollektiver Handlungs- und Interaktionsfähigkeit nehmen mit der Organisationsgröße sowie dem Grad der Ausdifferenzierung von Arbeitsteilung zu, wobei das Ausmaß dieser Stärken und Schwächen von der historisch gebundenen und zwischen Branchen differenzierten Form der Ressourcen, Produkte und Technologien abhängt, die das Ausmaß der realisierbaren *economies of scale and scope* und damit z.B. Mindestbetriebsgrößen bestimmen (vgl. zum Begriff des *minimum efficient scale* Audretsch 1995, 59). Die für eine größere Flexibilität von Großunternehmen umgesetzten oder diskutierten Modelle (von der Divisionalisierung über weitergehende Formen der Dezentralisierung bis hin zur Netzwerkorganisation) können ebenfalls unter Rückgriff auf das KA-Konstrukt sinnvoll gedeutet werden: es handelt sich um unterschiedliche Formen der Bildung kollektiver Subakteure der Organisation als relativ selbständige Handlungseinheiten. Ein solcher flexiblerer Kooperationsverbund von Subakteuren ist nur um den Preis einer Schwächung des übergeordneten kollektiven Akteurs Organisation zu haben. Mit anderen Worten: Je mehr sich die Subeinheiten dem größenabhängigen Idealtypus des kollektiven Akteurs annähern, desto mehr verliert die übergeordnete Handlungseinheit (im Sinne einer die Subeinheiten integrierenden Handlungseinheit) den Charakter des idealtypischen kollektiven Akteurs (vgl. z.B. die unterschiedlichen Rollen des Top-Managements und des unteren Managements im Modell von Bartlett und Ghoshal). Dies kann z.b. bedeuten, dass der Grad der Scheinheiligkeit der auf *Corporate Identity* gerichteten Marketing- und insbesondere Werbestrategien und damit das Gefährdungspotential für gesellschaftliche Legitimität zunimmt. Aus einer mikropolitischen Perspektive ist an anderer Stelle die Schwächung übergeordneter kollektiver Akteure (z.B. ausgedrückt in der Macht von Unternehmenszentralen) am Beispiel der Entstehung von *Relais* an den Schnittpunkten interorganisationaler Beziehungen behandelt worden (vgl. Küpper/Felsch 2000, 109). In diesem Sinne kann eine durch das KA-Konstrukt angeleitete Netzwerkanalyse darüber aufklären, ob hiermit lediglich schon immer existierende Beziehungssysteme zwischen Organisationen aus einer neuen Perspektive beleuchtet werden oder ob sich hinter der Netzwerkmetapher auch realiter eine neue Qualität von Organisiertheit verbirgt. Dies wäre etwa der Fall, wenn in einem symmetrischen (egalitären) Netzwerk tatsächlich Vertrauensbeziehungen als Substitute für eine hierarchische Steuerung bestünden. Denkbar wäre jedenfalls, dass die erhöhte Flexibilität von Akteuren nicht so sehr eine positive Folge der in dauerhaften Beziehungen hervorgebrachten Vertrauensbasis, sondern eher eine Folge des abnehmenden Bindungscharakters von Beziehungen ist, die dann einseitig in Form von Anpassungszwängen den jeweils schwächeren Akteuren zur Last fällt (vgl. Küpper/Felsch 2000, 360). Hiermit verbunden ist die Frage, welche Effizienzverluste mit der erhöhten Flexibilität dezentrierter Netzwerke einhergehen, wie die Höhe dieser Verluste von der konkreten materiellen Basis aus Ressourcen, Technologien und Produkten abhängt und wer diese Verluste letztendlich zu tragen hat.

5.1.2 *Effizienz durch Formung und Zurichtung menschlicher Arbeit*

In den bisherigen, auf Effizienzbedingungen kollektiven Handelns gerichteten Überlegungen ist eine bereits oben genannte zentrale Voraussetzung ausgeklammert worden – die Formung und Zurichtung menschlicher Arbeit auf die Anforderungen arbeitsteiliger Produktion, d.h. die Erreichung einer angemessenen Fügsamkeit von Personal. Im Unterschied zu den zuvor betrachteten Konstitutionsbedingungen kollektiver bzw. korporativer Akteure geht es hierbei um die auf den organisationalen Kontext bezogene *Konstitution menschlichen Handelns*. Besonders in der Neuen Institutionenökonomik wird in diesem Zusammenhang auf ein spezifisches Rationalitätskonstrukt individuellen Handelns, das sog. *ökonomische Verhaltensmodell*, zurückgegriffen. Wie bereits an anderer Stelle ausführlich dargestellt und diskutiert, kann dieses Konstrukt weder die dynamische, z.B. kreative Dimension menschlichen Verhaltens, noch die Einbettung dieses Verhaltens in soziale Kontexte angemessen erfassen (vgl. Küpper/Felsch 2000, 237ff.). Das bereits weiter oben (s. *Kapitel 4.4*) dargelegte Identitätskonstrukt und die Vorstellung eines Identitätshaushaltes erlauben demgegenüber sowohl über kontextabhängige Persönlichkeitsentwicklung als auch über die wechselweise Konstitution individueller und kollektiver Akteure zu reflektieren und damit die ahistorische Perspektive aller ausschließlich auf dem ökonomischen Verhaltensmodell aufbauenden theoretischen Ansätze zu überwinden. Das Spannungsverhältnis zwischen Freiheit und Kreativität individuellen Handelns einerseits und dessen sozialer Gebundenheit andererseits wird in diesem Modell in der Konstitution von Ich-Identität als fortwährender Balanceakt zwischen sozialer und personaler Identität abgebildet. Wie bereits an anderer Stelle gezeigt wurde, ist das ökonomische Verhaltensmodell nur bei spezifischen Kontextbedingungen ein brauchbarer Analysebaustein (vgl. Küpper/Felsch 2000, 299ff.). Von solchen Kontextbedingungen, z.B. die Entwicklung gesellschaftlicher Wertesysteme, hängt auch ab, ob solche Identitätsbalancen je spezifisch und getrennt in den verschiedenen Handlungsfeldern oder über verschiedene Handlungsfelder hinweg geleistet werden. Letzteres wäre etwa der Fall, wenn eine eingeschränkte Realisierung intrinsischer Interessen in organisationalen Handlungssituationen durch eine stärkere Aktivierung solcher Interessen in außerorganisationalen Handlungsbereichen kompensiert wird. Mit anderen Worten: In diesem Fall würde die Bewegung der Ich-Identität in Richtung sozialer Identität im organisationalen Handlungsfeld von einer gegenläufigen Bewegung in Richtung personaler Identität im außerorganisationalen Handlungsfeld begleitet. Die Arbeits- und Arbeitergeschichte kann unter dem Thema unterschiedlicher Abfolgen kontextabhängiger „Lösungen" des Problems behandelt werden, für die Partialinklusion individuellen Handelns in organisierte Handlungssysteme individuelle Persönlichkeiten in fügsames und damit für Organisationsziele verfügbares Personal zu transformieren.[201] Auch hier sollen nur beispielhaft einige Entwicklungsphasen herausgegriffen werden, um die Kontextualität und historische Gebundenheit dieser „Problemlösungen" zu verdeutlichen. Die Kontextualität des Verständnisses organisationalen Handelns spiegelt sich – mehr oder weniger zeitversetzt – auch in der Geschichte sozialpsychologischer Theorien (z.B. Motivations- und Lerntheorien) sowie in wechselnden Führungs- und Managementkonzepten wider.

Frederick Winslow Taylor (1911) und der nach ihm benannte *Taylorismus* gehen von der Grundidee aus, dass die auf hochgradige Arbeitsteilung und Standardisierung basierenden enormen Vorteile der Kosteneffizienz industrieller Massenproduktion zwar Motivationsprobleme auslöst, die aber durch eine spezifische Gestaltung monetärer Anreizsysteme (bei Taylor genauer gekennzeichnet durch eine zeitlich enge Verknüpfung monetärer Bonuszahlungen mit einem eng vorgegebenen und kontrollierten Arbeitspensum) mit insgesamt steigendem Lohnniveau gelöst werden können. In der Logik dieses Systems liegt, dass auch die Anpassungseffizienz, eventuell sogar die Innovationseffizienz, durch eine besondere Form der Arbeitsteilung sichergestellt werden kann, die mit einer spezifischen Qualifikationsstruktur einhergeht. Gemeint ist hiermit die Trennung der ausführenden Arbeit für spezialisierte Arbeiter mit geringerer Qualifikation von planender und gestaltender Arbeit für höher qualifizierte (professionalisierte) Spezialisten und Manager. Wenn es hierbei (wie es moderne Motivationstheorien nahe legen, vgl. Frey/Osterloh 1997) zu einer *Verdrängung intrinsischer Motivation*[202] durch extrinsische Anreize kommt, wäre dies ein eher

---

201 Vgl. im Rahmen einer allgemeinen Organisationsgeschichte (im Sinne einer Geschichte organisationsförmigen kollektiven Handelns) Türk/Lemke/Bruch (2002) und besonders Türk (1981); zur Kritik des von Türk (1981) verwendeten Konstrukts sozialer Kontrolle vgl. Küpper/Felsch (2000, 38ff.).
202 Unter Rückgriff auf das Identitätskonstrukt lässt sich mit intrinsischer (extrinsischer) Motivation auch eine Antriebsdynamik kennzeichnen, die zu einer Bewegung vom Pol der sozialen (personalen) Identität weg- und

erwünschter denn ein zu vermeidender Effekt. Die im *Fordismus* der Automobilindustrie umgesetzte Logik des Taylorismus stieß Anfang des 20. Jahrhunderts zumindest in den USA auf hierzu passende sozioökonomische Bedingungen, z.B. die Aussicht, ein Heer relativ unqualifizierter Arbeitsloser in Lohn und Brot zu bringen. Die Realisierung tayloristischer Arbeitsorganisationen wurde bis heute immer wieder dann aktuell, wenn bei starkem Preiswettbewerb standardisierte Arbeitsprozesse mit hoher Wiederholungsrate ausdifferenziert werden konnten oder wenn die in verschiedenen Automatisierungsstufen jeweils verbleibenden „Reste" an ausführender Arbeit immer wieder neu zu organisieren waren. Auch wenn Taylor selbst eine freundliche Behandlung der Arbeiter durch Führungskräfte und Spezialisten anmahnte, war der Taylorismus durch Fokussierung auf monetäre Anreize überwiegend am ökonomischen Verhaltensmodell orientiert. Die durch mangelnde soziale Einbindung und soziale Anerkennung von Arbeitern ausgelösten Motivationsprobleme wurden vernachlässigt, was in den US-amerikanischen sog. *Hawthorne-Experimenten*, in denen es um die effizienzsteigernde Anpassung der Arbeitsbedingungen an die psychophysischen Merkmale des „menschlichen Faktors" ging, zur „unerwarteten" Entdeckung der Bedeutung sozialer Beziehungen für die Arbeitsproduktivität führte (vgl. Mayo 1933; Roethlisberger/Dickson 1939).[203] Auch bei der hiervon ausgelösten sog. *Human-Relations-Bewegung* stand nicht die Durchsetzung essentieller menschlicher Bedürfnisse und Ansprüche im Vordergrund, sondern die weitere Steigerung der Effizienz, insbesondere der Arbeitsproduktivität durch auf soziale Einbindung gerichtete Führungs- und Organisationskonzepte. In Deutschland konnte der Nationalsozialismus bereits vorhandene Traditionen einer Gemeinschaftsorientierung ideologisch für seine Ziele vereinnahmen, wobei nicht nur eine Identifikation der Organisationsmitglieder mit dem Betrieb, sondern darüber hinaus – als Ausfluss des sog. *Führerprinzips* auf politischer Ebene – mit den Betriebsführern angestrebt wurde (vgl. im Einzelnen Krell 1994). Während diese Entwicklung in grober Form als Effizienzsicherung und -steigerung durch Fokussierung auf soziale Identitäten und damit durch eine Art Übersozialisierung gekennzeichnet werden kann, lässt sich die Nachkriegsentwicklung zumindest in Deutschland und einigen anderen westlichen Industrieländern auf sozialpsychologischer Ebene durch eine auch auf organisationale Kontexte bezogenen Bewegung in Richtung auf eine Verstärkung *personaler* Identitäten kennzeichnen. Dieser Prozess wurde auf politischer und wissenschaftlicher Ebene – verstärkt durch den in den 70er Jahren einsetzenden sog. *Wertewandel-Diskurs* – unterschiedlich interpretiert. Während Inglehart (1977) bei der Nachkriegsgeneration eine Ablösung materialistischer (Streben nach Sicherheit und Versorgung) durch postmaterialistische Werte (Streben nach Selbstverwirklichung, Sozialstatus und Solidarität) konstatiert, spricht Klages (1984; 1993) – einer der Hauptkritiker Ingleharts – nicht von einer Wertesubstitution, sondern von einer Werteverschiebung, bei der sog. *Selbstentfaltungswerte* (Individualismus, Hedonismus, Partizipation, Emanzipation usw.) seit Ende der 60er Jahre gegenüber Pflicht- und Akzeptanzwerten (Disziplin, Gehorsam, Leistung, Bescheidenheit usw.) an Bedeutung gewin-

---

zum Pol der personalen (sozialen) Identität hinführt. An partielle Handlungsautonomie gebundene intrinsische Motivation ist auch Bedingung für kreative Akte, die nicht primär durch soziale Erwartungen angeregt sind.

203 In Deutschland war die Zeit von 1914 bis 1924 durch eine zunehmende Aufnahme tayloristischer Prinzipien der Arbeitsteilung und -gestaltung gekennzeichnet. In der Zeit danach bis 1933 hebt sich die deutsche Entwicklung teilweise von der US-amerikanischen Entwicklung ab, wie Türk/Lemke/Bruch (2002, 214ff.) u.a. durch die Unterscheidung von drei Phasen in der Geschichte der arbeitswissenschaftlichen sog. *Psychotechnik* herausarbeiten.

nen.[204] Je nach Gusto und politischer Attitüde kann dies entweder im Sinne eines „Verfalls" des bürgerlichen Leistungswertsystems und des Verlustes der Arbeit als Lebensmittelpunkt und damit als ein bedauernswerter Trend zur Untersozialisierung (vgl. vor allem Noelle-Neumann 1978) oder – mit positiver Konnotation – als Demokratisierungsprozess beurteilt werden, der speziell auch in Unternehmen zum Abbau einer identitätsgefährdenden Übersozialisation beiträgt (vgl. Noelle-Neumann/Strümpel 1984).[205]

Die Vorstellung einer *Demokratisierung der Wirtschaft* stand zumindest teilweise bei der Begründung der spezifischen Form der deutschen Mitbestimmung Pate, die in Form von *Mitbestimmungsgesetzen* (besonders für die Eisen- und Stahlindustrie) und in einem reformierten *Betriebsverfassungsgesetz* unter dem Einfluss der westlichen Alliierten in der Bundesrepublik Deutschland zustande kam. Hiermit mag durchaus auch intendiert worden sein, den erneuten Aufbau Deutschlands in Richtung einer wirtschaftlichen Großmacht zu verhindern. Obwohl die ökonomischen Wirkungen der deutschen Mitbestimmung in Wissenschaft und Praxis bis heute immer wieder kontrovers diskutiert worden sind, kann wohl für die Wirtschaftswunderphase der 50er und 60er Jahre konstatiert werden, dass die auf Sicherung des Betriebsfriedens ausgerichtete Variante der Vertretung von Arbeitnehmerinteressen sich eher als wachstumsfördernd denn als wachstumsbehindernd ausgewirkt hat.[206] Man kann dies auch so interpretieren, dass durch Mitbestimmung und *Tarifautonomie* betriebliche und überbetriebliche Verhandlungsebenen mit Makler- und Integratorfunktionen institutionalisiert wurden, die in besonderem Maße zu einer großenteils akzeptierten und damit auch zu einer vergleichsweise konfliktfreien Verteilung der Wachstumsgewinne[207] beitrugen, was wiederum – im Sinne einer rekursiven Stabilisierung – die Voraussetzungen für weiteres Wachstum verbesserte.[208] Mit dieser Interpretation muss die These einer Demokratisierung der Wirtschaft durch Mitbestimmung zumindest für die *Wirtschaftswunderphase* (die sog. Adenauer-Ära) in Frage gestellt werden. Es handelt sich eher um eine Befriedung des Antagonismus zwischen Kapital und Arbeit durch wachstumsabhängige Wohlstandssteigerungen, durch die sich zwar die Orientierung an traditionelle

---

204 Konsequenzen des Wertewandels für Unternehmen, z.B. Konsequenzen des gesellschaftlichen Wertewandels für die Karrieremotivation, werden in verschiedenen Beiträgen eines von v. Rosenstiel u.a. (1993) herausgegebenen Sammelbandes diskutiert.

205 Zur vertieften Behandlung solcher Kontroversen ist dem flexiblen und endogenen Charakter von Werten und hieraus abgeleiteten Präferenzen Rechnung zu tragen, d.h. in diesem Falle, dass die Entstehung und Stabilisierung organisationsbezogener Werte aus der dynamischen, wechselweisen Konstitution des externen (gesellschaftlichen) und des organisationsinternen Kontextes verstanden wird (vgl. zu einer solchen Perspektive, die in diesem Zusammenhang auch die Bedeutung der Kreativität des Handelns herausstellt, Joas 1997).

206 U.a. wäre hier auf die im Vergleich zum westlichen Ausland erheblich geringere Zahl und Intensität von Arbeitskämpfen („Streiktage") hinzuweisen, wenn man einen Zusammenhang zwischen den verschiedenen Ebenen der Mitbestimmung (Unternehmung, Betrieb, Arbeitsplatz) und dem Verhalten der nach Branchen- bzw. Industriesektoren organisierten Tarifvertragsparteien (Gewerkschaften, Arbeitgeberverbände) unterstellt.

207 Hiermit ist sowohl die absolute Verteilung der Wertschöpfungszuwächse zwischen Arbeitgeber- und Arbeitnehmerseite als auch die relative Verteilung innerhalb der Arbeitgeber- und Arbeitnehmerseite gemeint. Während es in Bezug auf die absolute Verteilung der Wertschöpfungszuwächse eher um den Interessenausgleich durch Wahrnehmung von Maklerfunktionen geht, werden in Bezug die jeweils relative Verteilung Integratorfunktionen zur Geltung gebracht, was sich bei erfolgreicher Interessenintegration in der Etablierung akzeptierter sozialer Normen für Lohn- bzw. Gewinngerechtigkeit äußert.

208 Abgefedert wurde diese Phase stabilen Wachstums auch dadurch, dass der wachsende Personalbedarf zunehmend durch Gast- bzw. Fremdarbeiter gedeckt wurde, die zunächst überwiegend Tätigkeiten im unteren Bereich der Lohnskala ausübten.

soziale Identitäten gelockert haben mag, ohne dass dies bereits auf der organisationalen Ebene eine verstärkte Behauptung der personalen Identität von Arbeitnehmern zur Folge gehabt hätte.[209]

Die vorstehenden Überlegungen sollten vor allem verdeutlichen, dass auch Aussagen zur *Effizienz von Institutionen* (in diesem Fall der deutschen Mitbestimmung und Tarifautonomie) kontextabhängig getroffen werden müssen, d.h. auf die Dynamik historischer Entwicklungen zu beziehen sind. Im Übrigen wurde hierbei nicht mit den Konzepten der Kosten-, Anpassungs- oder Innovationseffizienz argumentiert, sondern streng genommen mit *Verteilungseffizienz*, d.h. der Fähigkeit eines Handlungssystems, Verteilungsprobleme und hieraus resultierende Konflikte möglichst kostengünstig zu lösen. Es dürfte unmittelbar einleuchten, dass die positiven Wirkungen der deutschen Mitbestimmung und der branchenbezogenen Tarifautonomie[210] auf die Verteilungseffizienz in dem Maße fragwürdig werden, in dem die – teilweise durch das System selbst geschaffene – Stabilität eines Wachstumspfades aus welchen Gründen auch immer nicht aufrecht erhalten wird. Dieselben Argumente, die weiter oben für die abnehmende Effizienz organisationaler kollektiver Akteure als Folge eines zunehmenden globalen Wettbewerbes angeführt haben, gelten auch für ein organisationsübergreifendes kollektives Handeln.

Auf politischer Ebene wird dies schon seit längerem unter dem Aspekt der abnehmenden Existenzfähigkeit einer Politik des sog. *Wohlfahrtsstaates* diskutiert, die als Gegenposition zum neoliberalen politischen Paradigma vor allem durch sozial-demokratische Regierungen in nordeuropäischen Ländern verfolgt wurden (vgl. Stephens/Huber/Ray 1999; Scharpf 1991). Zu einem derartigen Paradigma eines *regulierten Kapitalismus* gehörte die Vorstellung einer Vereinbarkeit des Ziels der Steigerung und Sicherung der wirtschaftlichen Leistungsfähigkeit der Volkswirtschaft mit dem Ziel der Verbesserung der Arbeits- und Lebensbedingungen der Bevölkerung, die an einen aktiven, gestaltenden Staat mit entsprechenden staatlichen Programmen und Interventionen gebunden ist. In diesem Zusammenhang ist hier auf verschiedene Programme zur Humanisierung der Arbeit hinzuweisen, in der Bundesrepublik Deutschland (in der Nach-68er-Ära) 1974 von der sozialliberalen Regierung als Programm *Forschung zur Humanisierung des Arbeitslebens* initiiert. Dieses Programm sollte „die Möglichkeiten untersuchen, wie die Arbeitsbedingungen stärker als bisher den Bedürfnissen der arbeitenden Menschen angepasst werden können" (Bundesministerium für Forschung und Technologie 1979, 7). Das Programm war von der Harmonisierungsthese einer wechselweisen Förderung von *Produktivität und Menschlichkeit* (Arbeitszufriedenheit) durch neue Formen der Arbeitsorganisation (Arbeitserweiterung, Arbeitsbereicherung und teilautonome Arbeitsgruppen) geleitet, die auch das sozialwissenschaftliche Konzept der Organisationsentwicklung geprägt hat. Schon früh wurde kritisiert, dass die mit solchen Konzepten und Arbeitsformen verbundene Gewährung von Handlungsspielräumen nicht eine tatsächliche, die Interessendurchsetzung von Arbeitnehmern ermöglichende Partizipation zur Folge hatte, sondern lediglich eine Scheinpartizipation, die nur soweit reichte, wie es die betrieblichen Kapitalinteressen zuließen, dass also die personalen Identitäten von Arbeitnehmern nicht wirklich gestärkt wurden. Die begrenzte ökono-

---

209 Bezugnehmend auf das Konstrukt des Identitätshaushaltes könnte man sagen, dass die Einschränkung der personalen Identität (und damit die größere Fügsamkeit des Personals) durch Lohnzuwächse, Arbeitszeitverkürzungen etc. „erkauft" wurde.

210 Es handelt sich hierbei um eine Zunahme der Organisiertheit nicht nur auf der Unternehmens-, sondern auch auf der Branchen- und Gesamtebene der Wirtschaft.

mische Tragfähigkeit der damals mit staatlichen Fördermitteln umgesetzten Projekte wurde u.a. am Beispiel der Automobilindustrie deutlich, die in den 80er Jahren einem zunehmenden globalen Wettbewerb in Verbindung mit weltweiten Überkapazitäten und damit auch einer Wachstumskrise ausgesetzt war. In der sog. *Womack-Studie*, in der als Reaktion auf die „japanische Herausforderung" das Konzept des sog. *Lean Production* ausgearbeitet wurde, werden etwa die bei *Volvo* umgesetzten Gruppenarbeitsformen als ökonomisch ineffizient eingeschätzt (vgl. Womack/Jones/Roos 1991).[211] Das mit der Umsetzung von *Lean*-Konzepten verbundene neue (bis heute aktuelle) Verständnis effizienzsteigernder Arbeitsformen kann vor allem am Beispiel der Gruppenarbeit verdeutlicht werden: Die aus Unternehmenszielen abgeleiteten Effizienzziele (Erhöhung der Arbeitsproduktivität, Verminderung von Fehlzeiten usw.) stehen eindeutig im Vordergrund. Die Interessen der Arbeitsgruppen werden durch monetäre Anreiz- und Kontrollsysteme an die Effizienzziele des Unternehmens gekoppelt. Im Unterschied zum klassischen Taylorismus wird dies mit Qualifizierungsstrategien für Arbeitsgruppen verbunden, die im Wesentlichen zur begrenzten Selbstkoordination befähigen und die Erschließung des häufig impliziten konkreten Produktionswissens (im Rahmen sog. *kontinuierlicher Verbesserungsprozesse, KVP*) ermöglichen sollen. In Abhängigkeit von der Stärke des Anpassungs- und Innovationswettbewerbs werden von den Beschäftigten Lernprozesse eingefordert, die nicht nur die Etablierung kosteneffizienter Routinen, sondern auch die Infragestellung vorhandener, nicht mehr passender Routinen zur Sicherstellung der Anpassungs- und Innovationseffizienz ermöglichen sollen. Während – wie weiter oben festgestellt wurde – die mögliche Verdrängung intrinsischer Motivation durch extrinsische Anreize im klassischen Taylorismus wünschenswert war, erzeugt dies für aktuelle Konzepte der Gruppenarbeit umso mehr Probleme, je mehr die geforderten Lernleistungen auf die Steigerung von Kreativität und Innovativität abzielen. Mit anderen Worten: Die Rechnung, durch monetäre Anreize die mit der Autonomiegewährung an Arbeitsgruppen verbundenen Risiken einer gegen Kapitalinteressen gewandten Aktivierung von Eigensinn und Eigeninteresse auszuschließen, geht allenfalls teilweise auf. Insgesamt bedeutet eine zunehmende Monetarisierung von Interessen, dass Organisationen als kollektive Akteure immer weniger als Quellen für die Ich-Behauptung individueller Akteure in Betracht kommen. Z.B. können die durch monetäre Anreize gesteuerten Arbeitsgruppen für ihre Mitglieder noch eine identitätsbildende Funktion übernehmen, was aber i.d.R. in einer abnehmenden Bedeutung der Gesamtorganisation (d.h. der *Corporate Identity*) für die personale Identitätsbildung mündet. Mit zunehmender Wettbewerbsintensität auf globalen Produkt-, Arbeits- und Kapitalmärkten (im Wechsel vom sog. *Stakeholder-* zum *Shareholder-Value*-Konzept zum Ausdruck kommend) verliert auch das deutsche Modell repräsentativer Mitbestimmung auf Betriebs- und Unternehmensebene (im Unterschied zu Verhaltensspielräumen auf Arbeitsplatz- und Gruppenebene) nicht nur seine effizienzfördernde Funktion, sondern auch seine Relevanz für die Bindung der Identitäten der Organisationsmitglieder an die Identität des korporativen Akteurs.

Bei der Analyse der wechselweisen Konstitution von Kontext und Organisationsdynamik ist es in der Regel sinnvoll, mehrere Analyseebenen zu unterscheiden. Bei jeder sozialwissenschaftlichen Mehrebenenanalyse muss man sich stets bewusst sein, dass die inhaltliche Bestimmung und Abgrenzung der verschiedenen Analyseebenen letztlich Kon-

---

211 Dies kann u.a. damit begründet werden, dass durch solche Organisationsreformen nicht von den herrschenden Automatisierungsparadigmen in der Automobilindustrie abgerückt wurde (vgl. auch Küpper/Felsch 2000, 185).

struktionen des wissenschaftlichen Beobachters sind, die – zumindest nach unserem pragmatistischen Theorieverständnis – mit den für das Handeln in Praxisfeldern maßgebenden
Relevanzkriterien kompatibel sein sollten. Im folgenden Abschnitt wird mit dem Begriff
des *Beschäftigungssystems* (*employment system*) eine mittlere Ebene zwischen der Ebene
von Organisationen bzw. Unternehmen und der Makroebene des Gesellschafts- und Wirtschaftssystems in Betracht gezogen, die m.E. gerade auch für die Analyse kultureller Unterschiede zwischen Organisationsformen und ihrer Dynamik von Bedeutung ist. Im Folgenden steht der Theoriebeitrag von David Marsden (1999) im Mittelpunkt, der zwar an theoretische Aussagen der Neuen Institutionenökonomik anknüpft, aber (im Unterschied zur
NIÖ) unter Rückgriff auf das Konzept evolutionär-stabiler Strategien der Evolutionstheorie
(vgl. Maynard Smith 1982) auch einen theoretischen Ansatz zur Erklärung der Dynamik
von Beschäftigungssystemen anbietet.

5.1.3 Die Evolution von Beschäftigungssystemen

Ausgangspunkt der Überlegungen von Marsden (1999) sind die bereits von Simon (1951)
herausgearbeiteten Effizienzvorteile des klassischen Arbeitsvertrages zwischen Arbeitgebern (bzw. Auftraggebern) und Arbeitnehmern (bzw. Auftragnehmern) gegenüber anderen
Vertragsformen (z.B. Werkverträgen), die im Sinne von Coleman *komplexe disjunkte Herrschaftsbeziehungen* (*bzw. -strukturen* mit mehreren Herrschaftsbeziehungen) zwischen
Arbeitgebern und Arbeitnehmern begründen (vgl. im Einzelnen Küpper/Felsch 2000,
54ff.). Der auf Dauer angelegte (zeitlich unbefristete) *klassische Arbeitsvertrag* lässt sich
im Wesentlichen dadurch charakterisieren, dass der Arbeitgeber (bzw. die ihn vertretenden
Vorgesetzten) das Recht erhält, den Arbeitnehmern (Untergebenen) im Rahmen eines festgelegten Aktivitätsbereichs die Durchführung bestimmter Arbeitstätigkeiten anzuweisen,
wobei die konkrete Tätigkeits- bzw. Aufgabenzuordnung in Anpassung an die jeweiligen
ökonomischen Bedingungen von Periode zu Periode wechseln kann. Der Effizienzvorteil
des klassischen Arbeitsvertrages resultiert aus der hierdurch ermöglichten Flexibilität (Anpassungseffizienz), die mit dem Grad der Unsicherheit und damit mangelnden Prognostizierbarkeit der für Unternehmen relevanten Zukunftsentwicklungen zunimmt. Wie besonders spieltheoretische und mikropolitische Ansätze nahe legen, folgt (in Abhängigkeit von
den bereits behandelten Handlungsspielräumen für Arbeitnehmer) aus diesen formalstruk-
turellen Regeln noch nicht, dass das faktische Verhalten der Arbeitnehmer den Anweisun-
gen des Arbeitgebers folgt. Um die Effizienzvorteile von Arbeitsverträgen zu realisieren,
sind deshalb nach Marsden Vorkehrungen zu treffen, die ein Abweichen des Arbeitnehmers
oder des Arbeitgebers von den vertraglichen Regeln möglichst unterbinden. Bereits an
dieser Stelle ist hervorzuheben, dass Marsden bei seinen weiteren Analysen eine Macht-
symmetrie zwischen Arbeitgeber- und Arbeitnehmerseite unterstellt und damit faktisch
Machtbeziehungen wie auch im Transaktionskostenansatz (vgl. z.B. für den Arbeitsvertrag
Williamson/Wachter/Harris 1975) unberücksichtigt lässt. Der originelle Gedanke von
Marsden besteht darin, dass die genannten Vorkehrungen in sog. *Beschäftigungsregeln*
(*employment rules*) zum Ausdruck kommen, wobei nur eine begrenzte Zahl solcher Regeln
praktisch durchführbar (*viabel*) sind. Die Regeln müssen einerseits effizient sein, so dass
die Vertragsparteien den Arbeitsvertrag anderen Vertragsformen vorziehen, andererseits
aber auch durchsetzbar (*enforceable*) sein, um dem Arbeitgeber die genannte Flexibilität

des Arbeitseinsatzes zu sichern und gleichzeitig die Arbeitsanforderungen für den Arbeitnehmer auf ein akzeptiertes Maß einzuschränken. Beschäftigungsregeln besitzen hiernach zwei Dimensionen: Regeln der Zuordnung von Tätigkeiten (*tasks*) zu Stellen (*jobs*) sowie Regeln der Sicherung von Leistungstransparenz und der Vermeidung von opportunistischem (nicht vertragsgemäßem) Verhalten. Wie Marsden (1999, 13ff. u. 32ff.) im Einzelnen nachzuweisen versucht, kommen für beide Dimensionen im Wesentlichen jeweils nur zwei sich grundlegend unterscheidende Regeltypen in Betracht: für die „Effizienzdimension" der sog. Produktionsansatz (*production approach*) und der sog. Trainingsansatz (*training approach*), für die „Durchsetzungsdimension" sog. tätigkeitszentrierte Regeln (*task-centered rules*) und sog. funktionszentrierte Regeln (*function-centered rules*). Beim *Produktionsansatz* werden Tätigkeiten den Stellen durch Segmentierung des konkreten Produktionsprozesses und damit den technischen Komplementaritäten entsprechend so zugewiesen, dass alle für den Produktionsprozess benötigten Operationen auch ausgeführt werden. Beim *Trainingsansatz* erfolgt demgegenüber die Zuordnung von Tätigkeiten zu Stellen anhand einer Segmentierung bzw. Kategorisierung oder Klassifizierung von Qualifikationen bzw. durchgeführter Trainingsmaßnahmen der Beschäftigten.[212] Die *tätigkeitszentrierten Regeln* fokussieren das physisch-geistige Leistungsverhalten der Beschäftigten so, dass der Arbeitsinput zum Produktionsprozess leicht bestimmt werden kann; solche Regeln sind zwar leicht zu verstehen und anzuwenden, aber relativ inflexibel. Die *funktionszentrierten Regeln* fokussieren demgegenüber auf den Leistungsoutput, der zwar weniger genau bestimmt werden kann, aber höhere Flexibilitätsspielräume lässt. Durch Kombination dieser Regeltypen entstehen insgesamt vier sich wechselweise ausschließende Beschäftigungsregeln, für die Marsden – in Anknüpfung an die von ihm durch empirische Recherchen untermauerte Zuordnung zu Verbreitungsgebieten – folgende Begriffe wählt:

- die *work post rule* als Kombination des Produktionsansatzes mit tätigkeitszentrierten Regeln, bei dem die Beschäftigten für individuelle Operationen des Produktionsprozesses verantwortlich sind (primäre Verbreitungsgebiete USA und Frankreich)

- die *job territory rule* als Kombination des Trainingsansatzes mit tätigkeitszentrierten Regeln, bei denen die Tätigkeitszuordnung entsprechend den Fähigkeiten der Beschäftigten zur Durchführung von Aufgaben erfolgt (primäres Verbreitungsgebiet Großbritanien)

- die *competence rank rule* als Kombination des Produktionsansatzes mit funktionszentrierten Regeln, bei der die Tätigkeitszuordnung nach dem Schwierigkeitsgrad entsprechend einem internen Ranking-System erfolgt (primäres Verbreitungsgebiet Japan) und

- die *qualification rule* als Kombination des Trainingsansatzes mit funktionszentrierten Regeln, bei denen Stellen anhand von Qualifikationskriterien gebildet und entsprechend qualifizierten Beschäftigten zugewiesen werden (primäres Verbreitungsgebiet Deutschland)

Marsden versucht nicht nur zu zeigen, wie der historische Prozess, der zu den von ihm vorgenommenen Landeszuordnungen geführt hat, interpretiert werden kann, sondern auch

---

212 Obwohl von Marsden nicht spezifisch herausgearbeitet, könnte man die Effizienzvorteile des Produktionsansatzes grob auf die Ausnutzung von *economies of scale*, die Effizenzvorteile des Trainingsansatzes von *economies of scope* zurückführen.

zu belegen, warum sich in einem (landesspezifischen) Beschäftigungssystem auf Dauer jeweils nur *eine* dieser vier Regeln etablieren kann. In Bezug auf den historischen Prozess knüpft er an die Vorstellung von *evolutionär-stabilen Strategien* an, bei der sich grundlegende Regeln zur Steuerung von Beschäftigungsbeziehungen aus einem dezentralisierten Prozess[213] wiederholter Interaktionen zwischen Beschäftigen und Unternehmen herausbilden. Historische Rahmenbedingungen und die im Prozess selbst hervorgerufenen *sunk costs* sowie Fehlschläge und wahrgenommene Instabilitäten[214] erzeugen eine Pfadabhängigkeit, die darüber entscheidet, in welcher der vier als stabil unterstellten Beschäftigungsregeln die jeweilige Entwicklung mündet. Dass sich in verschiedenen Ländern bzw. Nationalstaaten jeweils eine Beschäftigungsregel als vorherrschend herausbildet, erklärt Marsden mit den Argumenten größerer Robustheit,[215] *First-mover*-Probleme bei der innovativen Einführung einer neuen Beschäftigungsregel und Inkompatibilitäten zwischen den verschiedenen Regeln (vgl. im Einzelnen Marsden 1999, 67ff.). Marsden macht daneben deutlich, dass die Diffusion und Prädominanz einer Beschäftigungsregel und damit ihre „evolutionäre Stabilität" durch die Entwicklung hierzu passender unternehmensübergreifender Arbeitsmarktinstitutionen – insbesondere in Form von und im Umfeld einer kollektiven Interessenorganisation in Arbeitgeber- und Arbeitnehmerverbänden (Institutionalisierung von *industrial relations*) – wesentlich gefördert wird:[216]

- *Erhöhung der Robustheit von Beschäftigungsregeln*: Arbeitsmarktinstitutionen tragen zur Normalisierung der Beschäftigungsregel und der hiermit verbundenen Stellenklassifikation bei, in dem sie eine größere Einheitlichkeit in der Anwendungslogik nach sich ziehen und die Anzahl der hiermit vertrauten Personen und damit das wechselweise Vertrauen erhöhen.

- *Machtbalance und Regulierung des Mitgliederverhaltens*: Die Durchsetzung der Regel wird leichter und opportunistisches Verhalten unwahrscheinlicher, wenn sich die beteiligten Parteien für die Interpretation und Anwendung der Regeln einer Unterstützung durch Dritte sicher sein können.

- *Größere Anwendungsflexibilität von Beschäftigungsregeln*: Die Regel kann flexibler eingesetzt werden, wenn es klare Ankerpunkte (z.B. in Rahmentarifverträgen vereinbart) gibt, auf die in Streitfällen zurückgegriffen werden kann. Hiermit verringert sich auch die Gefahr, dass durch eine flexible Regelanwendung Präzedenzfälle geschaffen werden, die zur Regelverwässerung führen können.

- *Neuverhandlung von Beschäftigungsregeln*: Auch eine Neuverhandlung von Beschäftigungsregeln und ihrer Anwendung wird durch unternehmensübergreifende Institutionen erleichtert.

---

213 D.h. durch einen auch in der Chaostheorie sog. *Selbstorganisationsprozess*.

214 Diese Instabilitäten sind – wie Marsden (1999, 62ff.) zeigt – sowohl mit dem Versuch verbunden, Arbeitsaufgaben durch einen ständig zunehmenden Detaillierungsgrad festzulegen, als auch mit dem Vertrauen auf ständig zunehmende Flexibilität. Marsden bezieht sich hierbei auf die von Fox (1974) identifizierten *low-trust*- und *high-trust*-Strategien, wobei er nicht nur – wie bei Fox – für den ersten Fall eine zur Instabilität führende Spirale ständig zunehmenden Misstrauens annimmt, sondern auch für den zweiten Fall einer Vertrauensspirale eine Entwicklung zur Instabilität, die in der Dynamik kapitalistischer Wettbewerbssysteme vor allem durch nicht vorhersehbare Schocks aus dem externen Kontext resultieren.

215 Beschäftigungsregeln sind robust, wenn sie sich leicht auf eine große Vielfalt von Arbeitsplätzen anwenden und ihre Ergebnisse sowohl von Arbeitern als auch von Managern leicht verstanden werden können.

216 Vgl. hierzu Marsden (1999, 72) und ähnliche auf die Minimierung von Transaktionskosten gerichtete Argumente bei Williamson/Wachter/Harris (1975).

In Bezug auf die Regeldurchsetzung (*enforceability*) sind die tätigkeitszentrierten Regeln gerade auch mit *low-trust*-Beziehungen zwischen Arbeitgebern und Arbeitnehmern verträglich, wie Marsden am Beispiel der USA, von Frankreich und England aufzeigt. Demgegenüber erfordern die *funktionszentrierten Regeln* (wie in Japan und Deutschland) *high-trust*-Beziehungen. Soweit Arbeitsmarktinstitutionen zur Vertrauensbildung beitragen, sind sie deshalb vor allem für die Anwendung funktionszentrierter Regeln von Bedeutung. In Bezug auf die Effizienzdimension von Beschäftigungsregeln – so könnte man die Argumente von Marsden grob zusammenfassen – ist der Produktionsansatz (der u.a. die Herausbildung interner Arbeitsmärkte untermauert) mit vergleichsweise höherer Kosteneffizienz, der Trainingsansatz (der die Entstehung berufsförmiger externer Arbeitsmärkte unterstützt) demgegenüber mit relativ höherer Anpassungs- und Innovationseffizienz verbunden.

Einige der von Marsden durch empirisch-historische Analysen unterstützten Argumentationen sollen hier beispielhaft anhand der Entwicklung und Merkmale des deutschen Beschäftigungssystems verdeutlicht werden.

In der Phase der frühen Industrialisierung wurden selbst größere Unternehmen durch einen Mangel an qualifizierten Arbeitnehmern gezwungen, Subkontrakte mit sog. *Akkordmeistern* abzuschließen, die ihrerseits Hilfskräfte anheuerten. Für Arbeiter führten diese Subkontrakte zur instabilen, kurzfristigen Beschäftigung, häufigen Unterbrechungen der Lohnzahlungen und eingeschränkte Anreize zur Höherqualifizierung. Die Unternehmen hatten kaum Möglichkeiten, die auf dem Arbeitsmarkt verfügbaren Qualifikationen an ihre besonderen Anforderungen anzupassen. Die mangelnde Bindung von Arbeitskräften erhöhte die Transaktionskosten (besonders die Kosten der Aushandlung neuer Verträge) sowie das Einkommensrisiko der Arbeitnehmer und das Arbeitsverfügbarkeitsrisiko für Arbeitgeber. Um einige dieser Probleme zu lösen, etablierten Unternehmen als alternative Form der Versorgung mit qualifizierten Arbeitskräften die Institution der industriellen Berufsausbildung, die schließlich zur Qualifikationsregel als Basis des Beschäftigungssystems führte.

Das *duale Berufsausbildungssystem* als Kern des durch die Qualifikationsregel dominierten Beschäftigungssystems erlaubt den Transfer von Berufsqualifikationen zwischen Unternehmen, weil Klassifikationssysteme zur Differenzierung von Stellen und Entlohnung sich unternehmensübergreifend an diesen Berufsqualifikationen orientieren. Berufsqualifikationen dominieren die durch *On-the-job*-Training erlangten Qualifikationen, wodurch Aufwärtsmobilität für angelernte Arbeitskräfte stark eingeschränkt wird. Dagegen führt die Dominanz der Berufsqualifikationen nicht zu einer Einschränkung von *job-rotation*.

In diesem System ist die Aushandlung von Rahmen- und Lohntarifverträgen zwischen Arbeitgeberverbänden und Gewerkschaften auf Industrieebene sowie von Betriebsvereinbarungen zwischen Betriebsräten und einzelnen Arbeitgebern auf Unternehmensebene fest verankert. Hierbei spielt das vom REFA-Verband entwickelte System der Arbeitsgestaltung (job design) und -bewertung, das innerhalb von Unternehmen und Gewerkschaftsexperten benutzt wird, eine bedeutende Rolle. Kollektive industriebezogene Vereinbarungen über sog. Leistungsgruppen führen zu genau bestimmten und zugleich flexiblen Stellenbeschreibungen und schützen somit vor Übervorteilung. Vereinbarungen zur Stellenklassifikation liefern insgesamt ein geeignetes Gerüst für die Kategorisierung von Stellen innerhalb von Unternehmungen und für Prinzipien ihrer Verbindung.

In Bezug auf die betriebliche Personalwirtschaft (*human resource management*) erlaubt die Einsatzbreite von Arbeitnehmern qualitative und quantitative Anpassungen, die z.B. durch Absentismus oder Sonderaufgaben erforderlich werden. Leistungsnormen erlauben dem Management die Delegation von relativ großer Handlungsautonomie an qualifizierte Arbeiter, deren Selbstregulation auf Kompetenz und professionellen Normen und Werten basiert. Bei der Durchsetzung von Leistungsnormen schützt die Mitbestimmung der Betriebsräte die Arbeiter vor einer Manipulation von Leistungsstandards durch das Management. Leistungsorientierte Vergütungssysteme lassen sich weniger gut implementieren, weil das Management nicht für kompetent genug gehalten wird, den Leistungsgrad von Spezialisten zu beurteilen.

Der Erwerb zusätzlicher Qualifikationen wird häufig durch Aufstieg oder Bonuszahlungen belohnt. Aufgrund einer starken Regulierung der Berufsausbildung stellen Auszubildende mit niedriger Ausbildungsvergütung keine Bedrohung für bereits Ausgebildete dar. Die Personalbeschaffung und -auswahl ist an drei gut voneinander abgegrenzten Arbeitsmärkten orientiert: den berufsförmigen Arbeitsmarkt (*occupational labour markets*; OLM) für Arbeitnehmer mit zertifizierter Berufsausbildung, den internen Arbeitsmarkt (ILM), der zur Bevorzugung im Unternehmen vorhandener Arbeitnehmer bei der Besetzung höherer Stellen führt, und den sekundären Arbeitsmarkt (*secondary labour markets*), der einen Pool von ungelernten Arbeitskräften für Tätigkeiten mit geringen Qualifikationsanforderungen bereitstellt.

Legt man die theoretische Perspektive von Marsden zugrunde, so können einige weitere – über den Arbeitsmarkt hinausreichende – Besonderheiten der sozioökonomischen Entwicklung in Deutschland im Unterschied zu anderen westlichen Ländern verständlich gemacht werden. Im Folgen werden hier über Marsden hinaus in Bezug auf Stärken und Schwächen des deutschen Wirtschaftssystems Porter (1990) und in Bezug auf Besonderheiten des deutschen Managements Lawrence/Edwards (2000) in Anspruch genommen.

Neben den sich wechselweise stützenden Systemen der Mitbestimmung und der Dualen Berufsausbildung gibt es traditionell ein dreigeteiltes System der Wissensproduktion, durch die das professionelle Selbstverständnis akademischer Ausbildungen und Professionen nach wie vor geformt wird: die Wissenschaft (*sciences*) als formal kodifiziertes Wissen in Human-, Sozial- und Naturwissenschaften, die Kunst (*arts*) als Ergebnis von Dichtung, Malerei, Architektur und Musik sowie die Technik (*technics*) als ingenieurwissenschaftliches Wissen. Diese Dreiteilung ist im Bildungssystem institutionalisiert und führt allgemeinen zu einer stärkeren Fokussierung auf Professionen als auf Qualifikationsanforderungen des Wirtschaftssystems. Dies hat besonders für den Industriebereich zur Konsequenz, dass professionelles ingenieurwissenschaftliches Wissen (erworben in einem mehrstufigen System, das von technischen Universitäten über Fachhochschulen bis zu Berufsschulen für die Facharbeiterausbildung reicht) als zentrale Kernkompetenz gilt. Dies gilt auch für die Betriebswirtschaftslehre, die sich mit einem spezifischen professionellen Selbstverständnis als akademische Disziplin neben der Volkswirtschaftslehre etabliert hat.[217] Die mit der *qualification rule* von Marsden (vgl. weiter oben) kompatible starke Technik- und Professionsorientierung führt zu Vernachlässigungen unmittelbarer und aktueller Markt- und Kundenanforderungen (z.B. durch die Dominanz technologiegetriebener gegenüber marktgetriebenen Innovationen), wie es in der u.a. von Porter (1990) konstatierten traditionellen Service-Schwäche („Service-Wüste Deutschland") sowie im Übergewicht von *product*

---

217 Die Herausbildung professioneller Identitäten in Organisationen kann zu einer Konkurrenz zwischen dem qualifikationsbedingten sozialen Status und dem organisationsbedingten formalen Status führen (vgl. Küpper/Felsch 2000, 78; zum organisationssoziologischen Thema *Hierarchie und Spezialisten* vgl. Mayntz 1968, 191ff.).

excellence gegenüber der *financial performance* zum Ausdruck kommt. Besonders in den klassischen deutschen Industriebereichen (Werkzeugmaschinen-, Chemie-, Automobilindustrie usw.) ist auch die Unternehmensführung durch Technikorientierung geprägt. Hieran anknüpfend können auch die von Lawrence/Edwards (2000) auf empirischer Basis herausgearbeiteten Unterschiede im Führungs- bzw. Managementverständnis erklärt werden. Diese Autoren unterscheiden einen besonders für die USA typischen *generalist view* von einem für Deutschland typischen *specialist view*. Das Selbstverständnis von Managern bzw. Führungskräften als Generalisten oder als Spezialisten wird in folgender Abbildung gegenübergestellt (vgl. Marsden 1999, 104ff.):

Abbildung 13: Manager als Generalisten versus Manager als Spezialisten

Manager als Generalisten	Manager als Spezialisten
Managementfunktionen u. -aufgaben sind unabhängig von den jeweiligen Objekten (z.B. Produkte, Technologien, Märkte) bestimmbar	Managementaufgaben unterscheiden sich je nach Funktionsbereich, Industriesektor und Art des Leistungsprozesses
Führungserfolg ist auf persönliche Fähigkeiten, Charaktereigenschaften und erlernte Kompetenzen zurückzuführen	Führungserfolg ist auf eine Spezialisierung zurückzuführen, die für einen bestimmten (Branchen-)Kontext angemessen ist
Manager benötigen in jeder Art von Unternehmen Energie, Ergeiz und die Beherrschung von Managementsystemen (überwiegend amerikanische Auffassung)	Management ist eher ein Bestandteil vieler verschiedener Arbeitsrollen als eine eigenständige Arbeitsrolle mit ihrer eigenen unabhängigen Dynamik
Manager benötigen allgemeine Führungsqualitäten und persönliche Fähigkeiten (überwiegend britische Auffassung)	Beim Managen geht es lediglich um die notwendige Zusammenarbeit von Menschen (Managing is „just about people having to work together")

Wie bereits in den Ergebnissen einer von der amerikanischen Beratungsgesellschaft Booz Allen und Hamilton (1973) durchgeführten, vom deutschen Wirtschaftsministerium in Auftrag gegebenen Untersuchung zum Ausdruck kommt, wird nach Lawrence/Edwards das deutsche Managementverständnis aus amerikanischer Sicht wie folgt beurteilt:

- Die Person-Orientierung wird im Sinne der amerikanischen System-Orientierung als Mangel an Professionalismus betrachtet.

- Manager sind eher hervorragende Sachbearbeiter als strategische Denker (Mangel an Strategie-Orientierung).

- Ein Mangel an spezifischer Zielorientierung zeigt sich daran, dass sich höhere Führungskräfte schwer tun, Ziele zu formulieren und zu kommunizieren, eine Unternehmensmission zu vermitteln sowie die Wirksamkeit der Unternehmensplanung durch ein entsprechendes Unternehmenscontrolling sicherzustellen.

- Eine merger- und acquisitionsbasierte Diversifikation und ein forschungs- und entwicklungsbasiertes Wachstum werden selten als strategische Alternativen in Betracht gezogen.
- Man findet selten explizit formulierte Marketingstrategien.

Lawrence/Edwards (2000, 99) fassen ihre Recherchen wie folgt zusammen:

- Das deutsche Management ist bisher noch nicht amerikanisiert.
- Personen sind wichtiger als Managementsysteme, -strategien und -techniken.
- Das deutsche Management ist „hochgebildet" (*well-educated*), was aber nicht dasselbe ist, wie „im Management ausgebildet" (*trained in management*) zu sein.

Sehr bemerkenswert ist für Lawrence/Edwards, dass diese überwiegend negative Bewertung des deutschen Managements in Widerspruch zur deutschen Wirtschaftswunderphase steht:

> „There is quite a good case for arguing that for more than half a century Germany has been economically successful in spite of defying the laws of business and management." (Lawrence/Edwards 2000, 97)

Dass dieser Widerspruch unter den veränderten Wettbewerbsbedingungen der 90er Jahre fortbesteht wird an den von Simon (1996) untersuchten sog. *hidden champions* festgemacht. Hierunter wird eine große Gruppe mittelständischer, aber global agierender Unternehmen verstanden, deren Technologie-*know-how* die herausragende Kernkompetenz zur Sicherung von Vorteilen im internationalen Wettbewerb darstellt. Bei diesen Unternehmen werden Inventionen und Innovationen auf spezielle Kundenbedürfnisse zugeschnitten, ohne dass hierbei Verkaufsagenten oder Partner strategischer Allianzen in Anspruch genommen werden. Es werden Nischenstrategien (d.h. Spezialisierungen auf spezifische Märkte) verfolgt, d.h. eine Produkt- oder Geschäftsbereichsdiversifikation vermieden. Solche Unternehmen stellen ihre Fertigungsanlagen, z.B. Werkzeugmaschinen und zugehörige Qualitätssicherungssysteme selbst her, d.h. es wird bewusst auf ein diesbezügliches Outsourcing verzichtet. Die Personalstrategien sind auf eine langfristige Beschäftigung qualifizierter Arbeitnehmer mit der Folge geringer Fluktuations- und Absentismusraten gerichtet.

Das Modell von Marsden (1999), in dem Effizienz- und Steuerungsbedingungen zur Realisierung der relativen Vorteile von Arbeitsverträgen für die Dynamik der Entwicklung von unterschiedlichen Beschäftigungssystemen in Anschlag gebracht werden, ließe sich – wie hier am Beispiel von Managementverständnissen aufgezeigt wurde – über den engeren Kontext von Beschäftigungssystemen und Arbeitsmärkten hinaus auf weitere Bereiche der Konstitution des sozio-ökonomischen Kontextes ausdehnen. Obwohl mit der Perspektive dieses Modells interessante und z.T. überraschende Interpretationen ermöglicht werden, stößt eine solche Ausdehnung des Interpretationsrahmens nicht nur an Grenzen, sondern sie lässt zugleich andere mögliche Einflusskonstellationen für die Kontextdynamik in den Hintergrund treten. Dem soll hier nicht weiter nachgegangen werden.[218] Auf theoretischer

---

218 In der sog. *Societal Analysis of Actors, Organizations and Socio-Economic Context*, der von Marc Maurice u.a. am *Laboratoire d'économie et de sociologie du travail* in Aix-en-Provence ausgearbeitet wurde, wird ein weites Spektrum von Dimensionen aufgespannt, um die gesellschaftliche Einbettung von Organisationen theoretisch und empirisch zu thematisieren, ohne dass von vornherein – wie bei Marsden – die Effizienzanforderungen kapitalistischer Wettbewerbssysteme den zentralen Ausgangspunkt bilden (vgl. die verschiedenen Beiträge in Maurice/Sorge 2000).

Ebene ist das Modell von Marsden ein interessantes Beispiel für die Bedeutung von Komplementaritäten und hierdurch entstehende Pfadabhängigkeiten der Organisations- und Kontextdynamik. Ein anderes Beispiel zur Bedeutung effizienzbestimmender Komplementaritäten bei der rekursiven Stabilisierung von Systementwicklungen liefern Milgrom und Roberts (1995) durch eine vergleichende Gegenüberstellung des Systems der Massenproduktion (mit den Merkmalen der Fließfertigung und hochgradigen Spezialisierung zur Erzielung von *economies of scale*) und der *Lean Production* (mit den Merkmalen flexibler Fertigungssysteme zur Erhöhung der Anpassungseffizienz und der Realisierung von *economies of scope*). Hierbei wird erklärt, warum ein Übergang vom ersten zum zweiten System nicht in Form kontinuierlicher Anpassungen, sondern nur in Form eines fundamentalen Wandels möglich ist. Marsden sieht natürlich, dass in der Empirie verschiedene Abweichungen von der Logik seines Modells beobachtet werden können; vor allem ist ihm die aktuelle Entwicklung einer Flexibilisierung von Arbeitsformen sowie die Entstehung atypischer Beschäftigungsverhältnisse nicht entgangen (vgl. zum Verhältnis von *Employment* und *Self-Employment* Marsden 1999, 233ff.). Marsden versucht zu zeigen, dass der quantitative Umfang der aus dem klassischen Arbeitsvertrag herausfallenden Beschäftigungsformen – anders als es die schon seit geraumer Zeit anhaltende Diskussion nahe legt – bisher bescheiden geblieben ist. Daneben verweist er darauf, dass für den Bereich der sog. *Boundaryless careers* funktionale Äquivalente zu den Mechanismen berufsförmiger Arbeitsmärkte entstehen. Aufgrund der Prämissen der Marsdenschen Theoriekonstruktion sind Abweichungen von den Modellvorhersagen vor allem dann zu erwarten, wenn sich stärkere Machtasymmetrien zwischen der Arbeitgeber- und der Arbeitnehmerseite ergeben (vgl. weiter oben).[219] Marsden (1999, 247ff.) geht davon aus, dass die von ihm postulierten vier alternativen Beschäftigungssysteme grundsätzlich gleichwertig sind, wobei allerdings konkrete historische Bedingungen spezifische Vor- und Nachteile der Systeme zeitigen können. Wie bereits weiter oben festgestellt wurde, lassen sich Unterschiede zwischen den Systemen vor allem an unterschiedlichen Wirkungen bezüglich der Kosten-, der Anpassungs- und der Innovationseffizienz festmachen. Welche Vor- und Nachteile sich hieraus für die Systeme ergeben, hängt deshalb von den Anforderungen ab, die sich aus der Dynamik der jeweiligen Wettbewerbsverhältnisse ergeben (vgl. weiter oben). In diesem Zusammenhang wäre dann auch zu untersuchen, wie sich unterschiedliche Formen und Intensitäten des Wettbewerbs nicht nur auf die Machtverhältnisse von Produkt- und Kapitalmärkten, sondern auch von Arbeitsmärkten auswirken. Gängige Vorstellung ist, dass die Globalisierung der Kapitalmärkte mit erhöhten Anforderungen an die Kosteneffizienz einhergeht. Auf der Steuerungsebene von Unternehmen (*corporate governance*) bedeutet dies u.a., dass der sog. *Shareholder-value*-Ansatz den *Stakeholder*-Ansatz mehr oder weniger verdrängt. Nach Marsden (vgl. 1999, 266ff.) ist das Shareholder-Modell mit den tätigkeitszentrierten Beschäftigungsregeln (besonders der den USA und Frankreich zugeordneten Work-post-Regel) verträglich, während die funktionszentrierten Beschäftigungsregeln (Japan bzw. Deutschland zugeordnet) das Stakeholder-Modell mit den abhängig Beschäftigten als zentrale Stakeholder stützt. Die Komplexität der Zusammenhänge zwischen der Entstehung von Beschäftigungssystemen und *Corporate-Governance*-Strukturen erfordert allerdings nach Marsden weitere Forschungsanstrengungen:

---

219 Zumindest für Deutschland wird für die letzten Jahre eine solche Machtverschiebung zuungunsten der Gewerkschaften von vielen Beobachtern konstatiert.

„This raises very important questions of causation: whether corporate governance structures have shaped the choices governing the employment relationship; whether the type of employment relationship has determined the mode of corporate governance selected; or whether there is an interactive relationship between the two. A brief comparison of the way employee interests as stakeholders are institutionalized in Germany as compared with Britain illustrates the complexity of the relationship between the two levels, and suggests a pattern of interactive causation." (Marsden 1999, 267)

Bei dem hierin zum Ausdruck kommenden konstitutionstheoretischen Verständnis wäre nach unserer Auffassung besonders auf die Dynamik von Macht- und Herrschaftsverhältnissen zu rekurrieren. Es mag eine Ironie des Schicksals sein, dass gegenwärtig in Deutschland die Qualifikationsregel als Basis des Beschäftigungssystems unterminiert wird, indem auch auf politischer Ebene vornehmlich der Kosten- und Anpassungseffizienz Tribut gezollt wird. Hiermit könnte zugleich die positive Wirkung der Qualifikationsregel auf die Innovationseffizienz (Einwirkungseffizienz) untergraben werden, die längerfristig jedoch in Verbindung mit einer möglichen Neuformierung der Wettbewerbslandschaft – wie sie sich in der schon angesprochenen aktuellen Fusionswelle andeutet – für die Wettbewerbsfähigkeit eine ausschlaggebende Bedeutung erlangen kann. Dies wird jedenfalls schon seit längerem in der Diskussion zur Unternehmensstrategie reflektiert, in der bei zunehmenden Innovationswettbewerb die Vorteile des sog. *resource-based view* gegenüber dem *market-based view* herausgestellt werden (vgl. unter Hinweis auf den *relation-based view* Küpper/Felsch 2000, 354ff.).

5.2 Zur Eigendynamik organisationsinterner Kontexte

In den bisherigen Darlegungen ist noch unberücksichtigt geblieben, dass die Dynamik des äußeren Kontextes von Organisationen kaum unmittelbar auf organisationale Strukturen und organisationales Handeln durchschlägt, sondern stets mehr oder weniger vermittelt über die Beeinflussung einer *organisationsinternen Eigendynamik*. Die Vernachlässigung dieser Eigendynamik ist einer der wesentlichen Kritikpunkte am kontingenztheoretischen Ansatz der Organisationsforschung, in dem ein direkter Zusammenhang zwischen unabhängigen Variablen der Organisationsumwelt und den hiervon abhängigen Variablen der Organisationsstruktur und der Organisationsstrategie postuliert wird. Hierdurch bleibt der kontingenztheoretische Ansatz im Wesentlichen ein statischer Ansatz, der nicht einmal darüber aufklären kann, ob die Organisationsumwelt zunächst die Strategien und dann die Strukturen (*structure follows strategy*) oder zunächst die Strukturen und dann die Strategien (*strategy follows structure*) beeinflusst oder einen wechselweisen Konstitutionsprozess von Strategien und Strukturen auslöst (vgl. zu einer Kritik aus konstitutionstheoretischer Sicht Küpper/Felsch 2000, 354ff.). Während also der kontingenztheoretische Ansatz (und der hiermit kompatible transaktionskostentheoretische Ansatz, vgl. Küpper/Felsch 2000, 322ff.) die Eigendynamik von Organisationen vernachlässigt, zeichnen sich sog. *Entwicklungsmodelle* von Organisationen dadurch aus, dass sie nicht nur den Einfluss der Umweltdynamik von Organisationen, sondern auch die interne Machtdynamik unberücksichtigt lassen. Weiter oben (vgl. *Abschnitt 4.3*) ist bereits in Bezug auf den organisationstheoretischen Ansatz von Stacey herausgearbeitet worden, dass dies auch für komplexitätstheoretisch fundierte Selbstorganisationsmodelle gilt. Wie an anderer Stelle ausführlich dargestellt und diskutiert worden ist, wird in dem von Henry Mintzberg vorgelegten Entwicklungsmodell von Organisationen zwar Macht bzw. Mikropolitik als treibende Kraft des Organisationswandels behandelt, durch ein funktionalistisches Verständnis von Macht bzw. ein aspektuales Verständnis von Mikropolitik gelingt es Mintzberg jedoch kaum, das einfache kontingenztheoretische Denken zu überwinden (vgl. Mintzberg 1983; Küpper/Felsch 2000, 208ff.). Letztlich projiziert Mintzberg den von Max Weber für die Ebene des Wirtschaftssystems postulierten Rationalisierungs- und Bürokratisierungsprozess auf die Ebene einzelner Organisationen. Unter Rückgriff auf die Differenzierung von Konzepten individueller und kollektiver Akteure könnte man dies wie folgt fassen (vgl. Küpper/Felsch 2000, 223f.): In der Gründungs- und frühen Entwicklungsphase werden Unternehmen durch die Handlungslogik des Unternehmensgründers vorangetrieben.[220] Die hierbei geschaffenen faktischen Handlungsstrukturen (Spiel- und Verhaltensstrukturen) erzeugen eine spezifische Formalstruktur, die wiederum mit zunehmendem Alter und zunehmender Größe von Organisationen eine zunehmende Systemsteuerung im Sinne einer fortschreitend ausgeprägteren und einseitigeren Systemlogik bürokratischen und professionellen Handelns nach sich zieht. Es erfolgt also eine Entwicklung von der Handlungslogik eines individuellen Unternehmers zur Handlungslogik des kollektiven Akteurs Unternehmen. Mikropolitik und organisationale Machtspiele verleihen diesem „Entwicklungsgesetz" bis zur Erreichung des Reifezustandes Nachdruck. Im Reifezustand führt dagegen eine weitere Politisierung zu einer illegitimen und parasitären Übersteigerung der jeweiligen Systemrationalität bzw. zu einer Ausbeutung der Organisation durch die Interessen der Organisationsmitglieder, was im Normalfall den Untergang der Organisation provoziert.

Mintzberg gehört zu den wenigen Organisationsforschern, die mikropolitische Prozesse bei der Erklärung von Organisationsdynamik in Anschlag bringen. Zu erwähnen sind hier auch Pfeffer und Salancik (1978), die in ihrem Ressourcenabhängigkeits-Ansatz von einem wesentlichen Einfluss organisationsübergreifender Machtverhältnisse auf die innerorganisationale Machtverteilung ausgehen. So wird etwa postuliert, dass die mit zunehmender Diversifikation organisationaler Strukturen und Aktivitäten sowie mit zunehmender Diffusion von Kapitalgeber-Kontrollen einhergehenden Veränderungen der Außenbeziehungen zu einer zunehmenden Konzentration organisationsinterner Macht (vor allem die Macht von *chief executives*) führt. Ähnlich argumentiert auch Mintzberg, der sich zwar ausführlich mit der Macht externer Stakeholder (Eigentümer, Zulieferer, Partner, Kunden, Konkurrenten, Gewerkschaften, die allgemeine Öffentlichkeit) und ihren Einflussinstrumenten (*social norms, formal constraints, pressure campaigns, direct controls*) unter Hervorhebung der besonderen Rolle des *Board of Directors* befasst (vgl. Mintzberg 1983, 31ff.), für sein Entwicklungsmodell aber eine einfache Typologie mit nur drei grundlegenden Machtkonfigurationen benutzt, die er als dominante (ein dominanter externer Einflussnehmer), als geteilte (wenige externe Einflussnehmer) und als passive externe Koalition (Vielzahl unabhängiger externer Einflussnehmer) kennzeichnet. Dem von Pfeffer/Salancik genannten Fall entspricht bei Mintzberg die passive externe Koalition, die mit den typischen Merkmalen von bürokratischen Organisationen (bei Mintzberg sog. *closed systems*) kompatibel ist und in Wachstums- und Reifephasen bei einfachen und stabilen Umweltverhältnissen hervorgebracht werden (vgl. Küpper/Felsch 2000, 212f.).

---

220 Diese Logik unternehmerischen Verhaltens lässt sich nach Khalil (1995) als Rationalität der Selbstrealisierung (*achievement rationality*) im Unterschied zur Rationalität der Optimierung (*optimization rationality*) von „Bürokraten" kennzeichnen (vgl. Küpper/Felsch 2000, 313; vgl. auch in *Abschnitt 2.2* dieser Arbeit).

In Abgrenzung vom Begriff der Verhandlungskosten der Transaktionskostentheorie (vgl. hierzu Williamson 1995) bringen Milgrom und Roberts mit ihrem Begriff der *Einflusskosten* (*influence costs*) interesseninduzierte Kosten als Folge mikropolitischer Aktivitäten ins Spiel, die als *rent seeking behavior*[221] charakterisiert werden und sowohl Kosten einschließen, die mit der Durchsetzung von Innovationen durch eigeninteressierte Promotoren verbunden sind, als auch Kosten des Widerstands gegen Neuerungen (vgl. Milgrom/ Roberts 1988; 1990; vgl. mit ähnlicher Ausrichtung auch de Pay 1989). Hierdurch wird auf eine Einflussgröße und ein Bewertungskriterium für die Eigendynamik des organisationsinternen Kontextes aufmerksam gemacht, die neben die bereits in Bezug auf die Dynamik des äußeren Kontextes behandelten Einflussfaktoren des Preis-, Anpassungs-, Innovations- und Einwirkungswettbewerbs bzw. die Kriterien der Kosten-, Anpassungs-, Innovations- und Einwirkungseffizienz treten. Dies soll im Folgenden als *interner Einwirkungswettbewerb* bzw. als Verteilungseffizienz bezeichnet werden, weil es im Wesentlichen um interessenorientierte Strategien von individuellen und kollektiven Subakteuren von Organisationen geht, die darauf gerichtet sind, die relative interne Machtposition (und den hiermit verbundenen Nutzen, z.B. gegenwärtiges und zukünftiges Einkommen und Vermögen) zu sichern und zu verbessern. *Verteilungseffizienz* meint in diesem Sinne die mehr oder weniger große Fähigkeit von Unternehmen, interne Machtverhältnisse und hiermit verbundene Verteilungswirkungen möglichst schnell und mit möglichst geringem Einsatz organisationaler Ressourcen zu verändern. Letztlich geht es also bei der Verteilungseffizienz um den Zeit- und Kostenaufwand der Herstellung von Akzeptanz und Konsens zwischen organisationalen Subakteuren bei der Veränderung organisationaler Verhaltens- und Spielstrukturen. Lässt man bei den Begriffen der Preis-, Anpassungs-, Innovations- und Einwirkungseffizienz die Einflusskosten und -zeiten interner Einwirkungsversuche unberücksichtigt, so kann zunächst allgemein festgestellt werden, dass eine hohe bzw. niedrige Verteilungseffizienz sowohl mit hoher als auch niedriger Preis-, Anpassungs-, Innovations- und Einwirkungseffizienz verträglich sein kann, weil (natürlich) die Veränderung interner Machtstrukturen nicht notwendigerweise die Handlungspotentiale einer Organisation in einer Weise verändert, die den jeweiligen Effizienzanforderungen des äußeren Kontextes entsprechen. Schon deshalb macht es u.U. wenig Sinn, generell die Verteilungseffizienz (z.B. durch Verminderung der Einflusskosten) erhöhen zu wollen, wie es die Ausführungen von Milgrom/Roberts nahe legen. Z.B. kann sowohl die Verhinderung marktuntauglicher als auch die Förderung markttauglicher Innovationen u.U. nur um den Preis einer Verminderung der Verteilungseffizienz zu realisieren sein.

Solche Zusammenhänge sollen hier exemplarisch anhand der Eigendynamik interner Organisationskontexte analysiert werden, die für die Wirtschaftswunderphase in Deutschland, d.h. für eine Phase geringer Wettbewerbsintensität, für die Entwicklung vieler Branchen bestimmend war. An diesem Beispiel lässt sich der von den oben genannten Autoren weitgehend vernachlässigte Zusammenhang zwischen der Konstitution interner Formal-, Verhaltens- und Spielstrukturen und den jeweiligen Wettbewerbsbedingungen besonders gut veranschaulichen; zudem waren die als Folge solcher Entwicklungen entstandenen Organisationsstrukturen und -kulturen, die im Weiteren als *Bewahrungskulturen* bezeichnet einer näheren Betrachtung unterzogen werden (*Abschnitt 5.2.1*), Auslöser für die Entste-

---

221 „Activities aimed at changing organizational decisions to allow interested parties to capture organizational rents" (Milgrom/Roberts 1995, 252).

hung neuer Managementkonzepte (vom *Lean Management* bis zum *Change Management*), die bis heute die Diskussion von Organisationsreformen bestimmen (zum Change Management und zu einem Konzept der kontextabhängigen Gestaltung von Reorganisationen *Abschnitt 5.2.2*).

5.2.1 Bewahrungskulturen

Mit dem Begriff *Bewahrungskultur* sollen organisationale Verhaltensstrukturen und die sie stützenden Systeme von Werten, Normen und Rollen gekennzeichnet werden, die unter den Bedingungen stabilen Wachstums in Verbindung mit relativ geringer Wettbewerbsintensität zu erwarten sind. Bei den sich in den Wachstums- und Reifephasen von Produktmärkten entwickelnden Strukturen der Angebotsseite des Marktes handelt es sich i.d.R. um duale Strukturen, mit Oligopolen aus größeren Unternehmen mit ausgeprägten Marktführerschaften auf der einen Seite neben einer mehr oder weniger großen Anzahl kleinerer Unternehmen auf der anderen Seite, die sich an die Marketingstrategien der dominanten Oligopolunternehmen anpassen.[222] Bei wettbewerbsfriedlichem Verhalten der Oligopolunternehmen sowohl untereinander als auch in Bezug auf den Kranz kleinerer Unternehmen, sind solche Märkte durch eine mehr oder weniger starke Institutionalisierung von Macht geprägt. Hierauf weisen bereits Pfeffer/Salancik (1978, 235 u. 275f.) hin, die allgemein postulieren, dass die durch eine ursprünglich hohe strategische Unsicherheit ausgelöste Institutionalisierung von Macht wesentlich zur Reduktion von strategischen Unsicherheiten beiträgt. Der Begriff der *Machtinstitutionalisierung* wird hierbei im Sinne einer zunehmenden Handlungssteuerung durch Werte, Normen, Regeln und gemeinsame Orientierungen verwendet, d.h. als Handlungssteuerung durch Organisations- und Unternehmenskultur (vgl. Meyer/Rowan 1977). Eine Entwicklung in Richtung auf Bewahrungskulturen ließ sich in Deutschland branchenübergreifend (evtl. mit zeitlichen Versetzungen zwischen Branchen) beobachten, wobei mögliche organisationskulturelle Unterschiede aufgrund branchenspezifischer Merkmale zunehmend verdeckt oder sogar eingeebnet wurden.[223] Die wesentlichen *Merkmale von Bewahrungskulturen* lassen sich wie folgt kennzeichnen:

---

222 Auf die Entwicklungsphasen von Märkten wird im folgenden Kapitel dieser Arbeit noch ausführlicher eingegangen.

223 Solche kulturbestimmenden Branchenmerkmale sind z.B. nach Deal/Kennedy (1987) die durchschnittliche Zeit zwischen unternehmerischen Entscheidungen und dem Feedback aus der Umwelt (Ergebnishorizont) sowie das wahrgenommene Entscheidungsrisiko. Bei einer einfachen Unterscheidung zwischen kurzfristigem und langfristigem Horizont sowie zwischen hohem und geringem Risiko kommen sie zu vier Kulturtypen: die Macho-Kultur (*„tough-guy/macho“*) mit hohem Risiko und kurzfristigem Ergebnishorizont, die Kultur mittels Arbeit und Spaß (*„work-hard/play-hard“*) mit geringem Risiko und kurzfristigem Ergebnishorizont, die Kultur der Absicherung (*„bet your company“*) mit hohem Risiko und langfristigem Ergebnishorizont und die Kultur bürokratischer Verfahren (*„process“*) mit geringem Risiko und langfristigem Ergebnishorizont (vgl. hierzu auch Küpper/Hahne 1997). Da bei festliegenden Marktdomänen mit geringer Wettbewerbsintensität und ausgeprägter Kundenbindung das wahrgenommene Risiko generell niedrig ist, tendieren die im Folgenden beschriebenen *Bewahrungskulturen* in Richtung auf eine Kultur bürokratischer Verfahren mit partieller Überlagerung von Elementen sowohl der Kultur mittels Arbeit und Spaß als auch der Kultur der Absicherung. Im Übrigen macht diese Betrachtung deutlich, dass ein kontingenztheoretisches Schema zur Erklärung von Kulturtypen zumindest nach den Phasen eines Marktformierungsprozesses differenziert werden müsste. Während man z.B. dem Bankenbereich in Deutschland noch vor einigen Jahren grob einer Kultur bürokratischer Verfahren zuordnen konnte, sind für die Entstehungsphase der in Deutschland neu etablierten Sparte des Investmentbankings (vgl. hierzu Lukas 2004, 5ff.) – wie für viele andere Branchen der sog. *New Econo-*

- *Dominanz lokaler Gruppenkulturen (Subkulturen) gegenüber einer globalen Unternehmenskultur*

Hiermit ist eine enge Orientierung des Führungs- und Mitarbeiterverhaltens an den Verfahrensregeln und Leistungsstandards des eigenen Arbeitsbereichs gemeint. Die Gruppenzugehörigkeit, nicht die Zugehörigkeit zum Gesamtunternehmen, wird zur primären Quelle der Mitarbeiteridentifikation. Es überwiegt ein außengeleitetes Verhalten durch Anpassung an Gruppennormen und Erwartungen erfahrener Kollegen und Vorgesetzter. Gruppenloyalität wird stärker belohnt als individuelle Eigenständigkeit. Ein gutes Arbeitsklima, zufriedenstellende Arbeitsbedingungen und die Anerkennung der Kollegen sind bedeutungsvoller als die Herausforderung durch Arbeitsinhalte und die Auseinandersetzung mit der eigenen Arbeitssituation. Da eine solche Kultur eher extrinsisch als intrinsisch motivierte Mitarbeiter zufriedenstellt, sind wechselweise Anpassungsprozesse bei der Personalaquisition und Personalselektion zu erwarten, die überwiegend zur Auswahl und Erhaltung extrinsisch motivierter Mitarbeiter führen.

- *Kommunikationsbarrieren und Abschottungen zwischen Unternehmensbereichen und hierarchischen Ebenen*

Die Betonung des besonderen Status des eigenen Unternehmensbereichs verbindet sich mit der Herabsetzung anderer Unternehmensbereiche (Abteilungsegoismus). Es entstehen Feindbilder nach dem Motto „Andere wollen sich auf unsere Kosten profilieren". Abstimmungen erfolgen nach dem Prinzip der *negativen Koordination*. Dies hat eine wechselweise Vermeidung von „Störungen" durch Anforderungen bzw. Einwirkungsversuche von anderen bzw. auf andere Bereiche(n) zur Konsequenz („leben und leben lassen"). Damit kommt es zu einer starken Einschränkung der internen und externen Kunden- und Service-Orientierung sowie zu Erstarrungs- und Verkrustungstendenzen in traditionellen Strukturen, Abläufen und Verfahren, die ein nach innen gerichtetes Verhalten zu Lasten einer Wahrnehmung von bzw. Auseinandersetzung mit Markt- und Umweltanforderungen fördern.

- *Auf die Sicherung des Status Quo gerichtetes Führungsverhalten*

Führungsverhalten ist im Wesentlichen ein Absicherungsverhalten in Bezug auf Status und Integrität des eigenen Führungsbereichs. Die Förderung des Gruppenzusammenhalts und eines guten Arbeitsklimas sind deshalb von Führungskräften vorrangig eingesetzten Motivationsinstrumente. Die soziale Nähe des mittleren und unteren Managements zur eigenen Mitarbeiterbasis ist größer als zu höheren Führungsebenen. Gefördert werden vornehmlich solcher Ideen und Verbesserungsvorschläge der Mitarbeiter, die den eigenen Führungsbereich stärken. Verfahrenskontrollen besitzen Vorrang gegenüber Ergebniskontrollen, negative Sanktionen bei Fehlern und Fehlverhalten Vorrang gegenüber positiver Verstärkung bei guten Arbeitsergebnissen. Hieraus folgt auch, dass die Fachkompetenz von Führungskräften größeres Gewicht hat als die auf Organisations- und Personalentwicklung gerichtete Kompetenz („Führungskräfte als die besten Fachkräfte").

---

my – Elemente der Macho-Kultur typisch (vgl. in diesem Sinne aus der Perspektive des strategischen Managements den Beitrag von Voigt 1996).

Als Gegenbegriff zu dieser (idealtypisch überzeichneten) Bewahrungskultur kann man den Begriff der *Lernkultur* setzen. Konzentriert man sich hierbei auf die zentralen Bereiche von Motivation, Koordination, Steuerung und Kontrolle, so kommt man zu folgender Gegenüberstellung:

Abbildung 14: Bewahrungskultur versus Lernkultur

	Bewahrungskultur	**Lernkultur**
Motivation	extrinsische	intrinsische
Qualifikation	Fachkompetenz	Generelle Managementkompetenz, Sozial- u. Methodenkompetenz
Koordination	negative	positive
Steuerung	verfahrensorientierte	ergebnisorientierte
Kontrolle	Fremdkontrolle	Selbstkontrolle

Die der Lernkultur zugeordnete positive Koordination meint hierbei eine an gemeinsamen, aus Umweltanforderungen abgeleiteten Zielen orientierte Abstimmung zwischen Unternehmensbereichen.

Aus identitätstheoretischer Sicht ist der kumulativ-rekursive Prozess der Entstehung und Aufrechterhaltung einer Bewahrungskultur mit einer Bewegung individueller und kollektiver Identitäten in Richtung auf soziale Identitäten und damit auf die Verdrängung personaler Identitäten und intrinsischer Motivationspotentiale verbunden. Das Konzept des Identitätshaushalts legt in diesem Fall nahe, dass die Behauptung personaler Identität und die Verwirklichung intrinsischer Interessen außerhalb von Organisationen gesucht wird. Unter der Annahme eines ungestörten Wachstums kommt es zur Herausbildung von *organisationalem Slack* und *organisationaler Redundanz*, z.B. in Form einer den Personalbedarf übersteigenden Personalausstattung, die durch einen Beförderungs- und Aufstiegsmechanismus noch verstärkt wird. Der organisationale Slack wird nicht für innovative Aktivitäten in Anspruch genommen, sondern eher für eine Verminderung von Interdependenzen, die die lose Kopplung von Subsystemen unterstützt (vgl. hierzu auch Küpper/Felsch 2000, 105f.). Außerdem eröffnet dieser Slack Möglichkeiten, organisationale Ressourcen für intrinsische Interessendurchsetzung *innerhalb* der Organisation in einer Form zu nutzen, die den formalen Organisationszielen mehr oder weniger zuwider läuft. In diesem Zusammenhang lässt sich auf das gesamte Arsenal negativ konnotierter *mikropolitischer Techni-*

ken und Taktiken verweisen, die einem *aspektualen* Verständnis von Mikropolitik entsprechen.[224]

Mit dem *konzeptualen* Verständnis von Mikropolitik wird zur Deutung organisationaler Eigendynamik in Richtung auf Bewahrungskulturen auf Besonderheiten der wechselweisen Konstitution normativer und faktischer Strukturen zurückgegriffen (vgl. *Abschnitt 4.1.2*), die sich als Folge einer organisationsübergreifenden Machtinstitutionalisierung und damit aus einer mangelnden Wahrnehmung von Bedrohungen, Risiken, Gefahren, aber auch von Chancen aus der Wettbewerbsumwelt ergeben. Zunächst ermöglicht ein stabiler Wachstumspfad, dass sich die Lösung des Verteilungsproblems auf die Verteilung von Wertschöpfungszuwächsen beschränken lässt, so dass tendenziell ein Besitzstanddenken mit auf die Sicherung des Status Quo gerichteten Interessen Platz greift. Eine in diesem Sinne erreichte Verteilungseffizienz wird durch hierarchische Formalstrukturen mit hierzu passenden organisationskulturellen Werten, Normen und Rollen unterstützt. Es kommt in Folge zu einem typischen *Hierarchieeffekt*, der sich vornehmlich in einer Asymmetrie von Durchsetzungsmacht einerseits und Verteidigungs-, Vermeidungs- oder Verhinderungsmacht andererseits äußert. Da mit abnehmender Hierarchiestufe – kurz gesagt – die Verteidigungsmacht gegenüber der Durchsetzungsmacht zunimmt, kommt es hier zu einer wechselweisen Blockade innovativer Aktivitäten: einerseits wird es für Akteure auf den unteren Hierarchieebenen schwieriger, Veränderungen *bottom-up* durchzusetzen, andererseits wird es wahrscheinlicher, dass *top-down*-Vorstöße der oberen Hierarchieebenen an den Widerständen der Basis scheitern (vgl. unter Einbezug der Zusammenhänge zwischen organisationalen und persönlichen Risiken bei Veränderungsprozessen ausführlich Küpper/Felsch 2000, 122ff.). Hierzu passt, dass an den vertikalen und horizontalen Schnittstellen der Organisation überwiegend Integratormacht – vornehmlich in den Positionen des Linienmanagements – institutionalisiert wird. Unter solchen Bedingungen ist auch die Macht von Experten (z.B. von Controllern in einer neben der Linienhierarchie etablierten Controllinghierarchie) eher auf die Absicherung tradierter Methoden und Verfahren als auf die Handhabung interner Konflikte und die Durchsetzung von Neuerungen gerichtet. Überspitzt ausgedrückt: Man kann sich Experten als organisationalen *slack* leisten, ohne ihre Maklermacht für den Interessenausgleich in internen Konkurrenzbeziehungen zu benötigen. Dass sich – wie oben angesprochen – zwischen den organisationalen Ebenen und Bereichen zugleich Feindbilder und Mechanismen einer negativen Koordination entwickeln, hat zur Konsequenz, dass sich Mikropolitik überwiegend im organisationalen *talk* erschöpft. Soweit die Verteilung der Wertschöpfungszuwächse zu einer Nivellierung hierarchischer

---

224 Beim *aspektualen* im Unterschied zum *konzeptualen* Verständnis von Mikropolitik (vgl. Brüggemeier/Felsch 1992) stehen damit vor allem sog. *dysfunktionale Folgen mikropolitischen Verhaltens* im Vordergrund, wie es auch der von Ackroyd/Thompson (1999) eingeführte Begriff des *Organizational Misbehaviour* ausdrückt. Eine solche Zuordnung erscheint offensichtlich, wenn es um eine eindeutige (illegale) Verwendung organisationaler Ressourcen für die Erreichung persönlicher Ziele von Organisationsmitgliedern geht. Schon weniger offensichtlich ist z.B. diese Zuordnung dann, wenn Zeit in Organisationen „totgeschlagen" wird, weil es nichts Besseres zu tun gibt. Sie wird problematisch bis unbrauchbar, wenn mikropolitisches Handeln auf die Aktivierung von Widerstand gegen Innovationen und Reorganisation gerichtet ist, soweit hiermit ein mehr oder weniger großes, durch nicht kalkulierbare externe Einflüsse ausgelöstes Risiko des Scheiterns verbunden ist. In jüngster Zeit hat Neuberger (2004) auf die Problematik einer Gegenüberstellung des „Sachlichen" (i.S.v. funktional und organisationsdienlich) und des „Politischen" (i.S.v. dysfunktional und eigeninteressiert) hingewiesen.

Unterschiede beiträgt, werden aufgrund mangelnder Aufstiegsanreize auch die Karriere-konkurrenz und hiermit verbundene Konflikte eingeschränkt.

Der besondere Erklärungswert der hier – bezogen auf stabile Wachstumspfade – skizzierten Eigendynamik von Organisationen wird z.B. deutlich, wenn die Ausführungen mit Aussagen konfrontiert werden, die aus dem Marsdenschen Theorieansatz zur Erklärung der Evolution von Beschäftigungssystemen und Beschäftigungsstrategien ableitbar sind. Nach Marsden lässt sich das deutsche Beschäftigungssystem dem Trainingsansatz zuordnen, der die Entstehung berufsförmiger externer Arbeitsmärkte (*occupational labor market*, OLM) unterstützt (vgl. in *Abschnitt 5.1.3*), im Unterschied zum Produktionsansatz, der die Herausbildung interner Arbeitsmärkte forciert. Zumindest in Bezug auf die im Zentrum unserer Betrachtung stehenden Großunternehmen lässt sich feststellen, dass die Herausbildung von Bewahrungskulturen mit der Etablierung ausgeprägter interner Arbeitsmärkte einherging. Wesentliche Merkmale interner Arbeitsmärkte sind die Beschränkung des Zugangs auf Einstiegspositionen für Berufsanfänger und hierauf bezogene Strategien der Personalselektion, interne Laufbahnpläne mit leistungsabhängigen Karrierechancen sowie auf den Erwerb betriebsspezifischer Qualifikationen gerichtete Qualifizierungsstrategien (Personalentwicklung). Die wechselseitige Konstitution solcher Personalstrategien und der beschriebenen Bewahrungskulturen haben in Verbindung mit organisationaler Sozialisation gerade nicht die dem Trainingsansatz und besonders der *qualification rule* zugesprochene Anpassungs- und Innovationseffizienz gefördert. Außerdem hat die hiermit verbundene Personalbindung die externe Mobilität des Personals eingeschränkt und damit einen zunehmenden Funktionsverlust („Austrocknung") externer Arbeitsmärkte nach sich gezogen. Wenn man dem Marsdenschen Ansatz ein Erklärungspotential für die Evolution von Beschäftigungssystemen zubilligt, so muss also berücksichtigt werden, dass hieraus folgende Wirkungen auf die Organisationsdynamik von einem Konstitutionsprozess zwischen äußerem Kontext (insbesondere Merkmale des Wettbewerbs) und innerem Kontext überlagert werden, der von Marsden nicht in die Theoriekonstruktion einbezogen wurde.

Die wesentliche Botschaft des kontingenztheoretischen Ansatzes der Organisationstheorie war bekanntlich, dass Unterschiede im organisationalen Kontext die Tragfähigkeit unterschiedlicher Unternehmensstrategien begründen. Dabei wurden allerdings die Dynamik des Kontextes und die Möglichkeit einer wechselseitigen Konstitution des inneren und äußeren Kontextes vernachlässigt. In jüngerer Zeit haben Baron und Kreps (1999) einen kontingenztheoretisch fundierten Ansatz für das strategische Personalmanagement zur Diskussion gestellt, auf den an dieser Stelle Bezug genommen werden kann. Als *Internal Labor Markets* und *High Commitment Human Resource Management* werden hierbei zwei *konsistente* Personalstrategien[225] vorgestellt, die sich in Bezug auf formalstrukturelle Merkmale und wesentliche Kontextbedingungen nur wenig, bezüglich der angestrebten Wirkungen bzw. Ziele aber erheblich voneinander unterscheiden. So zeichnen sich beide Strategietypen durch langfristige Beschäftigungen, Bindungen und überdurchschnittliche Entlohnung von Arbeitnehmern aus, die jeweils an die Kontextbedingungen der Verfügbarkeit hoher Qualifikationen, einer geringen externen Mobilität sowie eines vorhandenen Wachstumspotentials gebunden sind. Bezüglich der Organisationskultur als Kontextfaktor

---

225 Ähnlich wie Milgrom und Roberts mit ihrer Untersuchung von internen Komplementaritäten (vgl. weiter oben) wollen Baron und Kreps mit ihrem Begriff der *Konsistenz einer Strategie* nicht nur das Passungsverhältnis zwischen Strategie und Kontext, sondern auch die interne Passung verschiedener Strategieelemente berücksichtigen.

wird nun die Strategie interner Arbeitsmärkte mit Merkmalen in Verbindung gebracht, die unserem Begriff der Bewahrungskultur nahe kommen (z.B. Loyalität, Kooperation, Stabilität und Kontinuität als Tugenden bzw. positive Werte; Prozess- oder Verfahrensorientierung; vergleichsweise geringes Gewicht von Kreativität, Innovation und Flexibilität; vgl. Baron/Kreps 1999, 184), während für Commitment-Strategien strategische Commitment-Ziele genannt werden, die eher in Richtung einer Lernkultur (vgl. weiter oben) weisen, z.B.:

- Mitarbeiter besitzen ein tiefes Verständnis der Organisationsziele und setzen sich für diese Ziele ein
- Mitarbeiter sind flexibel; sie übernehmen bereitwillig auch Aufgaben jenseits ihrer Arbeit, wenn es den Organisationszielen entspricht
- Mitarbeiter nutzen ihr eigenes fundiertes Urteilsvermögen, um zu entscheiden, was heute und zukünftig zu tun ist; sie beteiligen sich durch eigene Ideen und eigenes Wissen an der Verbesserung der Organisation (vgl. Baron/Kreps 1999, 189f.)

Derartige Commitment-Ziele lassen sich heute praktisch in allen Unternehmensleitbildern und Führungsrichtlinien größerer Unternehmen wiederfinden, wobei der eigenverantwortlich und unternehmerisch handelnde Mitarbeiter im Zentrum steht;[226] die Umsetzung dieser Ziele in faktisches Verhalten kann allerdings nur selten beobachtet werden. Aus den bisherigen Überlegungen folgt, dass eine solche Differenz zwischen Commitment-Zielen und faktischem Verhalten nur erklärt werden kann, wenn einer organisationsinternen Eigendynamik und deren Konstitutionsverhältnis zur Kontextdynamik Rechnung getragen wird. Positiv gewendet wäre die Tragfähigkeit einer Commitment-Strategie und damit auch einer Lernkultur auf die Dynamik eines Innovationswettbewerbs angewiesen, die ein unternehmerisch-innovatives Handeln der Mitarbeiter auslöst, das wiederum längerfristig eine Einwirkungseffizienz zur Folge hat, die – im Sinne eines kumulativ-rekursiven Prozesses – die langfristige Existenzfähigkeit des Unternehmens und damit langfristige Bindungsdauern der Beschäftigten sicherstellt. Bezogen auf die aktuelle Situation in Deutschland deutet allerdings eine Betrachtung der Reformprozesse in Wirtschaft und Politik gerade darauf hin, dass die Tragfähigkeit von Commitment-Strategien für die Zukunft eher eingeschränkt als gefördert wird. Hierzu gehört etwa, dass – ähnlich wie zuvor in England – sowohl das Duale Ausbildungssystem mit berufsförmigen Arbeitsmärkten als auch langfristige Bindungsstrategien für überdurchschnittlich qualifiziertes und motiviertes Personal derzeit massiv in Frage gestellt werden und dass generell im Bildungsbereich Anspruch und Wirklichkeit weit auseinander klaffen.

Die praktische Bedeutung von Bewahrungskulturen spiegelt sich indirekt auch in der Entwicklung verschiedener Managementkonzepte wider, die als Versuch gewertet werden können, die „Sklerose" von größeren Organisationen aufzubrechen bzw. aufzuweichen, um das strategische Verhalten in Richtung auf eine vermeintliche, vorhergesagte oder auch faktisch bereits eingetretene Änderung globaler Wettbewerbsverhältnisse zu lenken. Dass eine hierzu erforderliche organisationale Transformation offenbar sehr schwierig ist, lässt sich an einer in jüngerer Zeit wachsenden Anzahl entsprechender Managementkonzepten mit immer kürzeren Lebensdauern ablesen – eine Entwicklung, die von Kieser (1996) als

---

226 Vgl. kritisch zur Aufforderung an Arbeitnehmer, eigenverantwortlich und unternehmerisch tätig zu werden Neuberger (2004, 50ff.)

Dynamik von *Moden und Mythen des Organisierens* thematisiert wurde. In meiner theoretischen Perspektive handelt es sich bei dieser „Produktdynamik" der Beraterbranche eher um eine Reaktion auf Dilemmata im Sinne von grundsätzlich nicht (auf-)lösbaren Problemen organisationsförmigen kollektiven Handelns, die sich als Folge der allmählichen Auflösung der an Wachstum gebundenen Stabilität organisationaler Kontexte ergeben haben. Dies beginnt bereits mit den schon angesprochenen *Lean*-Konzepten, die sich vom Konzept der *Lean Production* in der Automobilindustrie auf zusätzliche Funktionsbereiche (z.B. *Lean Management*) und weitere Branchen (z.B. *Lean Banking*) ausgedehnt haben. Die hiermit angestrebte und teilweise realisierte Steigerung der Kosteneffizienz durch Abbau unproduktiven organisationalen *slacks* hat wiederum Probleme gezeigt, die mit der mangelnden Fähigkeit zusammenhängen, den Anforderungen eines zunehmenden Anpassungs- und Innovationswettbewerbs zu entsprechen. Da Unternehmen in der stabilen Wachstumsphase nur sehr eingeschränkt auf ein strategisches Management angewiesen waren, richtete man vor allem in Branchen mit erheblichem technischen Fortschritt (z.B. in der sog. Informations- und Kommunikationsindustrie) Ende der 70er bzw. Anfang der 80er Jahre erstmalig strategische Stabsabteilungen zur Unterstützung des Linienmanagements ein. Dem zunehmenden Kosten-, Zeit- und Qualitätswettbewerb sollte durch eine strategische Neuorientierung mit dem Leitbild „Kunden-, Dienstleistungs- und Umweltorientierung" Rechnung getragen werden. Dies äußerte sich zunächst in der Aufstellung strategischer Geschäftsfeld-, Funktions- und Ressourcenpläne auf Basis einer Produkt-Markt-Segmentierung mit kundenspezifischen Leistungsprofilen sowie in der Bildung strategischer Netzwerke und strategischer Allianzen, die der Konsolidierung und Bereinigung traditioneller Märkte, der Erschließung neuer Geschäftsfelder durch Erweiterung und Vertiefung der Leistungspalette sowie der Leistungs- und Ressourcenkopplung zur Nutzung von Synergieeffekten und Größenvorteilen dienen sollten. Die organisationsinterne Umsetzung dieser strategischen Programme war allerdings nicht selten zum Scheitern verurteilt. Dies kann auf eine fehlende Verzahnung der strategischen Planung mit der mittelfristigen Ressourcen- und der kurzfristigen operativen Planung, Budgetierung und Steuerung, auf Unvereinbarkeiten zwischen dezentraler Bereichssteuerung und zentraler Strategiebestimmung sowie auf eine häufig halbherzige Unterstützung und unzureichendes Engagement des Linienmanagements zurückgeführt werden. Allgemeiner handelt es sich um Konsequenzen tayloristischer Organisationsprinzipien, die sich mit weiteren Eigenschaften korporativer Akteure verbinden:

- eine institutionelle Trennung zwischen Planung und Ausführung und damit zwischen Denken und Handeln sowie hierdurch hervorgerufene Unterschiede zwischen Planungs-, Entscheidungs- und Handlungsrationalität (vgl. Brunsson 1982 sowie Becker/Küpper/Ortmann 1992, 106)
- Nebeneffekte hierarchischer Entscheidungsabläufe und bürokratischer Prozeduren (vgl. zum Hierarchie-Effekt weiter oben)
- Abteilungsegoismen, Kompetenzgerangel, mangelnde Anreize für kooperative und konstruktive Konfliktlösungen

Massive Probleme der Implementierung strategischer Programme waren offenbar auch Anlass für die seinerzeitige Einrichtung eines von der DFG geförderten Schwerpunktprogramms *Implementationsforschung*.

Bei dem Versuch einer Umsteuerung wurden umfassende und detaillierte strategische Pläne häufig zugunsten einer groben, an strategischen Leitlinien orientierten Rahmenplanung wieder aufgegeben. Ein derartiger Abbau zentraler Planungen[227] verband sich nicht selten mit einer Fokussierung auf Organisations- und Personalentwicklung, für die die folgenden Ausprägungen typisch sind:

- Orientierung der Organisationsstrukturen an Geschäftsprozessen im Sinne marktbezogener Wertschöpfungsprozesse
- Konzentration auf Kerngeschäfte in der Wertschöpfungskette
- Bündelung von Kundenaktivitäten zur koordinierten Marktbearbeitung
- Gestaltung interner Beziehungen als Kunden-Lieferanten-Beziehungen
- Enthierarchisierte Entscheidungsprozesse mit kurzen Rückkopplungen
- Geschäftsbereichsorganisation mit dezentralen geschäfts- und ergebnisverantwortlichen Leistungs- und Serviceeinheiten
- abgestuftes System von Profit-, Service- und Cost-Centern
- schlanke Zentralbereiche mit Dienstleistungs- und Koordinationsfunktionen

Die innerhalb von Personalabteilungen neu etablierten Personalentwicklungsbereiche sollten eine solche Restrukturierung durch personelle Entwicklungsmaßnahmen mit einem – gegenüber der klassischen Weiterbildung – veränderten Verständnis von Personal- und Organisationsentwicklung unterstützen. Wesentliche Leitlinien und Maßnahmenbündel waren hierbei (vgl. Hanft/Küpper 1992; 1993; Küpper 1994):

- Personalentwicklung als lohnende Investition in betriebliches Human- und Sozialkapital, die erst den Erfolg von Sachinvestitionen sicherstellt
- Persönlichkeitsentwicklung in Richtung auf selbständig und eigenverantwortlich handelnde Mitarbeiter mit ganzheitlicher Qualifizierung (Fach-, Methoden-, Sozialkompetenz, Kreativität)
- Anknüpfung der Personalentwicklung an organisatorische Schwachstellen, Handlungsprobleme und Konflikte
- enge Verzahnung von Arbeits- und Lernprozessen, von konkreten individuellen oder gruppenbezogenen Handlungs- und Lernproblematiken mit aktivierenden Lernmethoden
- Personalentwickler als Berater, Moderatoren oder *Change Agents*
- Vermittlung, Ausdruck und Gestaltung einer Lernkultur als Bestandteil der Unternehmenskultur
- Personal- und Organisationsentwicklung des eigenen Führungsbereichs als vorrangige Aufgabe von Führungskräften

Die Etablierung von Personalentwicklungsbereichen in Großunternehmen ist ein weiteres Beispiel dafür, dass Großorganisationen auf neue Herausforderungen über den Umweg einer „Institutionalisierung von Problemen" reagieren, also zunächst mit einer Veränderung der normativen Strukturen (neue Abteilungen und Leitbilder), ohne dass dies zwangsläufig

---

227 Man muss hier deutlich zwischen *zentraler Planung* im Sinne einer Festlegung und Vorgabe zeitlicher Aktionspfade und *Programmierung* als Festlegung von Routinen unterscheiden. Während also in Großunternehmen die Förderung unternehmerischen innovativen Verhaltens eine Kritik an betriebswirtschaftlichen Planungsinstrumenten auslöste, wurde für Klein- und Mittelbetriebe immer wieder der verstärkte Einsatz solcher Instrumente eingefordert.

eine nachhaltige Veränderung der Verhaltensstrukturen nach sich zieht. Im vorliegenden Fall ließ sich beobachten, dass sich die Arbeit der Personalentwicklungsabteilungen häufig in der Entwicklung von Konzepten erschöpfte, soweit es nicht gelang, die internen Machtverhältnisse und hiermit verbundene mikropolitische Spiele für die praktische Umsetzung dieser Konzepte in Anspruch zu nehmen (vgl. die fallstudiengestützte empirische Untersuchung von Hanft 1995).

In den 90er Jahren wurden Personalentwicklungskonzepte in umfassendere Verständnisse organisationalen Lernens integriert und in jüngster Zeit bezüglich der Lernziele mit Konzepten organisationalen Wissens verknüpft (vgl. Dierkes u.a. 2003). Sowohl auf theoretischer Ebene als auch auf der Ebene der Organisationsberatung werden überwiegend programmatische Ansätze mit normativen Anforderungen geboten, ohne dass der spezifischen Logik kollektiver Akteure bzw. kollektiver Handlungsprozesse Rechnung getragen wurde. Immer wieder hervorgehobene Anforderungen an die Lernfähigkeit von Organisationen lassen sich etwa wie folgt zusammenfassen:

- Förderung eines offenen Lernklimas zur Überwindung interner und externer Grenzen und Barrieren
- systematische Problemlösung unter Anwendung wissenschaftlicher, datengestützter Methoden und einfacher statistischer Werkzeuge
- Experimente mit neuen Perspektiven, Deutungsmustern und Herangehensweisen
- Lernen aus vergangener Erfahrung
- Lernen aus den Erfahrungen und besten Praktiken anderer
- schneller und effizienter Wissenstransfer innerhalb der Organisation

Der intellektuelle Aufwand, der sich mit der theoretischen Ausarbeitung des Paradigmas organisationales Lernen verbindet, steht bisher in keinem Verhältnis zu den Umsetzungserfolgen in der Unternehmenspraxis. So zeigt eine Studie des *internationalen Instituts für Lernende Organisation und Innovation*, dass sich die in der Praxis großer Unternehmen angewandten Maßnahmen zur Förderung organisationaler Lernprozesse eher auf klassische Methoden wie z.B. Vorschlagswesen, Handbücher und Kommunikationsforen beschränken (zitiert bei Pawlowsky/Neubauer 2001, 279). Wie Pawlowsky unter Hinweis auf eine aktuelle Studie des *Instituts für Arbeitswissenschaft und Organisation* feststellt, lässt sich das Wissensmanagement der Praxis überwiegend wie folgt kennzeichnen (vgl. ebd.):

- Wissen wird nicht genutzt.
- Es besteht Unklarheit bezüglich der Kernkompetenz des Unternehmens.
- Wissen wird zurückgehalten und nicht geteilt.
- Es wird zuviel Doppelarbeit im Unternehmen geleistet, weil Erfahrungen nicht transferiert werden.
- Innovationen finden nur schleppend statt.

Eine Theorie organisationalen Lernens, die nicht in der Lage ist, solche Differenzen zwischen Theorie und Praxis zu deuten, ist für die Ableitung praktischer Handlungsempfehlungen kaum geeignet. Aus unserer Deutung der Dynamik von Bewahrungskulturen lässt sich z.B. folgern, dass Großunternehmen deshalb eine mehr oder weniger stark eingeschränkte Lernfähigkeit besitzen, weil höhere Lernformen (*double-loop learning*) im Widerspruch zu der auf Stabilität und Effizienz gerichteten Logik kollektiven Handelns stehen. Chancen für solche Lernprozesse können nicht unabhängig von der Dynamik des Konstitutionsprozesses zwischen innerem und äußerem Organisationskontext eruiert werden.

Sieht man von der konkreten Kontextabhängigkeit organisationaler Lernprozesse ab, so lassen sich die interne Lerndynamik und kollektive Lernanforderungen im Anschluss an Argyris/Schön durch die Unterscheidung zwischen der Stufe des Anpassungslernens (*single-loop learning*) und der Stufe des Veränderungslernens (*double-loop learning*) verdeutlichen. Diese Unterscheidung kann mit dem Begriff der Kernkompetenzen beim ressourcenorientierten Ansatz des strategischen Managements und Ansätzen des Prozessmanagements in Verbindung gebracht werden. Kernkompetenzen sollten hiernach in sog. *Kernprozessen* des Unternehmens enthalten sein, die einen wahrnehmbaren Kundennutzen stiften, durch Einsatz unternehmensspezifischer Ressourcen einmalig sind, von Konkurrenten weder leicht nachgeahmt noch durch gleichwertige Prozesse ersetzt werden können sowie zur Erschließung neuer Märkte immer wieder neue Produkte und Dienstleistungen hervorzubringen in der Lage sind. Solche Prozessmerkmale sind im Wesentlichen Folge des in den Prozessen eingelagerten impliziten Wissens, das vor allem darin besteht, das Handlungswissen aller Prozessbeteiligten für eine kontinuierliche Verbesserung der Kernprozesse sowie für Innovationsprozesse zusammenzuführen. Damit implizites Wissen für die Neugestaltung und Bewahrung effizienter und effektiver Kernprozesse verfügbar bleibt, muss ein hohes Maß an intrinsischer Motivation vorliegen, die z.B. durch herausfordernde Aufgaben, eine partizipative Teamorganisation, eine als fair empfundene Belohnung sowie eine Vermeidung von Entgeltsystemen gefördert wird, die zu stark auf individuelle Leistungsbeiträge abstellt. Liegen die Kernkompetenzen in der routinemäßigen Beherrschung von Kernprozessen (d.h. in effizienten und effektiven organisationalen Routinen), so besteht die Gefahr, dass die Prozessergebnisse im Laufe der Zeit unbemerkt nicht mehr den aktuellen Umweltanforderungen (besonders den gewandelten Kundenbedürfnissen) gerecht werden. Gerade der implizite Charakter organisationaler Kernkompetenzen kann dazu beitragen, dass hieraus – im Sinne einer Bewahrungskultur – „Kern-Rigiditäten" entstehen, die die Wahrnehmung neuer Herausforderungen verhindern. Aufbau und Erhalt von Kernkompetenzen (*single-loop learning, learning by doing*, Prozess- und Funktionsoptimierung) sollte deshalb von einem regelmäßigen Hinterfragen der Kernkompetenzen begleitet sein, das den Übergang zu innovativen Prozessen erlaubt (*double-loop learning*, reflektives Lernen). Diese höhere Lernebene ist im besonderen Maße auf Motivation und Vertrauen als Bedingungen für offene Dialoge angewiesen. Kommt man hierbei zu Ideen in Richtung auf neuartige kundenorientierte Prozesse, so geht es bei einem Prozessmusterwechsel zunächst um die kritische, aktive Anwendung und Prüfung des neugewonnenen Wissens, anschließend um die Überführung in effektive und effiziente organisationale Routinen, d.h. um den erneuten Aufbau prozessgebundenen impliziten Wissens. Der organisationale Lernprozess lässt sich deshalb als Zyklus aus den wiederkehrenden Phasen Distanzierung (von den Kernkompetenzen vorhandener Routinen), Implementierung (neuer Prozessmuster) und Routinisierung (der neuen Prozesse) beschreiben (vgl. Hennemann 1997). Eine solche Darstellung lässt zumindest erkennen, wo sich mögliche Widersprüche und Spannungen zur Logik kollektiven Handelns und den hiermit verbundenen Interessen- und Machtstrukturen ergeben: Der auf Effizienz gerichtete Routinisierungsprozess schränkt die Möglichkeit einer Reflexion von Handlungsroutinen gerade unter den Bedingungen kollektiven Handelns stark ein. Außerdem sind die jeweils erforderlichen Anreizsysteme konträr (Förderung intrinsischer Motivation für kollektive Reflexionsprozesse, Förderung extrinsischer Motivation durch auf individuelle Einzelleistungen bezogene monetäre Anreizsysteme für die Steigerung der Effizienz des Routineprozesses).

5.2.2 Change Management – Anmerkungen zur kontextabhängigen Gestaltung von Reorganisationsprozessen

Die aktuelle Karriere von Change-Management-Konzepten (CM-Konzepte) sowohl im Angebot von Beratungsunternehmen als auch in der praxisbezogenen Managementliteratur ist ein weiterer Hinweis darauf, dass die bisher behandelten Ansätze zur Veränderung von Organisationen in der Praxis nicht den erhofften Erfolg zu verzeichnen hatten. Der Tenor dieser CM-Ansätze ist, dass sie auf organisationale Transformationen, d.h. auf mehr oder weniger grundlegende bis radikale Veränderungen organisationaler Strategien, Strukturen und Kulturen abstellen. Entsprechend sind auch die Maßnahmen weniger auf (partizipative) Personal- und Organisationsentwicklung und die Förderung von Selbstorganisationsprozessen gerichtet. Es geht stattdessen häufig um eine möglichst kostengünstige qualitative Umstrukturierung der Personalausstattung bei insgesamt abnehmendem Personalbedarf. In Abhängigkeit von dem Kündigungsschutz, den *Outside*-Optionen, Qualifikationen, internen Machtpositionen etc. wird nach dem Muster von Zuckerbrot und Peitsche versucht, „wertvolles" Personal weiter an das Unternehmen zu binden, den Einfluss „widerständigen" Personals einzuschränken und „überflüssiges" Personal freizusetzen. Da sich solche – von den Beratern als *best practices* verkaufte – Veränderungs-Rezepte überwiegend ähneln, kritisieren Picot/Freudenberg/Gaßner (1999, 1ff.) hieran den *one-best-way*-Charakter, der dafür verantwortlich gemacht wird, dass 70% aller Reorganisationen in der Praxis scheitern oder deutlich hinter den in sie gesetzten Erwartungen zurückbleiben. Sie fordern stattdessen, bei Reorganisationen den inneren und äußeren organisationalen Kontext umfassend zu berücksichtigen. Auf der Basis einer intensiven DFG-geförderten empirischen Untersuchung von fünf Veränderungsprojekten in Großunternehmen (Geschäftsprozessoptimierung, Modularisierung des Stammhauses, Zusammenlegung von Vertriebsstrukturen, Verschlankung der Zentrale, Modularisierung der Produktion mit Einführung von Gruppenarbeit) in verschiedenen Branchen (Versicherung, Mischkonzern, Bank, Informationstechnologie, Maschinenbau) (vgl. im Einzelnen ebd., 10ff.) wurde ein eigener CM-Ansatz entwickelt, der plakativ *Maßschneidern* als Konzept für den Wandel empfiehlt. Der Reorganisationserfolg wird anhand der Effizienz des Reorganisationsprozesses gemessen, wobei die Effektivität der angestrebten neuen Organisationsstruktur außer Frage steht; d.h. es wird angenommen, dass die Effizienz eines Reorganisationsprozesses von den konkreten Inhalten der Reorganisation unabhängig ist. Berücksichtigte Dimensionen der *Reorganisationseffizienz* sind (ebd., 81):

1. „*Wissensnutzung*: Wie kann das Wissen und die Kreativität der Mitarbeiter für den Entwurf, die Ausarbeitung und die Umsetzung der Reorganisation fruchtbar gemacht werden?

2. *Präferenzkompatibilität*: Wie kann die Unterstützung der Mitarbeiter durch gezielte Berücksichtigung ihrer Präferenzen sichergestellt werden?

3. *Machtpolitische Stabilisierung*: Wie kann das strategische Verhalten der Mitarbeiter fruchtbar gemacht werden, ohne dass die Reorganisation eben diesem Verhalten zum Opfer fällt?"

Beim zu berücksichtigenden Kontext der Reorganisation werden personelle und strukturelle Kontextfaktoren unterschieden. Zu den *personellen Kontextfaktoren* (vgl. ebd., 82ff.) gehören die Wissensverteilung im Unternehmen (implizites oder explizites Wissen, dass im Unternehmen mehr oder weniger konzentriert oder verteilt sein kann), die Präferenzstrukturen der Mitarbeiter (gemessen am Grad der Bereitschaft, bei der Reorganisation Opfer zu bringen) sowie die Machtverteilung im Unternehmen (unipolare oder multipolare Machtverteilung). Bei den *strukturellen Kontextfaktoren* wird vor allem eine Zeitrestriktion und eine Budgetrestriktion berücksichtigt, d.h. ein Zeitrahmen bzw. ein finanzieller Rahmen, der für die effiziente Entwicklung und Umsetzung der Reorganisation zur Verfügung steht (vgl. ebd., 95).[228] Die kontextabhängigen Reorganisationsmaßnahmen werden als *Stellschrauben der Reorganisation* wie folgt differenziert (vgl. ebd., 97ff.):

*   *Zuordnung der Entscheidungs- und Handlungsrechte* zu Reorganisationsakteuren (Recht zur Problemdefinition und Zielsetzung, Ausarbeitung einer Reorganisationslösung, Entscheidung, Umsetzung der gewählten Reorganisationslösung, Kontrolle und Beurteilung, Nutzung der Reorganisationslösung im Alltag)

*   *Setzung von Anreizen*, um die individuellen Zielen der Mitarbeiter mit den Zielen der Reorganisation in Einklang zu bringen (materiell: Gehalt, Prämien, betriebliche Altersversorgung, Dienstwagen etc.; sozial: soziale Beziehungen, Anerkennung etc.; aus der Aufgabe selbst: Verantwortung, Eigenständigkeit, Lernintensität etc.; aus organisatorischen Rahmenbedingungen: Karrieremöglichkeiten, Unternehmenskultur etc.)

*   *Reorganisations-Controlling* (Zielausrichtungsfunktion: Festsetzung von Zielen und Beurteilung der Zielerreichung; Servicefunktion: Bereitstellung von Information, Wissen und Methoden; Anpassungs- und Innovationsfunktion: kritische Umfeldbeobachtung und ggf. Auslösung und Unterstützung dezentraler Anpassungen und Innovationen)

*   *Kommunikation* zur Steuerung der Wahrnehmung der Mitarbeiter (Wahl von Kommunikationskanälen sowie von Inhalten, Formen und Zeitpunkten der Kommunikation)

*   *Aktivierung von Normen* im Sinne persönlicher Erwartungen, die Mitarbeiter an ihr eigenes Verhalten stellen (z.B. Reziprozitäts-, Gerechtigkeits- und Überzeugtheitsnormen)

*   *Training* zur Übertragung von reorganisationsrelevantem Wissen (fachliches, methodisches und zwischenmenschliches Wissen)

*   *Timing* im Sinne einer zeitlichen Abfolge und wechselweisen Zuordnung von Reorganisationsschritten (Timing für die Ausarbeitung und Umsetzung der Reorganisationslösung)

---

228 Es sei hier nur darauf hingewiesen, dass natürlich die konkrete Ausprägung dieser Kontextfaktoren zumindest indirekt von der Wahrnehmung bzw. Kommunikation der Reorganisationsinhalte abhängen. Auch der Zeit- und Budgetrahmen kann nicht unabhängig von den Erfahrungen, Deutungen oder Meinungen der Entscheidungsträger fixiert werden; es sei denn, man könnte einen angemessenen Zeit- bzw. Budgetrahmen aus einer Theorie ableiten, was aber bei den Autoren nicht geschieht.

Die nachfolgende Abbildung vermittelt einen Eindruck davon, was die Autoren unter „Maßschneidern" bzw. *kontextabhängiger Gestaltung des Reorganisationsprozesses* verstehen:

Abbildung 15: Vier Grundmuster der Mitarbeitereinbindung bei Reorganisationen
(Quelle: Picot/Freudenberg/Gassner 1999, 140)

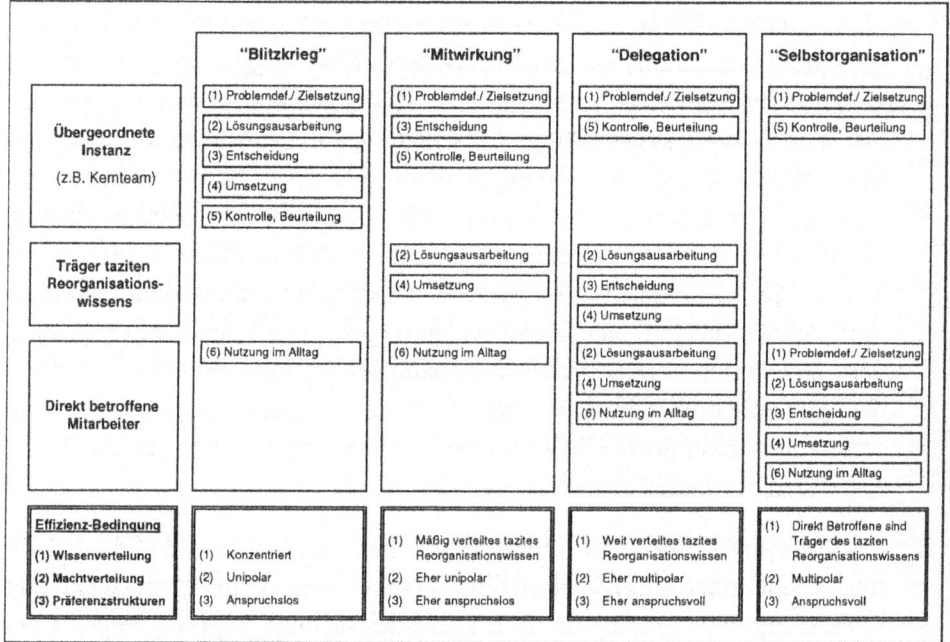

Bei einer angenommenen Differenzierung der Mitarbeiter in übergeordnete Instanz, Träger taziten Reorganisationswissens und direkt betroffene Mitarbeiter werden bei der Zuordnung von Entscheidungs- und Handlungsrechten zu diesen Mitarbeitergruppen vier Grundmuster der Mitarbeitereinbindung unterschieden (Blitzkrieg, Mitwirkung, Delegation, Selbstorganisation). Zu jedem Grundmuster sind als Effizienzbedingungen jeweils die Ausprägungen personeller Kontextfaktoren genannt, bei denen das Grundmuster die vergleichsweise höchste Reorganisationseffizienz sicherstellt. Für die nicht genannten strukturellen Kontextfaktoren wird in diesem Fall sowohl ein enger Zeit- als auch ein enger Budgetrahmen vorausgesetzt.

Der CM-Gestaltungsansatz von Picot/Freudenberg/Gaßner (1999; vgl. hierzu auch die Arbeiten von Freundenberg 1999 und Gaßner 1999) folgt dem klassischen kontingenztheoretischen Muster der Organisationstheorie, bei dem one-best-way-Empfehlungen durch Empfehlungen verschiedener *best-ways* erweitert werden, wobei jedem einzelnen der unterschiedenen Kontexte wiederum jeweils genau ein best-way zugeordnet wird. Bemerkenswert ist hierbei vor allem die Einbeziehung von Interessen- und Machtaspekten. Wie bereits die kontingenztheoretische Behandlung des Machtphänomens bei Hickson u.a. (1971; vgl. auch Staehle 1992) zeigt, gelingt nach diesem Schema die Einbeziehung von *Macht als Kontextfaktor* nur um den Preis einer Verdinglichung von Macht. Picot/Freudenberg/Gaßner (1999, 59f.) legen in ihren theoretischen Ausführungen zwar ein unseren Vorstellungen entsprechendes relationales Machtkonzept zugrunde, bei ihren Empfehlungen wird im Widerspruch hierzu allerdings vorausgesetzt, dass die Macht von Organisationsmitgliedern unabhängig vom Netzwerk ihrer Beziehungen ermittelt werden kann. So wird etwa bei Empfehlungen zum Umgang mit Stakeholdern einer Reorganisation zwischen starker und schwacher Machtausstattung differenziert, ohne dass z.B. wesentliche Konsequenzen berücksichtigt werden, die etwa aus Unterschieden zwischen individuellen und kollektiven Stakeholdern (z.B. im Sinne kollektiver organisationaler Subakteure) resultieren (vgl. ebd., 133). Die Autoren sind sich durchaus der Dynamik von Reorganisationsprozessen bewusst. Beispielsweise wird auf eine organisationale Eigendynamik hingewiesen, die dem bekannten *band-wagon-Effekt* entspricht:

> „Der *Unterstützungs-Domino-Effekt* resultiert aus dem Zirkelschluß der Interdependenz der handelnden Akteure. Je mehr Mitarbeiter die Reorganisation unterstützen, desto höher wird in den Augen der Mitarbeiter die Wahrscheinlichkeit, dass die Reorganisation auch wie geplant realisiert wird – und umgekehrt. Insbesondere die unentschlossenen Mitarbeiter, die gerade zu Beginn einer Reorganisation häufig die Mehrheit stellen, werden dies in ihre Erwartungsbildung einbeziehen und sich in Zweifelsfällen auf die Seite der erwarteten Gewinner stellen. Eine steigende Zahl von (möglichst hochrangigen) Unterstützern führt zu einer weiter steigenden Zahl von Unterstützern. Je früher im Reorganisationsverlauf der Unterstützungs-Domino-Effekt ausgelöst werden kann, desto stärker wird er wirksam." (ebd., 75)
> „Der *Erfolgs-Domino-Effekt* resultiert aus der Dualität von individuellem strategischem Verhalten und dem institutionellen Rahmen. Je mehr Elemente der geplanten neuen Struktur realisiert sind, desto höher wird in den Augen der Mitarbeiter die Wahrscheinlichkeit, dass auch die anderen Elemente der Reorganisation wie geplant realisiert werden – vice versa. Gerade die unentschlossenen Mitarbeiter werden dann ihre Erwartungsbildung anpassen und sich tendenziell auf die Seite der erwarteten Gewinner stellen. Je früher und sichtbarer erste Umsetzungserfolge der Reorganisation zu verzeichnen sind und dadurch Erfolgs-Domino-Effekte ausgelöst werden können, desto stärker werden diese wirksam. Frühe Erfolge der Reorganisation werden somit zur Self-Fulfilling-Prophecy. Die frühen Erfolge können sich sowohl in unumkehrbaren Schritten der Rahmensetzung wie auch in Form von Vorzeigemodulen oder erfolgreichen Pilotprojekten manifestieren." (ebd., 77)

Solche Einsichten in die Eigendynamik komplexer Machtbeziehungen bleiben allerdings folgenlos, so dass das kontextabhängige Schema der Handlungsempfehlungen einer rein statischen Betrachtung verhaftet bleibt. Während bei einer strukturations- und konstitutionstheoretischen Betrachtung für alle genannten personellen Kontextfaktoren (Wissens- und Machtverteilung, Präferenzstrukturen) eine spezifische, wechselweise aufeinander bezogene Eigendynamik hervortreten kann,[229] wird bei Picot/Freudenberg/Gaßner im Wesentlichen angenommen, dass die Ausprägungen diese Kontextfaktoren zu Beginn des Reorganisationsprozesses als stabiles Muster erfasst werden können und im Laufe des Prozesses selbst stabil bleiben. Hierdurch wird der Eindruck eines prinzipiell beherrsch- und steuerbaren Reorganisationsprozesses vermittelt, der gerade aufgrund der Dynamik von Interessen- und Machtverhältnissen stets mehr oder weniger kontingent und zukunftsoffen bleibt. An dieser Stelle ist auch auf eine wesentliche Informationsprämisse hinzuweisen, die immer dann impliziert ist, wenn eine statische kontingenztheoretische Erklärung in

---

229 Z.B. werden die Interessenstrukturen von Kommunikationsprozessen beeinflusst (um hier nur auf eine mögliche Wirkungsdynamik hinzuweisen).

normative Handlungsempfehlungen umgesetzt wird:[230] Es werden „machtvolle" Organisationsgestalter unterstellt, die in der Lage sind, sich hinreichend über die Ausprägungen der Kontextfaktoren zu informieren. Diese Annahme ist natürlich bezüglich machtvoller Stakeholder, deren Interessen gegen die Reorganisationsziele gerichtet sind, besonders problematisch. In Bezug auf die Einbeziehung von Macht und Interessen lässt der Ansatz von Picot/Freudenberg/Gaßner ein grundlegendes Dilemma erkennen, wenn der Praxis konkrete Handlungsempfehlungen offeriert werden sollen. So wird etwa empfohlen, Stakeholdern mit starker Machtausstattung und niedriger Präferenzkompatibilität[231] sowie hoher Relevanz des Wissens ihre Machtgrundlagen zu nehmen, wenn eine Präferenzkompatibilität nicht hergestellt werden kann. Demgegenüber wird geraten, das strategische Verhalten von Stakeholdern mit hoher Präferenzkompatibilität offen oder gezielt zu fördern (vgl. ebd., 133). Gerade auch Praktiker weisen häufig darauf hin, dass die Umsetzung noch so gut begründeter Reorganisationsempfehlungen immer wieder an den konkreten Machtverhältnissen scheitert,[232] womit dann auch die hohe Misserfolgsquote von Reorganisationsprojekten erklärt werden könnte. Dies war sicher für die Autoren auch einer der Gründe, Machtaspekte in ihr Konzept des maßgeschneiderten Wandels aufzunehmen. Die Aussicht, mit diesem Konzept die Wahrscheinlichkeit erfolgreicher Reorganisationsprojekte zu erhöhen, bleibt natürlich solange fragwürdig, wie nicht konkretisiert werden kann, wie man es unter den Bedingungen der Praxis fertig bringt, Stakeholder mit starker Machtausstattung die Machtgrundlagen zu nehmen. Wie bereits zuvor angemerkt wurde (vgl. weiter oben *Anmerkung 224*), ist die auch von den Autoren vorgenommene Unterscheidung zwischen „guter" und „schlechter" Mikropolitik (gut oder schlecht hier bezüglich der Kompatibilität von Interessen mit den Reorganisationszielen) schon deshalb problematisch, weil jeder Widerstand immer auch auf sachlich gerechtfertigte Argumente gegen konkrete Inhalte von geplanten Reorganisationen gestützt sein kann. Letztlich impliziert der Ansatz von Picot/Freudenberg/Gaßner die Vorstellung eines übermächtigen Organisationsherren (z.B. ein geschlossen auftretender Vorstand) der angesichts von Umweltherausforderungen den richtigen Reorganisationsweg kennt.

---

230 Dies gilt z.B. auch für die normative im Unterschied zur deskriptiven Prinzipal-Agenten-Theorie, bei der z.B. angenommen wird, dass der Prinzipal die Nutzenfunktionen der Agenten kennt.
231 Präferenzkompatibel ist eine Reorganisation, wenn sie den Präferenzen des Mitarbeiters entspricht.
232 Hiermit wird dann nicht nur die Widerstandsmacht der Mitarbeiter an der Basis, sondern auch die Durchsetzungsmacht von Top-Managern angesprochen.

6 Innovation – Die Pfadabhängigkeit der Organisationsdynamik am Beispiel des technischen Fortschrittes und organisationaler Innovationen

Dieses abschließende Kapitel ist einer Auseinandersetzung mit der hervorragenden Rolle von Innovationen und technischem Fortschritt als Motoren der Organisationsdynamik gewidmet, wobei im Einzelnen folgende Schwerpunkte gesetzt werden: Unter Rückgriff auf das von Burns und Flam (1987) entwickelte Konzept eines *sozio-technischen Systems* soll verdeutlicht werden, dass Innovationen weder sinnvoll als exogenes Phänomen behandelt werden können, das der Betrachtung von Organisationsdynamik im Sinne eines gegebenen Verursachungskomplexes vorausgesetzt wird, noch als ein je einzelnen Organisationen zuschreibbares endogenes (d.h. vom externen Kontext trennbares) Phänomen (*Abschnitt 6.1*). Es geht vielmehr um komplexe, organisationsübergreifende Konstitutionsprozesse, die eine Erweiterung der Betrachtung auf die *Dynamik von Branchenkontexten und Märkten* erfordert (*Abschnitt 6.2*). Nicht zuletzt aufgrund der Schwierigkeiten, derartigen Prozessen durch ein angemessenes empirisches Untersuchungsdesign in Form von Längsschnittstudien Rechnung zu tragen, wird in der für Markt- und Branchenanalysen zuständigen Industrieökonomik bisher überwiegend ein strukturalistisch-statischer Analyserahmen verwendet, wobei insgesamt der Behandlung von Forschung und Entwicklung sowie der Einführung neuer Technologien vergleichsweise wenig Raum gewidmet wird.[233] Da es sich bei *Innovationen* um spezifische Handlungsweisen von Organisationen als kollektive bzw. korporative Akteure handelt, die das Institutionengefüge einer Gesellschaft im Sinne handlungsleitender Regelsysteme unmittelbar und mit zahlreichen mehr oder weniger indirekten Folgewirkungen verändern, ist auf theoretischer Ebene der Dualität von Struktur bzw. der Rekursivität von Handlung (Organisation) und Struktur (Institution) in besonderem Maße Rechnung zu tragen. Erst hierdurch wird die Irreversibilität und Zukunftsoffenheit von sozioökonomischen Prozessen sichtbar, die in jüngster Zeit auch in der ökonomischen Theorie anhand des Konzeptes der sog. Pfadabhängigkeit von Entwicklungen thematisiert wird. Die Relevanz organisationsübergreifender Konstitutionsprozesse für die Erklärung von Innovationsphänomenen wird anhand wesentlicher Ergebnisse einer empirischen Untersuchung von Audretsch (1995) verdeutlicht (*Abschnitt 6.3*).

---

233 Vgl. z.B. das klassische Lehrbuch zur Industrieökonomik von Tirole (1995), in dem nur ca. 70 von etwa 1000 Seiten diesem Bereich gewidmet sind.

6.1 Dynamik sozio-technischer Systeme

Burns und Flam (1987, 293f.) setzen bei der Entwicklung ihres Konzeptes sozio-technischer Systeme, das auf einer Theorie sozialer Regelsysteme (*social rule systems theory*) beruht, folgende Ausgangspunkte:

1. Technologie wird als Komponente oder integraler Bestandteil sozialen Handelns begriffen.[234]
2. Der Einsatz von Technologien setzt sowohl soziale Regelsysteme als auch praktisches, situationsspezifisches Wissen in Bezug auf die Produktion und den Gebrauch physikalischer Artefakte voraus.[235]
3. Die technologische Entwicklung ist auf dialektische Weise mit einem Wandel des Regelsystems verknüpft.[236]

Die Entwicklung von Sozialstrukturen und Technologien wird also als ein wechselseitiger Konstitutionsprozess begriffen. Durch eine solche Perspektive wird das substanzielle Gewicht des sog. *technischen Fortschritts* in der modernen Welt auf besondere Weise erhellt.[237] *Technologische Innovationen* werden in diesem Sinne als besondere Ausprägungen der Externalisierung von Interessen, Zielen und Zwecken gefasst, bei der Handlungsintentionen und Erwartungen versachlicht (entpersönlicht, objektiviert, verdinglicht) werden. Eine solche Externalisierung wird bereits bei der Konstitution von Organisationen durch formale Regelsysteme (Ordnungs-, Anreiz- und Kontrollstrukturen) wirksam. In Bezug auf den technischen Fortschritt geht es um eine Externalisierung instrumenteller Rationalitäten durch „„Materialisierung von Problemlösungen' in Maschinen und Software" (Kieser 1985, 26), die von Aldrich (1979, 30) als wesentliches Merkmal des Industrialisierungsprozesses hervorgehoben wird:

> „With industrialization there has been a trend toward the externalization and rationalization of culture, and oral traditions are now less important than the material artifacts of a society: written records, machinery, the physical and material components of communities, and general capital improvements."

Von technischem Fortschritt ist die Rede, weil die Inkorporation technologischer Artefakte in (organisationale) Handlungssysteme (die Genese *sozio-technischer* Systeme) eine Potenzierung des Handlungsvermögens bewirkt, was allerdings leicht die Voraussetzung verges-

---

234 Der zweckrationale Einsatz physikalischer Artefakte wird durch Regelsysteme geleitet und hat intendierte und nichtintendierte Auswirkungen sowohl auf die soziale als auch auf die physikalische Dimension von Systemen. „For instance, an energy supply system produces more than ‚energy'. It provides employment, it draws capital and other resources away from alternative uses. It has a variety of effects on the environment, in the case of fossil fuels some very negative effects, as we have slowly come to recognize" (Burns/Flam 1987, 293f.)

235 Die relevanten Regelsysteme schließen deskriptive Regeln über charakteristische Eigenschaften und Leistungsmerkmale einer Technologie sowie evaluative und operative Regeln ein, welche die Wahrscheinlichkeit eines angemessenen und effektiven Technikeinsatzes erhöhen. Zum kreativen Umgang mit Technologie gehört auch die Möglichkeit Konventionen eines „normalen" Gebrauchs zu durchbrechen.

236 Einerseits werden durch Regelsysteme technologische Entwicklungen kanalisiert, andererseits evozieren technologische Innovationen eine Veränderung von Regelsystemen.

237 Beispielsweise kommt das substanzielle Gewicht (bzw. die konkrete soziale Wirkung und Wirksamkeit) einer Straße kaum in ihren technisch-materiellen Eigenschaften zum Ausdruck, sondern z.B. dadurch, dass diese Straße aufgrund sanktionsbewehrter Regeln nur für motorisierte Fahrzeuge in spezifischer Weise genutzt werden darf.

sen lässt, dass Akteure (Anwender) ihre Situationsdefinition in Mensch-Maschine-Interaktionen am restringierten Code der sachlichen Symbolträger (Werkzeuge, Maschinen, Ausrüstungen, Gebäude, Einrichtungen, Datenbanken, Computersysteme etc.) ausrichten. Wie Winner (1983) hervorhebt, erfordert die zunehmende Einfachheit der Verwendung, Anwendung, Handhabung, Benutzung, Bedienung etc. technologischer Systeme die Ausbildung hochgradig spezialisierter Techniken, deren Wirksamkeit von einer zunehmend komplexeren, verästelten und vernetzten technologischen Infrastruktur abhängig ist:

> „A deceptive quality of technical objects and processes – their promiscuous utility, the fact that they can be ‚used‘ in this way or in that – blinds us to the ways in which they structure what we are able to do and the ways in which they settle important issues *de facto* without appearing to do so. Thus, for example, the freedom we enjoy in the realm of ‚use‘ is mirrored in our extreme dependency upon vast, centralized, complicated, remote and increasingly vulnerable artificial systems." (Winner 1983, 262)

Durch die Beherrschung solcher Techniken (Gebrauchsanweisungen) wird Handlungskompetenz zugleich erweitert und auf die mehr oder weniger rudimentäre (oberflächliche) Anknüpfung an einen technologischen Mechanismus oder Automatismus eingeengt (vgl. auch Orr 1996). Die neoklassische Konzeption von Unternehmen als Produktionsfunktionen verfehlt zwar den Akteurcharakter von Organisationen, bringt aber die enge Verzahnung bzw. die gemeinsame Konstitution von Technologien, Ressourcen und Produkten zum Ausdruck, die allerdings nur teilweise unternehmensspezifische Merkmale aufweist. Über das Medium technischer Systeme formieren sich mehr oder weniger unternehmensübergreifend Qualifikationen, Interessen und Rationalitäten, die ihrerseits die Produktion und Reproduktion dieser Systeme gewährleisten. Es kommt zu einer Ausdifferenzierung von operativen Regeln und Techniken der Planung, Konstruktion, Herstellung, Instandhaltung, Installation, Einrichtung, Bedienung, Ausmusterung, Ver- und Entsorgung etc. technischer Komponenten und Aggregate, wobei an diesen unterschiedlichen Phasen bzw. Segmenten der Reproduktion technischer Systeme jeweils unterschiedliche Akteursgruppen (Berufsgruppen, Professionen, Spezialisten und Spezialisierte) mit ihren je eigenen sozialen Identitäten, Entscheidungs- und Handlungsrationalitäten beteiligt sind. Sozialstrukturen und technologische Infrastrukturen bedingen und durchdringen sich also wechselweise. Als Etikett für das gegenseitige Konstitutionsverhältnis von Qualifikationen, Interessen, Entscheidungs- und Handlungsrationalitäten bietet sich der Begriff der *Systemrationalität* (und *systemischen Rationalisierung*) an. Der durch Anwendung operativer Regeln und Techniken hervorgerufene systemische Verbund von Ressourcen, Technologien und Produkten führt im Ergebnis zu einer Transformation menschlicher Handlungskompetenzen in systembezogene Qualifikationen, menschlicher Bedürfnisse in systembezogene Interessen und menschlicher Vernunft in systembezogene Rationalitäten.

Wie noch im nächsten Abschnitt am Beispiel der Entwicklung von Märkten bzw. Branchen konkretisiert wird, hat die Systemhaftigkeit von Ressourcen und Produkten die wesentliche Konsequenz, dass ein in der Inventionsphase aufgebautes Innovationspotential in der Implementierungsphase, d.h. mit der Einführung neuer Produkte und der Einrichtung zugehöriger Ressourcen, mit zunehmendem Marktwachstum immer stärker auf spezifische Entwicklungspfade reduziert wird, dass sich also – so könnte man sagen – Produkt- und Ressourcensysteme im Laufe ihrer Entwicklung zunehmend schließen. Marktwachstum ist an die zunehmende Akzeptanz neuer Verfahren und Produkte und die damit einhergehende Stabilisierung von Präferenzen sowie die Etablierung neuer Gewohnheiten bzw. Handlungsroutinen gebunden. Auf dem Entwicklungspfad kommt es zu einer Kumulierung von *sunk costs* und einer zunehmenden Reduktion von Unsicherheit, so dass ein Verlassen des Pfades zunehmende Kosten und Risiken impliziert. Dieser Prozess ist umso zwingender, je stärker die Systemhaftigkeit bzw. der Infrastrukturcharakter der Ressourcen und Produkte ausgeprägt ist, d.h. je größer die Interdependenzen zwischen den Systemkomponenten sind (z.B. aufgrund von Kompatibilitätsanforderungen technischer Systemkomponenten). Hierbei ergibt sich die grundlegende Frage, wie es trotz dieser systemischen Schließung bzw. Pfadabhängigkeit überhaupt in Zukunft noch Basisinnovationen mit völlig neuen Entwicklungswegen geben kann. Eine mögliche Antwort besteht darin, dass die schon angesprochene Systemrationalität auf Effizienzkriterien und Präferenzstrukturen basiert, die sich prozessendogen herausbilden. Da mit jedem Implementierungsschritt Handlungsalternativen aus dem Blick geraten bzw. nicht mehr in Betracht kommen, werden Präferenzen und Entscheidungskriterien auf einen zunehmend engeren Möglichkeitsrahmen eingeschränkt (zum Begriff des Entscheidungskorridors vgl. Ortmann 1987). Mit anderen Worten: Innovationsprozesse werden nicht von systemunabhängigen übergeordneten (absoluten) Bewertungsmaßstäben gesteuert. Dies eröffnet Chancen für zukünftige Innovationen, die eine Befriedigung bisher verdrängter Bedürfnisse versprechen – was besonders dann der Fall ist, wenn der bisherige Entwicklungspfad als unintendierte Handlungsfolgen zunehmend negative externe Effekte zeitigt. Hieran können sich z.B. soziale Bewegungen entzünden, die die bisherigen Bewertungsmaßstäbe in Frage stellen und damit zu einer Keimzelle soziotechnischen Wandels werden.[238]

Technischer Fortschritt bedeutet stets auch soziale Reorganisation und ist schon deshalb in einen mehr oder weniger konfliktären politischen Prozess eingebunden.[239] Die Genese, Stabilisierung und Veränderung bzw. Auflösung technikgestützten und technikgeleiteten organisationalen Handelns sowie organisationale Innovationsprozesse sind in verschiedene organisationsübergreifende Handlungssysteme mit spezifischen Machtverhältnissen eingebettet. Die hierbei wirksamen vielschichtigen und verzweigten Regelsysteme (deskriptive, evaluative und operative Regeln bzw. technologische Wissensbestände, soziale Normen und Verfahren) werden etwa deutlich, wenn man im Umfeld ausgereifter Technologien (innerhalb technologischer Domänen) mehr oder weniger übereinstimmende organisationale Strukturmuster findet (z.B. die Automobilindustrie). Man kann dies als Herausbildung sozialer Identitäten begreifen, die auf Qualifikationen, Ressourcen und Interessen kollektiver (korporativer) sozialer Akteure beruhen und deren Werte und Normen das Handeln organisationaler Akteure kanalisieren. Nach Knie/Helmers (1991) handelt es sich um Institutionen im Sinne formaler Regeln, die als geronnenes Ergebnis von kulturellen Verständigungsleistungen auf verschiedenen sozialen, ökonomischen und kulturellen Feldern organisationale Handlungsstrukturen vordefinieren. Dass eine derartige institutionelle Sinnstiftung und Sinndeutung mit Machtprozessen verwoben ist, wird deutlich, wenn man danach fragt, welche Akteure mit welchen Ressourcen und Sanktionspotentialen an der Etablierung und Aufrechterhaltung von institutionalisierten Regeln interessiert sind. Nach

---

238 Dies macht im Übrigen die Problematik des Begriffes *Wertewandel* deutlich, sofern dieser Begriff eine systemexogene Entwicklung gesellschaftlicher Werte impliziert. Zur Möglichkeit der endogenen Erklärung der Entstehung von Werten vgl. Joas (1997).

239 „The point is that, on the one hand, the introduction and development of new technologies entail changing established rule systems. On the other hand, those with vested interests in, or value commitments to, these systems may struggle to maintain them." (Burns/Flam 1987, 306f.)

Burns/Flam (1987) ist die Genese extraorganisationaler Regelsysteme auf das Zusammentreffen *kollektiver Machtstrategien* rückführbar, in deren Gefolge Ressourcen (Kapital, Expertise, vorhandene Infrastrukturen, legale Rechte, politische Unterstützung usw.) mobilisiert und gelenkt sowie soziale Macht (im Sinne von sozialem Kapital) aufgebaut und verändert wird.

Kommt es im Zuge der Institutionalisierung sozio-technischer Regelsysteme zu gemeinsamen Wahrnehmungs- und Interpretationsmustern, so kann man dies unter dem Begriff eines *Leitbildes* fassen, das je nach vorausgesetzter Verbindlichkeit im Handeln von Akteuren mehr oder weniger intensiv aktiviert wird und damit dieses Handeln mehr oder weniger stark restringiert. Solche Leitbilder können sowohl organisationsexterne als auch organisationsinterne Bezüge aufweisen, wobei im ersten Fall die durch Leitbilder geformten (Sub-)Kulturen von Organisationen in kulturübergreifende Handlungssysteme (Branchenkontexte, Kontexte technologischer Domänen) aufgehen. Im zweiten Fall wird eine Etablierung organisationsspezifischer (Sub-)Kulturen gefördert, z.B. mit den funktionsspezifischen Differenzierungen der Bereiche Verwaltung/Finanzen, Betrieb/Produktion oder Marketing und Forschung (vgl. Mai 1990, 502ff.; Knie/Helmers 1991, 437). Ein besonders in etablierten Branchen mit reifer Technologie ausgeprägtes Leitbild kommt im sog. *Stand der Technik* zum Ausdruck:

> „Die unter diesem Begriff subsumierten umfangreichen Regeln und Standards konstituieren sich als überbetriebliche Referenzbereiche und wirken handlungssteuernd auf den unternehmerischen Forschungs- und Entwicklungskontext. Der Begriff umfasst als jeweils aktueller ‚Stand der Technik' den für eine definierte Aufgabenstellung auf einem genau begrenzten Technikfeld akzeptierten Bestand an Regeln, Methoden, Bauelementen und Konstruktionsprinzipien und ist Ausdruck von kognitiv und sozial gewünschten und politisch gesicherten Übereinkünften, die von den beteiligten Akteuren – Industrie, Forschung, technische Lehre, intermediäre Einrichtungen der ‚wissenschaftlichen Gemeinschaftsarbeit' (TÜV, VDI, VDE u.a.) – in einem gemeinsamen Diskurs gehegt, gepflegt und verteidigt werden." (Knie/Helmers ebd.)

Aus der Sicht der beteiligten Akteure ergeben sich die Vorteile einer derartigen Leitbildfunktion vor allem aufgrund komplexer Funktions-, Kompatibilitäts- und Konsistenzanforderungen technischer Systeme. Die praktische Konstruktionsarbeit wird hierdurch im Unterschied zu analytisch-origineller (z.B. wissenschaftlicher) Arbeitsweise eine überwiegend synthetisch-konventionelle Tätigkeit (vgl. ebd., 438). Der Rückgriff auf sozial anerkannte Leitbilder stellt eine wichtige Legitimationsquelle zur Durchsetzung und nachträglichen Rechtfertigung organisationaler Entscheidungen dar, wobei Letzteres besonders dann von Bedeutung ist, wenn sich die bei einer Orientierung am Leitbild vorausgesetzten Kostensenkungen und Risikominderungen ex post als Fehleinschätzung erweisen.

Wie bereits angedeutet, ist der Entwicklungsprozess einer Technologie von der Experimentierphase bis zur massenhaften Anwendung im Allgemeinen durch eine zunehmende Regeldichte und Verbindlichkeit, d.h. durch einen zunehmenden Institutionalisierungsgrad gekennzeichnet, wobei in den späteren Phasen der Entwicklung den Normierungen durch staatliche und quasi-staatliche Ausschüsse eine besondere Bedeutung zukommt.[240] Der aufgezeigte Institutionalisierungseffekt führt zu einer Art *Trichtereffekt*, so dass die Innova-

---

240 Rammert (1992) weist in diesem Zusammenhang darauf hin, dass der Staat üblicherweise seine normsetzenden und normüberprüfenden Kompetenzen an private Organisationen und Gremien delegiert (z.B. an den *Verband deutscher Ingenieure* und *Gutachterausschüsse*) und sich damit häufig der Möglichkeit begibt, grundlegende Innovationen anzuregen und negative Effekte des technischen Fortschritts zu vermindern.

tionspraxis zunehmend als eine auf festliegenden Entwicklungspfaden fortschreitende Optimierungsarbeit charakterisiert werden kann (vgl. Knie/Helmers 1991, 439). Dies verdeutlicht auch die in bestimmten Entwicklungsphasen auftretende Verkürzung der Innovationszyklen (der Zeitabstände zwischen aufeinanderfolgenden Optimierungsschüben) bei insgesamt abnehmenden Innovationsgrad. Größere technische Neuerungen und technologische Alternativen werden zunehmend ausgeschlossen, auch wenn dies für einzelne Unternehmen eine mehr oder weniger starke Beeinträchtigung eigenständiger, sich gegenüber der Konkurrenz profilierender Problemlösungsstrategien bedeutet. Die durch Orientierung betrieblicher Funktionsbereiche an unterschiedlichen institutionellen Kontexten sich herausbildenden abteilungsspezifischen Subkulturen erschweren eine fach- und abteilungsübergreifende interne Kommunikation und Koordination und damit ein an übergeordneten Unternehmenszielen orientiertes Management der Entwicklungs-, Produktions- und Marketingprozesse (vgl. ebd., 439f.). Mit Blick auf die Dynamik sozialer Beziehungen lassen sich solche Institutionalisierungen als *Verfestigung von Machtstrukturen* interpretieren, die mit dem Umfang von Investitionen in physisches, humanes und soziales Kapital (*sunk costs*) zunehmen. Im Englischen spricht man treffend von *vested interests*, die gegen An- und Übergriffe durch unkonventionelle Technikentwürfe und völlig neue Konstruktionen mit kollektiven strategischen Reaktionen verteidigt werden (vgl. ebd., 440). Als Folge hiervon wird die Wirksamkeit des Innovationswettbewerbs für die Generierung und Durchsetzung soziotechnischer Innovationen mehr oder weniger stark eingeschränkt (vgl. ebd., 440f.). Wie im letzten Abschnitt noch ausgeführt wird, sind hiermit besondere Chancen und Risiken für neugegründete (Start-up-)Unternehmen verbunden, so dass die gesellschaftliche Innovationsdynamik nur durch Bezugnahme auf unterschiedliche „Rollen" von etablierten Großunternehmen und innovativen Kleinunternehmen verstanden werden kann. Dort wird auch deutlich, dass es sich bei Institutionalisierungsprozessen der dargestellten Art nicht um Gesetzmäßigkeiten handelt, die allein oder auch nur überwiegend der Eigenlogik komplexer technischer Systeme bzw. ausgreifender technologischer Infrastrukturen entspringen. Es ist stets die soziale Bedingtheit solcher Prozesse angemessen zu reflektieren. Der jeweilige Komplexitätsgrad und Infrastrukturcharakter der Technologie ist selbst einem je spezifischen wechselweisen Konstitutionsverhältnis von sozialstrukturellen Bedingungen und technologischer Entwicklung geschuldet. Wie bereits zuvor allgemein hervorgehoben wurde, entzieht sich der Strukturierungsprozess schon deshalb einer einfachen kausalen oder strukturfunktionalistischen Analyse, weil die Entwicklung, Implementierung und Nutzung neuer Technologien mehr oder weniger weitreichende *unvorhersehbare* und *unbeabsichtigte* Konsequenzen und externe Effekte zeitigt, die aufgrund der jeweiligen Interessen- und Machtstrukturen sowie begrenzter Rationalität nicht in die Handlungskalküle der relevanten Akteure eingeschlossen sind (vgl. Burns/Flam 1987, 320f.). Art und Ausmaß externer Effekte hängen ihrerseits von den Besonderheiten der Sozialstruktur ab, besonders auch vom Grad der Partizipation der verschiedenen kollektiven (korporativen) Akteure an Planungs-, Entscheidungs- und Implementierungsprozessen sowie von den kollektiven Machtstrategien und Machtspielen, die sich aufgrund antagonistischer Interessen gerade an den Schnittstellen zwischen unterschiedlichen institutionellen Kontexten oder aufgrund von Inkompatibilitäten in offenen Problemzonen an den Phasenübergängen zwischen Design, Produktion, Anwendung, Instandhaltung etc. von Technologien und technologiebestimmten Produkten ergeben. Wie bereits gesagt, entstehen u.U. Impulse für den sozialen Wandel, wenn die externen Effekte konkret erlebt und verarbeitet werden müssen, also z.B. bei solchen Akteuren soziale Betroffenheit auslösen, die ihre Interessen in vorhergehenden Planungen und Implementierungen nicht artikulieren konnten. Nach Burns und Flam (1987, 310f.) sind die Nutzen und Kosten technologischer Entwicklungen zwischen gesellschaftlichen Segmenten und Generationen ungleich verteilt; außerdem überwiegen die Kosten unbeabsichtigter und unvorhergesehener Konsequenzen häufig den Nutzen. Dies deutet auf sozio-technische Regelsysteme hin, die in den Handlungskalkülen relevanter Akteure eine Internalisierung von (kurzfristigen) Gewinnen bei gleichzeitiger Externalisierung von (langfristigen) Kosten fördern und absichern. Hierdurch kann wiederum eine spezifische Entwicklungslogik und -richtung technischer Systeme erleichtert werden, z.B. komplexe Großtechnologien und Automatisierungsprojekte mit weitreichenden Auswirkungen auf die Arbeits- und Lebensqualität. Die sich in Form wahrgenommener Sachzwänge äußernde *Irreversibilität* sozio-technischer Entwicklungen ist in diesem Fall auch eine Folge etablierter Interessenstrukturen der Gewinner des technischen Fortschritts und mangelnder sozialer Macht auf Seiten derjenigen Gruppen, die von den externen Effekten betroffen sind.

Bereits an anderer Stelle (vgl. Küpper/Felsch 2000, 91-100) wurde mit Bezug auf Rammert (1992) ausgeführt, dass sich für eine Theorie des technischen Fortschritts als wesentlicher Bestandteil einer Theorie der Organisationsdynamik ein konstitutionstheoretischer Bezugsrahmen anbietet. Rammert verdeutlicht anhand von fünf *Strukturlogiken* die Begrenztheiten und Defizite strukturfunktionalistischer Theorien.[241] Um die Grenzen der Erklärungskraft einsinniger Strukturlogiken zu überwinden, schlägt Rammert eine stärkere Differenzierung der theoretischen Konzepte in sachlicher, zeitlicher und sozialer Hinsicht vor, was letztlich auf die Analyse von konkreten Technisierungsprojekten in konkreten sozio-technischen Handlungssystemen hinausläuft. Hierdurch soll schließlich die Frage beantwortet werden, welche Strukturaspekte und -elemente in Bezug auf welche Technisierungstypen (z.B. sachliche Artefakte, Handlungs- und Symboltechniken) in welchen Technisierungsphasen (z.B. Forschung, Erfindung, Innovation, Technikwahl und Technikanwendung) an welchen strategisch relevanten sozialen Orten (z.B. Universitätsinstitute, Industrielabore, Ingenieurbüros, Großforschungszentren, Hersteller- und Anwenderunternehmen, Regierungsinstanzen, private Haushalte) im Handeln welcher strategisch relevanten sozialen Akteure[242] aktiviert, reproduziert oder verändert werden.

Wie die Betrachtung unterschiedlicher Strukturlogiken aus der Systemperspektive, so kann auch der eingrenzende Blick auf verschiedene relevante kollektive und korporative Akteure[243] kein einheitliches und umfassendes Erklärungsmuster für technischen Wandel

---

241 Gemeint sind im Einzelnen die von menschlichen Organmängeln ausgehende Logik der menschlichen Gattungsentwicklung, die auf Technologiemängeln gründende Eigenlogik des technischen Fortschritts, die an Karl Marx und Max Weber anknüpfende Logik ökonomischer Verwertung sowie die Logik der Herrschaft und Kontrolle und schließlich die bereits angesprochene Logik kultureller Leitbilder.

242 Hierunter versteht Rammert (1992, 14) kollektive Akteure als „...soziale Kollektive, die durch mehr oder weniger feste Kopplung ihrer Handlungen strategisch wirken können. Die soziale Integration der Handlungen kann dabei von unterschiedlicher Art sein, vorrangig formaler Art, wie bei Organisationen, überwiegend normativer Art, wie bei sozialen Bewegungen, oder vorherrschend kognitiver Art, wie bei wissenschaftlichen Gruppen und Fachgemeinschaften."

243 Nach Rammert kommen folgende Akteure in Betracht, wenn die strategische Relevanz für technischen Wandel zur Diskussion steht: der Staat (z.B. durch Förderprogramme und rechtliche Normierungen), soziale Bewegungen (die z.B. korrigierend und kompensierend auf Folgen des technischen Fortschritts reagieren), Wirtschaftsunternehmen (als Nachfrager von Produktionstechnologie, als Großkunden und Nutznießer technologischer Infrastruktursysteme) und die Wissenschaft (wissenschaftliche Institutionen und Fachgemeinschaften des Forschungssystems).

liefern, z.B. im Sinne eines dominanten gesellschaftlichen Akteurs. Dies ist aus einer strukturations- bzw. konstitutionstheoretischen Perspektive nicht verwunderlich: Akteure orientieren sich in Verfolgung ihrer Interessen zwar mehr oder weniger an Deutungsmustern; sie erleben aufgrund begrenzter Rationalitäten und offen gehaltener Machtbeziehungen bzw. strategischer Interdependenzen aber immer auch Überraschungen und erzeugen externe Effekte, an die sie dann selbst oder andere Akteure unter geänderten Bedingungen mit ihren dann u.U. geänderten Interessen und Ressourcen sowie mit neuen Deutungsmustern anknüpfen müssen, so dass das Konstitutionsverhältnis von Handlung und Struktur mehr oder weniger kontingent bleibt. Zu den Überraschungen gehören nicht zuletzt die im Forschungsprozess erzeugten kreativen Akte, insofern Kreativität nicht auf Interessen und Qualifikationen reduzierbar ist und kreative Akte deshalb keine intentionalen Handlungen im engeren Sinne darstellen.[244]

6.2 Marktdynamik und Innovationen

Williamson (1975, 215f.) unterscheidet drei Stufen oder Phasen im Lebenszyklus von Industriebranchen bzw. -märkten. Die erste Phase (*early exploratory stage*) ist durch das Angebot eines neuen Produktes von relativ einfachem Design gekennzeichnet, das auf vergleichsweise unspezialisierten Maschinen hergestellt wird. Die Vermarktung erfolgt durch eine Vielzahl probeweise eingesetzter Verfahren. Bei insgesamt niedrigem Marktvolumen herrscht ein hoher Grad an Ungewissheit. In der zweiten Phase (*intermediate development stage*) sind die Herstellungsverfahren verfeinert und die Marktdefinition und -abgrenzung wird klarer. Als Reaktion auf erkannte neue Anwendungen und eine unbefriedigte Marktnachfrage kommt es zu einem schnellen Marktwachstum. Die Ungewissheit in Bezug auf die zukünftige Entwicklung ist nach wie vor hoch, aber geringer als in der ersten Phase. In der dritten Phase (*mature stage*) sind Managementtechniken sowie Herstellungs- und Marketingverfahren ausgereift. Ein eventuell fortlaufendes stetiges Wachstum wird bezüglich der Wachstumsrate vorhersagbarer. Etablierte Beziehungen zwischen Kunden und Anbietern (auch in Bezug auf den Zugang zum Kapitalmarkt) tragen dazu bei, Veränderungen abzupuffern und hierdurch größere Verschiebungen in Marktanteilen einzuschränken. Bedeutende Innovationen werden seltener und führen hauptsächlich zu Verbesserungen der bereits vorliegenden Produkte und Verfahren (Dominanz von Anpassungsinnovationen gegenüber Basisinnovationen).

Wie jedes Phasenschema liefert auch diese Stufeneinteilung der Marktdynamik allenfalls ein idealtypisches, grob vereinfachtes Bild der Realität. Ein solches Schema suggeriert außerdem einen folgerichtigen Prozessverlauf, in dem die anfängliche Ungewissheit sukzessive durch einen Lern- und Erfahrungsprozess reduziert wird und sich im Ergebnis die jeweils besten Lösungen bzw. Produkte durchsetzen. Es ist davon auszugehen, dass es zumindest in fortgeschrittenen modernen Gesellschaften eine schier unbegrenzte Menge an Produktideen einerseits und unbefriedigten Bedürfnissen andererseits gibt, die als Ausgangspunkte für die Entstehung neuer Märkte in Frage kommen. Vor diesem Hintergrund bleibt stets erklärungsbedürftig, wie es in der *early exploratory stage* überhaupt zur Aus-

---

244 Kritisch zu Rammerts Idee, unter Rückgriff auf evolutionstheoretische Ansätze die Grenzen der akteurtheoretischen und strukturfunktionalistischen Ansätze aufheben bzw. Mikro- und Makroebene verbinden zu können, vgl. Küpper/Felsch (2000, 98ff.).

wahl, zur Entwicklung und zum Angebot eines konkreten neuen Produktes kommt. Zweifelsohne spielen bei der Selektion und Förderung von Produktentwicklungen die in der
Vergangenheit sedimentierten Erfahrungen und Interessen individueller und kollektiver
Akteure eine entscheidende Rolle. Man kann wohl ohne Übertreibung sagen, dass bei kaum
einem anderen ökonomischen Phänomen die macht- und interessendurchwirkte Konstruktion der wirtschaftlichen Realität so deutlich wird, wie bei der Konstitution und Abgrenzung
von Märkten. Letztlich werden *Märkte* als Konsens von relevanten Marktteilnehmern in
Bezug auf relevante Marktmerkmale bestimmt, wobei die jeweilige Relevanz und die Konsensbildung nicht ohne Bezug auf Machtprozesse zu verstehen sind. In Kurzform: Märkte
sind das, was sich mächtige Marktteilnehmer gemeinsam darunter vorstellen. Der Konsens-
grad gibt Aufschluss über den Grad der Institutionalisierung eines Marktes, der sich nicht
nur zwischen verschiedenen Branchen unterscheidet, sondern sich auch mit der Branchenentwicklung von der „Geburt" bis zur „Reife" verändert. Bei der Genese eines neuen Marktes ist der Konsens vergleichsweise wenig ausgeprägt und instabil, weil sich die Machtpositionen der Akteure noch nicht auf Erfolge und den Einsatz von Machtressourcen in eben
diesem Markt stützen können. Allerdings ist zu beachten, dass durch technologische Innovationen induzierte neue Märkte eine „Erbmasse" und „Eltern" mit sich führen können,
soweit sich Ursprungsbranchen mit in Anspruch genommenen Basistechnologien und
„Verwandtschaftsgrade" zu traditionellen Märkten mit ihrer jeweiligen Produkt-, Finanz-
und Marketingbasis mehr oder weniger klar identifizieren lassen (z.B. die Entstehung neuer
Produkte aus der Integration von Informations- und Kommunikationstechnologien der
Ursprungsbranchen Datenverarbeitung, Nachrichtentechnik und Bürotechnik auf Grundlage
der Mikroelektronik als Basistechnologie). In diesem Fall können Machtzuschreibungen
aufgrund vergangener Markterfolge in den Ursprungsbranchen die Konsensbildung und
Marktformierung wesentlich beeinflussen.

Durch Marktformierungsstrategien und ursprüngliche Marktinvestitionen sowie durch
anfängliche Marktinteraktionen der ersten Marktteilnehmer wird das Bild ursprünglicher
Visionen eines neuen Marktpotentials allmählich schärfer. Je erfolgversprechender und
risikoloser dieses Marktpotential eingeschätzt wird, je geringer das für ein Mitspielen erforderliche (technologische) Know-how, je kleiner die notwendigen materiellen, personellen und finanziellen Ressourcen und ihre jeweilige Spezialisierung (d.h. die notwendige
längerfristige Investitionsbindung), um so mehr sind auch Gründungen neuer Unternehmungen als Bestandteil der Marktgenerierung zu erwarten. Je höher der Innovationsgrad,
desto weniger lassen sich solche Marktbedingungen z.B. durch Marktbeobachtungen,
Markt- und Ressourcenanalysen erschließen. Es handelt sich deshalb häufig um mehr oder
weniger phantasievolle Spekulationen, die entweder auf ein vermeintliches Verwendungs-
oder Absatzpotential bereits entwickelter Produkte oder Technologien (*technologieindu-
zierte Innovationen*) oder auf eine vermeintliche Möglichkeit der Entwicklung von Produkten oder Technologien bis zur Produktions- und Verwendungs- bzw. Absatzreife bei einem
festgestellten (prognostizierten) Marktbedarf (*marktinduzierte Innovationen*) abstellen.

Moderne Massenmärkte und sog. High-Tech-Industrien zeichnen sich häufig dadurch
aus, dass es bei der Entwicklung neuer Produkte und Technologien keine unmittelbaren
Interaktionen zwischen Entwicklern oder Produzenten und Verwendern, Abnehmern oder
Kunden gibt. In diesem Fall wird bei der Generierung neuer Märkte entweder von einer
bekannten Produkt- oder Technologiebasis her in ein noch unbekanntes Verwendungs- oder
Marktpotential oder von einem bekannten, aber unerfüllten Verwendungs- oder Marktbe-

darf her in ein noch unbekanntes Produkt- oder Technologiepotential hineinprojeziert. Diese Projektionen erfolgen also nicht durch diejenigen Akteure, die für die Erfindungen (Inventionen) der Produkte oder Technologien bzw. die Entdeckung der Marktbedarfe verantwortlich sind. Sie gründen vielmehr auf den Markterfahrungen von Verkaufs- und Marke-
tingexperten mit *anderen* Produkten und Märkten bei technologieinduzierten Innovationen
bzw. auf Entwicklungs- und Produktionserfahrungen von Technologie- und Produktionsex-
perten mit *anderen* Technologien und Produkten bei marktinduzierten Innovationen. Die
auf der Kontrolle von Unsicherheitszonen beruhende Machtbasis solcher Experten stützt
sich damit eher nicht auf konkretes Expertenwissen in Bezug auf die jeweiligen Innovationen. Gerade diese Unsicherheit in frühen Phasen der Marktgenerierung kann es marktstar-
ken Unternehmen in verwandten Branchen opportun erscheinen lassen, eine *Strategie des
Abwartens* zu verfolgen, um erst dann in den Markt einzutreten, wenn sich Erfolg und Risiko besser kalkulieren lassen.

Geht man von der globalen Betrachtung neuer Märkte auf die Mikroebene von Interaktionen über, so wird die Konflikthaltigkeit früher Innovationsspiele (vgl. zum Begriff des
Innovationsspiels Ortmann et al., 1990, 464ff.) noch deutlicher. Auf der Angebotsseite sind
von den Neugründern oder Newcomern, die sich von vornherein ganz dem neuen Markt
verschrieben haben, solche eingesessenen Unternehmen zu unterscheiden, die mit unterschiedlichen Strategien zusätzlich oder bei partieller Substitution alter Produkt- oder
Marktsegmente in den neuen Markt einsteigen wollen. Bei den Letzteren können nicht nur
zwischen den zentralen Funktionsbereichen F&E, Produktion, Vertrieb und Marketing,
sondern auch innerhalb dieser Bereiche erhebliche Differenzierungen interner Erfahrungen,
Interessen und Perzeptionen vorliegen, die den konfliktären Ablauf der Innovationsspiele
beeinflussen. Je nachdem mit welchen organisatorischen Strukturierungs- und Ressourcen-
budgetierungsmaßnahmen der Markteintritt vorbereitet wird, kann es Befürworter oder
Promotoren und Gegner der Innovation in allen Funktionsbereichen und Hierarchieebenen
sowie bei allen Professionen geben. Organisations- und Budgetierungsmaßnahmen werden
von den individuellen Akteuren immer auch unter der Perspektive eigener Karriereoptionen
beurteilt. Schon deshalb wird das mögliche Konfliktfeld zwischen organisatorischen Bereichen auch wesentlich dadurch bestimmt, ob und für welche Funktionen für die Entwicklung, Produktion und Markteinführung der neuen Produkte spezifische Abteilungen mit
eigenem Personal und eigenen Ressourcen eingerichtet werden. Dies kann bis zur organisatorischen Ausgliederung eines neuen Unternehmensbereichs reichen.

Die mögliche Genese eines neuen Marktes wird nicht nur von organisationsinternen
Auseinandersetzungen begleitet; auch organisationsübergreifenden oder zwischenorganisatorischen Kooperations- und Konkurrenzspielen kann eine entscheidende Bedeutung zu-
kommen. Bei diesen Macht(Markt-)spielen treten die beteiligten Organisationen (z.B. neben den Anwender-, Hersteller- und Zulieferunternehmen auch Unternehmensberatungen
und Vertriebsagenten) nur selten als einheitlich handelnde kollektive Akteure auf; es sind
vielmehr häufig nur einzelne individuelle Akteure, Gruppen oder Organisationseinheiten
beteiligt, die nicht einer von vornherein festgelegten, einheitlichen kollektiven Strategie
folgen. Das jeweilige Kooperations- und Konkurrenzverhalten in diesen Spielen stellt sich
dar als eine Mischung aus Anpassungsverhalten an eine als kaum veränderbar angesehene
interne oder externe Umwelt und dem Versuch, neue Kooperations- und Konkurrenzlösun-
gen zu finden, die zur Veränderung bisheriger Strukturen führen können. Je höher der Institutionalisierungsgrad der beteiligten Institutionen, umso weniger gelingt im Allgemeinen

eine strategische Umorientierung, von der aus dann eine konsistente Rolle bei der Formierung eines neuen Marktes gespielt werden könnte; umso mehr ist deshalb der vorgängige Aufbau zwischenorganisatorischer Beziehungen (z.B. die Zusammenarbeit von Entwicklern in Kooperationsprojekten mit Großkunden) und der jeweils nach innen glaubhaft gemachte Erfolg dieser Beziehungen für organisatorische Innovationen unverzichtbar. In diesem Fall verlaufen die Aufklärungs- und Überzeugungsstrategien gewissermaßen von außen nach innen, d.h. von den zwischenorganisatorischen Innovationsspielen zu den internen Kommunikations- und Entscheidungsprozessen.

Schon in *frühen Marktphasen* bildet sich häufig ein griffiges Etikett (z.B. E-Commerce, Internet-Ökonomie), mit dem die zunehmende Relevanz des sich entwickelnden Beziehungsgefüges von Produkt-, Anbieter- und Nachfragermerkmalen signalisiert wird. Hinzu kommt ein noch grob konturiertes Leitbild, das gleichsam wie ein neuer Stern die Phantasien potentieller Marktteilnehmer beflügeln soll (z.B. durch die Verdeutlichung des Rationalisierungs- und Automatisierungspotentials neuer Produkte in Verbindung mit einem vermeintlich hohen Rationalisierungsbedarf, der Substitution alter Produktkonzeptionen in Verbindung mit neuen Organisationsentwicklungs- und Anwendungsperspektiven und schließlich der Erschließung neuer Anwenderpotentiale). Angezeigt, begleitet und gefördert werden solche Leitvorstellungen z.B. durch ein gemeinsames Auftreten auf Messen und Ausstellungen, durch ein wachsendes Spektrum popularisierter und professioneller Publikationen, durch Fachtagungen, Konferenzen und Symposien von Verbänden, durch Hearings von Parteien und Regierungen sowie durch international agierende Informations- und Beratungsdienste. In dieser Medienlandschaft werden wechselnde Zukunftsszenarien präsentiert und verhandelt. Es ist wichtig darauf hinzuweisen, dass sich dieses Leitbild noch nicht wie in institutionalisierten Technologiedomänen mit dem konkreten Handlungskontext verbindet. Es ist nicht auf konkrete Handlungserfahrungen, -probleme und -erfolge gestützt; und gerade deshalb hat es eine spezifische und wichtige Funktion: Es reduziert Unsicherheit, macht Zukunft transparent, bietet Identifikationsmöglichkeiten, scheidet Befürworter und Euphoriker von Skeptikern und Gegnern, zeigt das Potential und den gesellschafts- und wirtschaftspolitischen Sinn von technischem Fortschritt auf, liefert Handlungsgründe und Rechtfertigung und macht damit sinnhaftes Handeln möglich. Je stärker sich mit dem Leitbegriff ein *Fortschrittsmythos* verbindet, umso mehr ist auch der Staat auf den Plan oder Markt gerufen: durch Ausbau passender Infrastrukturen, durch bildungspolitische Initiativen in Schulen und Hochschulen, durch Aufbau neuer Studiengänge, durch arbeitsmarktfördernde Weiterbildungs- und Umschulungsprogramme sowie durch Innovationsförderung bei Herstellern und Anwendern. An diesem hier nur angedeuteten vielschichtigen Netz mehr oder weniger öffentlicher Meinungsbildungs-, Interessenartikulations- und Beeinflussungsprozesse partizipieren Hersteller- und Anwenderorganisationen in Abhängigkeit von Ursprungsbranche, Unternehmensgröße und -struktur, Produkt- und Marktprofil, Innovationspotential etc. auf verschiedenen Organisationsebenen und mit unterschiedlichen organisatorischen und personellen Subsystemen.

Marktformierungsphasen sind die große Stunde der Marktpropheten, d.h. der zahlreichen Marktanalyse-, Informations- und Beratungsunternehmen, die mit ihren Statistiken, Recherchen, Prognosen und Prophezeiungen, Strategieinterpretationen und -empfehlungen den Marktprozess begleiten und das Bewusstsein nähren, dass viel zu gewinnen und zu verlieren ist, dass also viel auf dem Spiele steht. Indem sie Orientierungshilfe versprechen und geben, sind sie auf ihre Weise auch an der Gestaltung der Marktprozesse beteiligt.

Nicht dass da, wo noch keine harten Verkaufsdaten vorliegen, viel zu recherchieren wäre; das Fehlen von Fakten ist gerade die Basis für die Attraktivität und den Erfolg solcher Unternehmen. Aus nur wenigen statistischen Daten lassen sich besonders beeindruckende Zukunftspfade ableiten; das Spektrum möglicher Analogieschlüsse ist schier unbegrenzt. Um Glaubwürdigkeit herzustellen, bedient man sich einer Mischung aus Angst- und Hoffnungserzeugung. Jedem muss eine Chance zugestanden werden, weil auch die Starken so ihre Schwächen haben. Was alle schon wissen oder zu wissen meinen, muss in ein Geheimnis transformiert werden; nur Geheimnisse lassen sich verkaufen. Je teurer das Informationsangebot, umso größer scheinen die Verlockungen zu sein; auch wenn man schließlich nur das erfährt, was man immer schon selbst wusste – auch das ist etwas, vielleicht besonders viel wert.

Die Auswirkungen eines derartigen Handels mit Zukunftsszenarien unterscheiden sich zwischen finanzstarken Großunternehmen mit eigenen F&E-Abteilungen und kleinen Start-up-Unternehmen, denen zur Umsetzung der unternehmerischen Innovationsidee oft nicht nur hinreichende betriebswirtschaftliche Kenntnisse, sondern vor allem finanzielle Ressourcen fehlen. Wie schon angedeutet, ist bei den Großunternehmen für die Beurteilung der Zukunftsszenarien von Innovationspotentialen das erfahrungs- und qualifikationsbezogene interne Interessengeflecht besonders relevant; vor allem bei der Abwehr bzw. Abwertung von Produktideen ist die mögliche Beeinträchtigung des aktuellen Erfolgs vorhandener Produkt-Markt-Bereiche von Bedeutung (Gefahr der Kannibalisierung vorhandener Produkte durch innovative neue Produkte). In der Folge kommt es nicht selten zu *spin-offs* von Innovatoren, die ihre Ideen in den Großunternehmen nicht verwirklichen konnten. Bei kleinen jungen Unternehmen treten in einer frühen Phase der Entwicklung sog. *Business Angels* als mögliche Eigenkapitalgeber (und damit als rettende Engel) auf, weil klassische Venture Capital-Unternehmen typischerweise erst bei ausgereiften Businessplänen mit größerem Kapitalvolumen bereitstehen (vgl. Brettel/Jaugey/Rost 2000). Business Angels bilden einen weitgehend informellen Markt der Equity-Finanzierung, bei der neben branchenbezogenem Spezialwissen persönliche Sympathien bei der Anknüpfung von Beziehungen mit Jungunternehmern ausschlaggebend sind. Es überrascht nicht, dass Versuche bisher wenig erfolgreich waren, das eher informell-zufällige Zusammentreffen von Business Angels und (potentiellen) Unternehmern z.B. durch sog. *Business Angel Networks* und die Vermittlung von Computer-Matchings auf Basis von Kapitalgeber- und Kapitalnehmerprofilen formaler und systematischer anzugehen.

Während für etablierte Unternehmen das vorhandene interne und organisationsübergreifende Beziehungsnetzwerk von Stakeholdern eine von vornherein nicht eindeutig zu bewertende Filter- und Selektionsfunktion gegenüber Neuerungen und Innovationen ausübt, müssen junge Start-up-Unternehmer ein solches Beziehungsnetzwerk erst aufbauen,[245] um sich die für eine Umsetzung und Vermarktung der Produktidee notwendige Unterstützung und Legitimation zu sichern. Ein erfolgreiches *Relationship-Management* ist häufig die wesentliche Voraussetzung dafür, dass junge Unternehmen der in den Startphasen von Organisationen besonders hohen Gefahr eines Scheiterns entgehen und damit den Übergang zu einer erfolgreichen Produkteinführung und anschließender Wachstumsphase schaffen (vgl. zur sog. *liability of newness* Hannan/-Freeman 1984, 157f. sowie Free-

---

245 Bei der *Privat Equity*-Finanzierung spricht man von *smart money*, wenn in der Aufbauphase junger Unternehmen neben Eigenkapital auch Know-how und Geschäftsverbindungen eingebracht werden.

man/Carroll/Hannan 1983). Denkbar ist natürlich auch, dass sämtliche Markteinführungs-
versuche scheitern und damit kein neuer Markt entsteht, wobei eventuell später auf entsprechende Produktideen erneut zurückgegriffen werden kann. Erweist sich die Produktidee als
besonders marktfähig, werden demgegenüber viele Innovatoren Gründungsversuche unternehmen. In diesem Fall kommt es zu einer Überbesetzung des Marktes mit einer sich anschließenden *Shake-out*-Phase, die nur solche Unternehmen überleben, die durch Stakehol-
derunterstützung und/oder schnelles Wachstum eine tragfähige Mindestgröße erreichen
(vgl. zur *minimum efficient scale* im folgenden Abschnitt).

In der zweiten Phase (*intermediate development stage*) verbessern sich mit zunehmender Verfeinerung der Produktions- und Vertriebsverfahren die Voraussetzungen zur betriebswirtschaftlichen Bewertung und Analyse des zukünftigen Markt- und Erfolgspoten-
tials. Während besonders in den USA sog. *Venture Capital Gesellschaften* die Finanzierung
sämtlicher Phasen von der Ausreifung und Umsetzung einer Unternehmensidee bis zum
Gang an die Börse mitgestalten,[246] steigen deutsche VC-Gesellschaften häufig erst mit
Eigenkapital in junge innovative Unternehmen ein, wenn solche Bewertungen ein nicht zu
hohes Risiko versprechen. Insgesamt ähnelt die Finanzierung dann häufig eher der Kredit-
finanzierung als der Finanzierung mit Risikokapital (vgl. Schefczyk 2000; Weber/Dierkes
2002). Allerdings hat sich schon häufig gezeigt, dass dieses Finanzierungsverhalten nur zu
einer vermeintlichen Risikobegrenzung beiträgt, weil die Prognose des Marktwachstums
und besonders individueller Wachstumsraten von Start-up Unternehmungen[247] auch dann
ein problematisches Unterfangen bleibt, wenn bereits erste Verkaufszahlen vorliegen.[248]
Wird auf der Grundlage neuer Basistechnologien mit unterschiedlichen, teilweise konkurrierenden Produkttypen experimentiert, so kann eine Erfolgsprognose für solche Produkttypen auch dann äußerst ungewiss sein, wenn sich für den neuen Gesamtmarkt insgesamt ein
längerfristiges Wachstum nachweisen lässt.[249]

VC-Gesellschaften sind überwiegend an Geldanlagen orientierte Unternehmen des Fi-
nanzsektors (Banken, Versicherungen, Pensionsfonds usw.). Nicht hierzu zählen allerdings
sog. *Corporate Venture Capital-Gesellschaften*, die besonders in technologieorientierten

---

246 Unter Finanzierungsgesichtspunkten ist in diesem Zusammenhang folgende Phaseneinteilung verbreitet:
Seed-Financing (Finanzierung der Ausreifung und Umsetzung einer Idee in verwertbare Resultate), *Start-up
Financing* (Gründungsfinanzierung), *Expansion Financing* (Wachstums- und Expansionsfinanzierung) und
Bridge Financing (Überbrückungsfinanzierung zur Vorbereitung des Börsengangs, vor allem mit dem Ziel
der Verbesserung der Eigenkapitalquote) (vgl. Zantow 2004).
247 Selbst wenn die Marktwachstumsrate bekannt wäre, könnte man die Stärke der *Shake-out*-Phase in Verbindung mit der sich in Zukunft etablierenden Angebotsstruktur kaum voraussagen.
248 Eine empirische Fundgrube für Fehlspekulationen oder Fehlprognosen bietet die vergangene Entwicklung
des sog. *Neuen Marktes* als ein 1997 von der *Deutschen Börse AG* (mit besonderen regulatorischen Standards
hinsichtlich Publizität und Handelbarkeit der Aktien) innerhalb des Freiverkehrs gegründetes und 2003 wieder eingestelltes spezielles Handelssegment für wachstumsstarke, innovative Unternehmen. In diesem Fall
muss zusätzlich berücksichtigt werden, dass sich die Spekulationen auf den globalen Kapitalmärkten mehr
oder weniger von der realwirtschaftlichen Basis losgelöst hatten, so dass es nach zunächst erfolgreichen Bör-
seneinführungen (IPO, *Initial Public Offering*) zu einer Welle von Kurszusammenbrüchen mit negativen
Rückwirkungen auf weitere Unternehmensentwicklungen kam.
249 Z.B. wurde für den in der ersten Hälfte der 80er Jahre entstandenen neuen Markt der Bürokommunikation
(Integration von Produkten der Nachrichtentechnik, der Bürotechnik und der Datenverarbeitung mit Hilfe der
Mikroelektronik als Basistechnologie) ein erhebliches Wachstum für den Btx-Dienst mit zugehörigen Produkten von professionellen Marktforschungsinstituten vorhergesagt, während Faxprodukte und -geräte kaum
Erwähnung fanden. Während sich *Btx* zumindest in Deutschland als absoluter Flop erwies, wurde *Fax* zu ei-
nem Verkaufsschlager sondergleichen.

Branchen die Aufgabe haben, für etablierte Großunternehmen die Qualität des Know-hows und das Innovationspotential junger, innovativer Unternehmen zu sondieren und unter unternehmensstrategischen Aspekten zu bewerten. U.a. geht es hierbei auch um die Analyse und Vorbereitung möglicher Übernahmestrategien und -entscheidungen des Großunternehmens (vgl. zur Wahl eines geeigneten Übernahmezeitpunktes detaillierter Küpper/Felsch 2000, 136). Wie noch im nächsten Abschnitt herausgearbeitet wird, beruht die Stärke etablierter Großunternehmen weniger auf ihrer Innovations- als auf ihrer Kapitalkraft, wobei neben materiellen und humanen Ressourcen das auf institutionalisierten internen und externen Machtbeziehungen beruhende Beziehungs- oder Sozialkapital hervorzuheben ist, das z.B. ihre Dominanz in Marketingkanälen begründet.

Die weitere Entwicklung bis zur Reifephase *(mature stage)* und damit die Vermarktung eines innovativen Anwendungspotentials neuer Technologien ist deshalb mit einem schwierigen und problematischen Ablösungsprozess von etablierten Produkten und Technologien verbunden, weil die innovativen Lösungsangebote auf eine mehr oder weniger festgefügte Struktur aus Interessen, Qualifikationen und Ressourcen stoßen. Insofern hat die Dualität von Struktur und Handeln gerade auch für Innovationsprozesse im Anwendungsbereich ein besonderes Gewicht. Durch strategische Interaktionen zwischen Anbietern und Nachfragern, in denen die Vorteile des Innovationspotentials durch Aufklärungs- und Überzeugungsarbeit vermittelt werden müssen, können die vorhandenen Strukturen mehr oder weniger aufgebrochen und Innovationsspiele und Lernprozesse induziert werden, die neue Strukturmuster entstehen lassen. Die sich schließlich im Anwendungsbereich ergebende veränderte oder neue Handlungspraxis kann weit von den Visionen entfernt sein, die den Entwicklungsprozess anregte und deren ursprüngliche Vermarktung begleitete. Für solche Differenzen und Verschiebungen sind die durch mangelhafte, verzögerte oder diskontinuierliche Rückkopplungen verbundenen Generalisierungen von (Erwartungs-)Erwartungen bei den strategischen, über Medien vermittelten Interaktionen genauso verantwortlich, wie die in Bezug auf sozio-technische Systeme im vorherigen Abschnitt beschriebenen Externalisierungsprozesse mit ihren externen Effekten. Besonders bei den auf High-Tech-Innovationen beruhenden Investitions- und Gebrauchsgütern stößt das Innovationsangebot i.d.R. auf bereits stark institutionalisierte technologische Domänen globaler Branchen, wobei sowohl zwischen den Herstellerunternehmen als auch zu den Anwendern langjährige Beziehungen etabliert sind. Der sich letztlich im Anwendungsbereich realisierende Innovationsgrad hängt davon ab, inwieweit sich das jeweilige innovative Handeln auf wechselweise Anpassungsprozesse im Rahmen der vorhandenen industriellen Infrastruktur reduziert oder gewollte und ungewollte Strukturänderungen zeigt. Die Wucht und Trägheit dieser Infrastruktur kommt vor allem im Ausmaß der vorhandenen Installationen älterer Produkte und Verfahren zum Ausdruck, mit denen sich – als *sunk costs* – bestimmte Formal-, Ressourcen- und Qualifikationsstrukturen im Hersteller- und Anwenderbereich sowie in den Marketingkanälen konstituieren und verfestigen.

Von besonderer Relevanz ist hierbei der systemische Charakter vieler längerfristig genutzten Produkte, der durch den Umstand, dass es sich um Investitions- oder Gebrauchsgüter handelt, nur unzureichend gekennzeichnet wird.[250] Dies soll am Beispiel von Informations- und Kommunikationssystemen verdeutlicht werden, die die technologische Infrastruk-

---

250 Natürlich wird auch das Konsumpotential für Verbrauchsgüter sehr stark durch das Nutzungspotential von Gebrauchsgütern geprägt. Man denke nur an den Zusammenhang zwischen Kühl- und Gefrierschränken, Mikrowellenherden und in Tiefkühlketten vermarktete Lebensmittel.

tur mit erheblichen Auswirkungen auf die Managementsysteme fast aller Organisationen geprägt haben. Es geht hierbei nicht lediglich um die Wahl eines technischen Mediums zur Effektivierung von Informations- und Kommunikationsprozessen nach vorab durch betriebswirtschaftliche Analysen festgelegten Kriterien. Die Inhalte und Anforderungen dieser Prozesse bis hin zur semantischen Ebene werden vielmehr durch die Systemmerkmale selbst geformt. Je ausgeprägter der Systemcharakter, umso weniger lassen sich Anforderungen an bestimmte Systemkomponenten ohne Bezug zu anderen Komponenten und zur gesamten Systemarchitektur überhaupt formulieren. Je mehr von einem System installiert oder in dieses System investiert wurde, umso mehr Teile dieses Systems sind möglicherweise zu demontieren oder zu desinvestieren, um selbst kleinere Veränderungen oder Verbesserungen zu realisieren. Jede einzelne konkrete Geräte- und Programminstallation schränkt schließlich das Potential weiterer Anwendungsentwicklungen ein. Je nachdem, in welcher zeitlichen Reihenfolge und mit welchen – kleineren oder größeren – Komponenten und Teilsystemen der Implementationsprozess durchgeführt wird, können sich deshalb sehr unterschiedliche *Systemstrukturen* in Anwenderorganisationen ergeben, auch wenn die betriebswirtschaftlichen Anforderungen und Kriterien ähnlich sind. Selbst wenn man von dem unwahrscheinlichen Fall übereinstimmender Systemzustände zu einem bestimmten Zeitpunkt ausgeht, sind von hieraus unterschiedliche Entwicklungspfade umso wahrscheinlicher, je größer die wahrgenommene Unsicherheit in Bezug auf das zukünftige Systemangebot und seine Nutzungsbedingungen ist. Eine Generalisierung und Vereinheitlichung von Erwartungen kommt vor allem durch die schon angesprochenen Leitbilder zustande. Je ausgeprägter die Marktführerschaften sind und je mehr die Marktführer solche Leitbilder in ihren Entwicklungs- und Marketingstrategien inkorporieren, umso enger wird jenseits aller betriebswirtschaftlichen Kalküle das Spektrum von Systementwicklungen im Anwendungsbereich sein. Das betriebswirtschaftliche Kalkül ist dann nicht nur eine Art ökonomische Ausformulierung des Leitbildes; es dient vor allem der Begründung und Rechtfertigung des Leitbildes selbst.

Die durch weiteren technischen Fortschritt immer wieder in Aussicht gestellte größere Freiheit der Gestaltung von Informations- und Kommunikationsprozessen ist aufgrund der genannten Systemeffekte aus Anwendersicht höchst fraglich. Betrachtet man Bürokommunikationsprodukte für Endabnehmer als hierarchisch strukturierte Systeme, so sind z.B. die sich herausbildenden Systemarchitekturen mit den jeweiligen Standardisierungen auf System- und Komponentenebene für die weitere Entwicklung entscheidend. Systemarchitekturen können unterschiedliche Freiheitsgrade in Bezug auf die Ausgestaltung der Subsysteme und Systemelemente besitzen; sie lassen sich insofern als mehr oder weniger flexibel und offen bzw. starr und geschlossen charakterisieren. Offenere Architekturen erlauben vielfältigere Produktdifferenzierungen und führen damit zu mehr Wahlmöglichkeiten, aber auch größeren Auswahlproblemen bei Anwendern. Die Betrachtung bzw. Einflussrichtung lässt sich umkehren: Die Durchsetzung von Normen und Standards für Subsysteme und Systemelemente schränkt die Zahl möglicher Systemarchitekturen ein, in deren Rahmen diese Bausteine sinnvoll zu funktionsfähigen Gesamtsystemen zusammengefügt werden können. Je nach Schnittstellencharakteristik des Standard-Bausteins oder einer standardisierten Systemebene kann die Standardisierungswirkung für das Gesamtsystem auch hier unterschiedlich groß sein, so dass in diesem Sinne von mehr oder weniger flexiblen oder starren Bausteinen oder Systemebenen gesprochen werden kann. In Interdependenz mit der Systemarchitektur kann daneben der Grad der Modularisierung des Systems in trennbare Elemente, Bausteine und Baugruppen und – hiervon abhängig – der Grad der Hierarchisierung des Systems in abgrenzbare Systemebenen und Subsysteme unterschiedlich stark ausgeprägt sein. Das Spektrum reicht von einer Vielzahl kleiner, mehr oder weniger flexibel koppelbarer Einheiten bis hin zu wenigen großen Einheiten mit starker interner Funktionsintegration und damit von vielen bis zu wenigen hierarchischen Ebenen.

Die hier für mögliche Produkt-Szenarien der Informations- und Kommunikationstechnologien angestellte Betrachtung verweist allgemein auf vielfältige Kontingenzen, Interdependenzen und Rückkopplungen, die den Produktinnovations-, Diffusions- und Marktprozessen innewohnen kann, d.h. sowohl von einzelnen Prozessschritten ausgelöst werden kann als auch restriktiv auf diese zurückwirken. Da der Verlauf dieser Prozesse in Verbindung mit der Entstehung von Produkt- und Dienstleistungsteilmärkten darüber entscheidet, welche Kompetenzen und Ressourcen für ein erfolgreiches Marktagieren vorauszusetzen sind, liegt es auf der Hand, dass die Marktentwicklung in erheblichem Maße von *interessenorientierten Machtprozessen* durchwirkt ist.[251] Bei der Entwicklung von Informations-, Kommunikations- und Entscheidungssystemen in Anwenderorganisationen werden die informations- und kommunikationstechnologischen Hard- und Softwareprodukte zu mehr oder weniger ausgreifenden Bestandteilen der Informations- und Ressourcenstrukturen dieser Organisation und verschränken sich mehr oder weniger innig mit dem sonstigen Regelwerk ihrer Formalstrukturen.

Dieser für Informations- und Kommunikationstechnologien, -produkte und -märkte veranschaulichte Strukturierungsprozess soll allgemein als *infrastruktureller Zirkel* bezeichnet werden, der nahezu allen Produkt-, Markt- und Organisationsentwicklungen in modernen Gesellschaften immanent ist. Hiermit ist gemeint, dass Produktanwendungen oder -nutzungen sowohl selbst unmittelbar Infrastrukturen herausbilden als auch weitere Infrastrukturentwicklungen auslösen,[252] die mehr oder weniger stark die Vor- und Nachteile bzw. Nutzen und Kosten zukünftiger Produkt-, Markt- und Organisationsentwicklungen bestimmen. Eine wesentliche Wirkung dieses infrastrukturellen Zirkels ist der sog. *Lock-in-Effekt*, der in extremer Form besagt, dass sich der Entwicklungsprozess zunehmend auf einen einzigen möglichen Entwicklungspfad verengt.[253] Dass solche Effekte bisher kaum Eingang in die ökonomische Theoriebildung gefunden haben, mag am statischen Charakter der Theoriekonstruktionen liegen. Auch die mit Lock-in-Effekten häufig verbundene Tendenz zur Entstehung sog. *Produktmonopole*[254] findet in der bisherigen Literatur zur Marktökonomie wenig Beachtung.[255] Von einem *Produktmonopol* kann für den Extremfall gesprochen werden, dass Anwender, die ein Produkt bzw. ein Produktsystem installiert haben bzw. nutzen, in Zukunft aus Effizienzgründen veranlasst sind, Ersatzprodukte dieses Systems zu beschaffen und jede weitere Installation oder Nutzung mit den Komponenten dieses Systems vorzunehmen. Auch wenn ein Produktmonopol nicht notwendigerweise auch

---

251 Als Beispiel können etwa staatlich initiierte Standardisierungsgremien genannt werden, deren Arbeit sich in hohem Maße durch Verhandlungsprozesse zwischen bisher dominanten Akteuren (Lobbyisten) auszeichnet. Zu Standards, Standardisierung und Selbstorganisation vgl. Ortmann (2003a, 163ff.).

252 z.B. logistische Infrastrukturen für Transport, Lagerhaltung, Verpackung etc.

253 Vgl. ausführlich Ortmann (1995, 151ff., 255, 270f.).

254 Vgl. für den Bereich der Informationstechnologien Barron/Curnow (1979).

255 Eine solche Monopolisierung verschränkt sich mit der von Crozier/Friedberg (vgl. Friedberg 1992) aus machttheoretischen Erwägungen abgeleiteten *Tendenz zur Monopolisierung* interorganisationaler Beziehungen (vgl. im Einzelnen Küpper/Felsch 2000, 109ff.).

ein Herstellermonopol nach sich zieht,[256] so gilt doch, dass die Marktmacht eines Herstellers umso größer ist, je umfassender und geschlossener das von ihm angebotene Spektrum untereinander kompatibler Produkte im Vergleich zu Konkurrenzsystemen ist und je mehr Systeminstallationen er bereits zu verzeichnen hat. Ein früher Markteintritt oder ursprüngliche Innovations-, Qualitäts- oder Effizienzvorsprünge führen somit leicht zu einem Selbstverstärkungsprozess, der es in Zukunft erheblich erschweren kann, dass selbst innovativere Hersteller mit preisgünstigeren und qualitativ besseren Produkten in die bestehende Produktdomäne eindringen.

Produktmonopole sind ein gutes Beispiel dafür, dass die Dualität von Struktur bzw. die Rekursivität von Struktur und Handeln gravierende Aus- und Rückwirkungen auf die Marktbeziehungen eines Unternehmens haben kann, so dass Marktstrukturen und -entwicklungen wesentlich hiervon bestimmt werden. Dominante Hersteller mit hohen Marktanteilen beim Installationsvolumen sind selbst mehr oder weniger stark an die vorhandenen Produktstrukturen gebunden. Sie geraten in ein *strategisches Dilemma*, weil die Einführung neuer, nicht-kompatibler Produkte eine Kannibalisierung der erfolgreichen alten Produkte zur Folge hätte. Die Entwicklung und Vermarktung innovativer Systeme, die mit dem vorhandenen System nicht kompatibel sind, erfordern nicht nur hohe Investitionen, sondern erhöhen zugleich erheblich das Risiko, dass Konkurrenzunternehmen ebenfalls mit neuen Systemen in den Markt eindringen, zumal es in dieser Situation viele enttäuschte und verärgerte Kunden geben dürfte. Aufgrund der Kompatibilitätsanforderungen in Bezug auf installierte Systeme wird deshalb das Innovationstempo dominanter Hersteller und damit des Marktes insgesamt mehr oder weniger stark gedrosselt. Das gilt besonders hinsichtlich grundlegender Systemarchitekturen. Haben sich einmal Produktmonopole in einem Markt etabliert, so beschränkt sich das Innovationsverhalten hauptsächlich auf *sekundäre* Anpassungsinnovationen zur Kostensenkung oder partiellen Qualitätsverbesserung im Rahmen gegebener Systemarchitekturen.

Das mit Marktdominanzen in Verbindung mit Produktmonopolen auftretende strategische Dilemma schränkt auch die Art und Anzahl möglicher Wettbewerbsstrategien als Gegenstrategien nicht-marktführender Hersteller ein. Barron und Curnow (1979, 114ff.) diskutieren im Einzelnen die Chancen und Risiken folgender Gegenstrategien:

1. *Strategie des direkten, nicht kompatiblen Wettbewerbs*: direkter Wettbewerb durch Angebot eines Konkurrenzsystems von Produkten, die das Leistungsspektrum des Marktführers mehr oder weniger abdecken, aber mit dessen System nicht kompatibel sind.

2. *Marktsegmentstrategie*: Konzentration des Wettbewerbs auf ein spezifisches Marktsegment, das auch vom Marktführer bedient wird.

3. *Strategie des direkten kompatiblen Wettbewerbs*: Direkter Wettbewerb durch Angebot eines Konkurrenzsystems, dessen Produktpalette mit der des Marktführers kompatibel ist.

---

256 Bestehen keine Schutzrechte oder lassen sich bestehende Schutzrechte umgehen, so können andere Hersteller Teile oder Komponenten des Systems mehr oder weniger kopieren und als systemkompatible Produkte auf dem Markt anbieten. Denkbar ist auch, dass der Hersteller eines Systems nicht alle Komponenten selbst anbietet, sondern sich auf Kernelemente beschränkt und das Angebot peripherer Elemente anderen Herstellern überlässt. Hiervon ist der Fall zu unterscheiden, dass Teile des Systems von Zulieferern bezogen und als eigene Produkte oder Bestandteile eigener Produkte unter eigenem Namen angeboten werden.

4. *Spezialmarktstrategie*: Identifikation eines Spezialmarktes, in dem der Marktführer nicht konkurrenzfähig ist.[257]

5. *Strategie kompatibler Systemkomponenten*: Angebot von Komponenten innerhalb der Produktpalette des Marktführers, die mit dessen System kompatibel sind.

Derartige Struktur-Strategie-Zusammenhänge sind ein konkreter empirisch erschließbarer Anwendungsfall der bereits an anderer Stelle allgemein beschriebenen Wirkungszyklen zwischen Umweltsituationen (Technologien, Märkten), Unternehmensstrategien (Produkt-Markt-Strategien, Innovationsstrategien) und Organisationsstrukturen (Regelsysteme, Produkt- und Ressourcenstrukturen, Handlungspotentiale) (vgl. Küpper/Felsch 2000, 354ff.).

Ein Sonderfall des infrastrukturellen Zirkels mit möglichen Lock-in-Effekten stellen sog. *Netzwerkexternalitäten* dar, die im Anwendungsbereich von Produkten dann auftreten, wenn der Anwendungsnutzen mit zunehmender Anwenderzahl steigt. Der Begriff Netzwerk rührt daher, dass hiermit im Wesentlichen Produkte angesprochen sind, die eine infrastrukturelle Basis für Kommunikationsnetzwerke bilden (z.B. Telefonnetze, Computernetzwerke). Farrell/Saloner (1987) benutzen allgemein den Begriff der *Kompatibilität*, um infrastrukturelle Zirkel zu charakterisieren, und meinen hiermit, dass Produkte zueinander passen und zusammenarbeiten können. Neben der bei Netzwerkexternalitäten auftretenden kommunikativen Kompatibilität unterscheiden sie die physische Kompatibilität (Passung physischer Objekte, z.B. Kameras, Linsen und elektronische Datenträger; Autoteile; Hydranten und Schläuche usw.) und die Kompatibilität durch Konventionen, die nicht physisch bestimmte Koordinationsvorteile sicherstellt (z.B. die Verhaltenskoordination durch Festlegung von Verkehrsregeln). Sie bezeichnen mit *Standardisierung* einen Prozess, durch den Kompatibilität hergestellt wird, wobei folgende fünf Möglichkeiten erwogen werden:

1. *interne Entscheidungen eines dominanten Anbieters oder Herstellers*, um Kompatibilität innerhalb der eigenen Produktfamilien sicherzustellen,

2. *Vereinbarungen* (formal/informal, bindend, freiwillig) *zwischen mehreren Herstellern bzw. Anbietern*, bei denen es um den Ausgleich konfligierender Interessen geht (z.B. in Standardisierungsgremien, die auch unter dem Druck von Käufern und Regierungen stehen können),

3. die *freiwillige Anpassung von Herstellern bzw. Anbietern an einen Marktführer*, so dass es zur Herausbildung eines sog. De-facto- oder Industriestandards kommt (bekanntes Beispiel: das Setzen eines De-facto-Standards für PC's durch IBM),

4. *direkte staatliche Regulierung* (z.B. Festlegung von Standards für das Farbfernsehen) und

5. *Festlegung durch internationale Standardisierungskommissionen* – z.B. im Bereich der Telekommunikation, ISO (vgl. Walgenbach 2000; Ortmann 2003a, 163ff.) – wobei in den Kampf um Standards nationale und multinationale Interessen einfließen.

Farrell/Saloner widmen sich den möglichen Wettbewerbs-, Effizienz- und Wohlfahrtseffekten von Kompatibilität und Standardisierung und kommen zu dem Schluss, dass für diesen Fall die aus neoklassischen Postulaten abgeleiteten positiven Wirkungen des Wettbewerbs

---

257 Während bei der Marktsegmentstrategie eine Ausdifferenzierung im Rahmen eines gegebenen Produktmonopols erfolgt, entsteht bei einer erfolgreichen Spezialmarktstrategie ein zusätzliches Produktmonopol in dem jeweiligen Spezialmarkt.

kritisch hinterfragt werden müssen. Z.B. ist hier zwischen einem Ex-ante-Wettbewerb zwischen den Produktsystemen (*Designwettbewerb*) und einem Ex-post-Wettbewerb (*Preiswettbewerb*) innerhalb etablierter Produktsysteme zu unterscheiden, wobei die komplexe Dynamik der Wettbewerbswirkungen bisher nur in stark vereinfachten spieltheoretischen Modellen untersucht werden kann (vgl. z.B. erste Ansätze bei Katz/Shapiro 1985; 1986). Aufgrund der Allgegenwart von infrastrukturellen Zirkeln ist bis heute ein erheblicher theoretischer und empirischer Forschungsbedarf angezeigt, etwa um eine realistische Einschätzung möglicher Wohlfahrtseffekte staatlicher Regulierungen zu ermöglichen.

Im Gegensatz zum dominanten Paradigma des neoklassischen Preiswettbewerbs kennzeichnen Katz/Shapiro mögliche aus Kompatibilität und Standardisierung folgende ökonomische Probleme mit folgenden Metaphern:

- *Economics of horses* als Folge ungelöster Koordinationsprobleme. Der Begriff bezieht sich auf die Praxis des Wilden Westens, durch Zusammenbinden von Pferden bei begrenzter Beweglichkeit ihr Fortlaufen zu verhindern. Allgemein lassen sich hiermit die beim infrastrukturellen Zirkel auftretenden Verkettungen von Produkten, Ressourcen und Organisationsstrukturen und hieraus folgender Strategien kennzeichnen, die ein effizienzsteigerndes koordiniertes Vorgehen bei der Entwicklung und Anwendung neuer Produkte und Verfahren einschränken oder verhindern (Erzeugung von Pfadabhängigkeiten durch *Lock-In-* oder Verriegelungseffekte).

- *Economics of penguins* als Folge strategischer Unsicherheiten. Der Begriff ist aus Beobachtungen von Pinguinen auf einer Eisscholle abgeleitet, die zeigen, dass hungrige Pinguine versuchen, sich gegenseitig ins Wasser zu stoßen, weil jeder einzelne das Risiko fürchtet, Opfer eines Raubtieres zu werden, wenn er als erster ins Wasser springt. In diesem Sinne ist es auch für potentielle Anwender von innovativen Technologien individuell rational, eine Strategie des Abwartens auch dann zu verfolgen, wenn sicher wäre, dass diese Technologie der vorhandenen Technologie überlegen ist. Hersteller sind u.U. veranlasst, mit entsprechenden Risiken nicht-kostendeckende Penetrationspreisstrategien zu verfolgen (Einführung neuer Produkte durch Quersubventionierung).

- *Economics of lemmings* als die Möglichkeit ineffektiver Entwicklungspfade. Skandinavische Berglemminge (Gruppe der Wühlmäuse) unternehmen nach Massenvermehrungen Wanderungen in Folge von Nahrungsknappheit und stürzen sich hierbei über Klippen gemeinsam in den Tod. Hingewiesen wird hiermit auf die Möglichkeit, dass auch im Rahmen der natürlichen Evolution Anpassung (*fit*) nicht notwendigerweise – wie häufig von Ökonomen angenommen – Effizienz bedeutet. Das mittlerweile schon klassische Beispiel eines Produkt-Marktprozesses mit im Ergebnis ineffizienter Standardisierung ist die Durchsetzung der QWERTY-Schreibmaschinentastatur (vgl. David 1985).

6.3 Kleine Innovatoren und Großunternehmen im Innovationsprozess

Nach Audretsch (1995, 65) haben zwei in empirischen Untersuchungen immer wieder festgestellte Ergebnisse der industrieökonomischen Forschung Rätsel aufgegeben: Zum einen handelt es sich um die Persistenz einer asymmetrischen Größenverteilung von Firmen mit einem kleinen Anteil von Großunternehmen und einem großen Anteil von Kleinunternehmen. Dieses Muster gilt für nahezu alle Branchen bzw. Industrien, wenn auch die Schiefe der Verteilung zwischen den Branchen z.B. in Abhängigkeit von Produkt- und Technologiemerkmalen variiert (vgl. die Pionierstudie von Simon/Bonini 1958). Zum anderen sind jüngere Untersuchungen zu dem überraschenden Ergebnis gekommen, dass der Eintritt neuer Firmen in eine Industrie offenbar auch dann nicht wesentlich abgeschreckt wird, wenn in dieser Industrie die *economies of scale* eine große Bedeutung haben. Beide empirische Regelmäßigkeiten sind mit der allgemeinen Beobachtung konsistent, dass in den meisten Industrien die Masse der Unternehmen mit einer suboptimalen Betriebsgröße (*level of output*) operiert. Die Aufklärung bzw. Interpretation dieser Phänomene wurde bisher hauptsächlich dadurch erschwert oder verhindert, dass es an einer statistischen Datenbasis mangelte, die eine Untersuchung der Entwicklung von Industrien im Zeitablauf ermöglicht hätte. Eine solche Datenbasis für zeitliche Längsschnittuntersuchungen (*longitudinal data base*) wurde 1976 in den USA – ausgelöst durch den *Small Business Act* – durch das *Office of Advocacy of the Small Business Administration* unter dem Namen *Small Business Data Base* (SBDB) erstellt.[258] Diese Datenbasis liefert jährliche Beobachtungen für rund 4,5 Mio. US-Niederlassun-gen oder Betriebe über den Zeitraum von 1976-1986, was einer wechselnden Population von mehr als 20 Mio. industrieller Betriebe entspricht.

Audretsch hat diese erstmals verfügbaren Längsschnittdaten zum Test verschiedener Hypothesen zur Dynamik von Industrien oder Branchen benutzt. Er greift hierbei auf grundlegende Alternativen zur Erklärung von Branchenentwicklungen zurück. In diesem Zusammenhang knüpft er an Überlegungen zur Bedeutung der Wissensbasis für branchenspezifische Innovationsprozesse von Nelson und Winter (1982) an, die er mit der Bedeutung von branchenspezifischen *economies of scale* verbindet. Außerdem nimmt er Bezug auf organisationstheoretische Ansätze, die Größenvor- und -nachteile von Unternehmungen thematisieren.

Grundlegende Alternativen der Industriedynamik können durch Gegenüberstellung der sog. Wald-Metapher (*forest metaphor*) mit der sog. Drehtür-Metapher (*revolving door metaphor*) veranschaulicht werden. Die *Wald-Metapher* geht auf Alfred Marshall (1920, 263) zurück, der den evolutionären Marktprozess mit Wachstumsprozessen in einem Wald vergleicht, in dem sich junge Bäume durch den Schatten ihrer alten Rivalen zum Licht hoch kämpfen. Einer solchen Vorstellung entspricht auch der von Josef Schumpeter (1911) beschriebene Prozess der kreativen Zerstörung (*creative destruction*), bei dem neue unternehmerische Firmen die alt-eingesessenen Firmen verdrängen und damit letztlich ein höheres ökonomisches Wachstum ermöglichen (vgl. Audretsch 1995, 152 u. 175). Der Wald-Metapher würde also die Beobachtung entsprechen, dass die aus einer Branche ausscheidenden (untergehenden) Unternehmen überwiegend aus größeren älteren Unternehmen bestehen, die von neuen, aufstrebenden Unternehmen verdrängt werden. Nach der *Drehtür-Metapher* überlebt die Masse neu in eine Branche eintretender Unternehmen nur für sehr kurze Zeit, obwohl ihr Industrieeintritt natürlich mit der Erwartung verbunden ist, dass sich

---

258 Die SBDB baut auf der *United States Establishment and Enterprise* Datei (USEEM) auf, die wiederum aus Geschäftsdaten von *Dun & Bradstreet* (D&B) konstruiert ist. Die wesentliche Beobachtungseinheit der SBDB ist die Niederlassung oder der Betrieb (*establishment, plant*) an einem spezifischen Standort, bei der es sich entweder um eine rechtliche Einheit im Sinne eines Unternehmens (*enterprise, firm*) oder um ein Zweigwerk eines Unternehmens (*branch, subsidiary*) handelt. Die USEEM-Datei der SBDB stellt eine Verbindung zwischen den Niederlassungen und der (rechtlichen) Unternehmensebene (Muttergesellschaft) her.

ihre potentiellen Innovationen oder neuen Ideen im Markt als tragfähig erweisen. Nach einer mit dem Lebenszyklusmodell konsistenten Vorstellung folgt die Industriedynamik einem sich drehenden Kegel, bei dem sich die Spitze, die aus den größten Unternehmen der Industrie besteht, sehr viel langsamer dreht als der untere, aus kleinen Firmen bestehende Teil. Hiermit kompatibel sind häufige empirische Forschungsergebnisse, die zeigen, dass die Überlebenswahrscheinlichkeit positiv mit der Größe und dem Alter von Unternehmen und das Unternehmenswachstum negativ mit der Unternehmensgröße korreliert (vgl. Audretsch ebd., 153ff.).

Das klassische ökonomische Argument für Vorteile von Groß- gegenüber Kleinunternehmen ist die Existenz technologiebedingter *economies of scale*. Um das Ausmaß der *economies of scales* in einer Branche zu messen, greift Audretsch – da eine direkte Messung kaum möglich ist – auf das häufig verwendete Ersatzmaß der *minimum efficient scale*[259] (MES) zurück. In den branchenspezifischen MES kommt die Mindestgröße von Betrieben zum Ausdruck, die die für das Überleben in der Branche längerfristig notwendige Kosteneffizienz sicherstellt. Um zusätzlich auch den Einfluss der Unternehmensgröße auf die Innovationseffizienz zu klären, macht Audretsch von einer Unterscheidung Gebrauch, die Nelson und Winter (vgl. 1982; Winter 1984) unter dem Begriff *technological regimes* zur Deutung der Innovationsdynamik von Unternehmen in Anschlag bringen. Diese Autoren unterscheiden zwischen zwei Technologie-Regimen in Abhängigkeit von der Art der Wissensbasis, die jeweils für die Anregung und Umsetzung innovativer Ideen in einer Branche besonders förderlich ist. Von einem *Routine-Regime (routinized regime)* wird dann gesprochen, wenn die Wissensbasis für innovative Aktivitäten im Wesentlichen aus geronnenen Erfahrungen und damit aus implizitem, nicht ohne weiteres transferierbarem Produkt-, Markt- und Prozesswissen besteht. Eine solche Wissensbasis entwickelt sich mit dem erfolgreichen Wachstum von Unternehmen und ist Bestandteil ihrer effizienten Routinen. In Branchen, deren Technologie dem Routine-Regime entspricht, besitzen demnach ältere Großunternehmungen eine größere Innovationseffizienz als junge kleine Unternehmen. Schumpeter (1942, 132) war der Überzeugung, dass sich dieser Innovationsvorteil von Groß- gegenüber Kleinunternehmen in sämtlichen Branchen einstellen würde, weil zunehmend die Produktion neuen ökonomischen Wissens mit Skalenvorteilen (*scale-economies*) verbunden ist. Er sagte voraus, dass die Kopplung von Kosten- und Innovationseffizienz letztlich dazu führen würde, dass die ökonomische Landschaft nur noch aus gigantischen Konzernen besteht:

> „Innovation itself is being reduced to routine. Technological progress is increasingly becoming the business of teams of trained specialists who turn out what is required and made it work in predictable ways." (Schumpeter ebd.)

Audretsch (1995, 8) verweist darauf, dass bereits Knight (1921) und Arrow (1962) herausgestellt haben, dass zumindest in einigen Fällen die Produktion und Innovation alles andere als routinemäßig geschieht. Solche Fälle wurden von Winter (1984) auf die Existenz eines sog. unternehmerischen *Technologie-Regimes* (entrepreneurial regime) zurückgeführt. Ein unternehmerisches Regime ist durch eine technologische Wissensbasis gekennzeichnet, die

---

259 Vgl. Comanor/Wilson (1967), die MES als durchschnittliche Größe der größten Produktionsstätten definieren, die die Hälfte des Industrieumsatzes einer Branche auf sich vereinen. Audretsch (1995, 59) verwendet als weitere Ersatzgröße die Kapitalintensität als Bruttovermögen pro Arbeitskraft (*capital-labor ratio*).

außerhalb von in Routinen inkorporierten Erfahrungen gründet, z.B. explizites naturwissen-schaftlich-technisches Wissen, aus dem durch Kombination oder Kreuzung verschiedener Forschungsdisziplinen neues Wissen generiert werden kann (z.B. im Bereich der Biotech-nologie) (vgl. Audretsch 1995, 53). Da dieses neue Wissen noch nicht anhand konkreter Produktions- und Markterfahrungen bewertet werden kann, werden individuelle Akteure als Wissensträger mehr oder weniger unterschiedliche Einschätzungen des potentiellen Nut-zens der Umsetzung neuer Ideen in Produkt- und Verfahrensinnovationen vornehmen. Das diffuse und asymmetrisch verteilte Wissen ermöglicht und fördert eine große Anzahl unter-schiedlicher Experimente, von denen sich in der Regel nur wenige als erfolgreich (im Sinne eines zukünftigen Markterfolges) erweisen. Da in Großunternehmen die mit den eigenen Routinen nicht kompatiblen Ideen durch entsprechende Risikobewertungen[260] eher zurück-gedrängt bzw. nicht weiter verfolgt werden, besitzen in diesem Fall kleine unternehmeri-sche Start-up-Unternehmen in ihrer Gesamtheit eine höhere Innovationseffizienz als Groß-unternehmen. Unternehmensinterne Wissensträger, die vom Erfolg ihrer Ideen überzeugt sind, die für die weitere Entwicklung dieser Ideen aber keine ausreichende Unterstützung, z.B. in Form von Entwicklungsbudgets, erhalten, sehen sich u.U. veranlasst, das Unterneh-men zu verlassen, um selbst ein Start-up-Unternehmen zu gründen.[261] Wie bereits im Zu-sammenhang mit den Aktivitäten von *Corporate Venture Capital-Gesellschaften* im vori-gen Abschnitt erläutert wurde, sind auch externe Wissensträger häufig nicht in der Lage, große Unternehmen unmittelbar von ihren Ideen zu überzeugen; sie müssen erst in entspre-chenden Start-up-Unternehmen die Marktfähigkeit neu entwickelter Produkte nachweisen, um dann möglicherweise das Interesse von Corporate VC-Gesellschaften zu wecken.

Zusammenfassend kann man sagen, dass es beim Routine-Regime zwischen dem Wis-sensträger (z.B. Erfinder, Inventor) und der Entscheidungsbürokratie von Unternehmen nur eine vergleichsweise kleine Divergenz in der Bewertung des erwarteten Nutzens von (po-tentiellen) Innovationen gibt, so dass für individuelle Innovatoren keine großen Anreize bestehen, ein Start-up-Unternehmen für die Entwicklung und Vermarktung neuer Produkte und Verfahren zu gründen. Demgegenüber kommt es beim unternehmerischen Technolo-gie-Regime zu größeren Unterschieden in den Chancen- und Risiko-Bewertungen neuen Wissens, so dass hier die Gründung von Start-up-Unternehmungen eine erheblich größere Bedeutung für die Innovationsdynamik einer Branche hat als beim Routine-Regime (vgl. Audretsch 1995, 53f.). Da das Konzept der Technologie-Regime nicht unmittelbar für eine großflächige branchenvergleichende empirische Erfassung geeignet ist, greift Audretsch als Ersatzgrößen auf die unterschiedliche Innovativität von großen und kleinen Unternehmen in den verschiedenen Branchen zurück. Das Vorliegen eines unternehmerischen Regimes (Routine-Regimes) wird angenommen, wenn die Innovationsrate kleiner Unternehmen in Relation zur gesamten Innovationsrate einer Branche relativ hoch (relativ niedrig) ist (vgl. ebd., 60 u. 96).

Zur weiteren theoretischen Unterfütterung seiner Hypothesen bezieht sich Audretsch auf verschiedene organisationstheoretische Ansätze, die die Stärken und Schwächen sowie

---

260 Eine an bisherige Erfahrungen gebundene Risikobewertung wird noch verstärkt, wenn die Routinen des Großunternehmens Bestandteil des im vorigen Abschnitt dargestellten infrastrukturellen Zirkels sind.

261 Es handelt sich hierbei um sog. *unfreiwillige Spin-offs* im Unterschied zu *freiwilligen Spin-offs*, bei denen Großunternehmen selbst die Gründung innovativer Start-up-Unternehmen vornehmen oder fördern, weil sie davon ausgehen, dass nur so ein für eine erfolgreiche Ideenimplementierung notwendiges Lern- und Experi-mentierfeld geschaffen werden kann.

Chancen und Risiken von Groß- und Kleinunternehmen zu thematisieren erlauben. Zum einen handelt es sich um die evolutionstheoretische Deutung struktureller Trägheit (*structural inertia*) von Großunternehmen durch Hannan und Freeman (1984; 1989), die eine mangelnde Innovationseffizienz nach sich zieht (vgl. Audretsch, ebd., 69 u. 152).[262] Zum anderen handelt es sich um Zusammenhänge zwischen Informationsasymmetrien, Transaktionskosten und Problemen in Prinzipal-Agenten-Beziehungen, die in der Prinzipal-Agenten-Theorie der Neuen Institutionenökonomik behandelt werden.[263] Wie bereits im *Abschnitt 4.5* diskutiert, lässt sich die mangelnde Anpassungs-, Lern- und Innovationsfähigkeit von Großunternehmen auch unter der theoretischen Perspektive von Unterschieden zwischen kollektiven und individuellen Akteuren behandeln. In der aktuellen Literatur zum *organisationalen Lernen* wird Großunternehmen i.d.R. zwar eine mehr oder weniger ausgeprägte Fähigkeit zum Anpassungslernen (*single-loop learning*), aber nur eine stark eingeschränkte Fähigkeit zum Veränderungslernen (*double-loop learning*) attestiert (vgl. verschiedene Beiträge in Dierkes u.a. 2001). Die ausführlichen Erörterungen in den *Abschnitten 5.1.1* und *5.2* zeigen im Übrigen, dass es bei organisatorischen Reformansätzen häufig um Versuche geht, die Lern- und Innovationsschwäche von größeren Organisationen zu überwinden. Bei der Untersuchung struktureller Innovationsbedingungen im Rahmen der Innovationsforschung findet man häufig die hierzu passende Aussage, dass für die erfolgreiche Ideengenerierung andere strukturelle Anforderungen erfüllt sein müssen, als für die Phase der Innovationsdurchsetzung. Man spricht hier von einem *organisatorischen Dilemma*: Eine Organisationsstruktur, die sich für die Generierung und Konzipierung von Innovationsvorschlägen als förderlich erweist, kann deren Annahme und Durchsetzung behindern und umgekehrt (vgl. bereits Wilson 1966 und hierauf bezogen Kieser/Kubicek 1976, 286ff.). Allgemein zur Förderung eines positiven Innovationsklimas und speziell für die Ideengenerierungsphase werden hierbei i.d.R. eine geringe Formalisierung und Standardisierung der Arbeitsbedingungen und Aufgabenvollzüge sowie eine Orientierung an ganzheitlichen Aufgaben bei geringer Aufgabenspezialisierung empfohlen – also alles Eigenschaften, die man üblicherweise bei kleinen Unternehmen findet. Die meisten der hier angesprochenen organisationstheoretischen Ansätze sind in Bezug auf Aussagen zur Förderung von Lernen und Innovationen zu undifferenziert, weil sie die technologische Wissensbasis und die Existenz unterschiedlicher technologischer Regimes ausblenden.

Audretsch (ebd., 167ff.) kommt unter Anwendung eines umfangreichen und differenzierten Methodenarsenals überwiegend zu einer Bestätigung seiner Hypothesen. Die wesentlichen Ergebnisse seiner empirischen Forschung sind in der folgenden Tabelle wiedergegeben:

---

262 Zur ausführlichen kritischen Diskussion der *structural inertia*-Hypothese vgl. Küpper/Felsch (2000, 140ff.).
263 Vgl. dazu ausführlich unter Berücksichtigung machttheoretischer Aspekte die Ausführungen in Küpper/Felsch, (2000, 63ff. u. 117ff.).

Abbildung 16: Summary of findings (Quelle: Audretsch 1995, 169; NA: not analysed)

	New-firm startups	Survival	Growth	Entrepreneurship	Compensating factor differentials	Revolving door	Displacement
Scale economics	0	–	+	–	+	+	–
Capital intensity	+	+	–	–	NA	NA	NA
Market growth	+	+	+	0	–	–	0
Entrepreneurial regime	+	–	+	+	–	–	+
Routinized regime	–	+	–	–	+	+	–
Firm size	NA	+	–	NA	–	NA	NA

Note :   + refers to the statistical findings of a positve relationship.
              – refers to the statistical findings of a negative relationship.
              0 refers to the statistical findings of a nonsignificant relationship.
              NA : not analysed

In der Kopfspalte findet man sechs untersuchte Branchenmerkmale, die mutmaßlich Einfluss auf die Innovationsdynamik einer Branche nehmen, für die in der Kopfzeile sieben untersuchte Aspekte aufgeführt sind. Die Branchenmerkmale umfassen die drei Hauptfaktoren Technologie (erfasst durch die Unterscheidung zwischen unternehmerischem und Routine-Regime), Ausmaß der von *economies of scale* (erfasst durch Skalenerträge, Kapitalintensität und Firmengröße) sowie das Marktwachstum. In Bezug auf die Branchenentwicklung wurden folgende Aspekte untersucht: Das Gewicht von neuen Start-up-Firmen, ihre Überlebenswahrscheinlichkeit und ihre Wachstumsraten, die Bedeutung des Unternehmertums (*entrepreneurship*),[264] die Bedeutung einer kostensenkenden Faktoreinsatzstrategie (*compensating factor differentials*),[265] die Nähe des Entwicklungsmodus zur Drehtür- bzw. Kegelmetapher (*revolving door*) oder zur Wald-Metapher (*displacement*).

Man erkennt, dass das Gewicht von neuen Start-up-Unternehmen beim unternehmerischen Regime größer ist als beim Routine-Regime. Überraschend mag das Ergebnis sein, dass Start-up-Gründungen offenbar nicht in kapitalintensiven Industrien mit hohen Skalenerträgen abgeschreckt werden. Man erkennt aber, dass die Überlebenswahrscheinlichkeit von *Start-ups* mit zunehmenden Skalenerträgen in einer Industrie abnehmen. Der Ausleseprozess für den Verbleib in einer Branche wird offenbar durch zwei Faktoren gesteuert: zum einen die Lücke zwischen der Start-up-Größe und der MES-Outputgröße, die die Höhe der Skalenerträge zum Ausdruck bringt. Je größer diese Lücke ist, umso größer sind die für den Verbleib in einer Branche notwendigen Wachstumsraten; umso niedriger ist aber gleichzeitig die Überlebenswahrscheinlichkeit. Zum anderen spielt das sich im Technolo-

---

264 Die branchenspezifische Bedeutung des Unternehmertums wird gemessen durch den Anteil von solchen Start-up-Firmen bzw. ihrer Beschäftigung an der Gesamtzahl bzw. Gesamtbeschäftigung von Branchenfirmen, die mindestens bis zu einem Zeitraum von vier, fünf oder sechs Jahren in der Industrie verbleiben (vgl. Audretsch 1995, 103ff.).

265 Hiermit wird zum Ausdruck gebracht, inwieweit Start-up-Unternehmen ihre größenbedingten Kostennachteile durch eine intensivere oder kostengünstigere Faktornutzung (z.B. höhere Arbeitszeiten und geringere Löhne bei Arbeitnehmern) gegenüber dem Branchendurchschnitt kompensieren.

gie-Regime wiederspiegelnde Chancen- und Risikoprofil einer Branche eine Rolle. Beim unternehmerischen Regime ist zwar die Wahrscheinlichkeit einer erfolgreichen Markteinführung neuer Produkte geringer als beim Routine-Regime; beim Markterfolg erreichen Start-ups beim unternehmerischen Regime aber höhere Wachstumsraten als beim Routine-Regime. Das unternehmerische Regime erzeugt hier also aus sehr unterschiedlichen Gründen eine ähnliche Charakteristik der Innovationsdynamik wie hohe Skalenerträge. Wie nicht anders zu erwarten, ist die Nähe zum unternehmerischen Regime (zum Routine-Regime) positiv (negativ) mit der Bedeutung des Unternehmertums in einer Branche verbunden. Es bleibt die Frage zu beantworten, wie junge Start-up-Unternehmen schaffen, trotz einer suboptimalen Betriebsgröße unterhalb von MES überhaupt – wenn auch nur kurzfristig – in einer Branche zu überleben. Hier spielt offenbar die Möglichkeit einer kostensenkenden Faktoreinsatzstrategie eine Rolle. Dies spielt deshalb beim Routine-Regime eine größere Rolle als beim unternehmerischen Regime, weil sich ersteres i.d.R. durch höhere Skalenerträge auszeichnet als letzteres. Die Ergebnisse bestätigen den grundlegenden Zusammenhang zwischen dem Technologie-Regime und dem Modus der Branchendynamik: Das Routine-Regime besitzt eine positive Beziehung zur Kegel-Methaper (*revolving door*),[266] während das unternehmerische Regime positiv mit der Wald-Metapher (*displacement*) in Verbindung steht.

Anzumerken bleibt, dass die in Abbildung 16 aufgezeigten Zusammenhänge oder Beziehungen nicht als einfaches Kausalschema von Ursachen und Wirkungen gedeutet werden kann. Hinter diesen Ergebnissen verbergen sich vielmehr komplexe Konstitutionsprozesse, die nur teilweise aus der Datenbasis selbst, überwiegend aber nur mit Hilfe von Interpretationen aufgrund theoretischer Ansätze erschlossen werden können. Wie bereits die Verwendung vieler Ersatzgrößen zeigt, lässt auch die branchenmäßige Längsschnittstudien ermöglichende *Small Business Data Base* (SBDB) nur relativ einfache Datenmodelle zu. Für die Untersuchung komplexerer empirischer Zusammenhänge ist man nach wie vor auf qualitative Einzelfallstudien (*case studies*) angewiesen. Z.B. konnte Audretsch seine Untersuchung der Branchendynamik nur auf Basis bereits existierender (definierter) Branchen mit gegebenen Charakteristika durchführen. Die sich über längere Zeiträume vollziehende, im vorherigen Abschnitt diskutierte Genese neuer und Verdrängung alter Branchen als Folge grundlegender Basisinnovationen kann hiermit nicht erfasst werden. Audretsch (ebd, 182ff.) äußert selbst die Vermutung, dass in fortgeschrittenen Gesellschaften wie den USA das unternehmerische Regime aufgrund einer zunehmenden Bedeutung neuartigen, nicht an bisherigen Branchenerfahrungen gebundenen Wissens zunimmt. Dies würde eine zunehmende Turbulenz der wirtschaftlichen Entwicklung mit einem zunehmenden Gewicht eines branchenübergreifenden gegenüber einem branchentinternen Wettbewerb zur Folge haben, wie dies aktuell z.B. für die sog. *Internet-Ökonomie* diskutiert wird.

---

266 Wie Abbildung 16 zeigt, dreht sich der Kegel umso schneller (d.h. zunehmende Anteile sowohl eintretender als auch ausscheidender junger Unternehmen), je größer die Bedeutung von Skalenerträgen ist, was evtl. durch ein hohes Marktwachstum gemildert wird.

Literaturverzeichnis

Abbot, A. (1997), On the Concept of Turning Point. In: Comparative Social Research 16, 85-105

Ackermann, R. (1999), Pfadabhängigkeit, Institutionen und Regelreform, Diss. Freiburg i. Breisgau

Ackroyd, St./Thompson, P. (1999), Organizational *Mis*behaviour. London, Thousand Oaks, New Delhi

Adloff, F. (1999), Kollektive Akteure und gesamtgesellschaftliches Handeln: Amitai Etzionis Beitrag zur Makro-soziologie. In: Soziale Welt, 50, 149-168

Alchian, A.A./Demsetz, H. (1972), Production, Information Costs and Economic Organization. In: American Economic Review, 62, 777-795

Aldrich, H.E. (1971), Organizational Boundaries and Interorganizational Conflict. In: Human Relations, 24, 279-287

Aldrich, H.E. (1976), Resource Dependence and Interorganizational Relations Between Local Employment Service Offices and Social Services Sector Organizations. In: Administration and Society, 7, 1, 419-454

Aldrich, H.E. (1979), Organizations and Environments. Englewood Cliffs, N.J.

Aldrich, H.E. (1999), Organizations Evolving. London, Thousand Oaks, New Delhi

Aldrich, H. E./Pfeffer, J. (1976), Environments of Organizations. In: Annual Review of Sociology, 2. Palo Alto, CA, 79-105

Aldrich, H.E./Whetten, D. (1981), Making the Most of Simplicity: Organization Sets, Action Sets, and Networks. In: Nystrom, P./Starbuck, W.H. (eds), Handbook of Organizational Design. New York, 385-408

Aretz, H.-J. (1997), Ökonomischer Imperialismus? Homo Oeconomicus und soziologische Theorie. In: Zeitschrift für Soziologie, 26, 2, 79-95

Argyris, C. (1982), Reasoning, Learning and Action. San Francisco

Argyris, C. (1991), Teaching Smart People How to Learn. In: Harvard Business Review, May-June, 99-109

Argyris, C. (1993), Actionable Knowledge, San Francisco

Argyris, C./Schön, D. A. (1978), Organizational Learning. A theory of action perspective. Reading, Mass.

Arrow, K.J. (1962), Economic Welfare and the Allocation of Resources for Invention. In: Nelson, R. R. (eds.), The Rate and Direction of Inventive Activity. Princeton, N.J., 609-626

Arrow, K.J. (1969), The Organization of Economic Activity: Issues Pertinent to the Choice of Market versus Nonmarket Allocation. In: Joint Economic Committee: The Analysis and Evaluation of Public Expenditures: the PPB System. Washington, DC, 47-64

Arrow, K./Debreu, G. (1954), Existence of an Equilibrium for a Competitive Economy. Econometrica, 22, 265-290

Arthur, W.B. (1988), Self-Reinforcing Mechanisms in Economics. In: Anderson, P. W./Arrow, K. J./Pines, D. (eds.) (1988), The Economy as an Evolving Complex System. Santa Fe, 9-31

Arthur, W.B. (1994), The End of Certainty in Economics. http://www.santafe.edu/arthur/Papers/Magritte.html.

Arthur, W.B. (1995a), Increasing Returns and Path-Dependence in the Economy. Ann Arbor

Arthur, W.B. (1995b), Complexity in Economic and Financial Markets. In: Complexity 1, S. 20-25

Arthur, W.B. (1997), Positiv Feedbacks in the Economy. In: Arthur, W.B. (ed.), Increasing Returns and Path-Dependence in the Economy. Ann Arbor, 1-12

Arthur, W.B./Ermoliev, Yu.M./Kaniovski, Yu.M. (1994), Path-dependent Processes and the Emergence of Macro-Structure. In: Arthur, W.B. (ed.), Increasing Returns and Path-Dependence in the Economy. Ann Arbor, 33-48

Ashby, W.R. (1956), An Introduction to Cybernetics. London

Atkinson, J.W. (1975), Einführung in die Motivationsforschung. Stuttgart

Audretsch, D.B. (1995), Innovation and Industry Evolution. Cambridge/Mass. u. London

Aunger, R. (2002), The Electric Meme: A New Theory of How We Think. New York

Axelrod, R. (1984), The Evolution of Cooperation. New York

Barney, J. (1991), Firm Resources and Sustained Competitive Advantage. In: Journal of Management 17, 99-120

Baron, J.N./Kreps, D.M. (1999), Strategic Human Resources. Frameworks for General Managers. New York u.a.

Barron, I./Curnow, R. (1979), The future with microelectronics: forecasting the effects of information technology. London

Bartlett, Chr.A./Ghoshal, S. (1994), Changing the Role of Top Management: Beyond Strategy to Purpose. In: Harvard Business Review, November-December, 79-88

Bartlett, Chr.A./Ghoshal, S. (1995), Changing the Role of Top Management: Beyond Systems to People. In: Harvard Business Review, May-June, 132-142

Bateson, G. (1973), Steps to an Ecology of Mind. St. Albans

Bateson, G. (1983), Ökologie des Geistes, 2. Aufl. Frankfurt/M.

Baum, J.A.C./McKelvey, B. (1999), Variations in organization science: in honour of Donald T. Campbell. Thousand Oaks et al.

Baum, J.A.C./Singh, J.V. (1994), Organizational Hierarchies and Evolutionary Processes: Some Reflections on a Theory of Organizational Evolution. In: Baum, J.A.C./Singh, J.V. (Hrsg.) (1994), Evolutionary dynamics of organizations. New York u. Oxford

Bauman, Z. (1995), Moderne und Ambivalenz. Das Ende der Eindeutigkeit. Frankfurt/M.

Bauman, Z. (1997), Postmodernity and its Discontents. Cambridge, UK

Beck, U. (1993), Die Erfindung des Politischen. Frankfurt/M.

Becker, A. (2004), Evolutionstheoretischer Ansatz. In: Schreyögg, G./v. Werder, A. (Hrsg.), Handwörterbuch Unternehmensführung und Organisation. (Enzyklopädie der Betriebswirtschaftslehre; Bd. 2) 4. völlig neu bearb. Aufl. Stuttgart, 256-266

Becker, A./Küpper, W./Ortmann, G. (1992), Revisionen der Rationalität. In: Küpper, W./Ortmann, G. (Hrsg.), Mikropolitik. Rationalität, Macht und Spiele in Organisationen. Opladen, 89-113

Becker, G.S. (1993), Der ökonomische Ansatz zur Erklärung menschlichen Verhaltens. 2. Aufl. Tübingen

Beckert, J. (1996), Was ist soziologisch an der Wirtschaftssoziologie? Ungewißheit und die Einbettung wirtschaftlichen Handelns. In: Zeitschrift für Soziologie, 25, 2, 125-146

Beckert, J. (1997), Grenzen des Marktes. Die sozialen Grundlagen wirtschaftlicher Effizienz. Frankfurt/M. u. New York

Beer, M. et al. (1985), Human Resource Management. A general manager's perspective. Text and cases, New York and London

Beer, St. (1962), Kybernetik und Management. Frankfurt

Berger, S./Dore, R. (Hrsg.) (1996), National Diversity and Global Capitalism. Ithaca, NY

Berrar, C. (2001), Die Entwicklung der Corporate Governance in Deutschland im internationalen Vergleich. Baden-Baden

Biervert, B. (1991), Menschenbilder in der ökonomischen Theoriebildung. Historisch-genetische Grundzüge. In: Biervert, B./Held, M. (Hrsg.), Das Menschenbild der ökonomischen Theorie. Zur Natur des Menschen. Frankfurt/M. u. New York, 42-55

Blankart, Ch.B./Knieps, G. (1994), Kommunikationsgüter ökonomisch betrachtet. In: Tietzel, M., (Hrsg.), Ökonomik der Standardisierung. Homo Oeconomicus XI, 3, 449-463

Bleicher, K. (1982), Vor dem Ende der Mißtrauensorganisation. In: Office Management 30, 400-404

Blum, R. (1991), Die Zukunft des Homo oeconomicus. In: Biervert, B./Held, M. (Hrsg.), Das Menschenbild in der ökonomischen Theorie. Die Natur des Menschen. Frankfurt/M. u. New York, 111-131

Böhler, D. (1985), Rekonstruktive Pragmatik. Von der Bewußtseinsphilosophie zur Kommunikationsreflexion: Neubegründung der praktischen Wissenschaften und Philosophie, Frankfurt/M.

Booz Allen and Hamilton Report (1973), English translation `German Management´. In: International Studies of Management and Organization, Spring/Summer

Boulding, K.E. (1969), Economics as a Moral Science. In: American Economic Review, Vol. 59, 1, 1-12

Bourdieu, P. (1979), Entwurf einer Theorie der Praxis. Frankfurt/M.

Bourdieu, P. (1987), Sozialer Sinn. Kritik der theoretischen Vernunft. Frankfurt/M.

Boyer, R. (1990), The Regulation School: A Critical Introduction. New York

Boyer, R. (1996), `The Convergence Hypothesis Revisited: Globalization but Still the Century of Nations?´ In: Berger, S./Dore, R. (eds.), National Diversity and Global Capitalism. Ithaca, NY, 29-59

Boyer, R./Drache, D. (Hrsg.) (1996), States against Markets. New York

Bresser, R.K.F. (2004), Ressourcenbasierter Ansatz. In: Schreyögg, G./v. Werder, A. (Hrsg.), Handwörterbuch Unternehmensführung und Organisation. (Enzyklopädie der Betriebswirtschaftslehre; Bd. 2) 4. völlig neu bearb. Aufl. Stuttgart, 1269-1278

Brettel, M./Jaugey, C./Rost, C. (2000), Business Angels. Wiesbaden

Brewster, C./Larsen, H.H. (1993), Human Resource Management in Europe. Evidence from ten Countries. In: Hegewisch, A./Brewster, C. (eds.), European Developments in Human Resource Management. London, 126-148

Brüggemeier, M./Felsch, A. (1992), Mikropolitik. In: Die Betriebswirtschaft, 52, 1, 133-136

Brunsson, N. (1982), The Irrationality of Action and Action Rationality: Decisions, Ideologies and Organizational Actions. In: Journal of Management Studies, 19, 29-44

Brunsson, N. (1989), The organization of hypocrisy. Talk, decisions, and actions in organizations. New York

Brunsson, N. (2001), The practical effects of beliefs – the case of markets and organizations. Unveröffentl. Manuskript

Büchtemann, C.F. (1990), Kündigungsschutz als Beschäftigungshemmnis? Empirische Evidenz für die Bundesrepublik Deutschland. In: Mitteilungen aus der Arbeitsmarkt- und Berufsforschung, 3, 394-409

Bühl, W.L. (2000), Das kollektive Unbewusste in der postmodernen Gesellschaft. Konstanz

Bundesministerium für Forschung und Technologie (Hrsg.) (1979), Programm-Forschung zur Humanisierung des Arbeitslebens. Bonn

Burns, T./Dietz, T. (1995), Kulturelle Evolution: Institutionen, Selektion und menschliches Handeln. In: Müller, H.-P./Schmid, M. (Hrsg.), Sozialer Wandel. Frankfurt/M., 340-383

Burns, T./Flam, H. (1987), The Shaping of Social Organization. Social Rule System Theory with Applications. Beverley Hills

Burrell, G./Morgan, G. (1979), Sociological Paradigms and Organizational Analysis. London

Campbell, D.T. (1969), Variation and selective retention in socio-cultural evolution. In: General Systems, 14, 69-85

Cangelosi, V.E./Dill, W.R. (1965), Organizational Learning: Observations toward a Theory. In: Administrative Science Quarterly, 10, 2, 175-203

Carroll, G. R./Harrison, J. R. (1994), On the Historical Efficiency of Competition between Organiziational Populations. In: American Journal of Sociology, 100, 3, 720-749

Castoriadis, C. (1984), Gesellschaft als imaginäre Institution. Frankfurt/M.

Champy, J. (1995), Reengineering im Management. Die Radikalkur für die Unternehmensführung. Frankfurt/M. u. New York

Chandler, A.D. (1962), Strategy and structure: chapters in the history of the industrial enterprise. Cambridge, Mass.

Chandler, A.D. (1977), The Visible Hand: The Managerial Revolution in American Business. Cambridge, Mass.

Chandler, A.D. (1990), Scale and Scope: The Dynamics of Industrial Capitalism. Cambridge, Mass. u. London

Coase, R.H. (1937/1952), The nature of the firm. In: Economica, Vol. 4, 386-405 (wiederabgedruckt in: Stigler, G./Boulding, K., 1952, Readings in Price Theory. Chicago, Ill., 331-351)

Coase, R.H. (1984), The New Institutional Economics. In: Zeitschrift für die gesamte Staatswissenschaft, 140, 229-231

Cohen, M.D./Bacdayan, P. (1994), Organizational Routines Are Stored as Procedural Memory: Evidence from a Laboratory Study. In: Organization Science, 5, 4, 554-568

Cohen, M.D./Sproull, L.S. (eds.) (1995), Organizational Learning. Thousand Oaks, London u. New Delhi

Coleman, J.S. (1974), Power and the Structure of Society. New York

Coleman, J.S. (1990), Foundations of Social Theory. Cambridge, Mass.

Coleman, J.S. (1991), Grundlagen der Sozialtheorie, Bd. 1: Handlungen und Handlungssysteme. München

Coleman, J.S. (1992), Grundlagen der Sozialtheorie, Bd. 2: Körperschaften und die moderne Gesellschaft. München

Collins, D. (1998), Organizational change: sociological perspectives. London u. New York

Collins, R. (1974), Conflict Sociology. New York

Comanor, W.S./Wilson, Th.A. (1967), Advertising, Market Structure, and Performance. In: Review of Economics and Statistics, 49, 4, 423-440

Commons, J.R. (1931), Institutional Economics. In: American Economic Review 21, 648-657

Crozier, M./Friedberg, E. (1979), Macht und Organisation. Königstein/Ts.

Crozier, M./Friedberg, E. (1993), Die Zwänge kollektiven Handelns. Über Macht und Organisation. Königstein/Ts.

Dardik, I.I. (1997), The origin of disease and health, heart waves: the single solution to heart rate variability and ischemic preconditioning. In: Frontier Perspectives 6, 2, 18-32

David, P.A. (1985), Clio and the Economics of QWERTY. In: American Economic Review, 75, 2, 332-337

David, P.A. (1993), Path-Dependence and Predictability in Dynamic Systems with Local Network Externalities: a Paradigm for Historical Economics. In: Foray, D./Freeman, Chr. (eds.), Technology and the Wealth of Nations: the Dynamics of Constructed Advantage. London, 208-231

Davenport, Th.H. (1993), Process Innovation – Reengineering Work through Information Technology. Boston

Deal, T.E./Kennedy, A.A. (1987), Corporate Cultures – The Rites and Rituals of Corporate Life. Reading, Mass. (dt.: Unternehmenserfolg durch Unternehmenskultur, hrsg. v. A. Bruer, Bonn-Bad Godesberg)

Dewey, J. (1939), Theory of Valuation. Chicago

Dewey, J. (1949), Demokratie und Erziehung. Hamburg

Dewey, J./Bentley, A.F. (1949), Knowing and the Known. Boston

Dierkes, M./Berthoin Antal, A./Child, J./Nonaka, I. (eds.), Handbook of Organizational Learning and Knowledge. Oxford

DiTomaso, N. (1987), Symbolic Media and Social Solidarity: The Foundations of Corporate Culture. In: Di-Tomaso, N./Bacharach, S.B. (eds.), Research in the Sociology of Organizations. A Research Annual, 5, Greenwich Connecticut, 105-134

Dugger, W.M. (Hrsg.) (1989), Radical Institutionalism. Contemporary Voices. Westport/London

Duschek, St. (2001), Modalitäten des strategischen Managements – Zur strukturationstheoretischen Interpretation des Resource-based View. In: Ortmann, G./Sydow, J. (Hrsg.), Strategie und Strukturation. Strategisches Management von Unternehmen, Netzwerken und Konzernen. Wiesbaden, 57-89

Duschek, St. (2004), Kompetenzen, organisationale. In: Schreyögg, G./v. Werder, A. (Hrsg.), Handwörterbuch Unternehmensführung und Organisation. (Enzyklopädie der Betriebswirtschaftslehre; Bd. 2) 4. völlig neu bearb. Aufl. Stuttgart, 612-618

Duschek, St./Ortmann, G./Sydow, J. (2001), Grenzmanagement in Unternehmungsnetzwerken: Theoretische Zugänge und der Fall eines strategischen Dienstleistungsnetzwerks. In: Ortmann, G./Sydow, J. (Hrsg.), Strategie und Strukturation. Strategisches Management von Unternehmen, Netzwerken und Konzernen. Wiesbaden, 191-233

Ebers, M. (2004), Kontingenzansatz. In: Schreyögg, G./v. Werder, A. (Hrsg.), Handwörterbuch Unternehmensführung und Organisation. (Enzyklopädie der Betriebswirtschaftslehre; Bd. 2) 4. völlig neu bearb. Aufl. Stuttgart, 654-667

Elias, N. (1970), What is Sociology? New York

Elias, N. (1989), The Symbol Theory. London

Elster, J. (1982), Marxism, Functionalism, and Game Theory. The Case for Methodological Individualism. In: Theory and Society 11, 453-482

Elster, J. (1983), Sour Grapes: studies in the subversion of rationality. Cambridge

Elster, J. (Hrsg.) (1986), The Multiple Self. Cambridge

Elster, J. (1987), Subversion der Rationalität. Frankfurt/M. u. New York

Emirbayer, M. (1997), Manifesto for a Relational Sociology. In: American Journal of Sociology, 103, 2, 281-317

Emirbayer, M./Goodwin, J. (1994), Network Analysis, Culture, and the Problem of Agency. In: American Journal of Sociology, 99, 6, 1411-1454

Erikson, E. (1973), Identität und Lebenszyklus. Frankfurt/M.

Esser, H. (1993), Soziologie. Frankfurt/M.

Etzioni, A. (1975), Die aktive Gesellschaft. Eine Theorie gesellschaftlicher und politischer Prozesse. Opladen

Etzioni, A. (1988), The Moral Dimension. Toward a New Economics. New York

Farrell, J./Saloner, G. (1987), Competition, Compatibility and Standard: The Economics of Horses, Penguins and Lemmings. In: Gabel, L. (Hrsg.), Product standardization and competitive strategy. Amsterdam, 1-21

Fayol, H. (1916), Administration industrielle et générale. Paris

Feldmann, H. (1995), Eine institutionalistische Revolution? Zur dogmenhistorischen Bedeutung der modernen Institutionenökonomik. Berlin

Felsch, A. (1998), Identität. In: Heinrich, P./Schulz zur Wiesch, J. (Hrsg.), Wörterbuch der Mikropolitik. Opladen, 103-106

Felsch, A. (1999), Personalentwicklung und Organisationales Lernen. Mikropolitische Perspektiven zur theoretischen Grundlegung. 2. Aufl. Hamburg

Felsch, A. (2002), Organisationen als Akteure – Individuelle und kollektive Identitäten und Rationalitäten. Diskussionsbeiträge der Professur für Allgemeine Betriebswirtschaftslehre; Universität der Bundeswehr Hamburg.

Felsch, A./Brüggemeier, M. (1998), Mikropolitik. In: Grubitzsch, S./Weber, K. (Hrsg.), Psychologische Grundbegriffe. Ein Handbuch. Reinbek bei Hamburg, 348-349

Felsch, A./Küpper, W. (1998), Handlungstheorie. In: Grubitzsch, S./Weber, K. (Hrsg.), Psychologische Grundbegriffe. Ein Handbuch. Reinbek bei Hamburg, 224-226

Flam, H. (1990), Corporate Actors: Definition, Genesis, and Interaction. MPIFG Discussion Paper 90/11. Köln: Max-Planck-Institut für Gesellschaftsforschung

Foerster, H.v. (1984), Principles of Self-Organization – In a Socio-Managerial Context. In: Ulrich, H./Probst, G.J.B. (Hrsg.), Self-Organization and Management of Social Systems. Berlin u. Heidelberg, 2-24

Fombrun, C./Tichy, N.M./Devanna, M.A. (1984), Strategic Human Resource Management. New York

Fox, A. (1974), Beyond Contract: Work, Power and Trust Relations. London

Freeman, W.J. (1994), Role fo chaotic dynamics in neural plasticity. In: van Pelt, J./Corner, M. A./Uylings, H.B.M./Lopes da Silva, F.H. (eds.), Progress in Brain Research, 102. Amsterdam, 319-334

Freeman, W.J. (1995), Societies of Brains: A Study in the Neuroscience of Love and Hate. Hillsdale, NJ

Freeman, J./Carroll, G.R./Hannan, M.T. (1983), The liability of newness: age-dependence in organizational death rates. In: American Sociological Review, 48, 5, 692-710

Freudenberg, H. (1999), Strategisches Verhalten bei Reorganisationen. Wiesbaden

Frey, B.S. (1980), Ökonomie als Verhaltenswissenschaft. Jahrbuch der Staatswissenschaft, 31, 21-35

Frey, B.S. (1989), Zur Bedeutung entscheidungstheoretischer Anomalien für die Ökonomik. Jahrbücher für Nationalökonomie und Statistik, 206, 2, 81-101

Frey, B.S./Osterloh, M. (1997), Sanktionen oder Seelenmassage? Motivationale Grundlagen der Unternehmensführung. In: Die Betriebswirtschaft, 57, 3, 307-321

Friedberg, E. (1992), Zur Politologie von Organisationen. In: Küpper, W./Ortmann, G. (Hrsg.), Mikropolitik. 2. Aufl. Opladen, 39-52

Friedman, M. (1953), The Methodology of Positiv Economics. In: Friedman, M. (1953), Essay in positive economics. Chicago, 3-43

Furubotn, E./Richter, R. (1996), Neue Institutionenökonomik: eine Einführung und kritische Würdigung. Tübingen

Gaitanides, M. (1983), Prozessorganisation. München

Gaitanides, M. (1998), Business Reengineering / Prozeßmanagement - von der Managementtechnik zur Theorie der Unternehmung? In: Die Betriebswirtschaft, 58, 3, 369-381

Gaitanides, M. (1999), Prozessorganisation: Entwicklung, Ansätze und Programme prozesszentrierter Organisationsgestaltung. 2. Aufl. München

Gaitanides, M. (2004), Prozessorganisation. In: Schreyögg, G./v. Werder, A. (Hrsg.), Handwörterbuch Unternehmensführung und Organisation. (Enzyklopädie der Betriebswirtschaftslehre; Bd. 2) 4. völlig neu bearb. Aufl. Stuttgart, 1208-1218

Gaitanides, M./Scholz, R./Vrohlings, A./Raster, M. (1994), Prozessmanagement. Konzepte, Umsetzungen und Erfahrungen des Reengineering. München u.a.

Gaitanides, M./Sjurts, I. (1995), Wettbewerbsvorteile durch Prozessmanagement – Eine ressourcenorientierte Analyse. In: Corsten, H. (Hrsg.), Unternehmensführung im Wandel – Strategien zur Sicherung des Erfolgspotenzials. Köln u.a.

Garfinkel, H. (1967), Studies in Ethnomethodology. Englewood Cliffs

Garnjost, P./Wächter, H. (1996), Human Resource Management - Herkunft und Bedeutung. In: Die Betriebswirtschaft, 56, 6, 791-808

Gaßner, W. (1999), Implementierung organisatorischer Veränderungen – Eine mitarbeiterorientierte Perspektive. Wiesbaden

Gaugler, E./Wiltz, S. (1992), Personalwesen im europäischen Vergleich - Ergebnisse einer international vergleichenden Personalmanagementstudie. Personal, 44, 10, 448-453

Gebert, D. (2000), Zwischen Freiheit und Reglementierung – Widersprüchlichkeiten als Motor inkrementalen und transformationalen Wandels in Organisationen – eine Kritik des punctuated equilibrium-Modells. In: Schreyögg, G./Conrad, P. (Hrsg.), Organisatorischer Wandel und Transformation (Managementforschung; Bd. 10), Wiesbaden, 1-32

Georgescu-Roegen, N. (1971), The Entropy Law and the Economic Process, Cambridge. MA

Georgescu-Roegen, N. (1979), `Methods in Economic Science´. In: Journal of Economic Issues, 13, 2, June, 317-328

Gerecke, U. (1999), Ökonomische Anreize, intrinsische Motivation und der Verdrängungseffekt. In: Held, M./Nutzinger, H.G. (Hrsg.), Institutionen prägen Menschen. Bausteine zu einer allgemeinen Institutionenökonomik. Frankfurt/M. u. New York, 128-145

Gergen, K.J. (1999), An Invitation to Social Construction. Thousand Oaks, CA

Gerum, E. (2004), Corporate Governance, internationaler Vergleich. In: Schreyögg, G./v. Werder, A. (Hrsg.), Handwörterbuch Unternehmensführung und Organisation. (Enzyklopädie der Betriebswirtschaftslehre; Bd. 2) 4. völlig neu bearb. Aufl. Stuttgart, 171-178

Geser, H. (1989), Interorganisationelle Normkulturen. In: Haller, M./Nowottny, H.J./Zapf, W. (Hrsg.), Kultur und Gesellschaft: Verhandlungen des 24. Deutschen Soziologentags, des Österreichischen Soziologentags und des 8. Kongresses der Schweizerischen Gesellschaft für Soziologie in Zürich 1988, Frankfurt u. New York

Geser, H. (1990), Organisationen als soziale Akteure. In: Zeitschrift für Soziologie, Jg. 19, 6, 401-417

Ghoshal, S./Bartlett, Chr. A. (1995), Changing the Role of Top Management: Beyond Structure to Processes. In: Harvard Business Review, January-February, 86-96

Giddens, A. (1984), The Constitution of Society. Outline of a theory of structuration. Cambridge

Giddens, A. (1988), Die Konstitution der Gesellschaft. Grundzüge einer Theorie der Strukturierung. Frankfurt/M. u. New York

Giddens, A. (1991), Modernity and Self-Identity. Self and Society in the Late Modern Age. Stanford

Giddens, A. (1994), Beyond Left and Right. The Future of Radical Politics. Cambridge, UK

Giesen, B./Schmid, M. (1977), Methodologischer Individualismus und Reduktionismus. In: Eberlein, G. et al. (Hrsg.), Psychologie statt Soziologie? Frankfurt/M u. New York, 24-47

Göhler, G. (1997), Einleitung. In: ders. (Hrsg.), Institutionenwandel. Leviathan, Sonderheft 16, 7-17

Goffman, E. (1959), The Presentation of Self in Everyday Life. New York

Goffman, E. (1963), Stigma. Notes on the Management of Spoiled Identity. Englewood Cliffs, N.J.

Goffman, E. (1967), Interaction Ritual: Essays on Face-to-Face Behavior. New York

Gould, St.J./Eldredge, N. (1993), Punctuated equilibrium comes of age. In: Nature, 336, 223-227

Granovetter, M. (1985), Economic Action and Social Structure: The Problem of Embeddedness. In: American Journal of Sociology, 91, 481-510

Grant, D./Keenoy, T./Oswick, C. (eds.) (1998), Discourse and Organization. London

Grant, R. (1991), The Resource-based View of Competitive Advantage: Implications for Strategy Formulation. In: California Management Review, 33, 3, 114-135

Hall, J. (1986), Power and Liberties. The Causes and Consequences of the Rise of the West. Berkeley

Hall, P.A./Soskice, D. (eds.) (2001), Varieties of Capitalism. The Institutional Foundations of Comparative Advantage. Oxford, New York

Hall, R. (1992), "The strategic analysis of intangible resources", Strategic Management Journal, 13, February, 135-144

Hallpike, C. R. (1988), The Principles of Social Evolution. Oxford

Hamel, G./Prahalad, C.K. (1997), Wettlauf um die Zukunft: Wie Sie mit bahnbrechenden Strategien die Kontrolle über Ihre Branche gewinnen und die Märkte von morgen schaffen. Wien

Hammer, M. (1990), Reengineering Work: Don't Automate, Obliterate. In: Harvard Business Review, 68, 4, 104-112

Hammer, M. (1997), Das prozeßzentrierte Unternehmen: die Arbeitswelt nach dem Reengineering. Frankfurt/M.

Hammer, M./Champy, J. (1993), Reengineering the Corporation. New York (deutsche Übersetzung: Business Reengineering – Radikalkur für das Unternehmen. Frankfurt/M. u.a. (1994)

Hammer, M./Stanton, S.A. (1995), Die Reengineering Revolution. Handbuch für die Praxis. Frankfurt/M.

Hanft, A. (1991), Identifikation als Einstellung zur Organisation: eine kritische Analyse aus interaktionistischer Perspektive. München u. Mering

Hanft, A. (1995), Personalentwicklung zwischen Weiterbildung und „organisationalem Lernen". Eine strukturationstheoretische und machtpolitische Analyse der Implementierung von PE-Bereichen. München und Mering

Hanft, A./Küpper, W. (1992), Aufbruchstimmung in der Personalentwicklung. Ergebnisse einer Umfrage. In: Personalführung, 3, 194-199

Hanft, A./Küpper, W. (1993), Handlungsstrategien statt Konzeptionen – Thesen zur Etablierung von Personalentwicklungsbereichen. In: Schwuchow, K./Gutmann, J./Scherer, H.-P. (Hrsg.), Jahrbuch Weiterbildung, 3, 210-312

Hannan, M.T./Freeman, J. (1977), The population ecology of organizations. In: American Journal of Sociology, 82, 929-964

Hannan, M.T./Freeman, J. (1984), Structural Inertia and Organizational Change. In: American Sociological Review, 49, 2, 149-164

Hannan, M.T./Freeman, J. (1989), Organizational Ecology. Cambridge, Mass.

Harris, M. (1997), Menschen. Wie wir wurden, was wir sind. 2. Aufl., München

Hart, O. (1989), An economist's perspective on the theory of the firm. In: Columbia Law Review, 89, 7, 1757-1774

Hart, T.J. (1993), "Human resource management: time to exercise the militant tendency", Employee Relations, 15, 3, 29-36

Hayek, F.A. (1967), Notes on the evolution of systems of rules of conduct: the interplay between rules of individual conduct an the social order of actions. In: F.A. Hayek's Studies in Philosophy, Politics and Economics. Chicago, 66-81

Hayek, F.A. (1973), Law, Legislation and Liberty: Volume 1, Rules and Order. Chicago

Hayek, F.A. (1978), The confusion of language in political thought. In: Hayek, F.A., New Studies in Philosophy, Politics, Economics and the History of Ideas. London, 71-97

Heider, F. (1977), The psychology of interpersonal relations. New York

Heisig, U. (1997), Vertrauensbeziehungen in der Arbeitsorganisation. In: Schweer, M. (Hrsg.), Interpersonales Vertrauen. Theorien und empirische Befunde. Wiesbaden, 121-153

Held, D./McGrew, A./Goldblatt, D./Perraton, J. (1999), Global Transformations. Politics, Economics and Culture. Cambridge, UK

Held, M. (1991), „Die Ökonomik hat kein Menschenbild" - Institutionen, Normen, Menschenbild. In: Biervert, B./Held, M. (Hrsg.), Das Menschenbild der ökonomischen Theorie. Zur Natur des Menschen. Frankfurt/M. u. New York, 10-41

Held, M./Nutzinger, H.G. (1999), Institutionen prägen Menschen - Menschen prägen Institutionen. In: Held, M./Nutzinger, H.G. (Hrsg.), Institutionen prägen Menschen. Bausteine zu einer allgemeinen Institutionenökonomik. Frankfurt/M. u. New York, 7-29

Hendry, C./Pettigrew, A. (1990), "Human resource management: an agenda for the 1990s". In: International Journal of Human Resource Management, 1, 1, 17-44

Hennemann, C. (1997), Organisationales Lernen und die lernende Organisation: Entwicklung eines praxisbezogenen Gestaltungsvorschlags aus ressourcenbasierter Sicht. München u.a.

Hermann-Pillath, C. (1991), Der Vergleich von Wirtschafts- und Gesellschaftssystemen: Wissenschaftsphilosophische und methodologische Betrachtungen zur Zukunft eines ordnungstheoretischen Forschungsprogramms. Ordo, 42, 15-67

Hettlage, R./Vogt, L. (Hrsg.) (2000), Identitäten in der modernen Welt. Opladen

Hickson, D.J./Hinings, C.R./Lee, C.A./Schneck, R.E./Pennings, J.M. (1971), A Strategic Contingencies´ Theory of Intraorganizational Power. In: Administrative Science Quarterly, 16, 2, 216-229

Hill, W./Fehlbaum, R./Ulrich, P. (1992), Theoretische Ansätze und praktische Methoden der Organisation sozialer Systeme. 4. Aufl. Bern

Hirschhorn, L. (1990), The Workplace Within: Psychodynamics of Organizational Life. Cambridge, MA.

Hirschman, A.O. (1970), Exit, voice and loyalty. Cambridge, Mass.

Hirschman, A.O. (1989), Entwicklung, Markt und Moral. Abweichende Betrachtungen. München u. Wien

Hirshleifer, J./Riley, J.G. (1992), The Analytics of Uncertainty and Information. Cambridge

Hodgson, G.M. (1993a), Economics and Evolution. Bringing Life Back Into Economics. Cambridge

Hodgson, G.M. (1993b), Institutional Economics. Surveying the `Old´ and the `New´. In: Metroeconomica, 44, 1, 1-28

Hodgson, G.M. (2004), Darwinian Economic Evolution and the Concept of the Routine. In: Lehmann-Waffenschmidt, M./Ebner, A./Fornahl, D. (Hrsg.): Institutioneller Wandel, Marktprozesse und dynamische Wirtschaftspolitik. Perspektiven der Evolutorischen Ökonomik. Marburg, 53-77

Holland, J.H. (1992), Adaption in Natural and Artificial Systems. Cambridge, MA

Holzkamp, K. (1993), Lernen. Subjektwissenschaftliche Grundlegung. Frankfurt/M. und New York

Hutchison, T.W. (1937), Expectation and Rational Conduct. In: Zeitschrift für Nationalökonomie, 7, 636-653

Hutchison, T.W. (1984), Institutionalist Economics Old and New. In: Zeitschrift für die gesamte Staatswissenschaft, 140, 20-29

Inglehart, R. (1977), The silent revolution. Princeton, N.J. (dt. Übersetzung: Kultureller Umbruch. Frankfurt/M., 1989)

Joas, H. (1988), Symbolischer Interaktionismus. Von der Philosophie des Pragmatismus zu einer soziologischen Forschungstradition. In: Kölner Zeitschrift für Soziologie und Sozialpsychologie, 40, 417-446

Joas, H. (1992), Die Kreativität des Handelns. Frankfurt/M.

Joas, H. (1997), Die Entstehung der Werte. Frankfurt/M.

Kahnemann, D./Tversky, A. (1979), Prospect Theory: An Analysis of Decision Under Risk. In: Econometrica, 47, 2, 263-291

Kahnemann, D./Tversky, A. (1984), Choice, Values, and Frames. In: American Psychologist, 39, 4, 342-350

Kappelhoff, P. (1997), Rational Choice, Macht und die korporative Organisation der Gesellschaft. In: Ortmann, G./Sydow, J./Türk, K. (Hrsg.), Theorien der Organisation. Opladen, 218-258

Kappelhoff, P. (1999), Komplexitätstheorie und die Steuerung von Netzwerken. In: Sydow, J./Windeler, A. (Hrsg.), Steuerung von Netzwerken. Opladen, 347-389

Kappelhoff, P. (2002a), Komplexitätstheorie: Neues Paradigma für die Managementforschung? In: Schreyögg, G./Conrad, P. (Hrsg.), Managementforschung 12. Wiesbaden, 49-101

Kappelhoff, P. (2002b), Handlungssysteme als komplexe adaptive Systeme: Überlegungen zu einer evolutionären Sozialtheorie. In: Bauer, L./Hamberger, K. (Hrsg.), Gesellschaft denken. Eine erkenntnistheoretische Standortbestimmung der Sozialwissenschaften. Wien, New York, 125-152

Kappelhoff, P. (2004), Chaos- und Komplexitätstheorie. In: Schreyögg, G./v. Werder, A. (Hrsg.), Handwörterbuch Unternehmensführung und Organisation. (Enzyklopädie der Betriebswirtschaftslehre; Bd. 2) 4. völlig neu bearb. Aufl. Stuttgart, 123-131

Kappelhoff, P. (2007), Kompetenzentwicklung in Netzwerken: Die Sicht der Komplexitäts- und allgemeinen Evolutionstheorie. In: Windeler, A./Sydow, J. (Hrsg.), Kompetenz. Individuum, Organisation, Netzwerk. Wiesbaden (im Druck)

Katterle, S. (1991), Methodologischer Individualismus and Beyond. In: Biervert, B./Held, M. (Hrsg.), Das Menschenbild der ökonomischen Theorie. Zur Natur des Menschen. Frankfurt/M. u. New York, 132-152

Katz, M./Shapiro, C. (1985), Network Externalities, Competition, and Compatibility. In: American Economic Review, 75, 424-440

Katz, M./Shapiro, C. (1986), Technology Adoption in the Presence of Network Externalities. In: Journal of Political Economy, 94, 822-841

Kauffman, S.A. (1995), At Home in the Universe. The Search for the Laws of Self-Organization and Complexity. Oxford

Keupp, H. (Hrsg.) (2002), Identitätskonstruktionen. Das Patchwork der Identität in der Spätmoderne. 2. Aufl. Reinbek bei Hamburg

Keupp, H./Höfer, R. (Hrsg.) (1997), Identitätsarbeit heute. Klassische und aktuelle Perspektiven der Identitätsforschung. Frankfurt/M.

Khalil, E.L. (1990), Natural Complex vs. Natural System. In: Journal of Social and Biological Structures, 13, 1, 11-31

Khalil, E.L. (1992), Economics and Biology: Eight Areas of Research. In: Methodus, 4, 2, December, 29-45

Khalil, E.L. (1993), Neo-classical Economics and Neo-Darwinism: Clearing the Way for Historical Thinking. In: Blackwell, R./Chatha, J./Nell, E.J. (eds.), Economics as Worldly Philosophy: Essays in Political and Historical Economics in Honour of Robert L. Heilbroner, London, 22-72

Khalil, E.L. (1995), Organization Versus Institutions. In: Journal of Institutional and Theoretical Economics, 151, 3, 445-466

Khalil, E.L. (1996), Social theory and naturalism: An introduction. In: Khalil, E.L./Boulding, K.E. (eds.), Evolution, Order and Complexity, London u. New York, 1-39

Khalil, E.L. (1997a), Is the firm an individual? In: Cambridge Journal of Economics, 21, 519-544

Khalil, E.L. (1997b), Buridan's Ass, Risk, Uncertainty, and Self-Competition: A Theory of Entrepreneurship. In: Kyklos, 50, 147-163

Khalil, E.L. (1999), Institutions, Naturalism and Evolution. In: Review of Political Economy, 11, 1, 61-81

Khalil, E.L. (o.J.), Survival of the Least Foolish of Fools: Rationality and the Limits of Evolutionary Optimization. http://home.uchicago.edu/elkhalil/opt.html, 07.09.05

Kieser, A. (1985), Entwicklung von Organisationen über die Zeit. Theoretische Ansätze zur Erklärung organisationalen Wandels. In: Lüder, K. (Hrsg.), Betriebswirtschaftliche Organisationstheorie und öffentliche Verwaltung. Speyerer Forschungsberichte Nr. 46. Speyer, 1-30

Kieser, A. (1995), Evolutionstheoretische Ansätze. In: Kieser, A. (Hrsg.), Organisationstheorien. 2. überarb. Aufl. Stuttgart, 237-268

Kieser, A. (1996), Moden & Mythen des Organisierens. In: Die Betriebswirtschaft, 56, 21-39

Kieser, A. (Hrsg.) (2002), Organisationstheorien. 5. Aufl. Stuttgart

Kieser, A./Kubicek, H. (1976), Organisation. Berlin u. New York

Kieser, A./Kubicek, H. (1983), Organisation. 2. Aufl. Berlin u. New York

Kieser, A./Woywode, M. (2002), Evolutionstheoretische Ansätze. In: Kieser, A. (Hrsg.), Organisationstheorien. 5. Aufl. Stuttgart, 253-285

Kirchgässner, G. (1988), Ökonomie als imperial(istisch)e Wissenschaft. In: Jahrbuch für Neue Politische Ökonomie, 7, 128-145

Kirchgässner, G. (1991), Homo Oeconomicus. Tübingen

Kitschelt, H./Lange, P./Marks, G./Stephens, J.D. (eds.) (1999), Continuity and change in contemporary capitalism. Cambridge, UK

Kiwit, D./Voigt, S. (1995), Überlegungen zum institutionellen Wandel unter Berücksichtigung des Verhältnisses interner und externer Institutionen. ORDO - Jahrbuch für die Ordnung von Wirtschaft und Gesellschaft, 46, 117-148

Klages, H. (1984), Wertorientierungen im Wandel. Rückblick, Gegenwartsanalyse, Prognosen. Frankfurt/M.

Klages, H. (1993), Wertewandel in Deutschland in den 90er Jahren. In: v. Rosenstiel, L. u.a. (Hrsg.), Wertewandel. Herausforderungen für die Unternehmenspolitik in den 90er Jahren. Stuttgart, 1-15

Knie, A./Helmers, S. (1991), Organisationen und Institutionen in der Technikentwicklung. Organisationskultur, Leitbilder und „Stand der Technik". In: Soziale Welt, 42, 4, 427-444

Knight, F.H. (1921), Risk, Uncertainty and Profit. New York

Knight, J. (1995), Models, Interpretations and Theories: Constructing Explanations of Institutional Emergence and Change. In: Knight, J./Sened, I., Explaining Social Institutions. Ann Arbor, 95-119

Knight, J. (1997), Institutionen und gesellschaftlicher Konflikt, (Die Einheit der Gesellschaftswissenschaften; Bd. 99). Tübingen

Knyphausen-Aufseß, D. zu (1997), Auf dem Weg zu einem ressourcenorientierten Paradigma? Resource-Dependence-Theorie der Organisation und Resource-based View des Strategischen Managements im Vergleich. In: Ortmann, G./Sydow, J./Türk, K. (Hrsg.), Theorien der Organisation. Opladen, 452-480

Königswieser, R. (Hrsg.) (1997), Komplexität managen. Wiesbaden

Kondylis, P. (1995), Wissenschaft, Macht und Entscheidung. In: Stachowiak, H. (Hrsg.), Pragmatik. Handbuch pragmatischen Denkens (Bd. 5: Pragmatische Tendenzen in der Wissenschaftstheorie). Hamburg, 81-101

Krappmann, L. (1978), Soziologische Dimensionen der Identität. Strukturelle Bedingungen für die Teilnahme an Interaktionsprozessen. 5. Aufl. Stuttgart

Krell, G. (1994), Vergemeinschaftende Personalpolitik. München/Mering.

Kreps, D. M. (1990), Game Theory and Economic Modelling. Oxford

Kubon-Gilke, G. (1997), Verhaltensbindung und die Evolution ökonomischer Institutionen. Marburg

Kubon-Gilke, G. (1999), Intrinsisch motiviertes Verhalten - nicht Anomalie sondern Normalfall? In: Held, M./Nutzinger, H.G. (Hrsg.), Institutionen prägen Menschen. Bausteine zu einer allgemeinen Institutionenökonomik. Frankfurt/M. u. New York, 44-64

Küpper, W. (1994), Aufbruchstimmung in der Personalentwicklung – Modetorheiten oder Strukturveränderungen? In: Grünhagen, M. (Hrsg.), Wertewandel in der Wirtschaft. Neue Perspektiven für die Hochschule. Bielefeld, 121-133

Küpper, W. (2004), Mikropolitik. In: Schreyögg, G./v. Werder, A. (Hrsg.), Handwörterbuch Unternehmensführung und Organisation. (Enzyklopädie der Betriebswirtschaftslehre; Bd. 2) 4. völlig neu bearb. Aufl. Stuttgart, 861-870

Küpper, W./Felsch, A. (1999), Wissenschaftliche Grundfragen einer Theorie der Organisationsdynamik. Diskussionspapier Nr. 1/1999 am Arbeitsbereich Personalwirtschaftslehre, Fachbereich Wirtschaftswissenschaften der Universität Hamburg

Küpper, W./Felsch, A. (2000), Organisation, Macht und Ökonomie. Mikropolitik und die Konstitution organisationaler Handlungssysteme. Wiesbaden

Küpper, W./Hahne, A. (1997), Wie sich im Kulturdschungel die Wahrnehmung für das eigene Unternehmen schärfen lässt – Ein Praxisbericht. In: Hansmann, K.-W. (Hrsg.), Management des Wandels. (Schriften zur Unternehmensführung; Bd. 60) Wiesbaden, 79-100

Küpper, W./Ortmann, G. (1986), Mikropolitik in Organisationen. In: Die Betriebswirtschaft, 46, 5, 590-602

Küpper, W./Ortmann, G. (Hrsg.) (1992), Mikropolitik, Rationalität, Macht und Spiele in Organisationen, 2. Aufl., Opladen

Law, J./Hassard, J. (eds.) (1999), Actor Network Theory and After. Oxford

Lawrence, P./Edwards, V. (2000), Management in Western Europe. Houndmills usw.

Legge, K. (1989), Human Resource Management - a critical analysis. In: Storey, J. (ed.), New Perspectives on Human Resource Management. London 19-40

Legge, K. (1995), HRM: rhetoric, reality and hidden agendas. In: Storey, J. (ed.), Human resource management. A critical text. London and New York, 33-59

Lehmann, B.E. (1988), Rationalität im Alltag? Zur Konstitution sinnhaften Handelns in der Perspektive interpretativer Soziologie. Münster u. New York

Leipold, H. (1996), Zur Pfadabhängigkeit der institutionellen Entwicklung. Erklärungsansätze des Wandels von Ordnungen. In: Cassel, D. (Hrsg.), Entstehung und Wettbewerb von Systemen. Berlin, 93-115

Leipold, H. (1997), Der Zusammenhang zwischen gewachsener und gesetzter Ordnung: Einige Lehren aus den postsozialistischen Reformerfahrungen. In: Cassel, D. (Hrsg.), Institutionelle Probleme der Systemtransformation. Berlin, 43-68

Likert, R. (1961), New Patterns of Management. New York

Lindenberg, S. (1990), Rationalität und Kultur. Die verhaltenstheoretische Basis des Einflusses von Kultur auf Transaktionen. In: Haferkamp, H. (Hrsg.), Sozialstruktur und Kultur. Frankfurt/M., 249-287

Löchel, H. (1995), Institutionen, Transaktionskosten und wirtschaftliche Entwicklung. Ein Beitrag zur Neuen Institutionenökonomik und zur Theorie von Douglass C. North. Berlin

Lukas, A. (2004), Unternehmensbewertung und intellektuelles Kapital. Preisfindung im Mergers & Acquisitions-Prozess. (Schriftenreihe Personal – Organisation – Management; Bd. 11) Berlin

Machina, M. (1990), Choice under Uncertainty: Problems Solved and Unsolved. In: Cook, K. S./Levi, M. (eds.), The Limits to Rationality. Chicago, 90-131

Mackenzie, D. A. (1996), Economic and Sociological Explanations of Technological Change. In: Mackenzie, D. A. (ed.), Knowing Machines: Essays on Technical Change. Cambridge, Mass., 49-65

Mai, M. (1990), Die Rolle professioneller Leitbilder von Juristen und Ingenieuren in der Technikgestaltung und Politik. In: Soziale Welt, 41, 498-516

Maines, D. (1977), Social Organization and Social Structure in Symbolic Interactionist Thought. In: Annual Review of Sociology, 3, 235-259

Mann, M. (1990/91), Geschichte der Macht. 2 Bde. Frankfurt/M.

March, J. G. (1994a), The Evolution of Evolution. In: Baum, J.A.C./Singh, J.V. (eds.), Evolutionary dynamics of organizations. New York and Oxford, 39-52

March, J.G./Olsen, J.P. (1975), The Uncertainty of the Past. Organizational Learning under Ambiguity. European Journal of Political Research, 3, 147-171

Marin, B. (1990), Generalized Political Exchange. Preliminary Considerations. In: Marin, B. (ed.), Generalized Political Exchange. Antagonistic Cooperation and Integrated Policy Circuits. Frankfurt/Main, 37-65

Marquard, O. (1986), Apologie des Zufälligen. Philosophische Studien. Stuttgart

Marr, R. (1993), Innovationsmanagement. In: Wittmann, W. u.a. (Hrsg.), Handwörterbuch der Betriebswirtschaft (Enzyklopädie der Betriebswirtschaftslehre; Bd. 2), 5. Aufl., 1796-1812

Marsden, D. (1999), A Theory of Employment Systems: micro-foundations of societal diversity. Oxford

Marshall, A. (1920), Principles of Economics. 8th ed., London

Måseide, A. (1986), How To Do Things Without Words. Notizen zum Verhältnis zwischen Pragmatik und Phänomenologie. In: Böhler, D./Nordenstam, T./Skirbekk, G. (Hrsg.), Die pragmatische Wende. Sprachspielpragmatik oder Transzendentalpragmatik? Frankfurt/M., 148-168

Maturana, H./Varela, F.J. (1992), The Tree of Knowledge: The Biological Roots of Human Understanding. Boston

Maurice, M./Sorge, A. (2000), Embedding Organizations. Societal Analysis of Actors, Organizations and Socio-Economic Context. Amsterdam/Philadelphia

Maynard Smith, J. (1982), Evolution and the Theory of Games. Cambridge

Mayntz, R. (1968), Bürokratische Organisation. Köln u. Berlin

Mayntz, R. (1999), Rationalität in sozialwissenschaftlicher Perspektive. Vortragsreihe Lectiones Jenenses, 18. Jena

Mayntz, R./Scharpf, F.W. (1995), Der Ansatz des akteurzentrierten Institutionalismus. In: dies. (Hrsg.), Gesellschaftliche Selbstregelung und politische Steuerung. Frankfurt/M. u. New York, 39-72

Mayo, E. (1933), The Human Problems of an Industrial Civilization. New York

Mayr, E. (2001), What evolution is. New York

McClelland, D.C. (1971), Assessing human motivation. Morristown, N.J.

McClelland, D.C./Atkinson, J.W./Clark, R.A./Lowell, E.L. (1953), The achievement motive. New York

McKelvey, B. (1982), Organizational Systematics: Taxonomy, Classification, Evolution. Berkeley

McKelvey, B. (1994), Evolution and Organizational Science. In: Baum, J.A.C./Singh, J.V. (Hrsg.), Evolutionary dynamics of organizations. New York u. Oxford, 314-326

McKelvey, B. /Aldrich, H.E. (1983), Populations, natural selection, and applied organizational science. In: Administrative Science Quarterly, 28, 101-128

Mead, G.H. (1980), Geist, Identität und Gesellschaft, 4. Aufl. Frankfurt/M. (Amerik. Orig. 1934, dt. Übersetzung 1968).

Menger, C. (1970), Geld. In: ders., Gesammelte Werke, Bd. IV. Schriften über Geld und Währungspolitik, 2. Aufl. Tübingen, 1-116

Merleau-Ponty, M. (1965), Phänomenologie der Wahrnehmung. Berlin

Merton, R.K. (1957), Social Theory and Social Structure, enlarged edition. Glencoe, IL

Messner, D. (1995), Die Netzwerkgesellschaft. Wirtschaftliche Entwicklung und internationale Wettbewerbsfähigkeit als Problem gesellschaftlicher Steuerung, (Schriften des Deutschen Instituts für Entwicklungspolitik; Bd. 108) Köln

Meyer, J.W./Rowan, B. (1977), Institutionalized organizations: formal structure as myth and ceremony. In: American Journal of Sociology, 83, 2, 340-363

Michels, R. (1925), Zur Soziologie des Parteiwesens. Leipzig

Milgrom, P./Roberts, J. (1988), An Economic Approach to Influence Activities in Organizations. In: American Journal of Sociology (Supplement), 94, 154-179

Milgrom, P./Roberts, J. (1990), Bargaining Costs, Influence Costs and the Organization of Economic Activity. In: Alt, J.E./Shepsle, K.A. (Hrsg.), Perspectives on Positive Political Economy. Cambridge, 57-89

Milgrom, P./Roberts, J. (1992), Economics, Organization and Management. Englewood Cliffs

Milgrom, P./Roberts, J. (1995), Continuous Adjustment and Fundamental Change in Business Strategy and Organization. In: Siebert, H. (Hrsg.), Trends in business organization: do participation and cooperation increase competitiveness? Tübingen, 231-258

Miller, E.J./Rice, A.K. (1967), Systems of Organization: The Control of Task and Sentient Boundaries. London

Minsky, M. (1990), Mentopolis. Stuttgart (Orig.: The Society of Mind, 1985)

Mintzberg, H. (1983), Power in and around organizations. Englewood Cliffs, N.J

Mintzberg, H. (1984), Power and Organizational Life Cycles. In: Academy of Management Review, 9, 2, 207-224

Mintzberg, H. (1991), Mintzberg über Management: Führung und Organisation, Mythos und Realität. Wiesbaden

Morgenstern, O. (1928), Wirtschaftsprognose. Eine Untersuchung ihrer Voraussetzungen und Möglichkeiten. Wien

Nelson, R.R. (2000), Recent evolutionary theorizing about economic change. In: Ortmann, G./Sydow, J./Türk, K. (Hrsg.), Theorien der Organisation: Die Rückkehr der Gesellschaft. 2. Aufl. Opladen, 81-123

Nelson, R.R./Winter, S.G. (1982), An Evolutionary Theory of Economic Change. Cambridge, Mass.

Neubauer, W. (1997), Interpersonales Vertrauen als Management-Aufgabe in Organisationen. In: Schweer, M. (Hrsg.), Interpersonales Vertrauen. Theorien und empirische Befunde. Wiesbaden, 105-120

Neuberger, O. (1995), Mikropolitik. Stuttgart

Neuberger, O. (1997), Personalwesen 1. Stuttgart

Neuberger, O. (2004), „Vor allem ihr Geradlinigen – habt acht auf die Kurven!". Augsburger Beiträge zu Organisationspsychologie und Personalwesen (hgg. v. O. Neuberger), H. 20, Universität Augsburg

Nippa, M./Picot, A. (Hrsg.) (1995), Prozeßmanagement und Reengineering: Die Praxis im deutschsprachigen Raum. Frankfurt/M. u.a, 13-38

Noelle-Neumann, E. (1978), Werden wir alle Proletarier? Zürich

Noelle-Neumann, E./Strümpel, B. (1984), Macht Arbeit krank? Macht Arbeit glücklich? Eine aktuelle Kontroverse. München

Noon, M. (1992), "HRM: a map, model or theory?" In: Blyton, P./Turnbull, P. (eds.), Reassessing Human Resource Management. London

Nooteboom, B. (1992), Toward a dynamic theory of transactions. In: Journal of Evolutionary Economics, 2, 281-299

North, D.C. (1992), Institutionen, institutioneller Wandel und Wirtschaftsleistung, (Die Einheit der Gesellschaftswissenschaften; Bd. 76). Tübingen

North, D.C. (1994a), Economic Performance Through Time. In: American Economic Review, 84, 359-368

North, D.C. (1994b), The Historical Evolution of Politics. In: International Review of Law and Economics, 14, 381-391

O`Sullivan, M. (2001), Contests for Corporate Control. Corporate Governance and Economic Performance in the United States and Germany. Oxford, New York

Oberholzer, A./Roberts, V.Z. (eds.) (1994), The Unconscious at Work: Individual and Organizational Stress in the Human Services. London

Orr, J. E. (1996), Talking about Machines. An Ethography of a modern Job. Ithaca, London

Ortmann, G. (1987), Mikropolitik im Entscheidungskorridor. Zur Entwicklung betrieblicher Informationssysteme. In: Zeitschrift Führung + Organisation, 56, 369-374

Ortmann, G. (1995), Formen der Produktion. Organisation und Rekursivität. Opladen

Ortmann, G. (2003a), Organisation und Welterschließung. Dekonstruktionen. Opladen

Ortmann, G. (2003b), Regel und Ausnahme. Paradoxien sozialer Ordnung. Frankfurt/Main

Ortmann, G. (2004), Als Ob. Fiktionen und Organisationen. Wiesbaden

Ortmann, G. (2005), Gottes Werk und Teufels Beitrag. Moralverdrängung durch Organisation. Unveröffentlichtes Manuskript.

Ortmann, G. (2007), Können und Haben. Geben und Nehmen. Kompetenzen als Ressourcen: Organisation und strategisches Management. In: Windeler, A./Sydow, J. (Hrsg.), Kompetenz. Individuum, Organisation, Netzwerk. Wiesbaden (im Druck)

Ortmann, G./Sydow, J. (Hrsg.) (2001), Strategie und Strukturation. Strategisches Management von Unternehmen, Netzwerken und Konzernen. Wiesbaden

Ortmann, G./Sydow, J./Windeler, A. (1997), Organisation als reflexive Strukturation. In: Ortmann, G./Sydow, J./Türk, K. (Hrsg.), Theorien der Organisation. Opladen, 315-354

Ortmann, G./Windeler, A./Becker, A./Schulz, H.-J. (1990): Computer und Macht in Organisationen. Mikropolitische Analysen. Opladen

Osterloh, M. (2004), Entscheidungsorientierte Organisationstheorie. In: Schreyögg, G./v. Werder, A. (Hrsg.), Handwörterbuch Unternehmensführung und Organisation. (Enzyklopädie der Betriebswirtschaftslehre; Bd. 2) 4. völlig neu bearb. Aufl. Stuttgart, 222-229

Osterloh, M./Frey, B.S./Frost, J. (1999), Was kann das Unternehmen besser als der Markt? In: Zeitschrift für Betriebswirtschaft, 69, 1245-1262

Osterloh, M./Frost, J. (2003), Prozessmanagement als Kernkompetenz. 4. Aufl. Wiesbaden

Osterloh, M./Wübker, S. (1999), Wettbewerbsfähiger durch Prozess- und Wissensmanagement: mit Chancengleichheit auf Erfolgskurs. Wiesbaden

Parsons, T. (1937), The Structure of Social Action. New York

Parsons, T. (1951), The Social System. Glencoe

Parsons, T. et al. (1951), Some Fundamental Categories of the Theory of Action. A General Statement. In: Parsons, T./Shils, E. A. (eds.), Toward a General Theory of Action. Theoretical Foundations for the Social Sciences. New York, 3-29

Parsons, T./Shils, E. A. (1951), Values, Motives, and Systems of Action. In: Parsons, T./Shils, E. A. (eds.), Toward a General Theory of Action. Theoretical Foundations for the Social Sciences. New York, 47-233

Pawlowsky, P./Neubauer, K. (2001), Organisationales Lernen. In: Weik, E./Lang, R. (Hrsg.), Moderne Organisationstheorien. Eine sozialwissenschaftliche Einführung. Wiesbaden, 253-284

Pay, D. de (1989), Die Organisation von Innovationen: Die Anwendung des Dekompositionsprinzips von Williamson. In: Albach, H. (Hrsg.), Organisation. Mikroökonomische Theorie und ihre Anwendungen. Wiesbaden, 289-320

Penrose, E. T. (1959), The Theory of the Growth of the Firm. Oxford

Perseran, M. H. (1987), The Limits of Rational Expectations. Oxford

Peteraf, M. (1993), The Cornerstones of Competitive Advantage: A Resource-based View. In: Strategic Management Journal 14, 179-192

Pettigrew, A. (1985), Awakening Giant: Continuity and Change in ICI, Oxford

Pettigrew, A. (1987), Context and Action in the Transformation of the Firm. In: Journal of Management Studies, 24, 6, 649-670

Pettit, Ph. (2001), A Theory of Freedom. From the Psychology to the Politics of Agency. Cambridge, UK

Pfeffer, J. (1972), Merger as Response to Organizational Interdependence. In: Administrative Science Quarterly, 17, 2, 218-228

Pfeffer, J./Salancik, G.R. (1978), The external control of organizations: A resource dependance perspective. New York

Picot, A./Freudenberg, H./Gaßner, W. (1999), Management von Reorganisationen. Maßschneidern als Konzept für den Wandel. Wiebaden

Picot, A./Nordmeyer, A./Pribilla, P. (Hrsg.) (2000), Management von Akquisitionen: Akquisitionsplanung und Integrationsmanagement. Stuttgart

Picot, A./Reichwald, R./Wigand, R.T. (1996), Die grenzenlose Unternehmung. Information, Organisation und Management. Wiesbaden

Pies, I. (2001), Transaktion versus Interaktion, Spezifität versus Brisanz und die raison d´être korporativer Akteure – Zur konzeptuellen Neuausrichtung der Organisationsökonomik. In: Pies, I./Leschke, M. (Hrsg.), Oliver Williamsons Organisationsökonomik, (Konzepte der Gesellschaftstheorie; Bd. 7). Tübingen, 95-119

Pitt, L. F. (1999), Strategy in the Digital Age – Five New Forces? In: Liebl, F. (Hrsg.), E-conomy. Management und Ökonomie in digitalen Kontexten. (Wittener Jahrbuch für ökonomische Literatur 1999). Marburg, 117-124

Plessner, H. (1941), Lachen und Weinen. In: ders. (1970), Philosophische Anthropologie. Frankfurt/M., 11-171

Polanyi, M. (1958), Personal Knowledge. Chicago

Polanyi, M. (1966), The Tacit Dimension. London

Porter, M.E. (1980), Competitive Strategy: Techniques for Analyzing Industries and Competition. New York

Porter, M.E. (1990), The Competitive Advantage of Nations. New York

Powell, W.W./DiMaggio, P.J. (eds.) (1991), The New Institutionalism in Organizational Analysis. Chicago

Priddat, B. P. (1995), Ökonomie und Geschichte: Zur Theorie der Institutionen bei D. C. North. In: Seifert, E.K./Priddat, B.P. (Hrsg.), Neuorientierungen in der ökonomischen Theorie. Marburg, 205-240

Probst, G.J.B. (1987), Selbst-Organisation: Ordnungsprozesse in sozialen Systemen aus ganzheitlicher Sicht. Berlin und Hamburg

Quinn, R.E./Cameron, K. (1983), Organizational life cycles and shifting criteria of effectiveness: some preliminary evidence. In: Management Science, 29, 1, 33-51

Radner, R. (1970), New Ideas in Pure Theory. Problems in the Theory of Markets Under Uncertainty. In: The American Economic Review LX, Papers and Proceedings, 454-460

Rammert, W. (1992), Wer oder was steuert den technischen Fortschritt? Technischer Wandel zwischen Steuerung und Evolution. In: Soziale Welt, 43, 1, 7-25

Rasche, C./Wolfrum, B. (1994): Ressourcenorientierte Unternehmensführung. In: Die Betriebswirtschaft, 54, 4, 501-517

Rawls, J. (1971), A Theory of Justice. Cambridge, Mass. (dt. Übersetzung: Eine Theorie der Gerechtigkeit, Frankfurt/M. 1979)

Ray, T.S. (1992), An approach to the synthesis of life. In: Langton, G.C./Taylor, C./Doyne-Farmer, J./Rasmussen, S. (eds.), Artificial Life II, Santa Fe Institute, Studies in the Sciences of Complexity, 10. Reading, MA

Reckwitz, A. (1997), Kulturtheorie, Systemtheorie und das sozialtheoretische Muster der Innen-Außen-Differenz. In: Zeitschrift für Soziologie, 26, 5, 317-336

Reckwitz, A. (2001), Der Identitätsdiskurs. Zum Bedeutungswandel einer sozialwissenschaftlichen Semantik. In: Rammert, W. (Hrsg.), Kollektive Identitäten und kulturelle Innovation. Leipzig

Reinicke, W.H. (1998), Global Public Policy. Governing without Government? Washington, D.C.

Reuter, N. (1994), Der Institutionalismus. Geschichte und Theorie der evolutionären Ökonomie, (Evolutionäre Ökonomie; Bd. 1). Marburg

Reuter, N. (1996), Die Bedeutung von Institutionen für die ökonomische Theorie. Zugleich ein Beitrag zum Verständnis evolutionärer Theorieentwicklung. In: Priddat, B.P./Wegner, G. (Hrsg.), Zwischen Evolution und Institution – neue Ansätze in der ökonomischen Theorie. (Institutionelle und Evolutorische Ökonomik; Bd. 1). Marburg, 113-144

Roethlisberger, F.J./Dickson, W.J. (1939), Management and the Worker. New York

Rosenstiel, L.v. u.a. (Hrsg.) (1993), Wertewandel. Herausforderungen für die Unternehmenspolitik in den 90er Jahren. Stuttgart

Rothstein, B. (1998), Just institutions matter: The moral and political logic of the universal welfare state. Cambridge, UK

Rüegg-Sturm, J. (2001), Organisation und organisationaler Wandel. Eine theoretische Erkundung aus konstruktivistischer Sicht. Opladen

Rutherford, M. (1989), What is wrong with the new institutional economics (and what is still wrong with the old?). In: Review of Political Economy, 3, 299-318

Rutherford, M. (1996), Institutions in Economics. The Old and the New Institutionalism. Cambridge

Schanz, G. (1979), Ökonomische Theorie als sozialwissenschaftliches Paradigma? In: Soziale Welt, 30, 257-274

Scharpf, F.W. (1991), Crisis and Choice in European Social Democracy. Ithaca, N.Y

Schefczyk, M. (1999), Person und Präferenzen. Marburg

Schefczyk, M. (2000), Finanzieren mit Venture Capital. Stuttgart

Schlicht, E. (1984), Cognitiv Dissonance in Economics. In: Todt, H. (Hrsg.), Normengeleitetes Verhalten in den Sozialwissenschaften. Berlin, 61-81

Schluchter, W. (1979), Die Entwicklung des okzidentalen Rationalismus. Tübingen

Schmid, W. (1998), Philosophie der Lebenskunst. Eine Grundlegung. Frankfurt/M.

Schmidt, M. (1999), Unsicherheit, Ineffizienz und soziale Ordnung - Bemerkungen zum Verhältnis des soziologischen und ökonomischen Forschungsprogramms. In: Held, M./Nutzinger, H.G. (Hrsg.), Institutionen prägen Menschen. Bausteine zu einer allgemeinen Institutionenökonomik. Frankfurt/M. u. New York, 191-206

Schmidtz, D./Goodin, R.E. (1998), Social Welfare and Individual Responsibility. Cambridge, UK

Schreyögg, G. (1989), Zu den problematischen Konsequenzen starker Unternehmenskulturen. In: Zeitschrift für betriebswirtschaftliche Forschung, 41, 2, 94-113

Schreyögg, G. (1997), Kommentar: Theorien organisatorischer Ressourcen. In: Ortmann, G./Sydow, J./Türk, K. (Hrsg.), Theorien der Organisation. Die Rückkehr der Gesellschaft. Opladen, 481-486

Schreyögg, G./Noss, Chr. (1995), Organisatorischer Wandel: Von der Organisationsentwicklung zur lernenden Organisation. In: Die Betriebswirtschaft, 55, 2, 169-185

Schreyögg, G./Sydow, J. (Hrsg.) (2003), Strategische Prozesse und Pfade. (Managementforschung 13). Wiesbaden

Schreyögg, G./Sydow, J./Koch, J. (2003), Organisatorische Pfade – Von der Pfadabhängigkeit zur Pfadkreation? In: Schreyögg, G./Sydow, J. (Hrsg.), Strategische Prozesse und Pfade. (Managementforschung 13). Wiesbaden, 257-294

Schütz, A. (1993), Der sinnhafte Aufbau der sozialen Welt. Eine Einführung in die verstehende Soziologie. 6. Aufl. (1. Aufl. 1974), Frankfurt/M.

Schumpeter, J.A. (1912), Theorie der wirtschaftlichen Entwicklung. Eine Untersuchung über Unternehmergewinn, Kapital, Kredit, Zins und den Konjunkturzyklus. Berlin

Schumpeter, J.A. (1934), The Theory of Economic Development. Cambridge, Mass. (erste deutsche Ausgabe 1912)

Schumpeter, J.A. (1942), Capitalism, Socialism and Democracy. New York

Schumpeter, J.A. (1989), The Creative Response in the Economic History. In: Clemence, R. C. (ed.), Essays on entrepreneurs, innovations, business cycles, and the evolution of capitalism. New Brunswick, NJ

Schweer, M. (Hrsg.) (1997), Interpersonales Vertrauen. Theorien und empirische Befunde. Wiesbaden

Scott, W.R. (1986), Grundlagen der Organisationstheorie. Frankfurt u. New York

Searle, J.R. (2004), Geist, Sprache und Gesellschaft. Frankfurt/M. (im Original: Mind, Language and Society. Philosophy in the Real World, 1998)

Seifert, E.K./Priddat, B.P. (1995), Einleitung - Neuorientierungen in der ökonomischen Theorie. Zur moralischen, institutionellen, evolutorischen und ökologischen Dimension des Wirtschaftens. In: Seifert, E.K./Priddat, B.P. (Hrsg.), Neuorientierungen in der ökonomischen Theorie. Zur moralischen, institutionellen und evolutorischen Dimension des Wirtschaftens. Marburg, 7-54

Servatius, G.-H. (1994), Reengineering Programme umsetzen. Von erstarrten Strukturen zu fließenden Prozessen. Stuttgart

Shaw, P. (2002), Changing Conversations in Organizations. A complexity approach to change. London u. New York

Shotter, J. (1993), Conversational Realities: Constructing Life through Language. Thousand Oaks, CA

Simon, H.A. (1945), Administrative Behavior. New York

Simon, H.A. (1951), A formal theory of the employment relationship. In: Econometrica, 19, 3, July, 293-305

Simon, H.A. (1955), A Behavioral Model of Social Action. New York

Simon, H.A. (1957), Models of Man. New York

Simon, H.A. (1969), Sciences of the artificial. Cambridge, MA

Simon, H.A. (1976), From Substantive to Procedural Rationality. In: Latsis, S.J. (ed.), Method and Appraisal in Economics. Cambridge et al., 129-148

Simon, H.A. (1986), Rationality in Psychology and Economics. Journal of Business, 59, 209-224

Simon, H.A./Bonini, Ch.P. (1958), The Size Distribution of Business Firms. In: American Economic Review, 48, 4, 607-617

Simon, Hermann (1996), Hidden Champions. Boston

Sjurts, I. (1998), Kontrolle ist gut, ist Vertrauen besser? Ökonomische Analysen zur Selbstorganisation als Leitidee neuer Organisationskonzepte. In: Die Betriebswirtschaft 58, 3, 283-298

Sofsky, W./Paris, R. (1991), Figurationen sozialer Macht. Autorität - Stellvertretung – Koalition. Opladen

Stacey, R.D. (1995), The Science of Complexity. An Alternative Perspective for Strategic Change Processes. In: Strategic Management Journal 16, 477-495

Stacey, R.D. (1997), Unternehmen am Rande des Chaos: Komplexität und Kreativität in Organisationen. Stuttgart

Stacey, R.D. (2001), Complex Responsive Processes in Organizations. Learning and knowledge creation. London and New York (Routledge)

Stacey, R.D./Griffin, D./Shaw, P. (2000), Complexity and Management. Fad or radical challenge to systems thinking? London and New York

Staehle, W.H. (1987), Entwicklung und Stand der deutschen Personalwirtschaftslehre. In: Beiträge zur Arbeitsmarkt- und Berufsforschung 109, 45-66

Staehle, W.H. (1992), Macht und Kontingenzforschung. In: Küpper, W./Ortmann, G. (Hrsg.), Mikropolitik. 2. Aufl. Opladen, 155-163

Stephens, J.D./Huber, E./Ray, L. (1999), The Welfare State in Hard Times. In: Kitschelt, H./Lange, P./Marks, G./Stephens, J.D. (Hrsg.), Continuity and Change in Contemporary Capitalism. Cambridge, 164-193

Storey, J. (1987), "Developments in the management of human resources: an interim report", Warwick Papers in Industrial Relations, No. 17, IRRU, School of Industrial and Business Studies, University of Warwick, November

Storey, J. (1995), Human resource management: still marching on, or marching out? In: Storey, J. (ed.) (1995), Human resource management. A critical text. London and New York, 3-32

Straub, J. (1991), Identitätstheorie im Übergang. In: Sozialwissenschaftliche Rundschau, 49-67

Streit, M.E./Wegner, G. (1989), Wissensmangel, Wissenserwerb und Wettbewerbsfolgen: Transaktionskosten aus evolutorischer Sicht. Ordo, 40, 183-200

Streit, M.E./Wegner, G. (1992), Information, Transactions, and Catallaxy: Reflections on Some Key Concepts of Evolutionary Market Theory. In: Witt, U. (ed.), Explaining Process and Change. Ann Arbor, 125-149

Sydow, J. (1992), Strategische Netzwerke. Evolution und Organisation. Wiesbaden

Sydow, J./Windeler, A. (1994), Über Netzwerke, virtuelle Integration und Interorganisationsbeziehungen. In: dies. (Hrsg.), Management interorganisationaler Beziehungen. Opladen, 1-21

Sydow, J./Windeler, A. (2000), Steuerung in und von Netzwerken. In: dies. (Hrsg.), Steuerung von Netzwerken. Konzepte und Praktiken. Opladen, 1-24

Taylor, F.W. (1911), The Principles of Scientific Management. New York (deutsch: Die Grundsätze wissenschaftlicher Betriebsführung. München und Berlin, 1919)

Teece, D.J. (1993), The Dynamics of Industrial Capitalism: Perspectives on Alfred Chandler's Scale and Scope. In: Journal of Economic Literature, 31 (March), 199-225

Teubner, G. (2000): Netzwerke – Binnenstruktur und Externalitäten. In: Schreyögg, G. (Hrsg.), Funktionswandel im Management: Wege jenseits der Ordnung. Berlin 125-157

The Price Waterhouse Change Integration®Team (1996), The Paradox Principles. How High-Performance Companies Manage Chaos, Complexity, and Contradiction to Achieve Superior Results. Chicago, London, Singapore

Thompson, J.D. (1967), Organizations in Action. New York

Tietzel, M. (1994), Einleitung: Von Schreibmaschinen, Lemmingen und verärgerten Waisen. In: Tietzel, M., (Hrsg.), Ökonomik der Standardisierung. Homo Oeconomicus XI, 3, 339-347

Tirole, J. (1995), Industrieökonomik. München u. Wien

Töpfer, A. (Hrsg.) (1996), Geschäftsprozesse: analysiert & optimiert. Neuwied, Kriftel, Berlin.

Touraine, A. (1979), La voix et le regard. Paris

Türk, K. (1981), Personalführung und soziale Kontrolle. Stuttgart

Türk, K. (1989), Neuere Entwicklungen in der Organisationsforschung. Ein Trend Report. Stuttgart

Türk, K. (2004), Neoinstitutionalistische Ansätze. In: Schreyögg, G./v. Werder, A. (Hrsg.), Handwörterbuch Unternehmensführung und Organisation. (Enzyklopädie der Betriebswirtschaftslehre; Bd. 2) 4. völlig neu bearb. Aufl. Stuttgart, 923-931

Türk, K. Lemke, Th./Bruch, M. (2002), Organisation in der modernen Gesellschaft. Wiesbaden

Turner, R.H. (1991), The Use and Misuse of Rational Models in Collective Behavior and Social Psychology. In: Archives européennes de sociologie, 32, 84-108

Vanberg, V.J. (1992), Organizations as constitutional systems. In: Constitutional Political Economy, 3, 2, 223-253

Veblen, T. (1934), The Theory of the Leisure Class. New York

Voigt, K.-I. (1996), Unternehmenskultur und Strategie – Grundlagen des kulturbewußten Managements. Wiesbaden

Vollmer, H. (1996), Die Institutionalisierung lernender Organisationen. In: Soziale Welt 47, 315-343

Vollmer, H. (1997), Die Frage nach den Akteuren. In: Sociologica Internationalis, H. 2, 169-193

Wächter, H. (1992), Vom Personalwesen zum Strategic Human Resource Management. In: Staehle, W.H./Conrad, P. (Hrsg.), Managementforschung. Bd. 2. Berlin u.a., 313-340

Walgenbach, P. (2000), Die normgerechte Organisation. Eine Studie über die Entstehung, Verbreitung und Nutzung der DIN EN ISO 9000er Normreihe. Stuttgart

Weber, C./Dierkes, M. (2002), Risikokapitalgeber in Deutschland. Berlin

Weber, M. (1922), Wirtschaft und Gesellschaft. Tübingen

Weber, M. (1956), Der Beruf zur Politik. In: Winkelmann, J. (Hrsg.), Soziologie. Weltgeschichtliche Analysen. Politik. Stuttgart, 167-185

Weick, K. E. (1985), Der Prozess des Organisierens. Frankfurt/M.

Weinert, R. (1997), Institutionenwandel und Gesellschaftstheorie. Modernisierung, Differenzierung und Neuer Ökonomischer Institutionalismus. In: Göhler, G. (Hrsg.), Institutionenwandel. Leviathan, Sonderheft 16, 70-93

Wenger, E. (1998), Communities of Practice: Learning, Meaning, and Identity. Cambridge

Werder, A. von (2004), Corporate Governance (Unternehmensverfassung). In: Schreyögg, G./v. Werder, A. (Hrsg.), Handwörterbuch Unternehmensführung und Organisation. (Enzyklopädie der Betriebswirtschaftslehre; Bd. 2) 4. völlig neu bearb. Aufl. Stuttgart, 160-170

Whitehead, A.N. (2001), Denkweisen. Frankfurt/M.

Wieland, J. (1999), Die Ethik der Governance. (Institutionelle und Evolutorische Ökonomik; Bd. 9) Marburg

Wieland, J. (Hrsg.) (2004), Governanceethik im Diskurs. (Institutionelle und Evolutorische Ökonomik; Bd. 26) Marburg

Wiener, N. (1948), Cybernetics. Cambridge, Mass.

Wiesenthal, H. (1990), Unsicherheit und Multiple-Self-Identität. Eine Spekulation über die Voraussetzungen strategischen Handelns. Köln

Williamson, O.E. (1975), Markets and Hierarchies: Analysis and Antitrust Implications. New York

Williamson, O.E. (1985), The Economic Institutions of Capitalism. New York u. London

Williamson, O.E. (1993), Calculativeness, Trust and Economic Organization. In: Journal of Law & Economics, 36, 453-486

Williamson, O.E. (1995), Comments on Paul Milgrom and John Roberts, "Continuous Adjustment and Fundamental Change in Business Strategy and Organization. In: Siebert, H. (Hrsg.), Trends in business organization: do participation and cooperation increase competitiveness? Tübingen, 259-264

Williamson, O.E. (1996), The Mechanisms of Governance. New York, Oxford

Williamson, O.E. (1998), Transaction cost economics and organizational theory. In: Dosi, G./Teece, D. J./Chytry, J. (eds.), Technology, Organization, and Competitiveness. Perspectives on Industrial and Corporate Change. Oxford, 17-66

Williamson, O.E./Wachter, M./Harris, J. (1975), Understanding the Employment Relation. In: Bell Journal of Economics, 6, Spring, 250-278

Wilson, J.Q. (1966), Innovation in Organization: Notes Toward a Theory. In: Thompson, J.D. (ed.), Approaches to Organizational Design. Pittsburgh, Pa., 193-218

Windeler, A. (2001), Unternehmungsnetzwerke. Konstitution und Strukturation. Wiesbaden

Windeler, A. (2003), Kreation technologischer Pfade: ein strukturationstheoretischer Analyseansatz. In: Schrey-ögg, G./Sydow, J. (Hrsg.), Strategische Prozesse und Pfade. (Managementforschung 13). Wiesbaden, 295-328

Winner, L. (1983), Technologies as Forms of Life. In: Cohen, R.S./Wartofsky, M.W. (eds.), Epistemology, Methodology and Social Sciences. Dordrecht, 249-263

Winter, S.G. (1984), Schumpeterian Competition in Alternative Technological Regimes. In: Journal of Economic Behavior and Organization, 5, Sept.-Dec., 287-320

Winter, S.G. (1964), Economic „natural selection" and the theory of the firm. In: Yale Economic Essays 4, 225-272

Winter, S.G. (1975), Optimizing and Evolution. In: Day, R.H./Groves, Th. (Hrsg.), Adaptive Economic. New York, 73-118

Witt, U. (1995), Evolutorische Ökonomik - Umrisse eines neuen Forschungsprogramms. In: Seifert, E.K./Priddat, B.P. (Hrsg.), Neuorientierungen in der ökonomischen Theorie. Zur moralischen, institutionellen und evolutorischen Dimension des Wirtschaftens. Marburg, 153-179

Womack, J./Jones, D.T./Roos, D. (1991), Die zweite Revolution in der Automobilindustrie. Frankfurt/M. u. New York

Zantow, R. (2004), Finanzierung. Die Grundlagen modernen Finanzmanagements. München u.a.

Personenregister

Sachregister